t.

TRAUNER

Bildung, die begeistert!

Allgemeine und interkulturelle Kommunikation

FRANZ SCHIERMAYR
CHARLOTTE SWEET
GABRIELE HUBER
ALEXANDRA FALKNER
PETRA FERCHER

TRAUNER-DigiBox

HLPS

Dieses Buch wurde auf Papier aus nachhaltiger Forstwirtschaft gedruckt.

Impressum

Schiermayr/Sweet/Huber/Falkner/Fercher:
Allgemeine und interkulturelle Kommunikation I–III HLPS
+ TRAUNER-DigiBox

1. Auflage 2024
Schulbuch-Nr. 216.130
TRAUNER Verlag, Linz

Die Autorinnen und Autoren

FRANZ SCHIERMAYR, MSc
Professur für Praxis an der Fachhochschule Oberösterreich, Studiengang Soziale Arbeit; Diplomsozialarbeiter, Systemischer Familientherapeut, Supervisor und Coach; tätig in der ambulanten Suchtberatung und in eigener Praxis

CHARLOTTE SWEET, MA, MA
Assistenzprofessur an der Fachhochschule Oberösterreich, Studiengang Soziale Arbeit; Kulturwissenschaftlerin, Linguistin

GABRIELE HUBER
DGKP; jahrzehntelang in der Behindertenarbeit tätig in der unmittelbaren Betreuung, als Pflegedienstleiterin und als Geschäftsführerin eines sozialen Dienstes; Supervisorin; Konsulentin für Soziales

MAG. ALEXANDRA FALKNER, MSc
Kommunikationstrainerin, Supervisorin und Coach; Lehrtätigkeit an der Schule für Gesundheits- und Krankenpflege der Landeskliniken Salzburg; Referentin an der Pädagogischen Hochschule Salzburg

PETRA FERCHER
Zertifizierte Validationstrainerin (CVT) und Masterin (CVM) nach Naomi Feil; jahrzehntelange Betreuung alter und an Demenz erkrankter Menschen; bildet Lehrer/innen für Validation aus; unterrichtet und berät in zahlreichen Einrichtungen

Approbiert für den Unterrichtsgebrauch an Höheren Lehranstalten für Pflege und Sozialbetreuung im Unterrichtsgegenstand Allgemeine und interkulturelle Kommunikation.
Bundesministerium für Bildung, Wissenschaft und Forschung, BMBWF-2023-0.374.775 vom 22.02.2024. Die Approbation bezieht sich ausschließlich auf das gedruckte Buch.

Liebe Schülerin, lieber Schüler,
Sie bekommen dieses Schulbuch von der Republik Österreich für Ihre Ausbildung. Bücher helfen nicht nur beim Lernen, sondern sind auch Freunde fürs Leben.

Lektorat/Produktmanagement: Mag. Katharina Stadler
Titelgestaltung: Bettina Victor
Gestaltung und Grafik: Bettina Victor, Oskar Fleischanderl
Korrektorat: Mag. Valentin Panzirsch
Schulbuchvergütung/Bildrechte: © Bildrecht GmbH/Wien
Gesamtherstellung: Vorarlberger Verlagsanstalt GmbH
Schwefel 81, 6850 Dornbirn

ISBN 978-3-99151-078-9
Schulbuch-Nr. 216.130

www.trauner.at

Ziele und Aufbau des Buches

Das vorliegende Schulbuch „Allgemeine und interkulturelle Kommunikation“ versteht sich als Arbeitsbuch, in dem genügend Raum und Gelegenheit für das Üben gegeben wird. Strukturierte Übersichten und eine klare, einfache Sprache fördern das Verständnis. Ein besonderes Augenmerk wird auf die Praxisrelevanz der Inhalte gelegt. Anhand von Beispielen und Fallbeispielen aus dem Pflegealltag werden die theoretischen Inhalte veranschaulicht und leichter zugänglich gemacht. Zahlreiche Reflexions- und Diskussionsaufgaben sowie Rollenspiele fördern die soziale Kompetenz und bereiten Sie damit auf Ihren Beruf als Pflegefachassistenz vor.

Wesentliche Elemente und verwendete Symbole

Die Ziele am Anfang jedes Kapitels zeigen Ihnen, was Sie nach Bearbeitung können sollen. Sie sind mit den Farben Blau, Rot und Schwarz nach der Kompetenzstufe gekennzeichnet.

Meine Ziele

KOMPETENZ-ERWERB

Nach Bearbeitung dieses Kapitels kann ich
- Blau (Wiedergeben, Verstehen)
- Rot (Anwenden)
- Schwarz (Analysieren und Entwickeln)

Aufgabenstellungen, Ziele erreicht?

Zur Erarbeitung der Kenntnisse und Fertigkeiten sowie zur Kontrolle des Lernerfolgs stehen Aufgabenstellungen und Abschlusstests („Ziele erreicht?“) zur Verfügung. Sie sind ebenfalls nach dem Kompetenzmodell mit den Farben Blau, Rot und Schwarz gekennzeichnet. Es wird unterschieden zwischen Aufgaben, bei denen Sie
- die gelernten Fachinhalte verstehen und wiedergeben;
- erworbenes Wissen anwenden können;
- eigenständig Probleme analysieren und Lösungen entwickeln.

Kompetenzen erworben?
Kreuzen Sie auf Basis der durchgeführten „Ziele erreicht?“-Aufgaben an, ob Sie die Kompetenzen

☺ **zur Gänze**
😐 **überwiegend** oder
☹ **(noch) nicht ausreichend**

erworben haben. Wiederholen Sie den jeweiligen Lehrstoff im Buch, falls Sie einzelne Ziele noch nicht erreicht haben.

DAS SOLLTEN SIE SPEICHERN

Besonders Wichtiges wird in Merksätzen hervorgehoben. Sie unterstützen beim Lernen.

Folgende Piktogramme unterstützen das Lehren und Lernen:

Aufgabenstellungen

Diskussionsaufgaben

„Ziele erreicht? – Aufgaben“

Wissenswertes und Tipps

Verknüpfungen zu Lernfeldern und Themenfeldern

Videos, die in der TRAUNER-DigiBox oder mittels QR-Code bzw. Link aufgerufen werden können

„Achtung!“

Fallbeispiele

Downloads aus der TRAUNER-DigiBox

Im Anhang des Buches finden Sie bei Bedarf zu den Operatoren (Handlungsverben) Formulierungshilfen, die Sie bei der Erarbeitung der Aufgabenstellungen sprachlich unterstützen.

STARTEN SIE IHR DIGITALES ZUSATZPAKET ZUM BUCH!

In der TRAUNER-DigiBox (**www.trauner-digibox.com**) finden Sie Ihr persönliches E-Book und die Zusatzmaterialien zum Buch:
- **www.trauner-digibox.com** aufrufen
- Einmal kostenlos registrieren
- Ihr digitales Zusatzpaket mit **Lizenz-Key** auf der Rückseite des Buches freischalten

Viel Freude und Erfolg wünschen Ihnen die Autorinnen/Autoren.

Inhaltsverzeichnis

4. SEMESTER

I Kommunikation und Gesprächsführung

Sie finden

Interaktion und Kommunikation

Sobald wir auf Menschen treffen, interagieren wir mit ihnen. Wir treten auf unterschiedlichste Art und Weise in Kontakt: sei es im Gespräch oder durch unsere Körperhaltung, Mimik und andere Signale, die wir aussenden. In sozialen Interaktionen laufen verschiedenste Kommunikationsprozesse ab.

die Mimik = Gesichtsausdruck

nonverbal = ohne Worte

die nonverbale Kommunikation = Körpersprache

In Ihrer pflegerischen Tätigkeit sind Sie dazu aufgefordert, diese Interaktionen professionell zu gestalten. Dabei sind vor allem die nonverbale Kommunikation und die richtige Nähe bzw. Distanz gegenüber den betreuten Personen zu beachten.

Meine Ziele

Nach Bearbeitung dieses Kapitels kann ich

- beschreiben, was soziale Interaktion und nonverbale Kommunikation bedeuten und wie sie beeinflusst werden können;
- zwischen verbaler, paraverbaler und nonverbaler Kommunikation unterscheiden;
- nonverbale Kommunikation und ihre Bedeutung und Wirkungsweise in der Pflege erläutern;
- ein professionelles Nähe- und Distanzverhältnis beschreiben und es der jeweiligen Situation angemessen gestalten.

professionell = berufsmäßig, fachkundig

1 Soziale Interaktion

In Sarahs Klasse gibt es eine neue Kollegin. Weil sie die anderen gerne kennenlernen möchte, fragt sie laut in die Gruppe, ob jemand am Nachmittag Lust hätte, einen Kaffee mit ihr trinken zu gehen. Weil die neue Kollegin sympathisch wirkt und Sarah ohnehin bereits mit einer Kollegin zum Kaffee verabredet ist, sagt sie in die Runde, dass sie sich gleich nach der letzten Stunde mit einer Kollegin im Stadtcafé treffe und gerne auch noch mehr Leute mitkommen können.

Wie steht es mit Ihnen: Treten Sie gerne in Kontakt mit anderen Menschen? Oder meiden Sie die Interaktion mit anderen eher? Tauschen Sie sich mit einer Kollegin/einem Kollegen aus.

Interaktion heißt, dass Menschen, die sich begegnen, einander durch ihr Handeln gegenseitig beeinflussen. Jede Person, die an einer Interaktion beteiligt ist, interpretiert die Handlungen des Gegenübers. Das führt wiederum zu weiteren Handlungen und Interpretationen.

interpretieren = deuten

DAS SOLLTEN SIE SPEICHERN

Interaktion ist immer auch Kommunikation, sei sie verbal oder nonverbal.

Soziale Interaktion beschreibt eine Form von Beziehung zwischen einzelnen Menschen innerhalb von Gruppen, in sozialen Netzwerken oder auch zwischen ganzen Gruppen. Soziale Interaktion bringt immer auch wechselseitige Beeinflussung und Kontrolle oder sogar die Ausübung von Macht mit sich.

Die vier grundlegenden Arten sozialer Interaktion nach Erving Goffman können Sie in der TRAUNER-DigiBox nachlesen.

Fragebogen – „Soziale Interaktion“

- **Meine aktuellen sozialen Interaktionen**

a) Kreuzen Sie soziale Interaktionen an, an denen Sie in der letzten Woche teilgenommen haben.

Soziale Interaktionen	
Ich habe mich an einer Diskussion in einem Blog, Forum etc. beteiligt.	
Ich habe gemeinsam mit Freundinnen und Freunden einen Spieleabend verbracht.	
Ich habe gemeinsam mit Bekannten ein Onlinespiel gespielt.	
Ich hatte eine Auseinandersetzung mit meinen Eltern/meinem Partner oder meiner Partnerin.	
Wir haben als Gruppe gemeinsam ein Aktivwochenende geplant.	

b) Tauschen Sie sich nun mit einer Person aus Ihrer Gruppe über Ihre erlebten sozialen Interaktionen aus.

die Intervention = das Eingreifen, das Vermitteln, das Einfluss-Nehmen

das Empowerment = die Stärkung der individuellen Fähigkeiten und Ressourcen, um Selbstbestimmtheit und Eigenmacht zu fördern

Soziale Interaktion als Intervention in der Pflege

In der Arbeit mit Menschen kann Interaktion auch als Intervention betrachtet und eingesetzt werden. In Ihrer beruflichen Tätigkeit als Pflegekraft ist es Ihre Aufgabe, Interaktionen mit Ihren Klientinnen und Klienten zu gestalten.

DAS SOLLTEN SIE SPEICHERN

Pflegehandeln ist Beziehungshandeln.

Soziale Interaktion in der Pflege zielt darauf ab, bei Krankheit oder Behinderung Hilfestellung zu geben, um Heilung oder Linderung zu ermöglichen oder einer Verschlechterung vorzubeugen. Dabei wird ein grundsätzliches Empowerment verfolgt. Die Betroffenen sollen also so weit unterstützt und befähigt werden, dass sie sich wieder weitestgehend selbst helfen können und ihre **Selbstständigkeit zurückerlangen.**

2 Kommunikation

Im Praktikum begleitet Attila seine Kollegin Duygu ins Zimmer des Bewohners Herrn Schröder. Er hat schon von anderen Kolleginnen und Kollegen gehört, dass Herr Schröder sehr unangenehm sein kann. In Herrn Schröders Zimmer verhält sich Attila sehr zurückhaltend, sieht den Bewohner nicht an und hält großen Abstand zu ihm. Er beobachtet nur, wie seine Kollegin die Arbeit macht. Plötzlich fragt Herr Schröder Attila barsch, was er ihm denn angetan habe, dass er so unfreundlich sei. Attila ist völlig überrascht und kann sich nicht erklären, was passiert ist.

Können Sie erklären, was passiert ist? Tauschen Sie Ihre Vermutungen in der Klasse aus.

Kommunizieren zu können ist eine wesentliche soziale Kompetenz, die besonders in der Arbeit mit Menschen wichtig ist.

Unter **Kommunikation** versteht man den Austausch von Informationen zwischen zwei oder mehreren Menschen. Soll Kommunikation zustande kommen, sind mindestens zwei Partner/innen notwendig, nämlich der/die Sender/in und der/die Empfänger/in.

- Der/Die **Sender/in** versucht, eine Nachricht zu senden.
- Der/Die **Empfänger/in** entscheidet, welche Informationen aus der Nachricht aufgenommen und verstanden werden.

Kommunikation ist eine soziale Interaktion, bei der mithilfe von gesellschaftlich üblichen Zeichen (z. B. Sprache) Informationen ausgetauscht werden. Dabei sind die Kommunikationspartner/innen immer darauf angewiesen, was vom Gegenüber verstanden wird.

Kommunikation passiert nicht nur mit Worten, also **verbal.** Ein großer Teil unserer Kommunikation geschieht **nonverbal** oder **paraverbal,** also ohne gesprochene Worte. Bei der nonverbalen Kommunikation vermitteln wir Informationen durch unsere Körpersprache, bei der paraverbalen Kommunikation durch die Art und Weise, wie wir reden.

DAS SOLLTEN SIE SPEICHERN

Diese drei Arten der Kommunikation kommen meist gemeinsam vor. Mündliche verbale Kommunikation ist nicht möglich ohne paraverbale und nonverbale Kommunikationselemente.

Fallen Ihnen Kommunikationsformen ein, bei denen nicht alle drei Arten möglich sind? Notieren Sie sie.

Arten der Kommunikation

Verbale Kommunikation	Paraverbale Kommunikation	Nonverbale Kommunikation

■ Hörbare Sprache ■ Sichtbare Sprache: ▸ Schrift ▸ Zeichen	■ Lautstärke ■ Stimmlage ■ Sprechtempo ■ Betonung ■ Pausen ■ Tonfall ■ Sprechmelodie	■ Mimik ■ Gestik ■ Blick ■ Berührung ■ Räumliche Distanz ■ Auftreten ■ Gesamterscheinung

Wir kommunizieren immer, selbst wenn wir ruhig sitzen oder nur beim Fenster raussehen. Wir senden mithilfe unseres Körpers und unserer Stimme ständig Signale an unsere Umwelt und tragen damit dazu bei, ob wir von anderen verstanden werden. In einem wesentlichen Punkt unterscheiden sich verbale und nonverbale bzw. paraverbale Kommunikation:

DAS SOLLTEN SIE SPEICHERN

Verbale Kommunikation wird überwiegend bewusst von uns gesteuert. Im Gegensatz dazu passieren nonverbale und paraverbale Kommunikation meist automatisch, ohne unsere Steuerung.

2.1 Verbale Kommunikation

Verbale Kommunikation ist alles, was mit Worten oder Zeichen gesagt oder geschrieben wird. Wenn sich Kommunikation nur auf diese Form beschränkt (wie etwa in Briefen, E-Mails oder Messages), kommt es leichter zu Missverständnissen.

Aufgabenstellung – „Verbale Kommunikation“

Das Ziel der Übung ist, sich hauptsächlich mittels verbaler Kommunikation zu verständigen.

- Bilden Sie für die folgende Übung Zweierteams.
  - Beide Personen nehmen sich ein Blatt Papier und einen Stift und setzen sich anschließend Rücken an Rücken.

    Person A zeichnet nun eine geometrische Form auf das Blatt Papier, ohne dass Person B die Zeichnung sieht.

    Dann beschreibt **Person A** diese Form so, dass **Person B** sie nachzeichnen kann.
  - Vergleichen Sie anschließend die ursprüngliche Zeichnung von Person A mit der Zeichnung von Person B, die durch die verbale Beschreibung entstanden ist.
    - Wie gut ist die Zeichnung gelungen?
    - Was ist Ihnen beim Kommunizieren aufgefallen?
    - Welche Schwierigkeiten gab es?

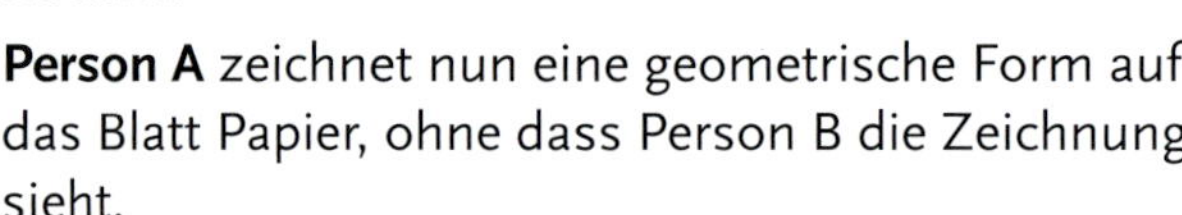

Beispiel für eine geometrische Form

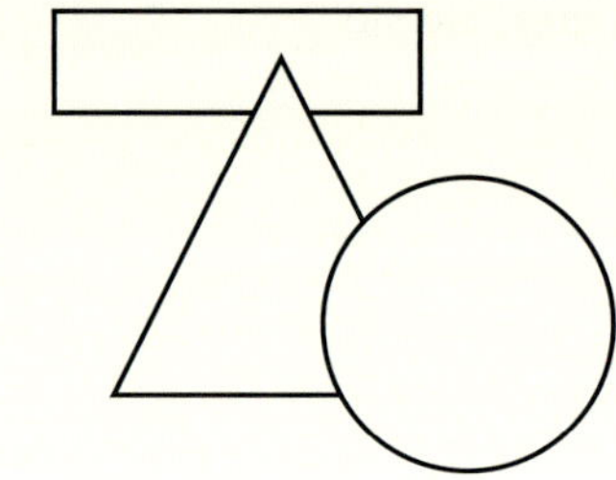

2.2 Paraverbale Kommunikation

Die **paraverbale Kommunikation** umfasst die Botschaften, die über die Stimme vermittelt werden. Zur paraverbalen Kommunikation tragen also bei:

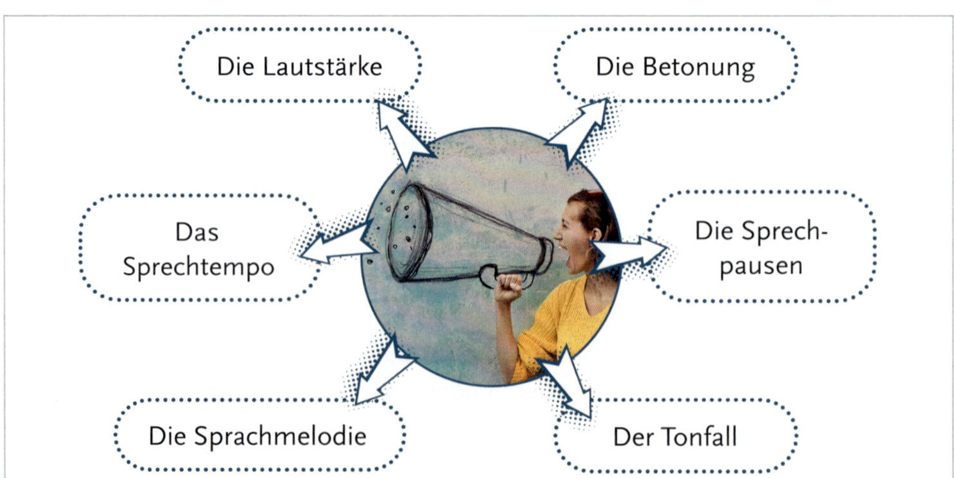

Mit diesen paraverbalen Äußerungen werden **Gefühle und Gedanken vermittelt,** die in der gesprochenen Botschaft nicht unbedingt ausdrücklich verbal formuliert vorkommen.

Beispiele für paraverbale Kommunikation

Wirkung der Lautstärke

Ein Jugendlicher kommt in der Nacht viel zu spät nach Hause. Seine Eltern sind beide noch wach und schimpfen lautstark über sein verantwortungsloses Verhalten. An der Lautstärke sind starke Emotionen wie Sorge und Wut zu erkennen.

die Emotion = Gefühl

Wirkung von Betonung

Ein Sportkollege sagt zu Ihnen: „Gegen diese Mannschaft gewinnen wir *sicher!*" Dabei betont er das Wort „sicher" auf eine bestimmte Art, sodass Sie verstehen, dass diese Aussage nicht ernst gemeint ist.

Wirkung von Sprechpausen und Sprechtempo

Ein Paar redet miteinander und plötzlich taucht die Frage auf: „Bist du mir immer treu gewesen?" Es vergehen einige Sekunden, bis die Antwort stockend kommt. Dies könnte die Vermutung hervorrufen, dass der/die Partner/in nicht treu gewesen ist.

Wirkung des Tonfalls

Jemand spricht mit einer weinerlichen Stimme, was auf Angst und Überforderung hindeutet.

2.3 Nonverbale Kommunikation

Zur **nonverbalen Kommunikation** gehören alle Formen von Kommunikation, die nicht über Worte oder die Stimme erfolgen.

2.3.1 Formen nonverbaler Kommunikation

Mimik

In unserem Gesichtsausdruck lassen sich Emotionen erkennen.

Beispiele

- Eine gerunzelte Stirn
- Aufgerissene Augen
- Nach unten gezogene Mundwinkel
- Ein strahlendes Lächeln

Gestik

Unter Gestik werden Bewegungen von Kopf, Armen oder Händen verstanden.

Beispiele

- Vor der Brust verschränkte Arme
- In die Hosentaschen gesteckte Hände
- Mit den Händen zugehaltene Augen
- Ein Kopfschütteln

Informationen zur **räumlichen Distanz** erhalten Sie im Abschnitt „Nähe und Distanz in der Pflege" dieses Kapitels (S. 23).

Blickverhalten
Wo wir während eines Gespräches hinblicken, kann Auskunft über Interesse, Sympathie und Aufmerksamkeit geben.

Beispiele
- Dem/Der Gesprächspartner/in in die Augen sehen
- Direkten Blickkontakt vermeiden
- In der Umgebung herumblicken
- Jemanden anstarren

Berührung/Taktilität
Unter Taktilität werden Körperberührungen verschiedenster Art verstanden.

Beispiele
- Umarmungen
- Ein fester oder weicher Händedruck
- Ein Schulterklopfen
- Ein Wegschieben

Räumliche Distanz
Die räumliche Distanz zu unserer Gesprächspartnerin/unserem Gesprächspartner gibt Aufschluss über die Beziehung.

Beispiel
- Bei nahestehenden Personen ist es in Ordnung, wenn weniger Distanz gehalten wird.
- Zu Personen, die man nicht so gerne mag, hält man üblicherweise größere Distanz.

Auftreten/Körperhaltung
Die Körperhaltung, Kopfhaltung und Art der Bewegung beim Gehen geben Aufschluss über die Befindlichkeit.

Beispiele
- Hängengelassener Kopf
- Aufrechte Haltung
- Schlurfender Schritt
- Schwingende Arme

Erscheinungsbild
Wie wir erscheinen, wird auch von Merkmalen wie der Frisur, dem Schmuck und den Statussymbolen bestimmt. Ebenso spielt unser Geruch eine Rolle.

Beispiele
- Teures Auto als Statussymbol
- Marken-Kleidung
- Aufdringliches Parfum
- Fettiges Haar

Aufgabenstellungen – „Nonverbale Kommunikation"

1. Reflektieren Sie, worauf Sie bei sich selbst besonders achten, wenn Sie in eine wichtige neue soziale Situation kommen (z. B. erster Praktikumstag, Bewerbungsgespräch).

a) Kreuzen Sie die Aussagen an, die auf Sie zutreffen:

Verhaltensweisen in einem Gespräch	Ja
Ich achte darauf, saubere und angemessene Kleidung zu tragen.	
Ich achte darauf, gut zu riechen.	
Ich begrüße die Anwesenden zu Beginn aktiv und gebe ihnen die Hand.	
Ich versuche, eine aufrechte und aktive Körperhaltung einzunehmen.	
Während des Gespräches achte ich darauf, den Blickkontakt zu den Personen, die mit mir sprechen, zu halten.	
Ich versuche es zu vermeiden, meine Arme zu verschränken oder mich vom Gegenüber abzuwenden.	

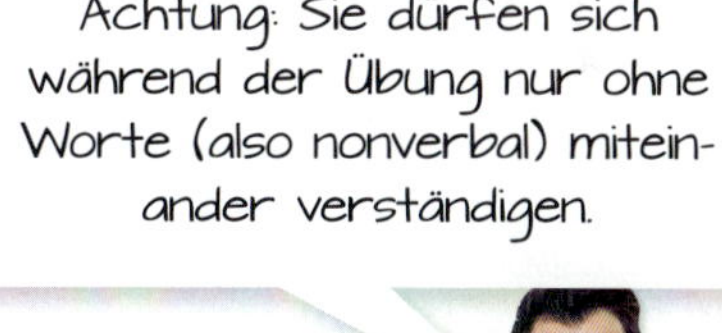

b) Tauschen Sie sich nun mit einer Person aus Ihrer Gruppe über Ihre Erfahrungen in solchen Situationen aus.

2. a) Für diese Übung ist eine Gruppe von 10 bis 20 Personen nötig.

- Alle sitzen gemeinsam in einem Raum.
- Vier Personen der Gruppe stehen auf. Sie dürfen allerdings nicht länger als zehn Sekunden stehen, dann müssen sie sich wieder hinsetzen.
- Die einzige Regel im Spiel ist, dass immer vier Personen gleichzeitig stehen, jedoch niemand länger als zehn Sekunden.

Ziel ist, es möglichst lange zu schaffen, dass vier Teilnehmer/innen gleichzeitig stehen.

b) Tauschen Sie sich anschließend über die nonverbalen Kommunikationselemente aus, die zum Gelingen der Übung beigetragen haben.

Achtung: Sie dürfen sich während der Übung nur ohne Worte (also nonverbal) miteinander verständigen.

2.3.2 Bedeutung nonverbaler Kommunikation

Die nonverbale Kommunikation kann besser als die verbale Kommunikation Auskunft darüber geben, wie die **Einstellung der Person zum Gespräch** ist: Wie steht die Person zu dem, was gesagt wird? Welche Gefühle hat die Person? Welche Interessen verfolgt sie?

Nonverbale Kommunikation trägt wesentlich dazu bei, mit anderen in Kontakt zu treten. Nonverbale Ausdrucksformen haben mehr Aussagekraft über unsere **inneren Zustände** als verbaler Ausdruck. Wenn Menschen in der Lage sind, zu erkennen, wie sich andere fühlen bzw. was sie beschäftigt, dann gelingt es besser, sich zu verständigen, und es werden mögliche Missverständnisse verringert.

Eine Studie hat festgestellt, dass die Glaubwürdigkeit von Menschen zu über 80 % auf Grundlage ihrer Körpersprache beurteilt wird.

das Stereotyp = vorgefertigte, verallgemeinerte, meist nicht überprüfte Meinung über Personengruppen

die Achtsamkeit = Aufmerksamkeit, Fürsorge

Nähere Informationen zur **kulturspezifischen Kommunikation** erhalten Sie im Kapitel „Kultursensibles pflegerisches Handeln“, S. 184.

Die nonverbalen Signale von Menschen sind jedoch nicht immer eindeutig, sodass es auch hier zu Missverständnissen kommen kann. Drei Themen können die Interpretation nonverbaler Signale beispielsweise erschweren:

Die Interpretation nonverbaler Signale wird z. B. erschwert durch:

1. **Die aktuelle Laune**
Mit schlechter Laune werden nonverbale Signale häufig viel negativer interpretiert und dadurch werden auch die eigenen Reaktionen negativ gefärbt.

2. **Stereotype und Vorurteile**
Nonverbale Signale werden entsprechend den Vorurteilen und vorgefassten Meinungen über andere Personen interpretiert.

3. **Kulturelle Unterschiede**
Nonverbale Signale haben in unterschiedlichen Kulturkreisen verschiedene Bedeutungen. Was in einer Kultur üblich ist, kann in einer anderen Kultur sogar als beleidigend gelten. Daher ist es wichtig, Verständnis und Achtsamkeit für kulturspezifische nonverbale Kommunikation zu entwickeln.

Aufgabenstellung – „Bedeutung nonverbaler Kommunikation“

- **Einschätzung nonverbaler Signale**

a) Markieren Sie jene Interpretationen, die Ihrer Meinung nach die Bedeutung der folgenden nonverbalen Signale beschreiben. Es können eine oder mehrere Interpretationen zutreffen.

Nonverbales Signal	Interpretation 1	Interpretation 2	Interpretation 3
a) Aufs Handy schauen	○ Unsicherheit	○ Desinteresse	○ Langeweile
b) Mit erhobenem Kopf eintreten	○ Selbstsicherheit	○ Eile	○ Arroganz
c) Nahe beieinander sitzen	○ Unsicherheit	○ Zuneigung	○ Angst
d) Den Blickkontakt suchen und halten	○ Interesse	○ Neugierde	○ Ärger
e) Verschränkte Arme	○ Offenheit	○ Gemütlichkeit	○ Ablehnung
f) Stirnrunzeln	○ Ärger	○ Ungeduld	○ Freude

b) Besprechen Sie Ihre Interpretationen mit Kolleginnen/Kollegen und begründen Sie Ihre konkrete Interpretation des Signals.

konkret = auf den Einzelfall/eine bestimmte Situation bezogen

2.3.3 Beobachten und wahrnehmen

Sarahs Klassenkollegin Laura sitzt heute Morgen nach vorne gebeugt in der Bank und stützt den Kopf mit den Händen ab. Ihre Nase ist gerötet, der Blick müde. Kein Lächeln, kein freudiges „Hallo“ wie sonst. Das ist nicht die quirlige, strahlende Laura, die Sarah kennt. „Laura, was ist los mit dir? Bist du krank oder bedrückt dich etwas?“

Beschreiben Sie zu zweit, was Sarah bei Laura beobachten kann.

Beobachtung und **Wahrnehmung** sind die **Grundlage** für die Betreuung und Pflege von Menschen. Die so gesammelten Informationen tragen zur Einschätzung der Befindlichkeit der Klientinnen und Klienten bei und helfen z. B., die Wirkung von Pflegemaßnahmen zu beurteilen und Anpassungen vorzunehmen. Auch Gefahren für die betreuten Personen können so frühzeitig erkannt werden.

Zum **Beobachten ohne Bewertung** finden Sie auch Informationen im Kapitel „Gewaltfreie Kommunikation“, S. 137.

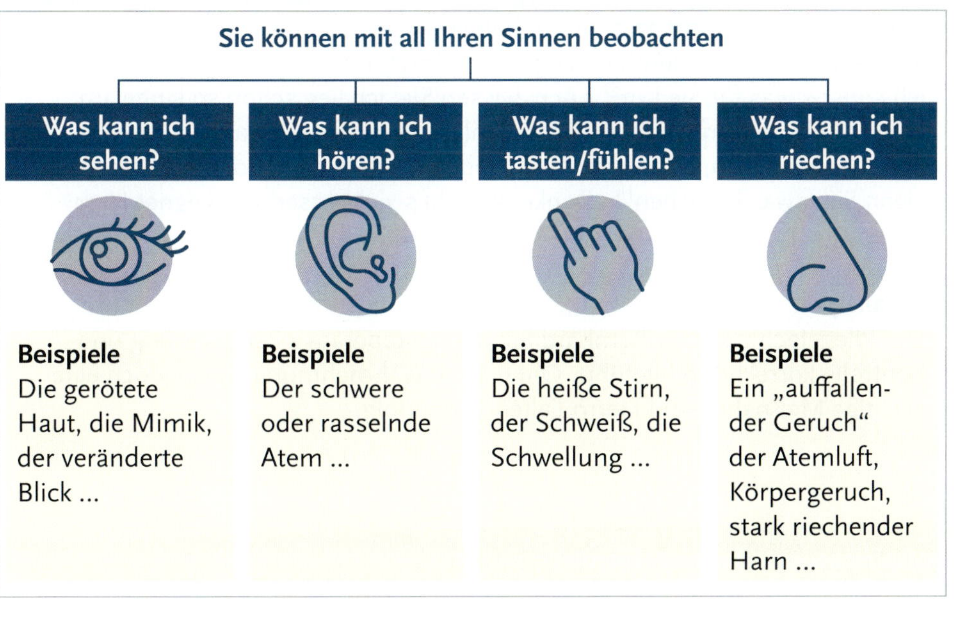

Der fünfte Sinn, das **„Schmecken“**, spielt heute in der Patientenbeobachtung keine Rolle mehr. Vor der Entwicklung geeigneter Testmethoden konnte der Arzt z. B. durch „Probieren“ den Zucker im Harn von Menschen mit Diabetes „schmecken“.

Beobachtung und Wahrnehmung

Beobachtung	Wahrnehmung
Alles, was mit den Sinnen erfasst werden kann, wird als Beobachtung bezeichnet.	Wahrnehmung ist die gefühlsmäßige Bewertung des Beobachteten. Darauf kann die Frage nach der Bedeutung und möglichen Konsequenzen folgen.

Die Beobachtung ist immer durch die **eigene Wahrnehmung** und **jene der betreuten Person** zu ergänzen:

- Was **sagt** uns die Person?
- Was **fühlt** sie? Was fühle ich?
- Was **spürt** sie? Was spüre ich?

Die **Beobachtung** in der Pflege erfolgt **aufmerksam, methodisch und zielgerichtet.** Sie zielt darauf ab, Informationen zu gewinnen und Entscheidungen zu treffen.

In der Regel ist die **Beobachtung** **objektiv,** d. h., zwei Personen kommen zum selben Ergebnis. Die **Wahrnehmung** hingegen ist **subjektiv** und kann sich von Person zu Person erheblich unterscheiden.

objektiv = frei von Bewertungen und Meinungen, daher wissenschaftlich nachprüfbar

subjektiv = von persönlichen Gefühlen oder Vorstellungen beeinflusst, unsachlich

DAS SOLLTEN SIE SPEICHERN

Objektivität ist das Ziel jeder Beobachtung. Daher gibt es **standardisierte Assessmentinstrumente** wie z. B. Fragebögen, die dabei zum Einsatz kommen. Nicht zuletzt steigern das **Fachwissen** sowie die berufliche Erfahrung die Beobachtungsfähigkeit.

FALLBEISPIEL

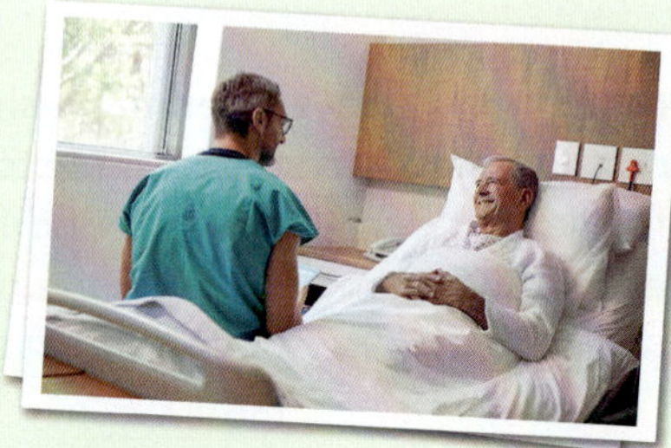

Der Pflegefachassistent Bernhard führt bei Herrn Falter die postoperative Überwachung durch. Er misst die Vitalwerte und kontrolliert den Verband. Alles scheint in Ordnung zu sein. Doch Bernhard hat das Gefühl, dass es Herrn Falter nicht so gut geht. „Haben Sie Schmerzen?", fragt Bernhard. „Nein, nicht so sehr, ich hab ja was bekommen …!" Bernhard zögert und fragt nach: „Kann ich sonst etwas für Sie tun?" „Ach, wissen Sie, ich lieg schon so lange am Rücken und hab Angst, mich zu drehen!", antwortet Herr Falter. „Da kann ich Ihnen gerne helfen, das ist gar kein Problem, und bitte melden Sie sich ruhig, wenn Sie etwas brauchen!" „Danke, so geht's viel besser", entgegnet Herr Falter.

Fallanalyse

Der Pflegefachassistent Bernhard hat die postoperative Beobachtung und Kontrolle korrekt durchgeführt. Ohne seine Wahrnehmung wäre jedoch eine wichtige Maßnahme bei Herrn Falter nicht erfolgt.

Aufgabenstellungen – „Beobachten und wahrnehmen"

1. Etwas zu beobachten und wahrzunehmen klingt so selbstverständlich, dass wir oft glauben, es nicht mehr üben zu müssen. Es läuft so automatisch ab, dass wir gar nicht wahrnehmen, dass wir etwas wahrnehmen. Tun Sie es also wieder einmal bewusst.

   Nehmen Sie sich 15 Minuten Zeit. Sie können diese Übung mit einem Spaziergang verknüpfen oder Sie setzen sich an einen Ort, an dem Sie sich wohlfühlen oder den Sie interessant finden. Schreiben Sie anschließend auf, was Sie beobachtet haben (denken Sie dabei an Ihre Sinne). Notieren Sie auch Ihre subjektive Wahrnehmung, also Ihre Gefühle.

2. Lesen Sie das folgende Fallbeispiel und bearbeiten Sie anschließend die Aufgaben.

   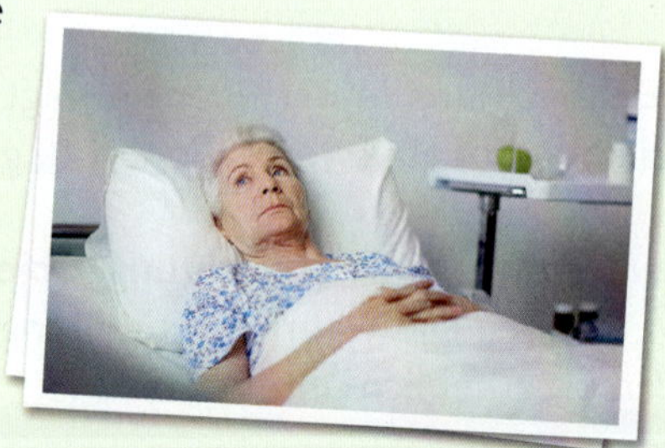

   Frau Krämer (70 Jahre) fühlt sich seit einigen Wochen nicht gut, sie hat mehrere Kilo abgenommen und tut sich immer schwerer, ihren Alltag zu bewältigen. Daher wurde sie zur Abklärung stationär aufgenommen. Gestern hatte sie einige Untersuchungen und für heute ist ein ärztliches Gespräch angesetzt. Sie führen die täglichen Routinekontrollen bei Frau Krämer durch. Der Blutdruck ist etwas niedrig, der Puls leicht beschleunigt, Atmung und Temperatur sind normal, das Gewicht ist unverändert. Frau Krämer ist sehr ruhig und lässt die Kontrollen kommentarlos durchführen. Sie ist blass, ihr Gesichtsausdruck ist ernst.

a) Erschließen Sie, was in dem Beispiel beobachtet werden kann und was Sie anhand der Beschreibung wahrnehmen.

b) Erörtern Sie, wie Sie in diesem Fall handeln würden und wie Ihr Handeln den weiteren Pflegeprozess beeinflusst.

2.3.4 Verbesserung nonverbaler Kommunikation

Der eigene nonverbale Ausdruck und die Interpretation nonverbaler Signale können verbessert werden. Für die professionelle Arbeit mit Menschen ist dies besonders wichtig.

Formulierungshilfen, die Sie sprachlich bei der Erarbeitung der Aufgabenstellungen unterstützen, finden Sie ab S. 259.

Verbesserung des eigenen nonverbalen Ausdrucks

- **Achtsamkeit**
  Achtsamkeit ist das bewusste Wahrnehmen und Erleben des aktuellen Moments. Wenn Sie sich selbst und andere gut wahrnehmen können, dann können Sie die Signale, die Sie aussenden, bewusster beeinflussen. Auch Ihr Umgang mit Missverständnissen und Wahrnehmungsstörungen wird durch Achtsamkeit verbessert.

Beispiel
Im Gespräch mit Ahmed bemerkt Hannah, dass er sich ständig an der Nase kratzt und unruhig bewegt. Hannah deutet diese kleinen Bewegungen als Zeichen, dass sich Ahmed unwohl fühlt. Daher versucht sie, die Situation angenehmer für ihn zu machen, indem sie mit einladender Geste zum Sofa deutet und sagt: „Ahmed, wollen wir uns aufs Sofa setzen? Das ist bequemer, als so zwischen Tür und Angel zu stehen."

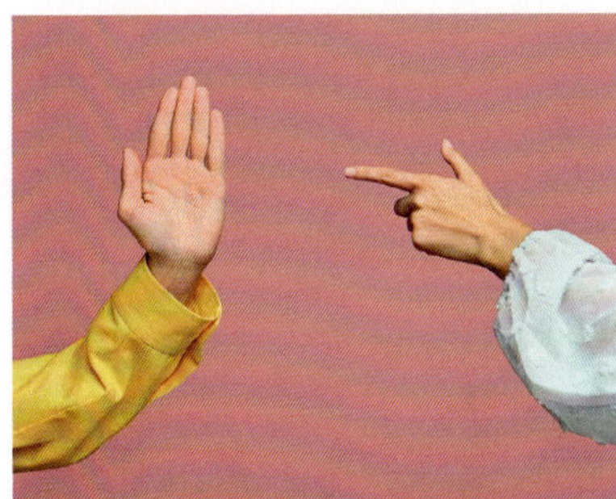

die Geste = Handzeichen, das uns hilft, bestimmte Aussagen zu unterstreichen; die Gestik meint die Gesamtheit der Gesten.

- **Persönliche Anwesenheit bei Interaktionen**
  Nonverbale Kommunikation benötigt Übung und Feedback. Dies ist am leichtesten möglich, wenn Sie persönlich anwesend sind und Ihrem Gegenüber von Angesicht zu Angesicht begegnen. Bei Kommunikation über technische Medien (Videokonferenz, Telefonat usw.) ist der nonverbale Ausdruck stark eingeschränkt.

das Feedback = verbale Form der Rückmeldung nach bestimmten Regeln, bei der mitgeteilt wird, wie das Verhalten des Gegenübers empfunden wird

Informationen zum **Feedback** erhalten Sie im Kapitel „Soziale Kompetenz", S. 107.

Beispiel
Luisa hat einen Arzttermin. Gerade, als sie die Wohnung verlassen möchte, ruft ihre Oma an. Luisa möchte ihr nicht sagen, dass sie eigentlich keine Zeit hat, wird aber im Tonfall immer ungehaltener und läuft im Vorraum nervös auf und ab. Das kann Luisas Oma natürlich nicht sehen. Nach dem Telefonat fragt sie sich deshalb, warum ihre Enkelin denn heute so mürrisch war.

- **Mit Stress umgehen**
  Emotionaler Stress (z. B. Ärger, Überarbeitung oder Müdigkeit) begrenzt unsere Wahrnehmungs- und Ausdrucksmöglichkeiten und schränkt daher unsere nonverbale Kommunikation ein.

emotional = gefühlsmäßig

Beispiel
Roberts Kollegin Nadja ist krank, daher hat Robert heute sehr viel Stress. Weil er alles erledigen möchte, ist er auf seine Aufgaben konzentriert und merkt nicht, wie der sonst so aktive und freundliche Bewohner Herr Nemec heute mit gesenktem Blick und still beim Frühstückstisch sitzt.

Reflektieren Sie in einer kleinen Gruppe, wie es Ihnen gelingt, Stress abzubauen und Ihre Achtsamkeit zu fördern.

- **Eigene blinde Flecken kennenlernen**
  Menschen haben nur begrenzten Zugang zu ihren eigenen Wahrnehmungen und Empfindungen; sie haben sogenannte „blinde Flecken". Diese gilt es zu verkleinern, weil nonverbale Signale stark von den eigenen Gefühlen und deren Wahrnehmung beeinflusst sind.

Beispiel
Dennis hat sein erstes Date mit Lara. Weil er nervös ist, zuckt er regelmäßig mit dem Gesicht. Das macht er immer, wenn er nervös ist. Weil er sich dessen aber nicht bewusst ist und es ihm noch niemand gesagt hat, weiß er es gar nicht.

Das Johari-Fenster
Das Johari-Fenster von Joseph Luft und Harry Ingham ist ein einfaches grafisches Modell, um darzustellen, wie Verhaltensweisen wahrgenommen werden. Es beschreibt die Unterschiede zwischen dem, was wir über uns selbst wissen, und dem, was andere über uns wissen.

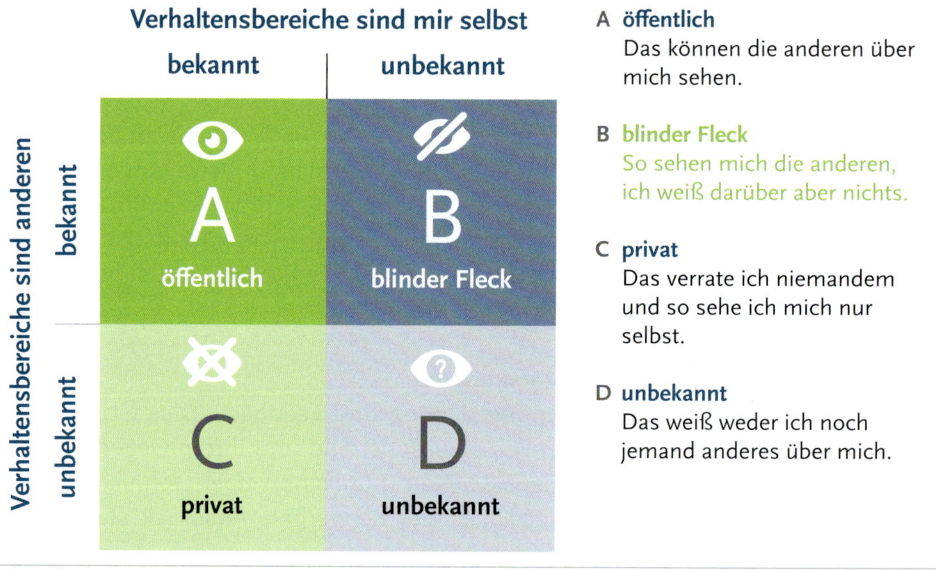

DAS SOLLTEN SIE SPEICHERN
Durch gelungenes Feedback kann der blinde Fleck verkleinert werden.

Genauere Informationen zum **aktiven Zuhören** erhalten Sie im Kapitel „Grundlagen der Gesprächsführung", S. 53.

Verbesserung der eigenen Interpretationsfähigkeit nonverbaler Signale

- **Aktiv zuhören**
  Wenn Sie aktiv zuhören, widmen Sie Ihre volle Aufmerksamkeit der gerade stattfindenden Kommunikation. Dadurch können Sie auch kleine nonverbale Signale aufgreifen.

Beispiel
Denise erzählt Irina von einem Film, den sie am Wochenende gesehen hat. Als Denise beschreibt, wie unrealistisch die Szene war, in der ein Charakter gehängt wurde, merkt sie, wie sich Irinas Körper und Gesicht fast unmerklich anspannen. Denise wird klar, dass Irina das Thema unangenehm ist, und wechselt zu etwas Angenehmerem.

- **Nachfragen**
  Was Ihr Gegenüber zum Ausdruck bringen will, muss nicht das sein, was Sie interpretieren. Nachfragen ermöglicht es Ihnen, nonverbale Signale zu entschlüsseln und nicht nur Ihren Annahmen zu folgen.

Beispiel
Bernd berichtet seiner Freundin Melisa von seinem Tag. Als Melisa im Gespräch plötzlich die Augen verdreht, fragt Bernd etwas eingeschnappt nach: „Langweile ich dich?" Melisa schüttelt den Kopf und antwortet: „Nein, aber was du gerade gesagt hast, erinnert mich daran, dass ich ja noch einen Termin für die Mundhygiene vereinbaren muss."

- **Widersprüche wahrnehmen**
  Nonverbale Signale vermitteln manchmal andere Inhalte als die verbalen Signale.

Beispiel
Als Emre Natalia fragt, wie es ihr geht, antwortet sie mit mürrischem Blick: „Mir geht's gut, danke."

- **Emotionale Intelligenz fördern**
  Emotionale Intelligenz umfasst die Fähigkeit, Emotionen zu erkennen.

Beispiel (Fortsetzung)
Weil Emre eine ausgeprägte emotionale Intelligenz hat, bemerkt er an Natalias Körpersprache, dass es ihr nicht gut geht, obwohl sie Gegenteiliges sagt.

- **Kulturelle Intelligenz fördern**
  Nonverbale Kommunikation ist auch von kultureller Prägung beeinflusst. Verständnis für kulturelle Unterschiede erleichtert die Interpretation von nonverbalen Signalen.

Beispiel
Als Danijela einer japanischen Touristin den Weg zum Dom erklärt, wundert sie sich sehr darüber, dass die Dame sie dabei nicht anblickt. Danijela weiß nicht, dass es in Japan als unhöflich gilt, jemandem für längere Zeit direkt in die Augen zu sehen.

Wenn Worte der Körpersprache widersprechen, wird die Kommunikation zu 93 % von para- und nonverbalem Ausdruck bestimmt und nur zu 7 % von dem tatsächlich Gesagten.

Mit **emotionaler Intelligenz** befassen Sie sich im Kapitel „Soziale Kompetenz", S. 94.

die kulturelle Prägung: Sie beschreibt den Einfluss von z. B. dem Herkunftsland, der Wohngegend, den sozialen Gruppen usw.

Mit **kultursensibler Kommunikation** beschäftigen Sie sich im Kapitel „Kultursensibles pflegerisches Handeln", S. 184.

Aufgabenstellung – „Verbesserung nonverbaler Kommunikation"

- Führen Sie die folgende Übung in Dreiergruppen durch:
  - **Person A und B** unterhalten sich darüber, wie sich die letzte Meinungsverschiedenheit mit einer guten Freundin/einem guten Freund oder der Partnerin/dem Partner zugetragen hat und wie sie gelöst wurde.
  - **Person C** ist Beobachter/in und achtet in erster Linie auf die nonverbale Kommunikation der Personen A und B und auf Widersprüche zwischen verbalen und nonverbalen Signalen.

  - Tauschen Sie sich nach zehn Minuten zu dritt über die Beobachtungen zu den nonverbalen Signalen und den Widersprüchen aus.
  - Wiederholen Sie die Übung und die anschließende Diskussion mit getauschten Rollen, bis jede/r in der Gruppe einmal der/die Beobachter/in war.

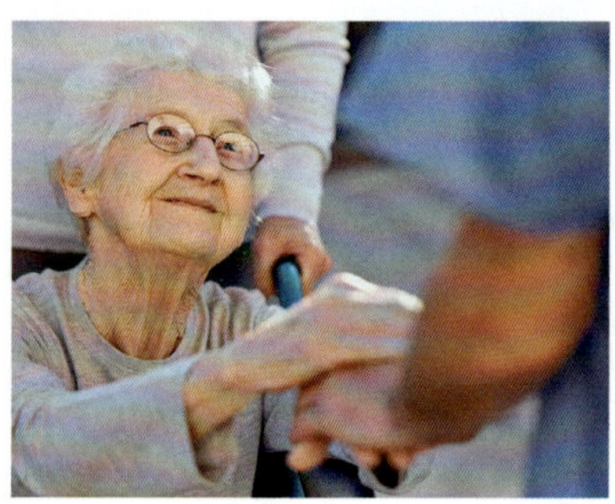

2.3.5 Nonverbale Kommunikation in der Pflege

Als Pflegeassistenz werden Sie häufig mit Personen arbeiten, die in ihrer **Kommunikationsfähigkeit stark eingeschränkt** sind. Viele Ihrer Klientinnen und Klienten werden Sie mit „üblicher" verbaler Kommunikation kaum erreichen können. Für die Unterstützung dieser Personengruppen ist achtsame nonverbale Kommunikation besonders notwendig.

FALLBEISPIEL

Beim Frühstück in der Betreuungseinrichtung sitzt die 87-jährige Frau Kolm, die eine Demenzerkrankung hat, mit den anderen Bewohnerinnen und Bewohnern bei Tisch. Auch das Pflegepersonal ist anwesend und man unterhält sich. Frau Kolm stößt immer wieder unverständliche Laute aus. Die anderen Bewohner/innen fühlen sich dadurch in ihrer Unterhaltung gestört und machen ärgerliche Bemerkungen. Erst als die Pflegerin Ramona wiederholt versucht, Frau Kolm ins Gespräch einzubinden, indem sie auch ihr Fragen stellt und sie ansieht, beruhigt die Dame sich und verfolgt das Gespräch am Frühstückstisch mit.

die Demenz (lat. *de-* = weg; *mens* = Verstand) = Überbegriff für Symptome einer meist chronischen oder fortschreitenden Krankheit des Gehirns

chronisch = sich langsam entwickelnd und lang dauernd

Durch eine geringe verbale Kommunikationsfähigkeit vieler Klientinnen und Klienten treten in der Pflege häufig Verständigungsprobleme auf. Dem kann durch eine vermehrte nonverbale Kommunikation des Gesundheitspersonals entgegengewirkt werden. Damit kann gleichzeitig verhindert werden, dass sich die Betreuten ausgeschlossen fühlen und sich immer mehr zurückziehen.

Tipp!
Nonverbale Kommunikationsstrategien wie zum Beispiel das Halten von Augenkontakt, das Entgegenbringen von Aufmerksamkeit und Zeit sowie interessierte Gesten und gezielte Berührungen durch die Pflegekräfte können die Kommunikation der Betreuten wieder in Gang bringen.

DAS SOLLTEN SIE SPEICHERN
Jeder Mensch hat das Recht auf Kommunikation. Für Sie als angehende Pflegeassistenz ist es daher enorm wichtig zu wissen, dass Kommunikation auch ohne Worte gelingen kann.

Aufgabenstellung – „Nonverbale Kommunikation in der Pflege"

- Schlagen Sie in Kleingruppen nonverbale Kommunikationsangebote vor, die Sie Menschen machen können, die verbal an einer Kommunikation nicht (mehr) teilnehmen können. Notieren Sie Kommunikationsangebote und Beispiele dazu:

2.3.6 Nähe und Distanz in der Pflege

Attila hat die Aufgabe erhalten, Herrn Marx, einen Bewohner der Einrichtung, bei der Körperpflege zu unterstützen. Attila begegnet Herrn Marx zum ersten Mal und er ist sich sehr unsicher, wie er angemessene Unterstützung leisten soll. Attila beschließt, einfach offen auf den Bewohner zuzugehen und immer zu erklären, was er tun will, damit der Herr sich darauf einstellen kann.

Diskutieren Sie in der Klasse über die Schwierigkeit, während körperlich intimer Pflegehandlungen professionelle Distanz zu den Klientinnen und Klienten zu halten.

Die Begriffe Nähe und Distanz können emotionale und körperliche Verhältnisse beschreiben. Üblicherweise wird erst durch emotionale Nähe auch körperliche Nähe möglich und angenehm.

Für den räumlichen Abstand zu anderen Menschen werden vier Distanzzonen unterschieden:

Distanzzonen

Intime Distanz	Persönliche Distanz	Gesellschaftliche Distanz	Öffentliche Distanz
0 bis 70 cm (ca. 1 Armlänge)	70 bis 150 cm (1 bis 2 Armlängen)	ab 150 cm (mehr als 2 Armlängen)	ab 360 cm
Beispiele: körperliche Behandlungen (Pflege, Massage), körperlicher Kampf, Sexualität	■ Sogenannte Schutzsphäre oder Privatsphäre ■ Körperkontakt wird eher vermieden	■ Abstand zu Fremden ■ Der gesamte Körper des Gegenübers bleibt im Blickfeld ■ Kein Körperkontakt	■ Blick- und Sprechkontakt sind möglich ■ Kein Gefühl der Bedrohung

Weitere Informationen zum Thema **Nähe und Distanz** finden Sie im Kapitel „Nähe und Distanz", S. 112.

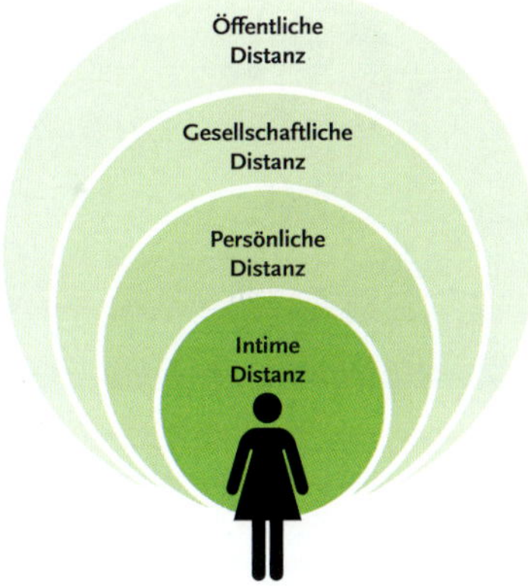

DAS SOLLTEN SIE SPEICHERN

Angemessene körperliche oder räumliche Distanz wird von Menschen je nach Umgebung jedoch unterschiedlich erlebt. Auch die jeweilige Kultur der Betroffenen beeinflusst das Empfinden von Nähe und Distanz.

Aufgabenstellung – „Nähe und Distanz in der Pflege"

- Reflektieren Sie die folgenden Fragen in Kleingruppen:
  - Denken Sie an Ihre bisherigen zwischenmenschlichen Beziehungen. Welche Nähe-Distanz-Probleme sind Ihnen schon begegnet?
  - Wie konnten Sie diese Probleme zufriedenstellend lösen?

Grenzüberschreitungen in der Pflege

Distanz schützt vor Verletzungen und Übergriffen. Wird das Nähe- oder Distanzempfinden des Gegenübers nicht respektiert, entsteht eine **Grenzüberschreitung.**

DAS SOLLTEN SIE SPEICHERN

In der Pflege kann das Nähe- oder Distanzempfinden der Klientinnen und Klienten nicht immer respektiert werden, denn oftmals muss große körperliche Nähe zu den betreuten Personen hergestellt werden. Als Pflegekraft müssen Sie sich dieser Grenzüberschreitungen und des damit einhergehenden Machtverhältnisses bewusst sein.

individuell = die einzelne Person betreffend

Bevor Sie in die intime Distanzzone von Pflegebedürftigen eindringen, fragen Sie nach ihrem Einverständnis und beschreiben Sie, was Sie tun werden.

Unterstützen, ohne zu belästigen

Wenn die individuelle Distanzgrenze einer Person überschritten wird, kann dies von der Person als Belästigung empfunden werden. Belästigung bedeutet auch immer, dass nicht angemessen mit der zugeschriebenen Macht umgegangen wird.

Vor allem unsichere und ängstliche Menschen sowie Menschen mit Einschränkungen sind besonders gefährdet, belästigt zu werden, weil sie sich nur schlecht dagegen wehren können. Umgekehrt belästigen diese Personengruppen ihrerseits häufiger andere, um aus ihrer Ohnmacht herauszukommen.

FALLBEISPIEL

Der 42-jährige desorientierte Herr Quinn sitzt zusammengesunken in seinem Rollstuhl und Tränen rollen ihm über die Wangen. Die Pflegerin Saskia bemerkt, dass Herr Novak lautlos weint, und möchte ihm Trost spenden. Dazu geht sie zu ihm hin und nimmt seine Hand, um sie zu halten. Doch zu Saskias Erstaunen zieht Herr Quinn die Hand zurück.

Was ist im obigen Fallbeispiel passiert? Offenbar ist Saskia Herrn Quinn zu nahe gekommen, ohne es zu bemerken.

DAS SOLLTEN SIE SPEICHERN

In der Pflege ist der gekonnte Umgang mit Nähe und Distanz außerordentlich wichtig. Als Pflegekraft unterstützen Sie Menschen bei teilweise sehr intimen Problemen. Gleichzeitig wollen Sie vermeiden, dass Sie diesen Menschen zu nahe treten.

Tipps, um Grenzüberschreitungen möglichst zu vermeiden

1. Tipp: Zwingen Sie niemandem Gespräche auf, die nicht gewünscht sind!
Alltagsgespräche finden im Pflegekontakt laufend statt und sind oft auch gewünscht. Bei ernsteren und tiefgreifenderen Gesprächen sollten Sie als Pflegeperson allerdings darauf achtgeben, dass die Betroffenen auch Interesse an diesen Gesprächen haben. Berücksichtigen Sie auch, wann die Betroffenen das Gespräch beenden wollen.

2. Tipp: Achten Sie auf nonverbale Signale der Betroffenen!
Es ist nicht immer möglich, verbale Informationen von Klientinnen und Klienten zu bekommen. Daher ist es wichtig, dass Sie auf nonverbale Signale wie den Gesichtsausdruck und Bewegungen achten, um erkennen zu können, ob der Kontakt von der/dem Betroffenen als angenehm und angemessen empfunden wird.

3. Tipp: Seien Sie aufmerksam bei körperlichen Kontakten!
Nicht alle Menschen, die gepflegt werden, empfinden körperliche Berührungen (immer) als angenehm. Fragen Sie die betroffene Person, ob ihr eine körperliche Berührung recht ist, bevor Sie ihre Hand halten, ihr über den Kopf streichen oder sie in den Arm nehmen.

Aufgabenstellung – „Grenzüberschreitungen in der Pflege"

Achtung: Verständigen Sie sich, ohne zu sprechen und ohne Gestik, nur durch Geräusche und Mimik.

- In der folgenden Übung haben Sie die Gelegenheit, sich Ihres eigenen Distanzbedürfnisses bewusster zu werden und die Grenzen eines Gegenübers zu erspüren.
  - Bilden Sie Zweierteams und stellen Sie sich jeweils im Abstand von vier bis fünf Metern einander gegenüber. Machen Sie sich diesen Abstand bewusst und spüren Sie nach, wie Sie ihn empfinden.
  - Gehen Sie nun aufeinander zu und verständigen Sie sich darüber, wie nahe Sie einander kommen wollen.
  - Wenn Sie den Abstand gefunden haben, bleiben Sie einen Moment in dieser Position. Tauschen Sie sich anschließend mit den folgenden Fragen über die Übung aus.
    - Wie habe ich mich während der Übung gefühlt?
    - Gab es eine Situation, die mir unangenehm/angenehm war?
    - Wie habe ich Signale ausgesendet?
    - Welche Signale hat mein Gegenüber ausgesendet?

3 Reflexion, Mediation, Supervision

Attila beschäftigt die Interaktion mit Herrn Schröder immer noch. Dieser hat ihn als unfreundlich bezeichnet, obwohl Attila eigentlich nur sehr zurückhaltend war. Er möchte sich künftig in ähnlichen Situationen besser verhalten. Daher entscheidet Attila sich dazu, diese Situation professionell zu reflektieren, um daraus zu lernen.

3.1 Professionelle Reflexion

Die Reflexion kann schriftlich oder mündlich durchgeführt werden.

Professionelle Reflexion ist ein bewusster Denkprozess, bei dem eine Person ihre eigenen Erfahrungen, Handlungen und Entscheidungen kritisch betrachtet. Dieser Prozess ermöglicht es, die Gründe hinter den eigenen Handlungen zu verstehen, die Konsequenzen zu erkennen und Strategien zur Verbesserung zu entwickeln.

DAS SOLLTEN SIE SPEICHERN

Die professionelle Reflexion ist im Pflegeberuf von entscheidender Bedeutung, da sie dazu beiträgt, die **Qualität der Pflege** und die **persönliche Entwicklung** zu fördern.

Professionelle Reflexion hilft dabei, ...

- sich selbst besser kennenzulernen, eigene Stärken und Schwächen zu erkennen und **persönlich zu wachsen.**
- fundierte **Entscheidungen zu treffen,** indem die Vor- und Nachteile abgewogen und die langfristigen Auswirkungen berücksichtigt werden.
- Arbeitsabläufe zu optimieren, Probleme zu identifizieren und effizientere **Lösungen zu finden.**
- **Konflikte zu lösen,** indem die Ursachen für Missverständnisse oder Unstimmigkeiten aufgedeckt werden.

effizient = wirksam

Anleitung zur professionellen Reflexion

Schritt 1: Erfahrungen sammeln

Sammeln Sie während Ihrer Pflegeausbildung, Ihrer Praktika und später in Ihrem Berufsleben bewusst Erfahrungen, sei es bei der Betreuung von Klientinnen und Klienten, der Zusammenarbeit im Team oder der Bewältigung von Herausforderungen.

Schritt 2: Aufzeichnungen führen

Halten Sie Ihre Erfahrungen schriftlich fest. Führen Sie dazu ein Reflexionstagebuch. Beschreiben Sie die Situation oder das Ereignis so detailliert wie möglich. Wer war beteiligt? Was ist passiert? Wo und wann ist es passiert? Notieren Sie auch Ihre Beobachtungen und Gedanken. Dies hilft Ihnen später bei der Analyse der Ereignisse.

Schritt 3: Gefühle und Gedanken erkennen

Nehmen Sie sich Zeit, um Ihre eigenen Gefühle und Gedanken in Bezug auf die Situation zu erkennen.

Schritt 4: Analyse und Bewertung

Betrachten Sie die Situation aus verschiedenen Perspektiven. Fragen Sie sich bei der Analyse und Bewertung: Warum ist diese Situation wichtig? Welche Auswirkungen hat sie auf mich, auf die Pflegepraxis, die Klientinnen und Klienten oder das Team?

Schritt 5: Lernen und Verbessern

Betrachten Sie die Situation als Gelegenheit zum Lernen und zur Verbesserung. Notieren Sie die Erkenntnisse, die Sie aus dieser Erfahrung gewonnen haben, die Bereiche, in denen Sie sich weiterentwickeln könnten, und die Maßnahmen, die Sie ergreifen können, um in Zukunft besser auf ähnliche Situationen vorbereitet zu sein. Setzen Sie dabei klare Ziele für Ihre weitere Entwicklung. Überlegen Sie, wie Sie das Gelernte konkret in die Praxis umsetzen können.

Schritt 6: Feedback einholen

Es ist hilfreich, Feedback von Lehrerinnen/Lehrern, Kolleginnen/Kollegen oder Vorgesetzten einzuholen. Fragen Sie nach deren Meinungen und Ratschlägen in Bezug auf Ihre Reflexion und Ihre Entwicklungsziele.

Schritt 7: Kontinuierliche Reflexion

Setzen Sie sich regelmäßig mit Ihren Erfahrungen auseinander, aktualisieren Sie Ihre Ziele und verfolgen Sie Ihre Fortschritte. Dies wird Ihnen helfen, kontinuierlich zu lernen und zu wachsen.

Schritt 8: Dokumentation

Halten Sie Ihre Reflexionen und Entwicklungsziele in Ihrem Reflexionstagebuch fest. Dies ermöglicht es Ihnen, Ihre Fortschritte zu verfolgen und sie bei der persönlichen und beruflichen Weiterentwicklung zu nutzen.

Die bewusste professionelle Reflexion ist gerade im Pflegeberuf sehr wichtig. Sie hilft, die Pflegequalität zu verbessern, und ist ein Beitrag zu Ihrer Selbstfürsorge. Reflexionsfähigkeit braucht es außerdem, um Kommunikationsschwierigkeiten und Konflikte zu lösen, z. B. mithilfe von Mediation oder Supervision.

3.2 Mediation

Mediation ist eine wertvolle Methode zur Konfliktlösung, die auf **Verständnis, Kommunikation und Zusammenarbeit** beruht und ein **respektvolles Miteinander** fördert. Bei dieser Methode hilft eine neutrale Person, die als Mediator/in oder Vermittler/in bezeichnet wird, Probleme zwischen den Konfliktparteien zu klären. Mediation ermöglicht es den beteiligten Parteien, Konflikte friedlich zu lösen und gleichzeitig ihre Beziehungen zu erhalten oder zu verbessern.

Nähere Informationen zum **Wahrnehmen von Gefühlen** erhalten Sie im Kapitel „Gewaltfreie Kommunikation“, S. 137.

die Perspektive = Blickwinkel, Betrachtungsweise

Die professionelle Reflexion ist ein fortlaufender Prozess.

kontinuierlich = laufend, stetig, andauernd

Zum Thema **Selbstfürsorge** erfahren Sie mehr in den Kapiteln „Kommunikation im Team“, S. 126, und „Krisenintervention“, S. 253.

neutral = unparteiisch

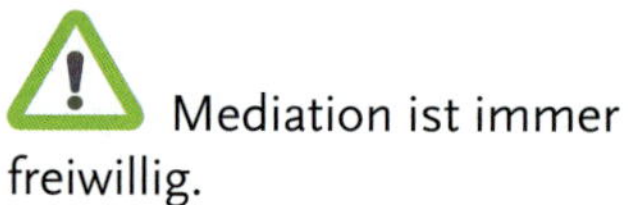
Mediation ist immer freiwillig.

Grundsätze der Mediation

- Die beteiligten Personen entscheiden sich **freiwillig** dazu, an der Mediation teilzunehmen.
- Der/Die **Mediator/in** ist eine **unparteiische Person,** die keine eigenen Interessen verfolgt.
- Der/Die Mediator/in unterstützt dabei, die **Kommunikation wiederherzustellen** und Missverständnisse aus dem Weg zu räumen.
- Die beteiligten Parteien arbeiten gemeinsam daran, eine **Lösung** zu finden, **die für alle akzeptabel** ist.

Vorteile von Mediation

- Konflikte werden auf friedliche Weise gelöst.
- Mediation fördert die offene und ehrliche Kommunikation.
- Die beteiligten Personen haben die Kontrolle über die Lösung ihres Konflikts und müssen keine Entscheidungen akzeptieren, mit denen sie nicht einverstanden sind.
- Mediation hilft dabei, Beziehungen zu bewahren oder wiederherzustellen.

Aufgabenstellungen – „Mediation"

1. Recherchieren Sie Fähigkeiten und Qualitäten, die eine hilfreiche Mediatorin/ein hilfreicher Mediator besitzen sollte.

2. Lesen Sie das folgende Fallbeispiel und bearbeiten Sie anschließend die Aufgabenstellungen.

Die Pflegeassistentin Zuhal arbeitet schon viele Jahre in der Ambulanz eines Krankenhauses. Sie wird für ihre effiziente Arbeit und ihren sorgfältigen Umgang mit den Patientinnen und Patienten geschätzt. Seit wenigen Wochen hat sie einen neuen Kollegen. Thomas ist ein ehrgeiziger und gewissenhafter Pflegeassistent, der erst kürzlich seine Ausbildung beendet hat.

Immer wieder kommt es nun vor, dass die erfahrene Zuhal Thomas als zu langsam und faul bezeichnet. Sie findet, dass Thomas nicht schnell genug arbeitet und die Arbeit oft auf andere abwälzt. Thomas fühlt sich von Zuhal respektlos behandelt und hat das Gefühl, dass sie ihn absichtlich demütigt und sich über seine Unzulänglichkeiten lustig macht. Der Konflikt zwischen Zuhal und Thomas verschärft sich und beeinträchtigt die Teamarbeit in der Ambulanz. Die Spannungen im Team steigen und es wird immer schwieriger, die Patientinnen und Patienten angemessen zu versorgen.

a) Beschreiben Sie die Konfliktsituation.

b) Erörtern Sie den Beitrag, den Mediation in diesem Fall zur Konfliktlösung leisten kann.

Formulierungshilfen, die Sie sprachlich bei der Erarbeitung der Aufgabenstellungen unterstützen, finden Sie ab S. 259.

c) Führen Sie in Dreiergruppen eine Mediation durch, um den Konflikt aus dem Fallbeispiel zu lösen.
- **Person A** übernimmt die Rolle der Mediatorin/des Mediators.
- **Personen B und C** versetzen sich in die Rollen von Zuhal und Thomas.
- Dokumentieren Sie die Mediation einschließlich der besprochenen Themen und der erreichten Vereinbarungen.
- Analysieren Sie anschließend zu dritt die Vorgehensweise der Mediatorin/des Mediators, um eine konstruktive Lösung herbeizuführen.

d) Schreiben Sie einen Reflexionsbericht über Ihre Erfahrungen in dieser Mediationssitzung. Gehen Sie dabei nach der Anleitung zur professionellen Reflexion von S. 26 vor. In diesem Bericht sollten Sie Folgendes berücksichtigen:
- Eine Zusammenfassung der durchgeführten Mediationssitzung und der erreichten Lösung
- Eine Analyse der Stärken und Schwächen dieser Mediationssitzung
- Ihre Erkenntnisse aus dieser Übung in Bezug auf Ihre Fähigkeiten zur Konfliktlösung
- Ihre persönlichen Lernziele in Bezug auf die Mediation sowie Konfliktlösung und wie Sie diese konkret erreichen möchten

3.3 Supervision

konstruktiv = förderlich

Bei der **Supervision** werden unter Beisein einer Supervisorin/eines Supervisors Erfahrungen und Situationen in Einzel- oder Gruppensettings besprochen.

Der/Die Supervisor/in ist eine erfahrene Person, die Beratung und Unterstützung anbietet, um bei beruflichen Fragen, Herausforderungen oder persönlichen Anliegen zu helfen. Sie ermutigt die Teilnehmenden dazu, über ihre **Gedanken und Gefühle zu reflektieren,** und gibt den Teilnehmenden **konstruktives Feedback** und Anleitungen zur Verbesserung ihrer beruflichen Fähigkeiten.

DAS SOLLTEN SIE SPEICHERN

Supervision ist besonders relevant für Berufe im Sozial- und Gesundheitswesen und ein wichtiger Bestandteil der beruflichen Weiterentwicklung sowie der Qualitätssicherung.

Supervision basiert auf **Vertraulichkeit**. Die besprochenen Informationen werden nicht an Dritte weitergegeben, was den Teilnehmenden ein sicheres Umfeld bietet, um offen über ihre Anliegen zu sprechen.

Vorteile von Supervision
- Durch Reflexion und Feedback können Fachkräfte ihre beruflichen **Fähigkeiten** und ihr **Fachwissen** ständig **weiterentwickeln.**
- Supervision kann dazu beitragen, den **Stress und die Belastung** im Arbeitsumfeld zu **reduzieren.**
- Supervision trägt dazu bei, die **Qualität** der erbrachten Pflegeleistungen zu gewährleisten.
- Supervision fördert **persönliches Wachstum** und Selbstbewusstsein, da sie Menschen hilft, sich besser zu verstehen und ihre Stärken und Schwächen anzuerkennen.

Aufgabenstellungen – „Supervision"

1. Recherchieren Sie die ethischen Grundsätze, die bei der Supervision zu beachten sind.

2. Lesen Sie das folgende Fallbeispiel und bearbeiten Sie anschließend die Aufgabenstellungen.

Der Pflegeassistent Mesut fühlt sich seit einiger Zeit unwohl, wenn er Frau Stenzel pflegen muss. Er hat das Gefühl, dass Frau Stenzel ihn ständig provoziert. Sie äußert häufig negative Bemerkungen über seine Arbeit und wirkt insgesamt sehr unzufrieden mit seiner Pflege. Mesut versucht, professionell zu bleiben und die Pflegehandlungen so gut wie möglich durchzuführen, aber er spürt, wie sein Unbehagen wächst. Er beginnt, sich dieser Pflegeaufgabe nur noch widerwillig anzunehmen, und vermeidet den direkten Kontakt mit Frau Stenzel, wann immer es möglich ist.

Die Situation verschlechtert sich zunehmend, weil Mesut seine negativen Gefühle gegenüber Frau Stenzel nicht mehr verbergen kann. Kollegen bemerken seine Unruhe und Empfindlichkeit, wenn es um die Pflege von Frau Stenzel geht, und schlagen vor, eine Supervision einzuleiten.

a) Beschreiben Sie die Situation und die darin auftretenden Herausforderungen.

b) Erläutern Sie den Beitrag, den Supervision in dieser Situation leisten kann, um die Pflegequalität zu verbessern und das Wohlbefinden der Klientin zu fördern.

c) Erarbeiten Sie gemeinsam in der Klasse Fragen, die Sie als Supervisor/in in dieser Situation stellen würden, um Mesut zu unterstützen.

Ziele erreicht? – „Interaktion und Kommunikation“

1. **Arten der Kommunikation**

a) Beschreiben Sie die drei Arten der Kommunikation.

b) Ordnen Sie die nachfolgenden Ausdrucksweisen der passenden Art von Kommunikation zu. Es können mehrere Antworten richtig sein.

Ausdrucksweise	Verbal	Paraverbal	Nonverbal
a) Herbert betont in seiner kurzen Erzählung ein Wort besonders.			
b) Attila beschreibt einem Fremden den Weg.			
c) Als Anita durch die Türe kommt, verzieht sie ihr Gesicht.			
d) Samira fährt mit einem tollen Auto und neuer Frisur zu ihrem Date.			
e) Murat hält keine Armlänge Abstand von seiner neuen Kollegin.			
f) Svenja berichtet mit weinerlicher Stimme von ihrem Urlaub.			
g) Lautstark erzählt Isa von seinem Erfolg.			
h) Paul steht mit den Händen in der Hose da und schaut finster.			
i) Elena sucht während der Veranstaltung den Blickkontakt mit Iris.			

2. Nennen Sie einige Beispiele für paraverbale Kommunikation.

3. **Nonverbale Kommunikation**

a) Zählen Sie die Formen der nonverbalen Kommunikation auf.

b) Kreuzen Sie an, ob die nonverbalen Signale auf Unsicherheit, Desinteresse oder Ablehnung hinweisen:

Nonverbale Signale	Unsicherheit	Desinteresse	Ablehnung
a) Arme vor dem Körper verschränken			
b) Während des Gespräches auf das Handy schauen			
c) Während einer Unterhaltung immer wieder zu einem anderen Tisch blicken			
d) Im Gespräch die Stirn runzeln und sich abwenden			
e) Mit unruhigem Blick und Schweißflecken am T-Shirt zur Fortbildung erscheinen			
f) Auf Fragen nicht antworten und jemand anderes ansehen			
g) In die Luft starren			
h) Bei Fragen häufig lachen und nicht antworten			

c) Beschreiben Sie Möglichkeiten zur Verbesserung Ihrer nonverbalen Kommunikation.

4. Versetzen Sie sich in die folgende Situation:

Eine neue Praktikantin beobachtet Sie, während Sie Frau Torberg, eine Bewohnerin des Pflegeheimes mit fortgeschrittener Demenzerkrankung, beim Essen unterstützen. Es wird kaum etwas gesprochen und trotzdem wirkt Frau Torberg sehr entspannt und zufrieden beim Essen. Wieder im Büro fragt Sie die Praktikantin, wie Sie es geschafft haben, sich mit der Bewohnerin zu verständigen und so viel Kooperation beim Essen von ihr zu erhalten, obwohl Sie kaum geredet haben.

Antworten Sie der Praktikantin.

die Kooperation = Zusammenarbeit

5. Lesen Sie das folgende Fallbeispiel und beantworten Sie anschließend die Frage.

Ivana musste für eine erkrankte Kollegin einspringen und ist schlecht gelaunt, weil sie den schönen Tag nicht am See mit Freunden verbringen kann. Herr Rieger, ein Bewohner des Hauses, der sie ihrer Meinung nach ohnehin immer nur ärgern will, kommt nicht zum Essen und sie muss nachsehen, wo er bleibt. Sie kann auch nicht verstehen, wie sich dieser Bewohner als Mann nur so empfindlich und hysterisch verhalten kann. Sicherlich wird er wieder ein Drama machen, wenn sie ihn findet und ihn auffordert, zum Essen zu kommen.

Geben Sie mögliche Gründe dafür an, dass zwischen Ivana und Herrn Rieger immer wieder Missverständnisse entstehen.

6. **Beobachten und wahrnehmen**

a) Beschreiben Sie den Unterschied zwischen Beobachtung und Wahrnehmung.

b) Erklären Sie die Wichtigkeit der Wahrnehmung für den Pflegeberuf.

7. **Nähe und Distanz**

a) Nennen Sie einige Tipps, um Grenzüberschreitungen möglichst zu vermeiden.

b) Sie werden von der Teamleitung aufgefordert, einen neuen Bewohner beim Duschen zu unterstützen. Erläutern Sie Ihr Vorgehen und worauf Sie dabei achten.

8. **Reflexion, Mediation, Supervision**

a) Geben Sie die Anleitung zur professionellen Reflexion an.

b) Vergleichen Sie die Methoden der Mediation und der Supervision miteinander.

c) Erörtern Sie die Wichtigkeit von Supervision im Pflegeberuf.

Grundlagen der Kommunikation

Kommunikation ist immer auch soziales Handeln mit verschiedensten Absichten. Die Absicht kann etwa sein, jemanden zu informieren, zu beeinflussen oder zu einer Einigung zu gelangen.

Pflege ist Beziehungshandeln und setzt Kommunikation voraus.

Was Kommunikation ist und wie sie funktioniert, ist Thema verschiedenster Wissenschaften. In diesem Kapitel lernen Sie einige anwendungsorientierte Zugänge zur Kommunikation kennen.

Meine Ziele

Nach Bearbeitung dieses Kapitels kann ich

- unterschiedliche Ebenen der Kommunikation beschreiben;
- verschiedene theoretische Zugänge zur Kommunikation unterscheiden;
- ausgewählte Kommunikationskonzepte und ihre Anwendungsmöglichkeiten erläutern;
- die Bedeutung einer empathischen und wertschätzenden Kommunikation im Rahmen einer (Pflege-)Beziehung nachvollziehen;
- kommunikationsfördernde Rahmenbedingungen herstellen.

das Konzept = theoretischer Ansatz; Theorie, die eine bestimmte Idee beschreibt

1 Ebenen der Kommunikation

Attila liest gerade eine Information vom Gesundheitsministerium über Änderungen im Gesundheitswesen. Er ist sich nicht sicher, ob er alles richtig verstanden hat, und fragt sich, warum das nicht so geschrieben werden kann, wie er darüber auch mit einem Freund reden würde. Wenn seine Chefin eine neue Anweisung gibt, ist das für Attila auch manchmal schwierig zu verstehen. Ihm wäre es am liebsten, wenn alle so reden und schreiben würden wie in seinem Freundeskreis. Dann würde er alles verstehen.

Kennen Sie das auch aus eigener Erfahrung? Tauschen Sie sich in der Klasse aus.

- Welche Arten von Informationen sind für Sie schwer verständlich?
- In welchem Umfeld (Arbeit, Schule, Amt usw.) fällt es Ihnen häufiger schwer, zu verstehen?

Wenn wir uns mit Kommunikation beschäftigen, haben wir üblicherweise zwei oder mehrere Personen im Sinn, die miteinander interagieren. Kommunikation findet aber sowohl auf **individueller Ebene** als auch auf **Gesellschaftsebene** statt und kann **hierarchisch oder symmetrisch** sein.

Ebenen der Kommunikation

Gesellschaftsebene

Informationen werden über verschiedene Arten von Medien (Zeitung, TV, Social Media usw.) übermittelt.

Individuelle Ebene

Personen kommunizieren miteinander.

Hierarchische Kommunikation
Die Kommunikationspartner/innen sind in ihrem Rang/in ihrer Position nicht gleichgestellt.

Beispiel: Die Bundesregierung erlässt ein Gesetz.

Beispiel: Die Chefin gibt der Mitarbeiterin Anweisungen.

Symmetrische Kommunikation
Die Kommunikationspartner/innen nehmen einander als gleichberechtigt wahr – „Kommunikation auf Augenhöhe".

Beispiele
Andrea liest einen Zeitungsartikel.
Damian schaut einen Film.

Beispiele
Gespräch zwischen Freunden
Gespräch zwischen Kolleginnen

1.1 Gesellschaftliche und individuelle Ebene der Kommunikation

Bei der Kommunikation auf gesellschaftlicher Ebene werden Informationen über verschiedenste Arten von Medien (z. B. Zeitung, Fernsehen, Social Media usw.) übermittelt. Anders als auf der individuellen Ebene der Kommunikation können die Empfänger/innen dabei meist nicht direkt auf diese Informationen Bezug nehmen. Daher ist Kommunikation auf gesellschaftlicher Ebene keine Interaktionsform, sondern eben nur Kommunikation.

Beispiel

Der Filmklassiker „Forrest Gump" aus dem Jahr 1994 thematisiert, wie wirtschaftlich und gesellschaftlich erfolgreich ein Mensch mit schlechten Startbedingungen und Beeinträchtigungen im Leben sein kann. Es ist uns als Zuschauerinnen und Zuschauern zwar nicht möglich, auf diesen Film zu „antworten", dennoch können wir aus dem Film verschiedene „Botschaften" mitnehmen und darüber nachdenken.

Kommunikation auf gesellschaftlicher Ebene kann **verschiedene Funktionen** haben, z. B.:

- Aktuelle Berichterstattung über Ereignisse
- Wirtschaftliche Interessen von Medien oder Influencerinnen/Influencern
- Beeinflussung des Verhaltens der Bevölkerung usw.

Formulierungshilfen, die Sie sprachlich bei der Erarbeitung der Aufgabenstellungen unterstützen, finden Sie ab S. 259.

DAS SOLLTEN SIE SPEICHERN

Die Kommunikationsteilnehmer/innen müssen daher nicht nur die Informationen aufnehmen, sondern auch die Absicht erfassen, weshalb eine Information zur Verfügung gestellt wird.

Aufgabenstellung – „Gesellschaftliche und individuelle Ebene der Kommunikation"

- Tauschen Sie sich in Kleingruppen zu den folgenden Aufgabenstellungen aus:

  a) Recherchieren Sie andere Filme oder Serien, die sich ebenfalls mit der Thematik Menschen mit Beeinträchtigung oder Menschen mit Unterstützungsbedarf beschäftigen.

  b) Wählen Sie einen dieser Filme/eine dieser Serien, den/die alle Mitglieder der Kleingruppe kennen. Erschließen Sie die „Botschaften" zum Thema benachteiligte Menschen und Menschen mit Beeinträchtigung, die in diesem Film/dieser Serie aus Ihrer Sicht vermittelt werden.

  c) Denken Sie an Serien, die Sie üblicherweise ansehen. Analysieren Sie darin vermittelte „Botschaften", wie Menschen ihr Leben gestalten sollen und welchen Werten sie folgen sollen.

1.2 Hierarchische und symmetrische Kommunikation

Wenn die Gesprächspartner/innen einander auf Augenhöhe begegnen, bedeutet das, dass sie einander gleichberechtigt wahrnehmen und verstehen wollen.

Gelingt diese Gleichstellung nicht, so entstehen häufig Respektlosigkeit oder gar Abwertung.

Allerdings sind wir nicht immer in Situationen, in denen Kommunikation auf Augenhöhe möglich ist. Im beruflichen Rahmen zum Beispiel gibt es häufig Hierarchien. Gibt es in einer Beziehung eine Hierarchie, so liegt eine asymmetrische Beziehung vor.

die Hierarchie = Rangordnung

asymmetrisch = ungleich, ungleichförmig

FALLBEISPIEL

Sie unterstützen Frau Urban schon seit einigen Wochen. Ihre Teamleitung ist sehr zufrieden mit Ihrer Tätigkeit. An einem Nachmittag kommt die Pflegeleitung der gesamten Organisation ins Haus und stellt fest, dass bei der Pflege von Frau Urban nicht ganz nach Vorschrift vorgegangen wird. Die Pflegeleitung besteht darauf, dass die Vorschriften eingehalten werden. Ihre Entgegnung, dass es Frau Urban besser gehe, wenn die Pflege gemacht wird wie in den letzten Wochen, wischt die Pflegeleitung vom Tisch: „Vorschriften sind da, um sich daran zu halten. Sonst würden ja alle machen, was sie wollen!"

Kommunikation zwischen Personen, die sich auf verschiedenen Hierarchieebenen befinden, fordert von den Beteiligten, dass sie sich ihrer eigenen Rolle und **Verantwortung** bewusst sind. In hierarchischen Beziehungen hat die ranghöhere Person nämlich eine gewisse **Macht** über die rangniedrigere Person, die regelmäßig reflektiert werden muss.

Erörtern Sie gemeinsam in der Klasse, warum eine Pflegebeziehung meist asymmetrisch ist und warum das (nicht) so sein muss.

DAS SOLLTEN SIE SPEICHERN

Auch Pflegebeziehungen sind meist asymmetrische Beziehungen. Daher ist es notwendig, dass das Gesundheitspersonal seine Macht über die Klientinnen und Klienten laufend in Team- und Fallbesprechungen oder in Intervisionen und Supervisionen reflektiert.

Informationen zur **Teambesprechung, Intervision und Supervision** erhalten Sie in den Kapiteln „Interaktion und Kommunikation", S. 29, „Arbeiten im Team", S. 127, und „Krisenintervention", S. 255.

Aufgabenstellungen – „Hierarchische und symmetrische Kommunikation"

1. **Hierarchische Beziehungen in meinem Leben**

   a) Bestimmen Sie, in welchem Kontakt oder welcher Beziehung in Ihrem privaten und beruflichen Leben Sie eine Hierarchie erkennen können.

Kontakt mit/Beziehung zu	Hierarchie
Lehrerinnen und Lehrern	
Eltern und Großeltern	
der Partnerin/dem Partner	
der Vermieterin/dem Vermieter	

Kontakt mit/Beziehung zu	Hierarchie
der Polizei	
Klientinnen/Klienten	
Schulkolleginnen und -kollegen	
den eigenen Kindern	
Ärztinnen und Ärzten	

   b) Tauschen Sie sich zu zweit aus über die Art Ihrer Kommunikation mit Menschen, zu denen Sie eine hierarchische Beziehung haben.

2. Bearbeiten Sie die folgenden Aufgabenstellungen in Kleingruppen.

a) Reflektieren Sie Ihre Erfahrungen mit Macht und ihren (emotionalen) Auswirkungen, die Sie in den folgenden Lebensphasen gemacht haben.

- Als Kind: ______________________________
- Als Jugendliche/r: ______________________________
- Als Erwachsene/r: ______________________________

Eine Anleitung zur Reflexion erhalten Sie auf S. 26.

b) Erörtern Sie Situationen oder Bereiche, in denen Sie derzeit selbst Macht ausüben, sowie die Emotionen, die Sie dabei erleben.

____

2 Theorien zur Kommunikation

- Kreuzen Sie jene Aussagen an, die aus Ihrer Sicht Kommunikation richtig beschreiben. Es können auch mehrere Aussagen angekreuzt werden.

Kommunikation ...	Trifft zu
... ist Informationsübertragung von A nach B.	
... findet nur statt, wenn zwei Personen miteinander reden.	
... ist Informationsaustausch.	
... ist ohne Sprache nicht möglich.	
... ist die Übertragung von Gedanken und Gefühlen.	
... ist soziale Interaktion mittels verschiedener Zeichensysteme.	
... bedeutet, dass die Empfänger/innen einer Botschaft den Inhalt bestimmen.	

Tauschen Sie sich anschließend zu zweit über Ihre Antworten aus.

Kommunikation kann aus den verschiedensten Blickwinkeln betrachtet werden. Drei wesentliche anwendungsorientierte Sichtweisen werden nachfolgend dargestellt.

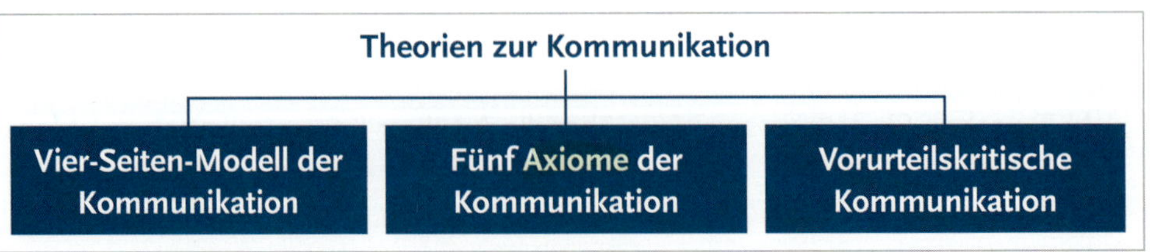

das Axiom = allgemein anerkannte Grundregel

2.1 Vier-Seiten-Modell der Kommunikation

Attila unterhält sich über eine Video-App mit seiner Freundin Maya. Am Ende des Gespräches meint sie: „Wir müssen uns morgen, wenn wir uns treffen, über unsere Beziehung unterhalten!" Attila weiß nicht genau, was diese Mitteilung bedeuten soll: „Will Maya mit einem Gespräch die Beziehung vertiefen? Will sie mir sagen, dass ich mich mehr in unserer Beziehung engagieren soll? Möchte sie darüber reden, wie wir unsere Beziehung organisieren sollen, also wie oft wir uns sehen? Oder will sie ausdrücken, dass sie sich trennen will?" Attila ist jedenfalls verunsichert und hofft, dass er morgen mit Maya klären kann, worum es geht.

In welchen Situationen waren Sie nicht sicher, wie Sie eine Aussage Ihres Gegenübers deuten sollten? Können Sie dabei Regelmäßigkeiten erkennen (bestimmte Person, Art der Beziehung, Umgebung usw.)? Tauschen Sie sich zu zweit aus.

DAS SOLLTEN SIE SPEICHERN

Jede Nachricht ist vieldeutig und kann auf mehrere unterschiedliche Arten gemeint sein und auch verstanden werden.

FRIEDEMANN SCHULZ VON THUN, deutscher Kommunikationspsychologe (geb. 1944)

Dies beschreibt FRIEDEMANN SCHULZ VON THUN in seinem „Vier-Seiten-Modell" der Kommunikation. Er unterteilt **jede Nachricht** in **vier Inhaltsbereiche,** die vier Seiten eines Quadrates entsprechen:

der Appell = Aufruf, Aufforderung

SCHULZ VON THUN geht davon aus, dass mit jeder Nachricht Informationen aus jedem dieser vier Bereiche gesendet werden und die Empfänger/innen der Nachricht auch jede dieser vier „Botschaften" hören können.

Häufig wird dieses Kommunikationsmodell auch als „Nachrichtenquadrat" oder als „Vier-Ohren-Modell" bezeichnet.

Die vier Ebenen	Beschreibung
Sachebene	Mit einer Nachricht werden sachliche Informationen, Daten und Fakten weitergegeben.
Selbstoffenbarungsebene	In jeder Nachricht geben die Sender/innen etwas von sich preis. Das kann beabsichtigt oder ungewollt sein.
Beziehungsebene	Die Nachricht enthält Informationen darüber, welche Beziehung zwischen Sender/in und Empfänger/in besteht.
Appellebene	Die Nachricht hat die Funktion, auf den/die Empfänger/in Einfluss zu nehmen. Der Appell an das Gegenüber kann offen oder auch verdeckt sein.

SCHULZ VON THUN hat auch verschiedene Stile beschrieben, in denen Menschen kommunizieren. Sie finden dazu ein Arbeitsblatt in der TRAUNER-DigiBox.

Vier-Ohren-Modell

Aufgabenstellung – „Vier-Seiten-Modell der Kommunikation"

- Erschließen Sie in Kleingruppen Botschaften, welche die folgenden Aussagen auf den vier Ebenen beinhalten könnten.

  a) Chris sagt zu Amela: „Morgen ist eine private Party bei meinen Freunden."

  b) Julia sagt zu Denis: „Sarah, Michael und ich treffen uns heute Nachmittag, um gemeinsam für die Prüfung zu lernen."

  Bestimmen Sie die Botschaft, die Denis vorrangig gehört haben könnte, wenn er antwortet: „Ich bin gut in dem Fach und kann schon alles."

Metakommunikation

Je nachdem, auf welcher Ebene der/die Empfänger/in eine Nachricht in erster Linie hört, interpretiert er/sie die Nachricht unterschiedlich. Wird die Nachricht von der Empfängerin oder vom Empfänger anders aufgefasst als von der Senderin oder vom Sender beabsichtigt, kann es zu **Kommunikationsschwierigkeiten oder Missverständnissen** kommen. Um diese aufzulösen, ist **Kommunikation über die Kommunikation,** sogenannte Metakommunikation, nötig.

Die Vorsilbe **„Meta-“** drückt aus, dass sich etwas auf einer höheren Ebene befindet.

Tipp!
Wenn sich die Kommunikationspartner/innen im Gespräch zunehmend unwohl fühlen und den Eindruck haben, dass etwas schiefläuft, dann ist es hilfreich, wenn Sie dies ansprechen. Dabei soll kein Vorwurf gesendet werden, sondern lediglich eine Form der Selbstoffenbarung, zum Beispiel: „Ich habe den Eindruck, wir beide reden über ganz verschiedene Dinge. Könnten wir das klären?“

Metakommunikation befasst sich mit der Sachebene und der Beziehungsebene der Kommunikation.

Aufgabenstellung – „Metakommunikation“

- Setzen Sie den folgenden Gesprächsausschnitt mit einer Metakommunikation, also einem Gespräch über dieses Gespräch, fort. Formulieren Sie mögliche Aussagen von Richard und Vicky, um die Kommunikationsschwierigkeiten zu klären.

Ich weiß nicht, warum du dich so aufregst. Ich habe doch meinen Teil der Gruppenarbeit erledigt. Da gibt's nichts zum Aufregen!

Ich rege mich nicht auf. Ich finde nur, du bist nie da, wenn wir die Aufgaben unserer Gruppenarbeit ausarbeiten.

Richard:	Es steht auch nirgends geschrieben, dass wir das alle miteinander machen sollen. Es reicht doch, wenn jeder seinen Teil zum Ergebnis beiträgt. Dazu muss ich nicht mit euch herumsitzen.
Vicky:	Es geht ja nicht ums Herumsitzen. Aber wenn wir gemeinsam darüber reden, kommt doch viel mehr heraus und es ist außerdem gemütlich.
Richard:	Ich will die Ausbildung gut und schnell erledigen. Gemütlich habe ich es mit meinen Freunden.
Vicky:	Warum musst du immer so unkollegial sein? Was haben wir dir denn getan?

2.2 Fünf Axiome der Kommunikation nach Paul Watzlawick

Attila beginnt den Arbeitstag und kommt fröhlich ins Wohnzimmer. Er begrüßt die Bewohnerinnen und Bewohner mit einem „Hallo, schön, Sie heute alle zu sehen!". Sein beschwingter Gruß wird von den meisten erwidert. Nur Frau Lobner sitzt abgewandt und zusammengesunken auf dem Sofa. Im ersten Moment möchte Attila auf Frau Lobner zugehen und fragen, warum sie nichts sagt. Doch dann erkennt Attila, dass die Dame ja etwas „gesagt" hat, nämlich, dass sie jetzt lieber für sich sein möchte.

Was, denken Sie, meint Attila damit, dass „die Dame ja etwas ‚gesagt' hat", obwohl sie sich verbal keineswegs geäußert hat? Diskutieren Sie in der Klasse, warum auch durch Schweigen kommuniziert wird.

Paul Watzlawicks Kommunikationstheorie ist sehr hilfreich für den zwischenmenschlichen Umgang und die dabei auftretenden Störungen. Watzlawick formulierte fünf Axiome der Kommunikation.

Axiom 1: Man kann nicht nicht kommunizieren.

Alles, was wir sagen oder nicht sagen, und alles, was wir tun oder nicht tun, ist eine Mitteilung an unsere Umwelt. **Jedes Verhalten ist Kommunikation und hat daher Wirkung.** Auch durch unser Nichtstun oder Nichtssagen werden andere beeinflusst und sie reagieren auf die Botschaft, die dadurch bei ihnen ankommt. Kommunikation findet also auch dann statt, wenn es gar nicht unsere Absicht ist, zu kommunizieren.

Paul Watzlawick, österreichischer Philosoph, Psychotherapeut und Kommunikationswissenschaftler (1921–2007)

Aufgabenstellung – „Axiom 1"

- Diskutieren Sie die folgenden Fragen mit Ihrer Sitznachbarin/Ihrem Sitznachbarn.

a) Wie reagieren Sie, wenn Sie sich an einer Unterhaltung nicht beteiligen wollen? Wie reden Sie? Wie verhalten Sie sich?

b) Welche Signale können Sie nennen, an denen Sie erkennen, dass jemand keinen Kontakt mit Ihnen möchte?

c) Welche Signale oder Aussagen verwenden Sie üblicherweise, wenn Sie mit jemandem Kontakt herstellen und ein Gespräch beginnen möchten?

Axiom 2: Jede Kommunikation hat einen Inhalts- und einen Beziehungsaspekt.

der Aspekt = Gesichtspunkt, Faktor, Blickwinkel

Inhalts- oder Sachaspekt	Beziehungsaspekt
WAS ich sage	**WIE** ich etwas sage
Der Inhaltsaspekt liefert die **sachlichen Inhalte,** die im Gespräch weitergegeben werden sollen.	Der Beziehungsaspekt weist darauf hin, wie der/die Gesprächspartner/in die Inhalte auffassen soll. Die Art der **Beziehung zueinander** hat wesentlichen Einfluss darauf, was verstanden wird.

Jede Kommunikation hat einen Inhalts- und einen Beziehungsaspekt, wobei der Beziehungsaspekt den Inhaltsaspekt bestimmt.

Inhalte werden überwiegend **verbal,** also durch Sprache vermittelt.	Beziehungsaspekte werden vor allem **paraverbal** und **nonverbal,** also durch Stimmlage, Gestik, Auftreten usw. vermittelt.

Der **Beziehungsaspekt bestimmt den Inhaltsaspekt.** Das heißt, dass nicht das gesprochene Wort, sondern die para- und nonverbalen Anteile der Kommunikation überwiegend bestimmen, wie der Inhalt aufgefasst wird.

Wir können uns den Inhalts- und den Beziehungsaspekt auch in Form eines Eisberges vorstellen: Bei einem Eisberg ist nur der wesentlich kleinere Teil sichtbar, also jener oberhalb der Wasseroberfläche (Inhalts- oder Sachaspekt). Der größte Teil des Eisberges befindet sich unterhalb der Wasseroberfläche (Beziehungsaspekt).

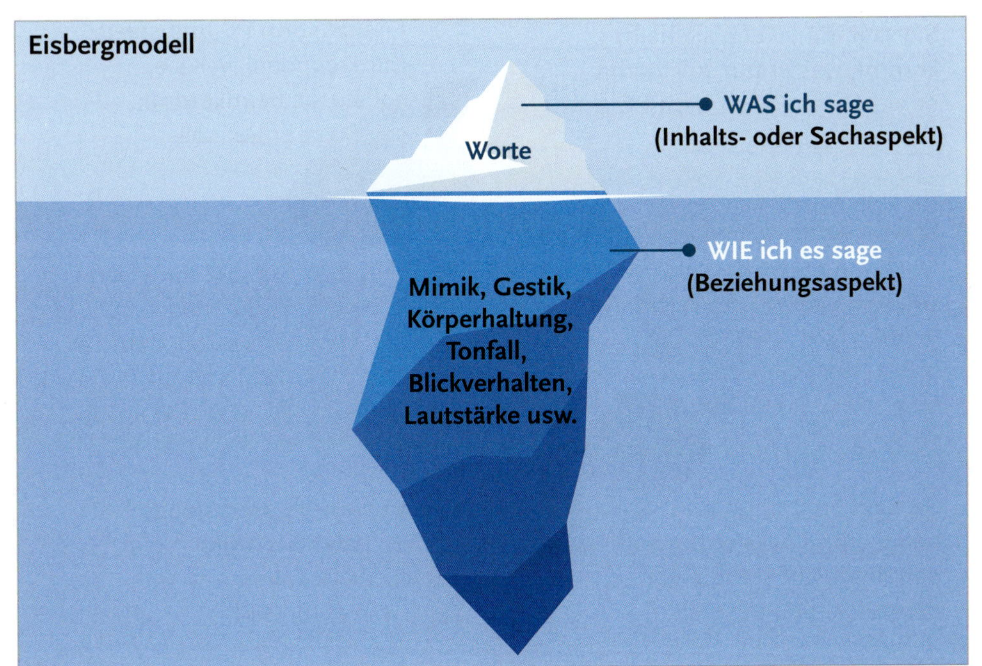

Nähere Informationen zu **verbaler, nonverbaler und paraverbaler Sprache** können Sie in Kapitel „Interaktion und Kommunikation“, S. 10, nachlesen.

WIE etwas gesagt wird, hat Vorrang gegenüber dem, WAS gesagt wird.

Aufgabenstellung – „Axiom 2“

- Lesen Sie das folgende Beispiel und bearbeiten Sie die Aufgabenstellung.

Max, ein Bewohner der Wohneinrichtung, sagt zur Pflegekraft, dass er am Nachmittag am gemeinsamen Brettspiel mit anderen Bewohnerinnen und Bewohnern nicht teilnehmen möchte, weil er zu müde dafür ist.

Als im gemeinsamen Wohnraum die Spielerunde beginnt, kommt Max auch aus seinem Zimmer und setzt sich ein Stück entfernt aufs Sofa. Er hat zwar sein Handy in der Hand und eine Onlinezeitung geöffnet, er schaut aber trotzdem ständig zu, wie gespielt wird.

Diskutieren Sie mit Ihrer Sitznachbarin/Ihrem Sitznachbarn die Botschaften, die Max mit seinem Verhalten aussendet, und mögliche Gründe, dass er sich so verhält.

Axiom 3: Kommunikation besteht immer aus Aktion und Reaktion.

Eine Aktion bezeichnet ein Tun oder eine Handlung. Eine Reaktion ist ein Tun oder eine **Handlung als Antwort** auf eine Aktion. Allerdings ist häufig schwierig zu erkennen, womit der **Kreislauf aus Handlungen** begonnen hat, also was die Aktion und was die Reaktion ist. Aus der subjektiven Sicht der einzelnen Kommunikationsteilnehmer/innen reagiert jede/r immer nur auf Aussagen oder das Verhalten der jeweils anderen Person.

Reflektieren Sie in Kleingruppen selbst erlebte Kommunikationskreisläufe dieser Art sowie Möglichkeiten, sie zu unterbrechen.

Beispiel

Sie sagt ihm, wenn sie heimkommt, was er tun soll, damit er nicht ständig vor dem PC sitzt und spielt.

Er sitzt vorm PC und spielt mit Freunden, weil sie, sobald sie heimkommt, sagt, was er tun soll.

Sie sagt ihm, wenn sie heimkommt, was er tun soll, damit er nicht ständig vor dem PC sitzt und spielt.

Er sitzt vorm PC und spielt mit Freunden, weil sie, sobald sie heimkommt, sagt, was er tun soll.

Sie sagt ihm, wenn sie heimkommt, was er tun soll, damit er nicht ständig vor dem PC sitzt und spielt.

Er sitzt vorm PC und spielt mit Freunden, weil sie, sobald sie heimkommt, sagt, was er tun soll.

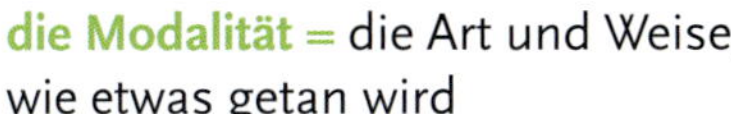

Axiom 4: Kommunikation bedient sich digitaler und analoger Modalitäten.

PAUL WATZLAWICK verwendet die Begriffe „analog“ und „digital“ anders, als wir sie gemeinhin verstehen. Er beschreibt im 4. Axiom, dass wir **verbal** (= digital) und **para- bzw. nonverbal** (= analog) kommunizieren.

die Modalität = die Art und Weise, wie etwas getan wird

Nähere Informationen zu den **Axiomen 4 und 5** finden Sie in der TRAUNER-DigiBox.

Axiom 5: Kommunikation ist symmetrisch oder komplementär.

Im 5. Axiom beschreibt WATZLAWICK, dass die Kommunikationspartner/innen einander **auf Augenhöhe** (symmetrische Kommunikation) begegnen können oder es zwischen ihnen eine **Hierarchie** gibt (komplementäre Kommunikation).

Mit **hierarchischer und symmetrischer Kommunikation** haben Sie sich bereits im Abschnitt 1.3 dieses Kapitels (S. 37) befasst.

2.3 Vorurteilskritische Kommunikation

Bei seinem Praktikum fällt Attila auf, dass es bei der Behandlung der Bewohner/innen große Unterschiede gibt. Das hat er nicht erwartet. Je nachdem, welche Bildung, Herkunft, Erkrankung oder welches Alter die Bewohner/innen haben, wird sehr unterschiedlich mit ihnen umgegangen. Er fragt sich, warum das so ist bzw. ob es so sein soll, wenn doch in unserer Gesellschaft so viel von „Gleichbehandlung“ die Rede ist.

Diskutieren Sie Attilas Beobachtung gemeinsam in der Klasse.

Fragebogen – „Meine Vorannahmen“

- Reflektieren Sie Ihre Sicht auf die folgenden Gruppen von Menschen.
  a) Kreuzen Sie die entsprechenden Antworten an.

Alte Menschen ...	1	2	3	4	5
sind arm und warten darauf, zu sterben.					
belasten die Gesellschaft und tragen nichts bei.					
haben viel nützliche Lebenserfahrung und Wissen.					
sind anstrengend und verhalten sich wie Kleinkinder.					
sollen froh sein, dass die Gesellschaft sich um sie kümmert.					

Menschen mit Beeinträchtigung ...	1	2	3	4	5
können nichts für ihre Situation und brauchen Hilfe.					
sollen dankbar sein, dass sie unterstützt werden.					
sollten kein Geld für ihre Arbeit bekommen, da sie ja nur Beschäftigung und nicht produktiv ist.					
könnten sich auch selbst mehr anstrengen und sich nicht nur bedienen lassen.					
sollen sich in ihren Möglichkeiten optimal entwickeln können.					

Bewertung
1 = Das trifft voll zu.
2 = Das trifft eher zu.
3 = teils, teils
4 = Das trifft eher nicht zu.
5 = Das trifft überhaupt nicht zu.

optimal = bestmöglich

Menschen mit psychischer Erkrankung ...	1	2	3	4	5
haben schlecht auf ihre eigene Gesundheit geschaut.					
könnten sich ein bisschen zusammenreißen.					
müssen medikamentös gut eingestellt sein, damit sie sich in der Gesellschaft bewegen können.					
haben das grundsätzliche Recht, vollständig an der Gesellschaft teilzuhaben.					
sind oft eigenartig.					

b) Tauschen Sie sich nun mit einer Person aus Ihrer Gruppe über Ihre Bewertungen aus. Setzen Sie sich dabei insbesondere damit auseinander, wie Sie die Erkenntnisse aus dieser Reflexion für Ihre persönliche Entwicklung nutzen können.

Wir sind ständig Informationen von Massenmedien ausgesetzt. Ob Zeitungen, Fernsehen oder Social Media – **was wir sehen und hören, beeinflusst, wie wir die Welt wahrnehmen und bewerten.** Unsere gemeinschaftlich vorherrschenden Bilder und Bewertungen vom Altsein, von Beeinträchtigung, von Krankheit, von Geschlechterrollen usw. prägen uns. Sie prägen aber nicht nur uns als einzelne Menschen, sondern auch unsere Gesellschaft als ganze und damit unsere Institutionen.

die Institution = Einrichtung, die der Allgemeinheit dient, z. B. Krankenhaus, Bezirksamt, Kindergarten, Kirche usw.

DAS SOLLTEN SIE SPEICHERN

Diese **Vorannahmen** werden problematisch, wenn sie Wertungen oder Urteile enthalten. **Vorurteile** sind negative Einstellungen gegenüber Gruppen bzw. Personen, die dieser Gruppe angehören. Vorurteile führen sehr rasch zu **Diskriminierung.**

die Diskriminierung = Benachteiligung oder Herabwürdigung von Gruppen oder einzelnen Personen wegen bestimmter Merkmale

Diskriminierung bezeichnet eine Benachteiligung oder Herabwürdigung von Gruppen oder einzelnen Personen wegen bestimmter Merkmale. Besonders Personen, die in mehrerlei Hinsicht nicht der gesellschaftlichen Norm entsprechen, sind vermehrt von Diskriminierung betroffen. Die Diskriminierung über mehrere Diversitätsdimensionen hinweg bezeichnet man als **Intersektionalität.**

die Norm = allgemein anerkannte Regel für das Zusammenleben

die Diversität = Vielfalt; individuelle, soziale und strukturelle Unterschiede und Gemeinsamkeiten von Menschen und Gruppen

die Diversitätsdimension = Bereich von Diversität, z. B. Geschlecht, Alter, Hautfarbe, Religion usw.

Beispiel

Ein Mensch, dessen Hautfarbe und sexuelle Orientierung nicht der vorherrschenden Norm entsprechen, der vielleicht auch noch einer Glaubensgemeinschaft angehört, die von Teilen der Bevölkerung abgelehnt wird, kann es z. B. sehr schwer haben, in sozialen Institutionen die Unterstützung zu erhalten, die ein Mensch bekommt, welcher der gesellschaftlichen Norm eher entspricht.

Nähere Informationen finden Sie im Kapitel „Diversität“, S. 146.

reflexiv = überlegt, kritisch hinterfragend

Durch reflexive Kommunikation können die eigenen Vorannahmen kennengelernt werden. Damit können Diskriminierungsmuster bewusst gemacht und entschärft werden. Durch reflexive Kommunikation kann die Freiheit entwickelt werden, sich für oder auch gegen die Übernahme von Vorannahmen und Vorurteilen (zumindest zeitweise) zu entscheiden. Möglich wird reflexive Kommunikation durch Kommunikation über Kommunikation, also Metakommunikation.

Aufgabenstellungen – „Vorurteilskritische Kommunikation“

1. Einfluss von Massenmedien

a) Erinnern Sie sich an die letzte Fernsehsendung oder die letzte Produktion, die Sie auf einer Streaming-Plattform angesehen haben. Diskutieren Sie die folgenden Fragen mit Ihrer Sitznachbarin/Ihrem Sitznachbarn:

- Welche positiven und welche negativen Bilder von bestimmten Menschengruppen kamen bei Ihnen an?
- Was hat Ihnen an der Sendung gefallen, was hat Sie angesprochen?
- Was hat Sie unangenehm berührt?

b) Reflektieren Sie die möglichen Auswirkungen der Erfahrungen, die Sie durch Massenmedien machen, auf Ihre Sicht der Menschen, besonders wenn Sie diese Erfahrungen über längere Zeiträume machen. Leiten Sie daraus Erkenntnisse für Ihre persönliche Entwicklung ab.

2. Stellen Sie sich die folgende Situation vor:

Sie pflegen den 50-jährigen Herrn Wotruba. Er hat seit seiner Jugend Drogen konsumiert und ist jetzt psychisch krank und geistig zunehmend eingeschränkt. Gleichzeitig verhält er sich sehr fordernd und will, dass alle seinen Anweisungen folgen. Dabei wird er oft laut und aggressiv.

Reflektieren Sie mit Kolleginnen/Kollegen die Gefühle, die diese Situation bei Ihnen auslöst, und die Art, auf die Sie gerne mit Herrn Wotruba umgehen würden.

3. Meine Annahmen und Überzeugungen (kulturelle Prägungen)

die Prägung = automatische intensive Lernprozesse, die zu bestimmten Verhaltensweisen führen

a) Reflektieren Sie Ihre kulturellen Prägungen, also Ihre Überzeugungen, die Ihnen durch die Massenmedien, die Gesellschaft und Ihre Erziehung vermittelt wurden. Gehen Sie dabei nach der Anleitung zur professionellen Reflexion von S. 26 vor.

Beantworten Sie hierfür die folgenden Fragen mit Beispielen:

- Bei welchen gesellschaftlichen Themen sind Sie der Meinung der Mehrheit und stehen der vorherrschenden Norm positiv gegenüber?

Beispiel für eine mögliche Überzeugung: „Zum selbstständigen Leben gehört auch, dass man arbeiten geht.“

- Bei welchen gesellschaftlichen Themen stimmen Sie der Meinung der Mehrheit zwar prinzipiell zu, finden aber, dass die vorherrschende Norm für Ihre Situation angepasst werden muss?

- Bei welchen gesellschaftlichen Themen sind Sie der gegensätzlichen Meinung der Mehrheit? Welche Normen sind aus Ihrer Sicht unpassend?

b) Diskutieren Sie die Auswirkungen dieser kulturellen Prägungen auf die Gestaltung Ihrer beruflichen Beziehungen und Ihrer pflegerischen Tätigkeit.

Ziele erreicht? – „Grundlagen der Kommunikation“

KOMPETENZ-ERWERB

1. Beschreiben Sie die vier Seiten des Nachrichtenquadrates nach Friedemann Schulz von Thun.

Formulierungshilfen finden Sie ab S. 259.

2. **Metakommunikation**

a) Definieren Sie den Begriff Metakommunikation.

b) Führen Sie den folgenden Gesprächsausschnitt mit Metakommunikation weiter:

Ivana:	Die Pflegedokumentation ist immer unvollständig, wenn ich zur Arbeit komme. Bin ich die Einzige, die etwas einträgt?
Sandra:	Ich glaube, du irrst dich. Wir tragen unsere Tätigkeiten in die Doku ein.
Ivana:	Wenn das so ist, dann arbeitet hier wohl niemand außer mir etwas. Es ist immer das Gleiche, die ganze Arbeit bleibt an mir hängen.
Sandra:	Das ist eine Unterstellung. Du weißt genau, dass wir hier alle gut zusammenarbeiten. Nur du hast immer etwas auszusetzen.
Ivana:	Ich habe nichts auszusetzen, sondern erfahre nur nicht, was alles schon erledigt ist.

3. Geben Sie die fünf Axiome der Kommunikation nach Paul Watzlawick in eigenen Worten wieder.

4. **Vorurteilskritische Kommunikation**

a) Definieren Sie die Begriffe Intersektionalität und Diversitätsdimensionen.

b) Setzen Sie sich in Kleingruppen mit den Merkmalen auseinander, aufgrund derer Sie Diskriminierung erfahren, sowie mit den Auswirkungen der Diskriminierung im Alltag.

c) Diskutieren Sie mit Kolleginnen und Kollegen, die Sie schon gut kennen: Welche Normen und Aufforderungen, wie Menschen in der Gesellschaft sein sollten, werden in Filmen oder Serien vermittelt, die Sie derzeit gerne sehen?

Grundlagen der Gesprächsführung

Pflege beschränkt sich nicht nur auf unmittelbar pflegerische Tätigkeiten. Ein ganz wichtiger Bestandteil des Pflegeberufes sind Gespräche. Sie werden vielfach auch „nebenbei" oder begleitend zu anderen Tätigkeiten geführt. Deshalb sind Sie aber nicht weniger wichtig und wirksam. In jedem Fall ist es für Pflegekräfte wesentlich, Methoden und Techniken der Gesprächsführung zu kennen und sie auch anwenden zu können.

In diesem Kapitel befassen Sie sich mit gesprächsfördernden Rahmenbedingungen und lernen grundlegende Methoden und Techniken der Gesprächsführung kennen.

Meine Ziele

Nach Bearbeitung dieses Kapitels kann ich

- den Beziehungsprozess als zentrale Interaktionsform im Rahmen der Pflege beschreiben;
- verschiedene Settings der Gesprächsführung und Beratung unterscheiden;
- hilfreiche Fragen aus verschiedenen Perspektiven stellen;
- gesprächs- und kommunikationsfördernde Rahmenbedingungen herstellen;
- wesentliche Methoden und Techniken der Gesprächsführung anwenden;
- die Bedeutung einer empathischen und wertschätzenden Kommunikation für die (Pflege-)Beziehung nachvollziehen.

1 Gespräch und Beratung im pflegerischen Alltag

Attila ist verwirrt: Seine erfahrene Kollegin Duygu hat im Gespräch gemeint, sie habe heute Vormittag schon zwei Beratungsgespräche geführt. Als Attila zweifelnd nachfragt, wann das denn gewesen sein soll, meint Duygu: „Du bist doch dabei gewesen, als wir Frau Dimitrov geholfen haben, aus dem Bett aufzustehen und ein Stück mit dem Rollator zu gehen. Dabei haben wir darüber geredet, wie die Klientin das machen soll, wenn sie übers Wochenende bei ihren Verwandten ist.“ Nun fragt sich Attila, ob das denn wirklich Beratung ist.

Wie sehen Sie das? Ist die Bezeichnung „Beratungsgespräch“ in diesem Fall passend? Tauschen Sie sich mit einer Kollegin/einem Kollegen aus.

Fragebogen – „Mein Gesprächsverhalten“

- Reflektieren Sie Ihr Gesprächsverhalten.
  a) Kreuzen Sie die auf Sie zutreffenden Antworten an.

Gesprächsverhalten	1	2	3	4	5
Ich kann gut aufmerksam zuhören.					
Ich kann mich gut in die Situation anderer Menschen hineinversetzen.					
Ich interessiere mich für die unterschiedlichen Lebensweisen und die Geschichte anderer Menschen.					
Ich kann meine Gefühle gut in Worte fassen.					
Ich lasse andere erkennen, was in mir vorgeht und welche Emotionen mich bewegen.					
Ich stelle lieber Fragen und gebe weniger Ratschläge.					

  b) Tauschen Sie sich nun mit jemandem aus Ihrer Gruppe über Ihre Bewertungen aus.

Bewertung
1 = Das trifft voll auf mich zu.
2 = Das trifft eher zu.
3 = teils, teils
4 = Das trifft eher nicht zu.
5 = Das trifft überhaupt nicht auf mich zu.

Gespräche finden in der Pflege in unterschiedlichsten Situationen und an vielen verschiedenen Orten statt. Sie sind nicht auf ein Beratungszimmer beschränkt, sondern gehören auch zur Alltagskommunikation.

Zu den verschiedenen **Arten von Gesprächen** in der Pflege finden Sie genauere Informationen in der TRAUNER-DigiBox.

So wie die **Arten und Inhalte von Gesprächen** in der Pflege ganz unterschiedlich sind, so sind auch **ihre Ziele vielfältig:**

Beispiele für Ziele von Gesprächen in der Pflege

- Das Erfüllen eines grundlegenden sozialen Bedürfnisses nach Kontakt und Austausch
- Die Begleitung in verschiedenen, teils schwierigen Lebensphasen
- Die Unterstützung bei der Lösung von Problemen
- Die Vermittlung von Informationen

Nicht jedes Beratungs- oder Unterstützungsbedürfnis muss oder kann eine Pflegeassistenz erfüllen. Verschiedene andere Berufsgruppen stehen für wesentliche Themenbereiche zur Verfügung, z. B.:

- Psychotherapeutinnen und -therapeuten für die Behandlung psychischer Probleme
- Sozialarbeiterinnen und -arbeiter für soziale Beratung bei rechtlichen, materiellen und behördlichen Fragestellungen
- Spezialisierte Beratungseinrichtungen für spezielle Fragestellungen, die z. B. Gewalt, Sexualität, Krisen usw. betreffen

materiell = hier: finanziell

2 Gesprächssetting

Viele Gespräche aus dem Pflegealltag sind ungeplant oder ergeben sich aus der Situation heraus. Gespräche können aber natürlich auch zu einem festgelegten Termin und an einem ungestörten Ort stattfinden.

Das Setting bezeichnet den Rahmen bzw. die Umgebung, in dem bzw. der ein Gespräch stattfindet.

Beispiele für Settings

- Zu zweit in einem privaten Raum
- An einem Esstisch mit mehreren anderen Personen
- An einem Bett, während ein Verband gewechselt wird
- In einer Gruppe in einer Wohneinrichtung
- Abends beim Kartenspiel

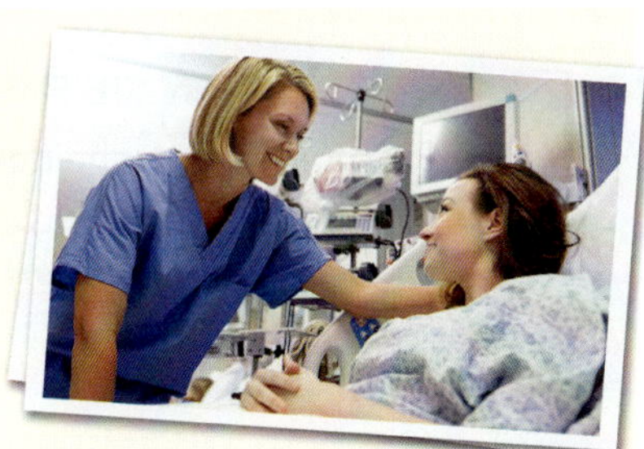

DAS SOLLTEN SIE SPEICHERN

Die Umgebung und die Situation beeinflussen den Inhalt und den Verlauf eines Gespräches.

Seien Sie vorsichtig mit Zusagen zur Geheimhaltung gegenüber Klientinnen/Klienten. Dadurch können Sie in sehr schwierige Situationen kommen, da manche Themen oder Inhalte (besonders, wenn es um Gefährdung geht) nicht verschwiegen werden dürfen.

Sagen Sie Ihren Klientinnen/Klienten daher grundsätzlich, dass innerhalb Ihres Teams Informationen ausgetauscht werden und Sie nicht alles für sich behalten können.

informell = ohne eine bestimmte Form einzuhalten, nicht förmlich

Zu den folgenden Gesprächen finden Sie nähere Informationen im Buch:

- **Teamgespräch und Intervision:** Kapitel „Arbeiten im Team“, S. 127, und „Krisenintervention“, S. 255
- **Angehörigengespräch:** Kapitel „Grundzüge der Angehörigenarbeit“, S. 175
- **Krisengespräch:** Kapitel „Krisenintervention“, S. 248
- **Konfliktgespräch:** Kapitel „Konflikte und ihre Lösungen“, S. 201

Gespräche können informell oder vorbereitet sein:

Informelle Gespräche	Vorbereitete Gespräche
▪ Informelle Gespräche dienen überwiegend der Kontakt- und Beziehungsgestaltung zu Klientinnen/Klienten und Kolleginnen/Kollegen. ▪ Sie sind üblicherweise nicht zielorientiert, d. h., sie zielen meist nicht auf Veränderung oder Entwicklung ab.	Vorbereitete Gespräche haben meist ein professionelles Setting: ▪ Bewusst gewählte Teilnehmer/innen ▪ Bewusst gewählte räumliche Umgebung ▪ Festgelegter Zeitrahmen ▪ Grundlegende Regeln in der Gesprächssituation ▪ Aktive Gestaltung des Gespräches ▪ Gemeinsame Zielentwicklung
Beispiele ▪ Alltagsgespräche mit Klientinnen/Klienten und Kolleginnen/Kollegen ▪ Spontane Gespräche mit Personal aus anderen Berufsgruppen ▪ Begleitende Gespräche bei Pflegehandlungen ▪ Bewusst begonnene Gespräche zur Aktivierung oder Beruhigung ▪ Beziehungsfördernde Gespräche ▪ „Tür-und-Angel“-Gespräche mit Angehörigen und Besucherinnen/Besuchern	**Beispiele** ▪ Teamsitzungen, Fallbesprechungen, Intervisionen ▪ Vereinbarte Gespräche mit Klientinnen/Klienten und Angehörigen zu bestimmten Themen ▪ Kennenlern- und Übergangs- bzw. Abschlussgespräche ▪ Krisen- oder Konfliktgespräche ▪ Übergabegespräche ▪ Beratungsgespräche für pflegende Angehörige

In informellen Gesprächssituationen können Themen auftauchen, die weitere vorbereitete Beratungen notwendig machen.

DAS SOLLTEN SIE SPEICHERN

Sie müssen entscheiden, ob Sie persönlich und fachlich in der Lage sind, weiterführende Gespräche zu führen, oder ob eine Vermittlung an andere Kolleginnen/Kollegen oder Fachstellen zielführender ist.

Aufgabenstellung – „Gesprächssetting“

- Bestimmen Sie die Settings, in denen Sie die folgenden Gespräche führen würden (informell = I, vorbereitet = V).

Gespräche	I	V
a) Plaudern mit einem Klienten über seine Enkelkinder		
b) Trösten einer traurigen Patientin		
c) Information eines Patienten über mögliche Nebenwirkungen der neuen Medikamente		
d) Ablenken eines Kindes, dem Blut abgenommen wird		
e) Einschulung der Tochter eines Klienten in die Verwendung eines mobilen Sauerstoffkonzentrators		
f) Beschwerdegespräch mit einem Angehörigen		

3 Grundlegende Methoden der Beziehungsgestaltung und Gesprächsführung

Gesprächsführung ist eine wesentliche Fähigkeit in der Unterstützung von pflegebedürftigen Menschen. Für alle Methoden und Techniken der Gesprächsführung ist eine **wertschätzende und empathische Grundhaltung** wichtig.

DAS SOLLTEN SIE SPEICHERN

Die Beziehung zwischen Klient/in und Pfleger/in trägt wesentlich zum Erfolg einer gelingenden Unterstützung bei. Die tatsächlich angewandten Methoden und Techniken spielen hingegen eine deutlich kleinere Rolle.

Kontakt, Begegnung und Beziehung sind die Grundlagen einer förderlichen professionellen Gesprächsführung und Beratung. Häufig stellen diese Grundlagen gleichzeitig auch die Lösung dar: Sich vertrauensvoll an jemanden zu wenden, um etwas einfach einmal laut auszusprechen, kann bei den Betroffenen bereits zu mehr Klarheit und Sicherheit führen.

FALLBEISPIEL

Eveline begleitet Frau Rössler, die seit einem Unfall im Rollstuhl sitzt, bei einem Spaziergang im Park. Die Dame steht der katholischen Kirche sehr nahe und versucht auch, nach deren Prinzipien zu leben. Frau Rössler wirkt heute durcheinander und fängt dann plötzlich an zu erzählen:
Ihr Sohn hat ihr gestern an seinem 18. Geburtstag gesagt, dass er homosexuell ist und dies der Familie mitteilen möchte. Für Frau Rössler ist eine Welt zusammengebrochen. Sie erzählt Eveline von all ihren Befürchtungen und Vorbehalten. Nach einer halben Stunde des Redens blickt sie Eveline plötzlich an und sagt: „Wahrscheinlich denken Sie sich jetzt, wozu regt sie sich denn so auf? Und wenn ich mir selber zuhöre, weiß ich auch nicht, warum ich mich aufrege. Wir leben ja nicht vor 100 Jahren und wenn es meinem Sohn gut geht, wäre ich doch verrückt, ihm das gute Leben zu vermiesen!" Eveline sagt nur: „Schön, dass Sie mir so etwas Wichtiges erzählt haben."

Aktives Zuhören und das Stellen von wirksamen Fragen sind dabei zwei der wichtigsten Methoden für die Beziehungsgestaltung und Gesprächsführung.

3.1 Aktives Zuhören

Aktives Zuhören ist das gefühlsbetonte Reagieren auf die Botschaften des Gegenübers. Beim aktiven Zuhören versetzt man sich in das Gegenüber hinein, um das Wesentliche einer Aussage nachzuvollziehen und zu verstehen. Dabei wird **gegenseitiges Vertrauen aufgebaut** und die **Beziehung gefördert.**

Die drei Bestandteile des aktiven Zuhörens sind:

3.1.1 Empathisches Zuhören – aufmerksames Verfolgen des Gespräches

präsent = (geistig) anwesend

Hört man empathisch zu, so ist man im Gespräch präsent und zeigt dies z. B. durch Blickkontakt, Nicken oder einzelne Laute (z. B.: „mhm", „ja" usw.). Dadurch wird dem Gegenüber vermittelt, dass **Interesse** am Gesagten besteht und **Aufmerksamkeit** herrscht. Der/Die Gesprächspartner/in wird nicht unterbrochen und die eigenen Gedanken bleiben beim Inhalt des Gespräches und beim Gegenüber.

DAS SOLLTEN SIE SPEICHERN

Aufmerksames und verstehendes Zuhören ist eine Frage der Haltung: Je mehr das Gegenüber wertgeschätzt wird, desto leichter fällt das empathische Zuhören.

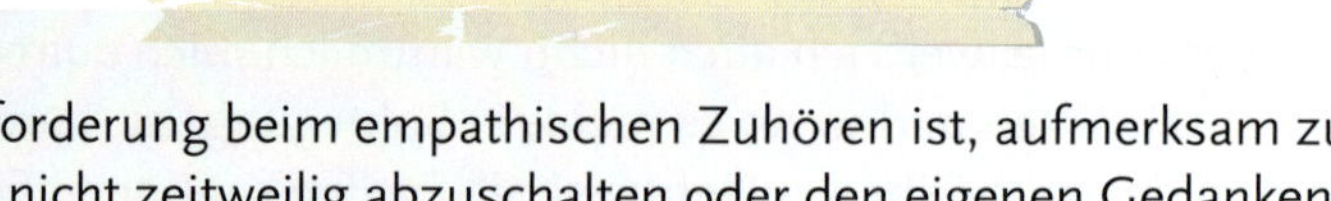

Die Herausforderung beim empathischen Zuhören ist, aufmerksam zu bleiben und nicht zeitweilig abzuschalten oder den eigenen Gedanken zu folgen.

3.1.2 Paraphrasieren – aktives Verstehen

Beim Paraphrasieren wird **das Gesagte mit eigenen Worten zusammengefasst und in Form von Fragen wiedergegeben.** Damit wird dem Gegenüber einerseits vermittelt, dass man aktiv beim Gespräch dabei ist.

Andererseits überprüft der/die Zuhörer/in mit dem Paraphrasieren, ob inhaltlich auch das angekommen ist, was der/die Sprecher/in ausdrücken wollte. Zudem wird der/die Gesprächspartner/in ermutigt, das Gesagte bei Bedarf noch klarer darzustellen. Dieses aktive Verstehen kann die **Missverständnisse** in der Kommunikation **verringern** und fördert somit auch das gegenseitige Vertrauen.

Paraphrasieren kann sich sehr künstlich anhören, besonders wenn der Eindruck entsteht, dass man wie ein Papagei einfach nur alles nachplappert.

Beispiel für Paraphrasieren

Nazlie sagt zu Dudu: „Die Party am Wochenende, bei der wir gemeinsam waren, hat mir überhaupt nicht gefallen. Ich habe niemanden kennengelernt und kaum jemand hat mit mir geredet. Ich weiß nicht, wozu wir da gemeinsam hingegangen sind. Ich war ja nur das fünfte Rad am Wagen."

Dudu antwortet mit einer Paraphrase: „Willst du mir sagen, dass es dir besser geht, wenn ich mich mehr um dich kümmere, mehr mit dir rede und dich mit mehr Leuten bekannt mache, wenn wir gemeinsam unterwegs sind?"

Nazlie antwortet: „Ja, das habe ich gemeint. Das wäre schön, wenn du das machst."

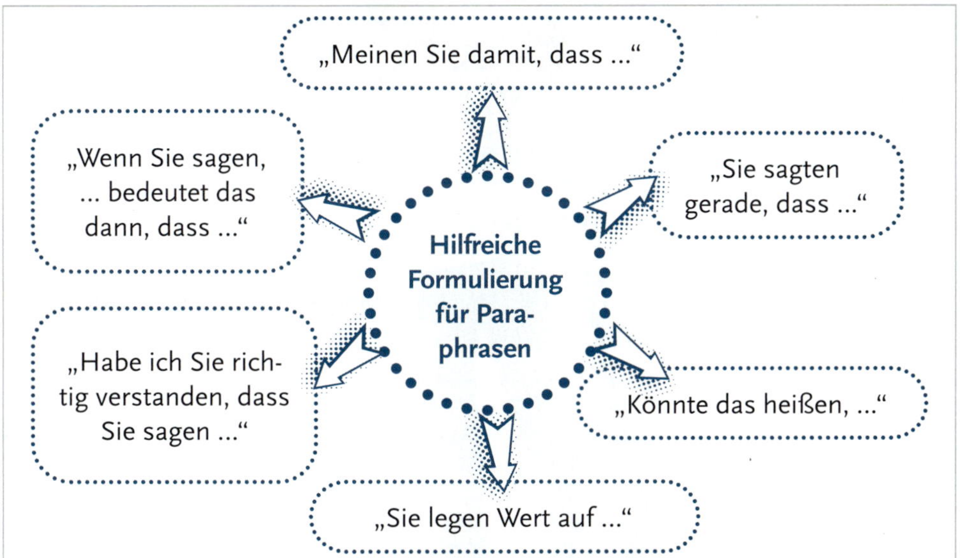

Aufgabenstellung – „Paraphrasieren"

- Bilden Sie Dreiergruppen.
  - **Person A** erzählt von ihrem gestrigen Tag.

    Achtung: Erzählen Sie nicht zu viel auf einmal, sonst wird es für Person B schwierig zu paraphrasieren. Wenn Sie nur kurze Ausschnitte erzählen, ist es für Person B viel leichter, das Paraphrasieren zu üben.
  - **Person B** versucht zu paraphrasieren, also das Gehörte in Frageform in eigenen Worten wiederzugeben.

    Achtung: Erzählt Person A zu viel auf einmal, können Sie auch ein Stopp-Zeichen geben.
  - **Person A** gibt Rückmeldung, ob Person B den Inhalt passend wiedergegeben hat.
  - **Person C** hat die Aufgabe, zu beobachten, Feedback zu geben und Ideen beizusteuern, wie das Paraphrasieren gut möglich wäre.

Nach ca. zehn Minuten wechseln Sie die Rollen, bis jede Person einmal jede Rolle ausprobiert hat.

3.1.3 Spiegeln – Verbalisieren emotionaler Erlebnisinhalte

Beim Spiegeln werden die **gefühlsmäßigen Inhalte von Botschaften wiedergegeben.** Der/Die Zuhörer/in versucht, die Perspektive der Sprecherin oder des Sprechers einzunehmen, sich also in die Situation und Erlebniswelt des Gegenübers hineinzuversetzen.

Beim Spiegeln werden nicht einfach Aussagen wiederholt, sondern nur Gefühle und Erlebnisinhalte aufgegriffen.

Spiegeln beinhaltet also immer auch empathisches Zuhören. Beim Spiegeln steht aber nicht der sachliche Inhalt, sondern der emotionale Gehalt der Aussagen im Vordergrund.

Durch das Spiegeln wird dem/der Gesprächspartner/in bestätigt, dass die **Gefühle erkannt** wurden. Das Gegenüber erhält außerdem die **Möglichkeit, sein Erleben zu reflektieren.** Im besten Fall entwickelt sich daraus ein Anstoß zur Weiterentwicklung.

Beispiele für Spiegeln

- Anette: „Die Mitarbeiter/innen hier im Haus kriegen alle dafür bezahlt, dass sie sich kümmern, wenn ich etwas brauche. Also kann es ja kein Problem sein, wenn ich jede halbe Stunde klingle, damit jemand zu mir ins Zimmer kommt."

  Mögliche gespiegelte Antwort: „Es klingt, als hätten Sie Sorge, in Ihrem Zimmer vergessen zu werden und sich dadurch immer einsamer zu fühlen?"

Achtung!
Wir haben in unserem Leben alle schon in verschiedensten Situationen Verletzungen erfahren. Diese Wunden können beim Spiegeln angesprochen werden und wieder zutage treten. Hierin liegt zwar eine wesentliche Entwicklungschance, gleichzeitig können dadurch aber auch starke emotionale Reaktionen ausgelöst werden.

Emotionale Inhalte eines Gespräches **können sowohl verbal, paraverbal als auch nonverbal ausgedrückt werden.** Zu beachten ist dabei, ob sich die Botschaften dieser drei Kommunikationsmöglichkeiten widersprechen, ob also beispielsweise, das Gegenüber lächelt (= nonverbaler Ausdruck), während es von einem sehr verletzenden Ereignis erzählt (= verbaler Ausdruck).

Nähere Informationen zur **Wahrnehmung der eigenen Gefühle** finden Sie in den Kapiteln „Soziale Kompetenz", S. 95, und „Gewaltfreie Kommunikation", S. 137.

Um die möglichen Gefühle in Aussagen und nonverbalen Signalen wahrnehmen zu können, ist es nötig, auch die eigenen Emotionen zu kennen und beschreiben zu können. Sie können hierfür die folgende Übung ausprobieren:

Aufgabenstellungen – „Spiegeln"

Versuchen Sie, sich immer wieder Zeit für diese kurze Übung zu nehmen.

1. Achtsamkeit im Umgang mit Gefühlen

Ziel der Übung ist es, sich selbst in eine Beobachterposition zu begeben und die eigenen Gefühle zu betrachten, ohne sie zu bewerten. Sie können die eigenen Gefühle willkommen heißen und dann auch wieder weiterziehen lassen.

1. Nehmen Sie sich einige Minuten Zeit und spüren Sie in sich hinein.
2. Fragen Sie sich, was Sie gerade fühlen.
3. Richten Sie Ihre Aufmerksamkeit auf Ihre erste Wahrnehmung.
4. Verdeutlichen Sie sich, dass es hier kein Richtig und kein Falsch gibt. Das Gefühl ist genau das richtige.
5. Bleiben Sie einige Zeit mit Ihrer Aufmerksamkeit bei dem Gefühl und benennen Sie es.
6. Verabschieden Sie sich abschließend von diesem Gefühl und richten Sie Ihre Aufmerksamkeit wieder auf Ihre Umgebung und Tätigkeit.

2. Nachfolgend können Sie einige Äußerungen von Klientinnen/Klienten lesen.

a) Versetzen Sie sich in die Situation der Betroffenen und sprechen Sie ihr jeweiliges Erleben und ihre Empfindungen aus.

Achten Sie dabei darauf, das vermutete Erleben oder Gefühl eher fragend zu formulieren, da es ja nur ein Versuch oder Angebot von Ihnen ist, das Gefühl der Klientinnen/Klienten zu benennen.

Beispiel
Klientin: „Wenn ich sie schon heimkommen höre in die Wohngemeinschaft, dann geht das blöde Geschimpfe gleich wieder los."

Gehen Sie nicht auf den Inhalt ein (z. B. „Die Mitbewohnerin kommt dann rein und schimpft"), sondern auf das Gefühl, das innere Erleben, z. B.:

- „Da graut Ihnen schon richtig davor, oder?"
- „Sie haben so genug davon, oder?"
- „Sie haben so das Gefühl: Da kann ich nur hilflos dasitzen?"

Aussagen von Klientinnen/Klienten:

a) „Mit dem da rede ich auf keinen Fall mehr."

b) „Das geht jetzt schon wochenlang so. Tagaus, tagein, immer diese Jammerei."

c) „Ich kann das einfach nicht, wenn da alle so am Nachmittag zusammensitzen, auch mal was zu sagen und mitzureden."

d) „Wozu soll ich mich da noch aufregen, die machen mit mir sowieso, was sie wollen."

e) „Glauben Sie, ich kann mit dem Arzt reden? Der hat mir doch noch nie zugehört."

f) „Jeder sagt mir, ich kann das nicht mehr. Wozu soll ich mich denn noch anstrengen?"

g) „Ich rede mit niemandem mehr. Es fragen sowieso alle das Gleiche und hören nicht zu."

b) Diskutieren Sie Ihre Formulierungsvorschläge mit Kolleginnen/Kollegen. Besprechen Sie, welche Gefühle oder welches Erleben Sie mit Ihrem Vorschlag jeweils ansprechen.

Machen Sie auch die Übung in der TRAUNER-DigiBox.

3.2 Wirksame Fragen

Fragen können den Blick auf Ereignisse und Verhaltensweisen von Personen verändern.

FALLBEISPIEL

Eine Kollegin kommt frustriert ins Dienstzimmer und beschwert sich: „Diese Frau Panic hat ernsthafte psychische Schwierigkeiten und gehört auf die Psychiatrie! Sie weigert sich, das Frühstück zu essen, und schreit mich an, wenn ich ihr sage, sie muss etwas essen."

Folgende Fragen könnten den Blick der Kollegin auf die Situation erweitern:

- „Isst Frau Panic grundsätzlich nicht oder nur kein Frühstück?"
- „Gibt es Tage, an denen Frau Panic ihr Frühstück isst oder zumindest Teile davon? Was ist an diesen Tagen anders?"
- „Würde Frau Panic frühstücken, wenn sie nicht im Bett liegen müsste?"
- „Gibt es Personen, mit denen Frau Panic gemeinsam frühstücken würde?"

Probieren Sie mit Ihrer Nachbarin/Ihrem Nachbarn aus, solche Fragen zu stellen. Nehmen Sie als Thema den Umgang miteinander in Ihrer Gruppe oder Klasse.

Je nachdem, wie die Fragen gestellt werden, können sie Aufschluss geben über die Bedeutung des Verhaltens oder die Auswirkungen des Verhaltens auf die Beziehung.

Fragen nach der ...

Bedeutung des Verhaltens	Auswirkung des Verhaltens auf die Beziehung
■ Das individuelle Erleben einer Person steht im Mittelpunkt der Frage. ■ Wenig beachtet wird der mögliche Einfluss von anderen Menschen oder der Situation auf das Erleben.	■ Diese Art zu fragen interessiert sich mehr für Muster in der Kommunikation und Beziehung von Personen. ■ Hierdurch werden Beziehungen sowie Unterscheidungen bzw. Übereinstimmungen hinsichtlich Einstellungen und Verhaltensweisen beschrieben.
Beispiele ■ Wie geht es Ihnen, wenn Ihnen von der Pflegekraft Essen eingegeben werden muss? ■ Was ärgert Sie so, wenn Sie mit den anderen beim Essen sitzen müssen?	**Beispiele** ■ Wer in der Familie macht sich meist zuerst Sorgen um Ihre Stimmung? ■ Wenn Sie alleine in ihrem Zimmer sitzen, worüber macht sich dann Ihre Tochter Gedanken? ■ Wie müssten Sie sich verhalten, damit Ihre Tochter sich Sorgen macht und aktiv wird?

3.2.1 Arten von Fragen

Ganz grundsätzlich wird zwischen geschlossenen und offenen Fragen unterschieden.

Geschlossene Fragen lassen sich meist mit „Ja“ oder „Nein“ beantworten. Die gefragte Person muss sich bei geschlossenen Fragen klar entscheiden. Geschlossene Fragen **liefern rasch Informationen,** laden aber nicht zu einem weiterführenden Gespräch ein.

Offene Fragen lassen sich nicht mit „Ja“ oder „Nein“ beantworten, sondern **laden zum freien Sprechen ein.** Meist sind offene Fragen W-Fragen (Was?, Wer?, Warum?, Wo?, Wann? usw.). Offene Fragen sind ein Angebot für ein weiterführendes Gespräch.

Durch interessiertes Fragen wird dem Gegenüber das Angebot gemacht, eine Außenperspektive auf die eigene Situation einzunehmen. Damit können sich die Möglichkeiten des Gegenübers erweitern, wie es die eigene „Wirklichkeit“ beschreibt und folglich erlebt.

Beispiele

Geschlossene Fragen:
- Geht es Ihnen gut?
- Tut Ihnen etwas weh?

Offene Fragen:
- Wie geht es Ihnen heute?
- Was tut Ihnen weh?

DAS SOLLTEN SIE SPEICHERN

Es ist nicht das Ziel, die „richtige“ Frage zu stellen. Ziel ist immer, mit den Fragen beim Gegenüber anzuregen, dass es seine eigenen Möglichkeiten erweitert.

Arten von Fragen

Unterscheidungsfragen	Fragen zu einem konkreten Verhalten oder Problem	Problemorientierte Fragen	Lösungsorientierte Fragen
Diese Fragen sollen Unterschiede herstellen und verdeutlichen.	Durch diese Fragen werden die Art des Problems und mögliche Erklärungen dafür deutlich.	Mit diesen Fragen wird das Problem oder Symptom genauer betrachtet.	Diese Fragen interessieren sich für (mögliche) Verbesserungen. Sie können den Blick für Möglichkeiten erweitern.
Beispiele ■ Wer ist mit der Arbeit des Teams am zufriedensten? ■ In welchen Situationen ist der/die Bewohner/in stärker depressiv? ■ Wer aus Ihrer Familie macht sich am meisten Sorgen, wenn Sie im Bett bleiben?	**Beispiele** ■ Wie verhalten Sie sich, wenn Sie Ihre Depression haben? ■ Wie erklären Sie sich, dass diese depressiven Symptome entstanden sind?	**Beispiele** ■ Wer hat Ihre Stimmung zuerst als Problem bezeichnet? ■ Wie haben sich die Beziehungen zu Ihren Familienmitgliedern verändert, seit Sie diese depressiven Verhaltensweisen zeigen? ■ Wofür könnte es nützlich sein, wenn diese depressiven Verhaltensweisen noch eine Weile bleiben würden?	**Beispiele** ■ Wie haben Sie es manchmal geschafft, dass diese depressiven Verhaltensweisen nicht aufgetreten sind? ■ Angenommen, eine gute Fee lässt dieses depressive Verhalten über Nacht verschwinden, was wäre dann in Ihrem Leben konkret anders? (= Wunderfrage) ■ Wie würden die Mitarbeiter/innen oder Ihre Angehörigen reagieren, wenn Ihre depressiven Verhaltensweisen plötzlich weg wären?

kombinieren = verknüpfen

Tipps!

- Die verschiedenen Fragearten können natürlich auch miteinander kombiniert werden.
- Oft möchten Menschen einfach nur von ihrer Last und den Sorgen erzählen. Daher ist es günstig, achtsam zu sein, wann lösungsorientierte Fragen gestellt werden können.

Aufgabenstellung – „Arten von Fragen"

- Bilden Sie Kleingruppen und formulieren Sie zu folgender Situation verschiedene Fragen unterschiedlichster Art, die Sie als Pflegekraft an Frau Anić richten könnten.

Frau Anić ist vor zwei Monaten in die Einrichtung eingezogen. Sie kann nicht mit anderen Bewohnerinnen/Bewohnern in einem Raum sein, da sie dann große Angst bekommt. Für den pflegerischen Alltag in der Einrichtung führt das zu großen Problemen.

3.2.2 Fragen aus verschiedenen Perspektiven

Alle Arten von Fragen können auch noch aus verschiedenen Perspektiven formuliert werden.

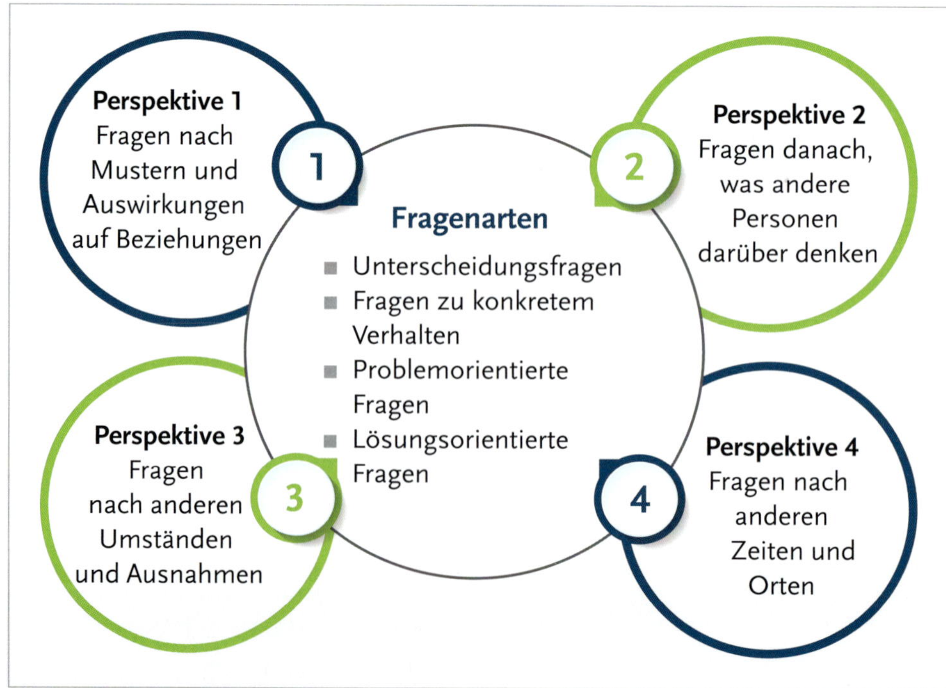

Beispiel: Unterscheidungsfragen aus unterschiedlichen Perspektiven

Perspektive 1: Frage nach Mustern und Auswirkungen auf Beziehungen
Wie wirkt es sich auf Ihren Kontakt mit Ihren Mitbewohnerinnen und Mitbewohnern aus, wenn Sie einen Tag weniger depressives Verhalten zeigen?

Perspektive 2: Frage danach, was andere Personen darüber denken
Was würde Ihre Tochter denken, wenn sie erleben würde, dass Sie sich mit Ihren Mitbewohnerinnen/Mitbewohnern beim Abendessen fröhlich unterhalten, statt allein im Zimmer zu sitzen?

Perspektive 3: Frage nach anderen Umständen und Ausnahmen
Angenommen, Sie wachen auf und die depressive Stimmung ist verflogen, wer würde das als Erstes erkennen?

Perspektive 4: Frage nach anderen Zeiten und Orten
Wenn Sie dieses depressive Verhalten in Ihrer alten Wohnung zeigen würden, welche/r Ihrer Nachbarinnen und Nachbarn würde als Erstes darauf aufmerksam werden?

Aufgabenstellungen – „Fragen aus verschiedenen Perspektiven“

1. Bestimmen Sie die Perspektive, aus der die folgenden Fragen formuliert sind.

Fragen aus unterschiedlichen Perspektiven	Perspektive			
	1	2	3	4
a) „Wenn Sie in einigen Wochen auf diesen Ausbruch zurückblicken, was werden Sie dann davon halten, wie werden Sie ihn erklären?“				
b) „Hätten Sie so einen Ausbruch als Kind vor Ihren Eltern gehabt, wie hätten diese reagiert?“				
c) „Was würde Ihre Tochter von Ihnen denken, wenn Sie bei der nächsten Provokation nicht mit einem Ausbruch reagieren, sondern gelassen mit Ihren Dingen weitermachen würden?“				
d) „Wenn Sie plötzlich keine Wut mehr hätten, wie würde man das merken?“				
e) „Wenn sich Ihr Ausbruch nicht legen würde, sondern Ihre Wut sich immer mehr aufschaukeln würde, wie würde Ihr Leben dann heuer zu Weihnachten aussehen?“				

2. Bilden Sie Kleingruppen und formulieren Sie zur selben Situation wie in Aufgabenstellung „Arten von Fragen“ (S. 76) aus den vier unterschiedlichen Perspektiven problemorientierte Fragen, die Sie als Pflegekraft an Frau Anić richten könnten.

Frau Anić ist vor zwei Monaten in die Einrichtung eingezogen. Sie kann nicht mit anderen Bewohnerinnen/Bewohnern in einem Raum sein, da sie dann große Angst bekommt. Für den pflegerischen Alltag in der Einrichtung führt das zu großen Problemen.

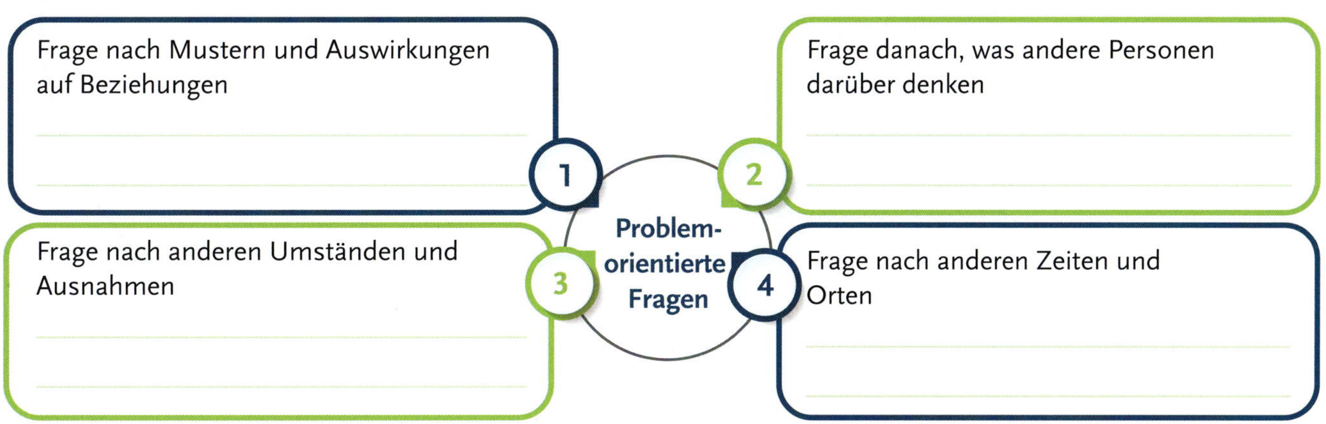

4 Probleme und ihre Bearbeitung

Attila gerät immer wieder in sehr ärgerliche Diskussionen mit Herrn Nemecek, wenn er ihm das Essen bringt. Es gibt kaum etwas, was Herrn Nemecek schmeckt, obwohl aus der Sicht Attilas hervorragend und sehr gesund gekocht wird. Attila versteht ihn einfach nicht: „Herr Nemecek war sein Leben lang am Bau beschäftigt und hatte sicherlich noch nie eine so gesunde Ernährung mit Obst und Gemüse", denkt Attila.

Besprechen Sie mit Kolleginnen/Kollegen, welche Lösungen bei (sozialen) Problemen Sie in der letzten Zeit beobachten konnten.

Die Fähigkeit, Probleme lösen zu können, ist ein wichtiger Teil der sozialen Kompetenz.

Probleme sind nichts Ungewöhnliches. Sie treten auf, wenn Menschen miteinander in Kontakt sind. Es geht daher nicht darum, Probleme zu vermeiden – Sie müssen sie natürlich auch nicht suchen –, sondern darum, Möglichkeiten kennenzulernen, wie Sie **konstruktiv** mit ihnen umgehen können.

Das nachfolgende Modell kann genutzt werden, um **für Problemsituationen angemessene Lösungen zu entwickeln.** Es kann sowohl ganz persönlich verwendet werden als auch in Kleingruppen oder Teams.

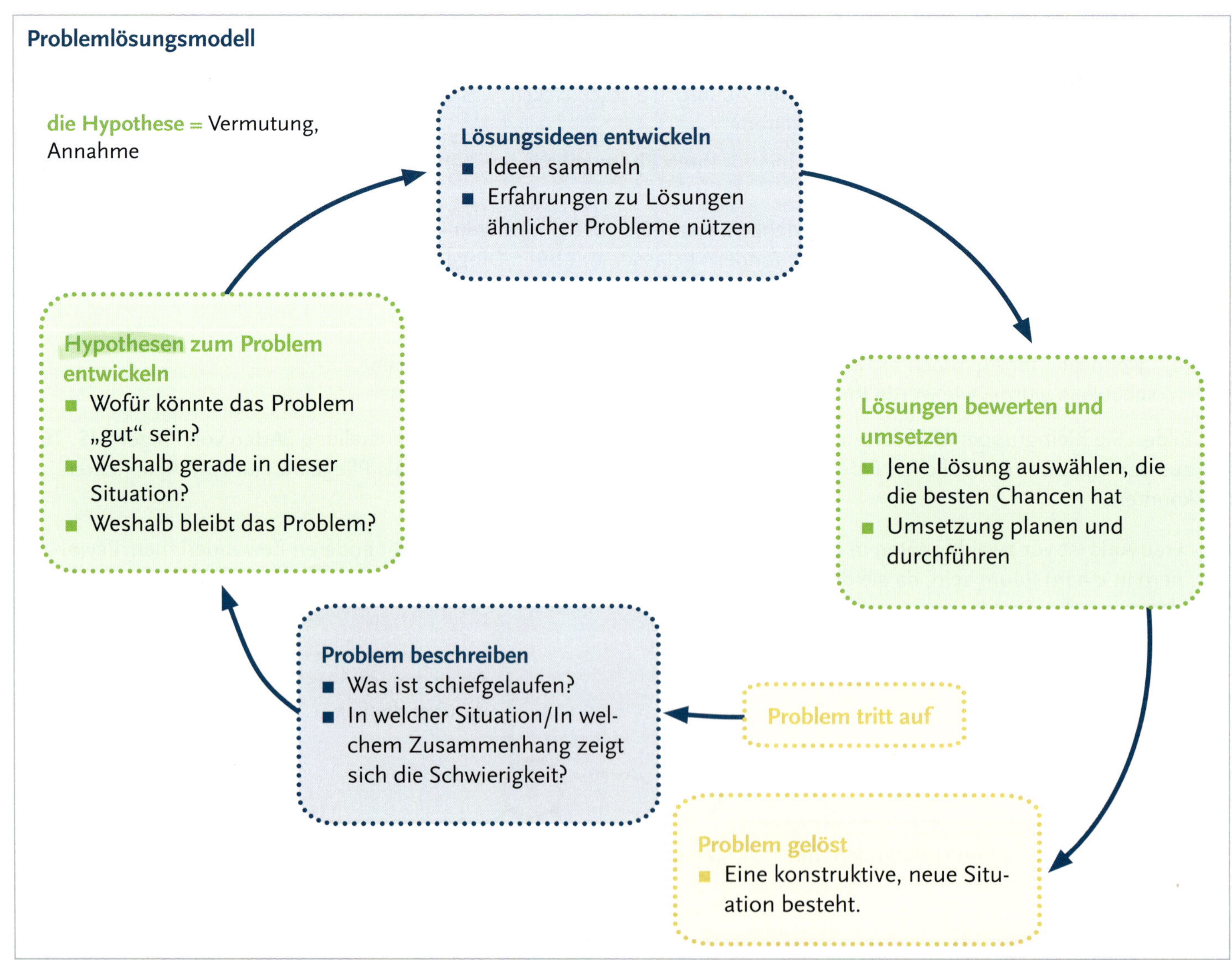

Aufgabenstellung – „Probleme und ihre Bearbeitung“

- **Welches Problem passt zu meiner Lösung?**
  - Bilden Sie Kleingruppen mit fünf bis sechs Personen. Alle Teilnehmer/innen erhalten je fünf leere Karten, um etwas aufzuschreiben.
    - Jede Teilnehmerin/Jeder Teilnehmer schreibt auf zwei Karten je eine attraktive (soziale) Lösung und legt die Karten verdeckt vor sich.
    - Auf die anderen drei Karten schreibt jede/r nun jeweils ein Problem oder eine Herausforderung und legt die Karten ebenfalls verdeckt ab.
  - Nun decken die Teilnehmer/innen hintereinander jeweils eine ihrer Lösungen auf und die anderen schauen bei ihren notierten Problemen nach, ob diese Lösung für sie nützlich wäre. Die Gruppe entscheidet, für welches Problem die Lösung am besten wäre. Dies wird so lange wiederholt, bis alle Lösungen aufgedeckt sind.

Einfachere Variante

- Jede Kleingruppe bekommt von der Lehrkraft zehn Karten mit Problemen oder Herausforderungen und zehn Karten mit attraktiven (sozialen) Lösungen ausgeteilt.
- Entscheiden Sie in der Gruppe, welche Lösung für welches Problem am besten wäre.

Die Karten finden Sie zum Ausdrucken in der TRAUNER-DigiBox.

Ziele erreicht? – „Grundlagen der Gesprächsführung“

1. Nennen Sie verschiedene Arten von Gesprächen in der Pflege.

2. **Aktives Zuhören**

a) Beschreiben Sie die Bestandteile des aktiven Zuhörens.

Formulierungshilfen, die Sie sprachlich bei der Erarbeitung der Aufgabenstellungen unterstützen, finden Sie ab S. 259.

b) Nennen Sie typische Formulierungen beim Paraphrasieren.

c) Spiegeln Sie folgende Aussagen:

a) „Der ‚Breitgesichtige' im oberen Stock hat gesagt, wir sollen heute schon früher zu Abend essen."

b) „Meine Tochter lernt es nicht, sie bringt immer noch die falschen Taschentücher mit."

c) „Diese Teambesprechungen haben keinen Inhalt und dauern extrem lange."

3. Erläutern Sie die Auswirkungen unterschiedlicher Settings auf Gespräche.

4. Unterscheiden Sie die Perspektiven, aus denen Fragen gestellt werden können, und erklären Sie den Nutzen dieses Perspektivwechsels.

5. Beschreiben Sie ein Modell (und zeichnen Sie es auf), das hilfreich sein kann, für Problemsituationen angemessene Lösungen zu finden.

Gesprächsführungskonzepte

Es gibt unterschiedliche Konzepte der Gesprächsführung, die in der Unterstützung von Menschen hilfreich sind. In der Praxis werden diese Konzepte häufig auch kombiniert. Es ist also üblich, dass Haltungen und Techniken unterschiedlicher Gesprächsführungskonzepte je nach Gesprächssituation und Thema angewendet werden.

Drei Konzepte der Gesprächsführung lernen Sie im folgenden Kapitel kennen: die personenzentrierte, die motivierende und die systemische Gesprächsführung. Dabei erfahren Sie auch, wie Sie sie in Ihren Pflegealltag einfließen lassen können.

Meine Ziele

Nach Bearbeitung dieses Kapitels kann ich

- ausgewählte theoretische Grundlagen (Konzepte, Methoden) der Gesprächsführung in Grundzügen skizzieren;
- wesentliche Gesprächsführungskonzepte und deren Grundlagen unterscheiden;
- die Möglichkeiten und Haltungen verschiedener Gesprächsführungskonzepte erläutern;
- ausgewählte Methoden der Gesprächsführung demonstrieren;
- meinen persönlichen Zugang zur Anwendung der verschiedenen Gesprächsführungskonzepte reflektieren.

1 Personenzentrierte Gesprächsführung

Frau Pospischil, eine Bewohnerin der Einrichtung, beginnt, Attila unerwartet von etwas zu erzählen, was ihr vor Jahren passiert ist. Die Erzählung macht Attila sehr betroffen und er sagt es auch: „So etwas zu erleben, muss sehr schmerzhaft für Sie gewesen sein."
Nachdem Frau Pospischil eine halbe Stunde erzählt hat, meint sie plötzlich: „Das war ein gutes Gespräch! Jetzt geht es mir schon besser."
Attila ist erstaunt – er hat doch nur diesen einen Satz gesagt.

Stellen Sie in der Klasse Vermutungen darüber an, weshalb Frau Pospischil die Interaktion mit Attila als „gutes Gespräch" empfinden könnte.

Das Konzept der personenzentrierten Gesprächsführung wurde von CARL ROGERS in den 1940er-Jahren entwickelt. Es beantwortet die folgende Frage:

CARL R. ROGERS, US-amerikanischer Psychologe und Psychotherapeut (1902–1987)

„Welche Bedingungen führen dazu, dass eine Person von sich aus über ihr Erleben spricht, sich dabei besser verstehen lernt und schließlich zu Einstellungs- und Verhaltensänderung gelangt?"

Damit Veränderung möglich ist, müssen sich die Betroffenen in einem Zustand der **Inkongruenz** befinden. Inkongruenz bedeutet, dass die gemachten Erfahrungen nicht mit der Vorstellung von der eigenen Person zusammenpassen. Die Betroffenen wehren sich daher gegen diese Erfahrungen oder versuchen, sie anders wahrzunehmen.

die Inkongruenz = mangelnde Übereinstimmung

Beispiel für Inkongruenz

Sophie hat einen hohen Anspruch an sich selbst, gute Leistungen abzuliefern. Leider hat sie vergessen, dass sie am nächsten Tag ein Referat abgeben muss. Sie lädt sich daher ein passendes Referat aus dem Internet herunter und gibt es am nächsten Tag ab. Dafür erhält sie die Note Sehr gut. Allerdings ist Sophie selbst darüber unglücklich und verunsichert, ob sie in diesem Fach auch wirklich gut ist.

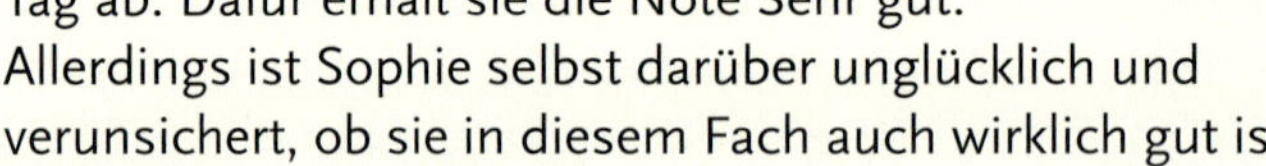

Mit der personenzentrierten Gesprächsführung soll die Entwicklung eines flexiblen Selbstkonzeptes ermöglicht werden, in dem mehr Erfahrungen Platz und Akzeptanz finden. Die Betroffenen sollen dabei unterstützt werden, Erfahrungen akzeptieren zu können, die sie weniger fähig oder attraktiv erscheinen lassen und die bei ihnen negative Gefühle erzeugen. **Ziel** ist, dass diese **negativen Gefühle nicht mehr abgewehrt werden müssen.**

Mit dem **Selbstkonzept** beschäftigen Sie sich im Kapitel „Soziale Kompetenz", S. 85.

Durch diese Akzeptanz kommt es zu einer Annäherung zwischen dem, wie sich eine Person selbst sieht, und dem, wie sie gerne sein möchte. Dazu ist eine **Beziehung notwendig, in der negative Gefühle Platz haben** und zugelassen werden.

Aufgabenstellung – „Personenzentrierte Gesprächsführung"

- Reflektieren Sie in Dreiergruppen folgende Fragen:

  a) Was möchten Sie an sich selbst weiterentwickeln?

  b) Welche Erfahrungen haben Sie in letzter Zeit oder während Ihres Praktikums gemacht, die für Ihre Idee von sich selbst (für Ihr Selbstkonzept) gut waren?

  c) An welche Erfahrungen erinnern Sie sich, die für Sie unpassend oder unangenehm waren, weil Sie sich selbst so nicht sehen (wollen)?

1.1 Grundannahmen der personenzentrierten Gesprächsführung

Das Konzept der personenzentrierten Gesprächsführung basiert auf den folgenden Grundannahmen über den Menschen:

1 Autonomie und soziale Bezogenheit

Der Mensch kann für sein Leben und seine eigene Entwicklung Verantwortung übernehmen. Er ist in der Lage, selbst zu entscheiden. Nur jemand, der Verantwortung für sich selbst übernimmt, kann auch Verantwortung für die Gemeinschaft übernehmen.

die Autonomie = Eigenständigkeit, Willensfreiheit

2 Selbstverwirklichung (= Selbstaktualisierungstendenz)

Jeder Mensch hat das Bedürfnis, sich ständig weiterzuentwickeln. Man nennt dies auch die Tendenz zur Selbstaktualisierung. Dieses Bedürfnis nach Wachstum und Selbstverwirklichung wird als grundlegende Antriebskraft des Menschen angenommen.

aktualisieren = auf den neuesten Stand bringen; an die neuesten Veränderungen anpassen

die Tendenz = Neigung, Entwicklung in eine bestimmte Richtung

3 Ziel- und Sinnorientierung

Der Mensch ist grundsätzlich zielorientiert und sinngerichtet. Er richtet seine Handlungen und sein Leben also an Wertvorstellungen wie Freiheit, Gerechtigkeit und Menschenwürde aus.

4 Ganzheitlichkeit

Der Mensch wird als Einheit von Gefühl, Vernunft, Körper und Seele gesehen.

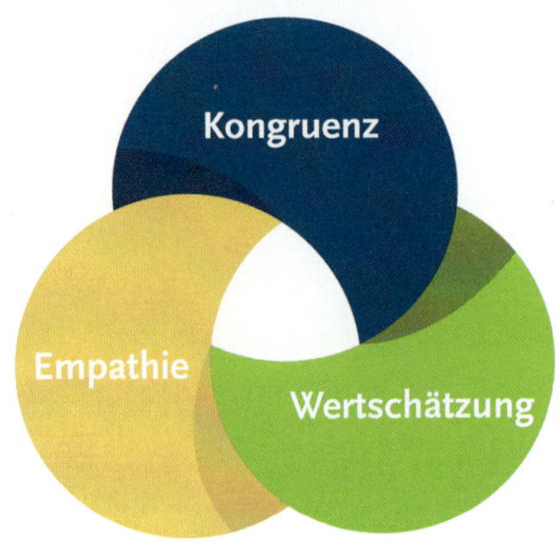

die Kongruenz = Übereinstimmung (mit sich selbst)

authentisch = echt, nicht verstellt

Nähere Informationen zur **Empathie** finden Sie im Kapitel „Soziale Kompetenz“, S. 102.

Bedingungslose Wertschätzung heißt nicht, dass Sie alles gutheißen müssen.

Die Vergangenheit erhält im Gespräch weniger Bedeutung. Die Gegenwart steht im Mittelpunkt.

1.2 Grundsätze der personenzentrierten Gesprächsführung

Die Beziehung zwischen Pflegekraft und der/dem Betroffenen spielt in der Gesprächsführung eine zentrale Rolle. Wesentlich ist, dass diese **Beziehung partnerschaftlich** gestaltet ist.

Aus Rogers Sicht ist die Art der Beziehung entscheidend dafür, ob Veränderung gelingen kann. Er nennt **drei Bedingungen, die Sie als Pflegekraft erfüllen müssen,** um eine Beziehung zu gestalten, die Veränderung gelingen lässt:

Bedingungen für Veränderung durch Beziehung

1 **Kongruenz**

- Eine kongruente Person präsentiert keine Fassade, sondern stellt die eigene innere Haltung dar.
- Die Pflegekraft tritt authentisch auf, ist ehrlich und echt.
- Durch Echtheit entsteht Vertrauen beim Gegenüber.

2 **Bedingungslose Wertschätzung**

- Der Mensch wird ganz grundsätzlich wertgeschätzt.
- Die Würde des Gegenübers wird bedingungslos respektiert.
- Die Betroffenen werden nicht an irgendwelchen Verhaltensweisen, ihrem Aussehen oder ihrer Beeinträchtigung gemessen.

3 **Empathisches Verstehen**

- Empathisches Verstehen bedeutet, sich in das Gegenüber hineinzuversetzen und seine Empfindungen und sein Erleben nachzuvollziehen.

Bedeutung des personenzentrierten Ansatzes für die Pflege
Diese annehmende, wertschätzende und stützende Haltung der Gesprächsführung schafft Vertrauen und Zuversicht bei den Gesprächspartnerinnen/Gesprächspartnern. Damit ist diese Art der Gesprächsführung in vielen Bereichen der Pflege günstig.

In einer wertschätzenden und vertrauensvollen Atmosphäre können sich Menschen angstfrei und kreativ mit den eigenen Problemen beschäftigen.

DAS SOLLTEN SIE SPEICHERN
Als Berater/in verzichten Sie auf Ratschläge und Bewertungen. Stattdessen **hören Sie aktiv zu, sind empathisch und kongruent.**

Im Mittelpunkt stehen die Betroffenen mit ihren Gefühlen, Wünschen, Wertvorstellungen und persönlichen Zielen.

Grenze der Veränderung durch Beziehung
Wenn die Betroffenen die positive Beachtung und das empathische Verstehen der Berater/innen nicht wahrnehmen können, kann die Beziehung auch nicht zu Veränderungen führen (z. B. wenn Menschen unter Drogeneinfluss stehen oder psychotisch sind).

die Psychose = Überbegriff für eine Reihe (in vielen Fällen vorübergehender) psychischer Störungen, bei denen die Betroffenen die Realität verändert wahrnehmen

1.3 Techniken

In der personenzentrierten Gesprächsführung sollen die **Eigenkräfte der Betroffenen gefördert werden.** Über eine konstruktive Auseinandersetzung mit den Schwierigkeiten sollen Menschen befähigt werden, selbst Lösungen für die Probleme zu finden. Die folgenden Techniken werden bei der personenzentrierten Gesprächsführung unter anderem eingesetzt:

Aktiv zuhören

Hören Sie dem Gegenüber **empathisch** zu und stellen Sie klärende Fragen zum Gesagten. Versuchen Sie dabei, sich in das Gegenüber hineinzuversetzen, um das Wesentliche des Gesagten nachvollziehen zu können.

Spiegeln Sie die Gefühle, die das Gegenüber verbal oder nonverbal mitgeteilt hat. Machen Sie das Gegenüber auf Gefühle aufmerksam, die Sie wahrgenommen haben.

Paraphrasieren Sie, indem Sie die wichtigsten Gedanken und Gefühle aus den Äußerungen des Gegenübers wiederholen.

„Zuhören ist das großartigste Werkzeug, das wir haben, um das Potenzial anderer Menschen zu erschließen."
CARL ROGERS

Weitere Informationen zum **aktiven Zuhören** finden Sie im Kapitel „Grundlagen der Gesprächsführung", S. 53.

FALLBEISPIEL

Die Patientin Frau Glavinic kommt am Morgen mit gesenktem Kopf und in gebeugter Haltung für ein Gespräch zu Ihnen. Zur Begrüßung meint sie, dass es ihr gut gehe und heute ein guter Tag sei. Sie antworten, indem Sie sie fragen: „Könnte es sein, dass Sie etwas bedrückt oder Sie sich über etwas Sorgen machen?"

Herausforderungen für Pflegekräfte beim aktiven Zuhören
- Wichtiges merken und in Gedanken zusammenfassen
- Eigene ablenkende Gedanken ausblenden und aufmerksam bleiben
- Schweigen und Pausen aushalten können
- Mitdenken und dem Gegenüber gedanklich folgen
- Aufmerksam und interessiert zuhören und dies auch mit der eigenen Körpersprache mitteilen

das Schlüsselwort = Wort mit zentraler Bedeutung, das wichtige Hinweise gibt

Wichtige Wörter betonen

Wiederholen Sie Schlüsselwörter. Sie lenken damit die Aufmerksamkeit auf einen bestimmten Inhalt, um dessen Wichtigkeit zu betonen. Dieses Betonen von wichtigen Aussagen unterstützt die Klientin/den Klienten beim Ordnen der Gedanken und beim Erkennen von Zusammenhängen.

FALLBEISPIEL

Ihr betagter Klient Herr Grießel erzählt von seinem Leben und zeigt Ihnen dabei Fotos. In seiner Erzählung verwendet er immer wieder Ausdrücke wie Pflicht, Ehre und Aufrichtigkeit. Sie fragen daraufhin, wie er es in seinem langen Leben geschafft hat, den vielen Verpflichtungen gerecht zu werden. Auf diese Frage hin beginnen Herrn Grießels Augen zu leuchten, er richtet sich auf und beginnt energiegeladen zu erzählen.

Schweigen und Pausen aushalten

Schweigen ist zwar oft für alle Beteiligten unangenehm, allerdings kann eine „schöpferische Pause“ Erkenntnisse bringen.

FALLBEISPIEL

In einem Gespräch mit Herrn Praskac, einem jungen Mann im Rollstuhl, stellen Sie die Frage: „Wie ist es Ihnen nach Ihrem Unfall gelungen, wieder aktiv am Leben teilzunehmen?“ Betroffenes Schweigen herrscht plötzlich zwischen Ihnen beiden.

Nach einer längeren Pause meint Herr Praskac plötzlich: „Stimmt, ich lebe mein Leben wieder aktiv und mag es, obwohl ich durch den Unfall jetzt eingeschränkt bin. Und ich bin oft glücklich, obwohl vieles nicht mehr möglich ist. Ich habe das gut hingekriegt.“

Aufgabenstellung – „Personenzentrierte Gesprächsführung“

- Reflektieren Sie, wie Sie in den folgenden Situationen reagieren würden. Notieren Sie, was Sie sagen würden, wenn …
  a) … Ihr Gegenüber durch häufige negative Erfahrungen sehr misstrauisch ist und Ihre Wertschätzung für einen neuen „Trick“ hält.

  b) … Ihr Gegenüber Sie immer bei sich haben möchte. Für Ihr Gegenüber sind Sie nämlich eine Person, die ihm endlich die akzeptierende Zuwendung gibt, die ihm so lang gefehlt hat.

  c) … Ihre Art, wertschätzend zu sein, in Konflikt gerät mit einer Kontrollfunktion, die Sie im Rahmen Ihrer Arbeit ausüben müssen.

2 Motivierende Gesprächsführung

Attila unterhält sich mit Frau Pospischil über das Einsam-Sein. Frau Pospischils Kinder kommen sie nur sehr selten besuchen, weil die alte Frau sich meist sehr abweisend und verletzend verhält. Als Attila Frau Pospischil vorschlägt, freundlicher zu sein, wird sie ärgerlich und sagt giftig: „Kümmern Sie sich doch um Ihre eigenen Angelegenheiten! Sie haben ja keine so undankbare Familie!"
Attila erkennt, dass er bei Frau Pospischil Widerstand hervorgerufen hat. Daher antwortet er: „Da haben Sie etwas Wichtiges gesagt. Wenn man eine Familie hat, bedeutet das auch, sich umeinander zu kümmern."

Diskutieren Sie in der Klasse:
- Woran erkennt Attila, dass er bei Frau Pospischil Widerstand hervorgerufen hat?
- Welche Gedanken könnte Attilas Vorschlag in Frau Pospischil auslösen?

2.1 Grundannahme der motivierenden Gesprächsführung

Menschen fällt es oft schwer, an sich zu ändern, was ihnen selbst nicht gefällt. Ihre Motivation zur Veränderung schwankt häufig. Man bezeichnet dies auch als Ambivalenz. Dieses Hin-und-hergerissen-Sein verursacht einen Spannungszustand bei der betroffenen Person. Ambivalenz ist eine wichtige Begleiterin im Leben und beim Treffen von Entscheidungen.

die Ambivalenz = Zwiespältigkeit; das Hin-und-hergerissen-Sein zwischen Möglichkeiten oder Zuständen

Das Konzept der motivierenden Gesprächsführung versucht Menschen dabei zu unterstützen, **Motivation zur eigenen Entwicklung** zu entdecken. Es geht dabei aber nicht darum, die Richtung der Entwicklung oder die richtige Lösung vorzugeben.

DAS SOLLTEN SIE SPEICHERN

Je mehr Zwangsmaßnahmen Sie als Pflegeperson einsetzen müssen, desto mehr Vorsicht ist bei der motivierenden Gesprächsführung notwendig! Sie dürfen dieses Konzept nicht zur Durchsetzung Ihrer persönlichen Interessen gebrauchen, z. B. um von Ihnen gewünschte Verhaltensänderungen bei schwierigen Klientinnen/Klienten zu bewirken!

Das Konzept der motivierenden Gesprächsführung orientiert sich am folgenden fünfstufigen Modell der Motivation. Es beschreibt, wie Veränderungsprozesse ablaufen können.

Es ist allerdings auch möglich, dass es „Rückschläge" gibt und Betroffene von einer höheren Stufe wieder auf eine tiefere Stufe „zurückfallen". Dann ist es notwendig, die Gesprächsführung auch wieder an diese Stufe anzupassen.

Aufgabenstellung – „Grundannahme der motivierenden Gesprächsführung“

- Reflektieren Sie in Dreiergruppen die folgenden Fragen:
  a) Bei welchen Themen haben Sie bei sich selbst die unterschiedlichen Stufen der Motivation schon beobachten können?

  b) Wodurch hat sich Ihre Motivation dabei verändert (verschlechtert oder vebessert)?

2.2 Grundsätze der motivierenden Gesprächsführung

Akzeptanz, Empathie, Wertschätzung und Partnerschaftlichkeit bilden die Grundhaltung der motivierenden Gesprächsführung. Außerdem gelten die folgenden Grundsätze:

1 Empathie und Akzeptanz

Empathische Gesprächspartner/innen versuchen, die Welt aus dem Blickwinkel ihres Gegenübers zu betrachten. Ambivalenz wird als normaler Teil von Motivation akzeptiert. Aktives Zuhören und Akzeptanz fördern die Veränderungsbereitschaft.

die Diskrepanz = Widersprüchlichkeit, Spannung

2 Diskrepanzen werden aufgezeigt

Widersprüche zwischen dem aktuellen Verhalten und den eigenen Werten und Zielen motivieren die betroffene Person dazu, sich zu verändern. Die Pflegekraft macht auf diese Widersprüche aufmerksam. Wichtig dabei ist, dass die betroffene Person selbst die Argumente liefert, weshalb eine Veränderung sinnvoll sein könnte.

3 Widerstände gegen Veränderung werden als normaler Bestandteil des Veränderungsprozesses betrachtet

Wenn Betroffene einem Widerstand direkt begegnen, führt dies meist dazu, dass sie ihren Widerstand noch verstärken. Ein Widerstand weist auf wichtige Themen hin. Er kann daher zur Steuerung des Gespräches aktiv aufgenommen werden.

4 Selbstwirksamkeit wird gefördert

Selbstwirksamkeit ist das Vertrauen einer Person in die eigene Fähigkeit, Herausforderungen bewältigen zu können. Die Pflegekraft unterstützt die/den Betroffene/n dabei, sich selbst als Person wahrzunehmen, die mit Problemen fertigwerden kann.

Widerstand zu leisten, ist keine schlechte Eigenschaft von Menschen, sondern weist häufig auf Angst vor Veränderung hin.

Aufgabenstellung – „Grundsätze der motivierenden ..."

- Bewerten Sie, wie konstruktiv die folgenden Aussagen einer Pflegekraft sind, um die Selbstwirksamkeit der betroffenen Person zu fördern.

  a) Kreuzen Sie Ihre Einschätzungen an.

Aussagen	1	2	3	4
a) „Es beeindruckt mich, wie Sie das trotz der Schwierigkeiten bewältigen."				
b) „Das kann jede/r schaffen, wenn sie/er es nur probiert."				
c) „Ich finde es sehr mutig, diese Hürde zu überwinden."				
d) „Wenn Sie so vorgehen, kann das selten gut gehen."				
e) „Es ist beeindruckend, wie Sie trotz des Ärgers weitermachen."				
f) „Es freut mich, dass Sie mit mir darüber reden, obwohl es auch unangenehm sein kann, darüber zu sprechen."				
g) „Ich denke, da gibt es kreativere Lösungen."				

  b) Tauschen Sie sich mit Kolleginnen/Kollegen über Ihre Einschätzungen aus.

Bewertung
1 = sehr förderlich
2 = ein wenig förderlich
3 = kaum förderlich
4 = überhaupt nicht förderlich

2.3 Techniken

Die folgenden Techniken werden in der motivierenden Gesprächsführung unter anderem eingesetzt:

Offene Fragen stellen

Offene Fragen führen dazu, dass sich das Gegenüber mit einem Thema auseinandersetzt. Sie fördern das Nachdenken und verringern das Auftreten von Widerständen.

Bei der beratenden Pflegekraft ermöglichen offene Fragen empathisches Verstehen. Außerdem schützen sie die Pflegeperson davor, Bestätigung für die eigenen Ideen und Überzeugungen zu suchen.

Weitere Informationen zu **Fragen** finden Sie im Kapitel „Grundlagen der Gesprächsführung", S. 58.

Beispiele für offene Fragen

- Inwiefern gibt es Schwierigkeiten mit anderen Mitbewohnerinnen/Mitbewohnern?
- Was führt Sie denn heute zu mir?
- Was können Sie mir über diese Momente, in denen Sie sich einsam fühlen, erzählen?
- Wie schätzen Sie sich in diesen Konfliktsituationen ein?
- Was verstehen Sie unter dem Ausdruck „sich ordentlich verhalten"?
- Weswegen sind Sie besorgt, wenn neue Mitarbeiter/innen in der Pflege ihre Arbeit beginnen?

Bei offenen Fragen liegt der Fokus nicht darauf, die richtige Antwort zu geben.

Aktiv zuhören

Auch in der motivierenden Gesprächsführung wird das aktive Zuhören eingesetzt.

Mit dem **aktiven Zuhören** haben Sie sich bereits im Kapitel „Grundlagen der Gesprächsführung", S. 53, beschäftigt.

Würdigen und bestätigen

Heben Sie erste Anstrengungen, Zwischenschritte oder Erfolge hervor und würdigen Sie sie. Begleiten Sie die betroffene Person unterstützend und erhalten Sie die Beziehung zu ihr aufrecht, besonders in unsicheren Phasen von Veränderung.

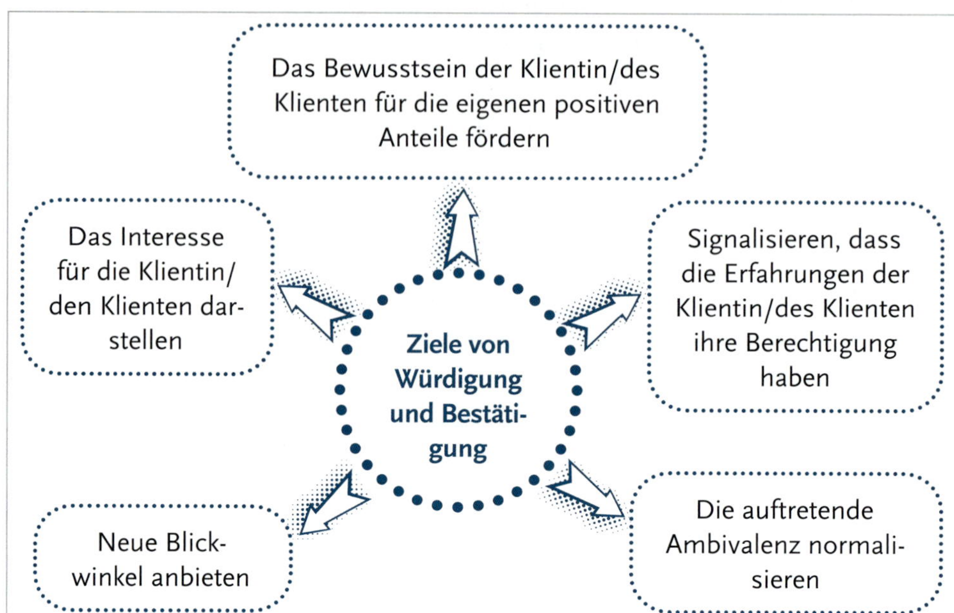

Machen Sie diese Zusammenfassungen immer wieder im Verlauf eines Gespräches und ebenso am Ende.

Zusammenfassen

Stellen Sie die Inhalte noch einmal zusammengefasst für die Klientin/den Klienten dar. Durch die Zusammenfassungen werden wichtige Sachverhalte miteinander in Beziehung gesetzt. Der/Die Klient/in kann außerdem die Inhalte der eigenen Aussagen noch einmal hören und reflektieren.

Für Change Talk muss sich der/die Klient/in zumindest auf Stufe 3 (Vorbereitung) oder Stufe 4 (Handlung) der Motivation befinden.

Change Talk fördern

Change Talk oder Veränderungssprache sind Aussagen der Klientin/des Klienten, in denen sie/er z. B. Gründe, Wünsche, Fähigkeiten, Bedürfnisse und Absichten für eine Veränderung ausdrückt. Change Talk setzt wenigstens eine minimale Veränderungsabsicht bei der Klientin/dem Klienten voraus.

DAS SOLLTEN SIE SPEICHERN

Wichtig ist, dass die Veränderungssprache von der betroffenen Person hervorgebracht wird. Die Absicht, etwas zu ändern, soll also von der Klientin/dem Klienten kommen.

der Worst Case = (engl.) schlimmster Fall (der in Zukunft eintreten kann)

Ihre Aufgabe als beratende Pflegekraft ist es, dieses Reden über Veränderung zu fördern. Hierfür sind offene Fragen, Worst-Case-Fragen und Zukunftsfragen hilfreich.

Beispiele für Worst-Case-Fragen

- Was müssten Sie tun, um Ihr Problem zu behalten?
- Wie könnten Sie sich so richtig unglücklich machen?
- Wie könnten Sie andere dazu einladen, es Ihnen schlecht gehen zu lassen?

Beispiele für offene Fragen

- Was wären Sie bereit zu versuchen?
- Was beunruhigt Sie an der momentanen Situation, in der Sie sich befinden?
- Wo befindet sich Ihr Wunsch, etwas zu ändern, auf einer Skala von 1 bis 10?
- Was gibt Ihnen die Zuversicht, dass Sie so eine Veränderung schaffen können?
- Wann haben Sie schon einmal in Ihrem Leben etwas verändert?

3 Systemische Gesprächsführung

Attila plaudert mit Frau Pospischil. Sie ist sehr erbost über die Sozialpolitik der aktuellen Regierung. Sie findet, jungen Menschen werde zu viel Unterstützung geboten, obwohl diese ordentlich arbeiten sollten. Und ältere Menschen würden ihrer Meinung nach nicht geschätzt, obwohl sie sich selbst nicht mehr helfen können. Im weiteren Gesprächsverlauf erfährt Attila mehr über Frau Pospischils Leben. Dabei erkennt er, dass ihre politische Haltung von all diesen Umständen geprägt ist.

Diskutieren Sie in der Klasse: Wie sehr sind Menschen von ihren Lebensumständen und ihren Erfahrungen geprägt?

3.1 Grundannahme der systemischen Gesprächsführung

Ein System ist eine Einheit, die aus verschiedenen miteinander vernetzten Teilen besteht und sich von allem, was nicht zu dieser Einheit gehört (der Umwelt), abgrenzen lässt.

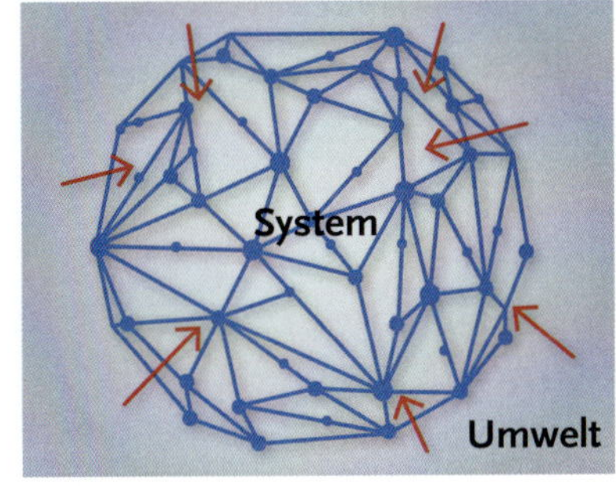

Der Soziologe NIKLAS LUHMANN beschreibt, dass Systeme sich selbst organisieren, aber für Informationen aus der Umwelt offen sind. Diese Informationen können das System zwar nicht direkt steuern, aber Anregungen geben. Über die Auswirkungen dieser Anregungen entscheidet das System selbst.

NIKLAS LUHMANN, deutscher Soziologe (1927–1998)

Diese Vorstellung liegt dem Ansatz der systemischen Gesprächsführung zugrunde:

DAS SOLLTEN SIE SPEICHERN

Der Mensch wird von seiner Umwelt beeinflusst, kann aber von ihr nicht direkt gelenkt werden.

3.2 Grundsätze der systemischen Gesprächsführung

Systeme verändern und entwickeln sich, weil sie in ständiger Wechselwirkung mit ihrer Umwelt stehen.

Der systemische Beratungsansatz hat die folgenden Grundsätze:

1. **Das Problem liegt nicht in der Person selbst, sondern in der Wechselwirkung zwischen Person und Umgebung.**
   Die Probleme, mit denen eine Person kämpft, ergeben sich aus ihrem Lebensumfeld, wie z. B. Arbeit, Wohnen, Freunde, Geld, Gesundheit etc. In der Beratung wird danach gefragt, welche Umstände sich wie auf die Person auswirken.

2. **Wirklichkeit ist eine soziale Konstruktion und keine allgemeingültige Tatsache.**
   Zum aktuellen Problem gibt es viele verschiedene Betrachtungsweisen, von denen keine richtiger ist als eine andere. Die Beratung ermöglicht neue Sichtweisen und Problemlösungen.

3. **Menschliches Verhalten kann nicht gesteuert werden. Eine Störung kann aber Veränderung anstoßen.**
   Beratung kann solche „Störungen" anregen, allerdings entscheidet der/die Betroffene, wie sich die Störung auswirkt.

die soziale Konstruktion = eine durch Reden und Denken geschaffene Wirklichkeit

„Ich mach mir die Welt, widdewidde wie sie mir gefällt ..."

Handle stets so, dass du die Anzahl der Möglichkeiten vergrößerst!
Heinz von Foerster, österreichischer Physiker, Kybernetiker und Philosoph (1911–2002)

4 Das Beratungsgespräch lenkt den Blick weniger auf das aktuelle Problem, sondern eher auf die Suche nach noch nicht sichtbaren Möglichkeiten.

Im Beratungsgespräch werden möglichst viele noch nicht eingenommene Blickwinkel besprochen, die neue Möglichkeiten und Lösungen bieten könnten.

5 Es soll mit allen Beteiligten gut zusammengearbeitet werden.

Die Kommunikation wird so gestaltet, dass alle Beteiligten, auch Außenstehende, einbezogen werden können. Ziel der Kooperation ist ein tragbares Ergebnis für alle Beteiligten.

6 Diese Kooperation soll dadurch gelingen, dass alle Beteiligten wertgeschätzt werden.

Der konstruktive Beitrag, der in allen Handlungen zu finden ist, wird gewürdigt.

Aufgabenstellungen – „Grundsätze der systemischen …"

1. Bilden Sie Kleingruppen und ordnen Sie die folgenden Aussagen den einzelnen Grundsätzen (1 bis 6) zu:

Aussagen	1	2	3	4	5	6
a) „Nur weil du das so siehst, muss ich es noch lange nicht so sehen!"						
b) „Ich glaube, es ist wichtig, den anderen zuzuhören und ihre Überlegungen zu beachten."						
c) „Ich verstehe, warum du ihn angeschrien hast. Einerseits ist das natürlich problematisch, andererseits hast du etwas Wichtiges erreicht."						
d) „Frau Inführ wird immer dann wütend, wenn sie nicht gefragt wird, bevor etwas mit ihr getan wird."						
e) „Ihr Bemühen um die Mutter Ihres Mannes ist sehr beeindruckend."						
f) „Haben Sie schon erlebt, dass Herr Ücler selbstständig zur richtigen Zeit beim Essen erschienen ist? Wie ist das gelungen?"						
g) Frau Ancel erzählt weinend davon, wie ihr Mann sie demütigt. Die Beraterin fragt, wie ihr Mann wohl diese Geschichten erzählen würde.						

2. Finden Sie gemeinsam in Kleingruppen weitere Beispiele für Aussagen zu den Grundsätzen der systemischen Beratung.

3.3 Techniken

Der systemische Beratungsansatz bietet einige Handlungsmöglichkeiten, die Sie im Gespräch mit Ihren Klientinnen und Klienten anwenden können.

Möglichkeiten erweitern

Sie regen die Klientin/den Klienten dazu an, die subjektive Wahrnehmung ihrer/seiner Lebenssituation zu hinterfragen und neue Betrachtungsweisen zu finden. Damit sollen die Möglichkeiten, das Leben zu sehen und zu gestalten, erweitert werden.

FALLBEISPIEL

Das Mittagessen in der Altenpflegeeinrichtung wurde zeitlich von 12 Uhr auf 13 Uhr verlegt. Dies wurde wegen der veränderten Lieferung des Mittagessens notwendig. Die hochbetagte Frau Strobl besteht allerdings weiterhin darauf, um 12 Uhr zu essen, da sie das die letzten 50 Jahre immer so gemacht hat. Der Pfleger Richard, der Frau Strobl gut kennt, fragt sie, was denn ihre langjährige Freundin Frau Navratil, die leider vor einem Jahr verstorben ist, dazu sagen würde. Nach kurzem Nachdenken sagt Frau Strobl: „Hmmm, ich glaube, sie würde sagen, die Uhrzeit ist doch egal, Hauptsache es schmeckt!" Nachdem sie das ausgesprochen hat, sagt sie zu Richard: „Was gibt es denn heute Gutes um 13 Uhr?"

Hypothesen bilden

Hypothesen sind vorläufige Annahmen, die nicht „richtig" sein müssen. Sie sind nützlich, um Beobachtungen und Informationen zu ordnen. Gleichzeitig regen sie dazu an, Neues wahrzunehmen und andere Blickwinkel einzunehmen.

Beispiele

Sie können z. B. Annahmen anstellen über
- die finanziellen Verhältnisse (Geld, Wohnen ...),
- Anpassungsanforderungen (Krankheit, Umzug ...) oder
- biografische Themen (Pensionierung ...) der Klientinnen und Klienten.

Aufgabenstellung – „Hypothesen bilden"

- Lesen Sie die folgende Situation und bearbeiten Sie die Aufgabenstellungen.

Herr Kunz ist vor Kurzem pensioniert worden und hatte dann einen Schlaganfall. Weil er nun hohen Pflegebedarf hat, ist er neu in die Pflegeeinrichtung eingezogen, obwohl er lieber zu Hause in seiner Wohnung geblieben wäre. Seit Herr Kunz eingezogen ist, spricht er kaum und mag nicht aus dem Bett, obwohl er sich bewegen sollte. Seine einzige Beschäftigung ist es, auf seinem Laptop alte Fotos von seinem bisherigen Privat- und Berufsleben anzusehen.

a) Entwickeln Sie in Kleingruppen mögliche Hypothesen für Herrn Kunz' Verhalten.

b) Diskutieren Sie Möglichkeiten der Gesprächsführung mit Herrn Kunz, je nachdem, welcher Hypothese Sie folgen.

Dies hat auch PAUL WATZLAWICK in seinem **3. Axiom** beschrieben; siehe dazu „Grundlagen der Kommunikation“, S. 44.

Wechselwirkung beachten

Interaktion kann als eine Folge von Wechselwirkungen beschrieben werden. Eine Aussage, die wir machen, führt üblicherweise zu einer Reaktion bei unserem Gegenüber. Diese Reaktion beeinflusst wiederum unsere weiteren Überlegungen, Aussagen und Handlungen.

FALLBEISPIEL

Die Praktikantin Lea kommt motiviert und fröhlich am Morgen in die Wohneinrichtung und möchte gleich an die Arbeit gehen. Die Teamkolleginnen und -kollegen blicken sie missmutig an und fragen, was denn mit ihr los sei, so aufgedreht könne man sie ja nicht auf die Bewohner/innen loslassen. Lea ist plötzlich sehr verunsichert und fragt sich, was denn so schlecht für die Bewohner/innen sein kann, wenn sie ihnen gut gelaunt begegnet.

Aufgabenstellung – „Wechselwirkung beachten“

- Führen Sie zu zweit ein kurzes Gespräch über das letzte Wochenende. Was hat Ihr Gegenüber unternommen? Mit wem hat es das Wochenende verbracht? Versuchen Sie dabei Folgendes zu beobachten:
  - Welche Gedanken lösen die Antworten Ihres Gegenübers bei Ihnen aus?
  - Wie beeinflussen diese Gedanken Ihre weiteren Fragen?

Neutralität und Neugier

Neutralität in der Beratung meint, dass Sie Ihre eigene Meinung in den Hintergrund stellen. Gleichzeitig wertschätzen Sie die Ideen und Meinungen aller Beteiligten gleichermaßen. Das ermöglicht es auch, neugierig zu sein: Wenn die unterschiedlichen Überlegungen Platz haben dürfen, wird weniger nach der „einzig richtigen Lösung“ gesucht. Dann kann stattdessen gemeinsam neugierig nach weiteren Möglichkeiten gesucht werden.

Bewertung
1 = kein Problem, neutral zu sein
2 = nicht ganz einfach
3 = schon sehr schwierig
4 = da geht Neutralität gar nicht

Fragebogen – „Neutralität“

- Beurteilen Sie, wie schwierig es bei den folgenden Aussagen für Sie ist, neutral zu bleiben.
  a) Kreuzen Sie die auf Sie zutreffenden Antworten an.

Aussagen	1	2	3	4
„Der Vater säuft, das macht aber nichts, wenn es hilft.“				
„Sie wird schon etwas dazu beitragen, wenn sie von Männern begrapscht wird.“				
„Wenn jemand im Rollstuhl sitzt, kann er/sie auch warten.“				
„Wenn Jugendliche von zu Hause abhauen, sind die Eltern schuld.“				
„Zu viel Lob schadet Kindern, da werden sie übermütig.“				
„Ich fahre mit dem Auto, es können ja die anderen das Klima schützen und eine/r allein kann ja nichts ausrichten.“				
„Die Frau soll auf die Kinder schauen, die kann das besser als der Mann.“				

  b) Tauschen Sie sich anschließend zu zweit über Ihre Einschätzungen aus.

Störung und Anregung bewirken

Stören meint, dass Sie versuchen, die gewohnten und oft hemmenden Denk- und Handlungsmuster der Klientin/des Klienten zu unterbrechen. Dadurch können idealerweise neue Ideen entstehen und ausprobiert werden.

Menschen können gestört, aber nicht direkt gelenkt werden.

Die Versuche Ihrer Klientin/Ihres Klienten, solche neuen Möglichkeiten auszuprobieren, müssen Sie gleichzeitig aber auch begleiten. Denn Unbekanntes kann oft sehr bedrohlich sein.

DAS SOLLTEN SIE SPEICHERN

Ob eine Störung wirksam wird, entscheidet der/die Klient/in. Allerdings liegt es in Ihrer Verantwortung, die angemessene Dosierung der Störung zu finden.

FALLBEISPIEL

Zwei Bewohner/innen der Pflegeeinrichtung bleiben nach dem Abendessen noch sitzen, um Karten zu spielen. Und wie jeden Tag beschuldigen die beiden sich gegenseitig, dass die andere schummelt und betrügt. Sie werfen sich Anschuldigungen an den Kopf und lassen sich dann völlig verärgert auf ihr Zimmer bringen. Die Mitarbeiter/innen sind auch jeden Abend verärgert, weil sie die Streithähne trennen müssen und dann von ihnen beschimpft werden.

Heute hat Saskia eine Idee. Sie hat vor Kurzem ein Kartenspiel kennengelernt und es zum Abenddienst mitgenommen. Das Spiel hat die Regel, dass alle versuchen müssen, so viel wie möglich zu schummeln. Sie lädt die beiden Bewohner/innen nach dem Essen zum gemeinsamen Spiel ein und siehe da: Es macht Spaß, zu schummeln, und alle gehen nach einigen Runden gut gelaunt auseinander.

Ressourcen- und Kundenorientierung beachten

die Ressource = hier: Fähigkeit

Als Pflegekraft haben Sie den Wunsch, dass es den Menschen, die Sie unterstützen, gut geht. Beachtet werden muss dabei, was denn „gut gehen" für die unterstützten Menschen selbst bedeutet. Mit Kundenorientierung wird die Haltung beschrieben, sich an den Bedürfnissen der Betroffenen zu orientieren. Interessieren Sie sich daher dafür und fragen Sie nach, was die betreuten Menschen aus ihrer persönlichen Sicht brauchen und von der Pflege erwarten.

Einen theoretischen Ansatz zur Kundenorientierung von Steve de Shazer finden Sie in der TRAUNER-DigiBox.

Mit einer ressourcenorientierten Haltung berücksichtigen Sie, dass jeder Mensch Ressourcen, also Fähigkeiten, hat, auch wenn sie auf den ersten Blick nicht gleich sichtbar sind.

DAS SOLLTEN SIE SPEICHERN

Betreuen Sie Ihre Klientinnen und Klienten so, dass sie ihre Fähigkeiten entwickeln können und dazu verwenden, die eigenen Handlungsspielräume zu erweitern.

Ziele erreicht? – „Gesprächsführungskonzepte“

1. Personenzentrierte Gesprächsführung

a) Geben Sie die vier Grundannahmen der personenzentrierten Gesprächsführung wieder.

Formulierungshilfen finden Sie ab S. 259.

b) Beschreiben Sie die drei Bedingungen für eine hilfreiche Beziehungsgestaltung nach CARL ROGERS.

c) Stellen Sie sich vor, Sie beobachten bei Dienstantritt die folgende Situation:

> Frau Probst, eine Bewohnerin der Wohngemeinschaft, sitzt in ihrem Rollstuhl und es laufen ihr Tränen über die Wangen. Der Fernseher läuft, zwei Mitbewohner/innen diskutieren heftig am Tisch. Frau Probst hat gerade eine WhatsApp-Nachricht gelesen. Ihr Kollege Markus hat soeben seinen Dienst beendet und ist heimgegangen. Die Katze des Hauses ist nach zwei Tagen Abwesenheit wieder aufgetaucht.

Arbeiten Sie mehrere mögliche Beschreibungen für die Gefühlslage von Frau Probst heraus.

d) Ihre Klassenkollegin Sandra erzählt Ihnen: „Wenn ich ein Referat halten muss, dann habe ich das Gefühl, alle sehen mich kritisch an und können erkennen, wie unsicher ich bin.“

Kreuzen Sie jene Antworten an, die empathisches Verstehen ausdrücken, wenn Sie Sandra antworten:

- a) „Du stehst nicht gerne im Mittelpunkt.“
- b) „Du kommst dir vor wie auf dem Präsentierteller und hast das Gefühl, dass alle deine Unsicherheit erkennen können. Das macht dich fertig.“
- c) „Du hältst offenbar nicht so oft ein Referat.“
- d) „Das macht dich unsicher.“
- e) „Du könntest ja darauf achten, dass niemand merkt, wie es dir geht.“

e) Lesen Sie die folgenden Aussagen von Klientinnen und Klienten über das Verhalten ihrer Berater/innen. Bestimmen Sie jene wahrgenommenen Verhaltensweisen, die bedingungslose Wertschätzung der Beraterin/des Beraters zeigen.

a) „Er/Sie toleriert mich gerade so."

b) „Er/Sie ist immer wieder besorgt um mich."

c) „Der/Die Berater/in achtet mich, wie ich als Person bin."

d) „Ich kann oder könnte ihr/ihm offen Kritik oder Wertschätzung entgegenbringen, ohne dass sich dadurch ihre/seine Gefühle zu mir wirklich ändern."

e) „Das Interesse an mir wechselt je nachdem, was ich sage oder tue."

f) „Er/Sie hätte gerne, dass ich eine bestimmte Art von Person werde."

g) „Das Gefühl, das mir entgegengebracht wird, ist unabhängig von meinen Gefühlszuständen."

f) Reflektieren Sie – soweit Sie Praxiserfahrung haben –, wann es Ihnen in Ihrem beruflichen Alltag schwerfällt, kongruent zu sein, und wann nicht. Versuchen Sie die Bedingungen herauszufinden, die Sie brauchen, um pflegebedürftigen Menschen kongruent begegnen zu können. Welche Bedingungen müssen erfüllt sein

- von Ihrer Seite,
- vonseiten der Einrichtung und
- vonseiten der pflegebedürftigen Menschen?

2. **Motivierende Gesprächsführung**

a) Beschreiben Sie die fünf Stufen der Motivation.

b) Führen Sie mit einer Kollegin/einem Kollegen ein Gespräch über die bisherigen Erfahrungen in der Ausbildung. Versuchen Sie dabei, die Anstrengungen und Erfolge Ihres Gegenübers zu würdigen.

c) Führen Sie mit einer Kollegin/einem Kollegen ein Gespräch im Sinne eines Change Talk über eine Verhaltensweise, die Sie gerne bei sich verändern möchten (z. B. Ausmaß der täglichen Handynutzung/der Nutzung von Social-Media-Kanälen, Häufigkeit von Süßigkeiten usw.). Reflektieren Sie im Anschluss, welche Fragen des Gegenübers Ihre Veränderungsbereitschaft gefördert haben.

3. Systematische Gesprächsführung

a) Verbinden Sie die folgenden Satzteile so, dass daraus die sechs Grundsätze der systemischen Gesprächsführung entstehen.

1) Das Problem liegt nicht in der Person selbst, ...	a) ... durch eine Störung kann aber Veränderung angestoßen werden.
2) Wirklichkeit ist keine allgemeingültige Tatsache,	b) ... damit eine Zusammenarbeit gelingen kann.
3) Menschliches Verhalten kann nicht direkt gesteuert werden,	c) ... sondern eine soziale Konstruktion, die durch Reden und Denken geschaffen wird.
4) Das Beratungsgespräch lenkt den Blick in erster Linie auf die Suche nach noch nicht sichtbaren Möglichkeiten	d) ... sondern es ergibt sich aus der Wechselwirkung zwischen Person und Lebensumfeld.
5) Es wird mit allen Beteiligten gut zusammengearbeitet,	e) ... statt auf das aktuelle Problem.
6) Es werden alle Beteiligten wertgeschätzt,	f) ... damit eine Lösung erzielt werden kann, die für alle tragbar ist.

b) Zählen Sie einige Techniken der systemischen Gesprächsführung auf und beschreiben Sie zwei davon genauer.

4. Ordnen Sie den folgenden Erklärungen die passenden Begriffe aus dem Kasten zu.

Aktualisierungstendenz ■ Ambivalenz ■ Change Talk ■ Diskrepanz ■ Hypothese ■ Inkongruenz ■ Selbstwirksamkeit ■ Soziale Konstruktion

Vertrauen einer Person in die eigene Fähigkeit, eine Herausforderung bewältigen zu können

Veränderungssprache; Aussagen, in denen Gründe, Wünsche, Fähigkeiten, Bedürfnisse, Absichten usw. für eine Veränderung ausgedrückt werden

Vorläufige Annahme

Widersprüchlichkeit, Spannung

Die gemachten Erfahrungen stimmen nicht mit der Vorstellung von der eigenen Person überein.

Die Neigung des Menschen, sich durch Erfahrungen und Informationen aus der Umwelt laufend weiterzuentwickeln

Zwiespältigkeit; das Hin-und-hergerissen-Sein zwischen Möglichkeiten oder Zuständen

Eine durch Reden und Denken geschaffene Wirklichkeit

II Sozialkompetenz

Sie finden

Soziale Kompetenz

sozial = das Zusammenleben der Menschen in der Gesellschaft betreffend; auf die menschliche Gemeinschaft bezogen

die Kompetenz = Zuständigkeit, Befähigung, Fähigkeit

Soziale Kompetenz ist eine Schlüsselqualifikation im Berufsleben. Insbesondere von Bedeutung ist sie in der Arbeit mit Menschen, also in der Pflege, Beratung und Unterstützung von Menschen. Aber nicht nur im Umgang mit anderen, sondern auch im Umgang mit sich selbst spielt soziale Kompetenz eine Rolle.

In diesem Kapitel werden Sie sich mit unterschiedlichen Teilbereichen der sozialen Kompetenz befassen. Außerdem werden Sie dazu eingeladen, Ihr eigenes Selbstkonzept und dessen mögliche Auswirkungen auf Ihre zukünftige berufliche Rolle kennenzulernen.

die Dimension = Bereich

Meine Ziele

Nach Bearbeitung dieses Kapitels kann ich

- Möglichkeiten zur Beeinflussung des Selbstkonzeptes nennen;
- den Begriff Sozialkompetenz anhand unterschiedlicher Dimensionen erklären;
- den Einfluss von sozialer Wahrnehmung und Kommunikation auf den Pflegeprozess erläutern;
- meine Selbstwahrnehmung, meinen Selbstwert und meine Selbstverantwortung reflektieren;
- konstruktives Feedback geben;
- mich mit möglichen Auswirkungen meines eigenen Selbstkonzeptes auf meine zukünftige berufliche Tätigkeit auseinandersetzen.

1 Mein persönliches Selbstkonzept

Sarah hat einige gute Freundinnen und es fällt ihr üblicherweise leicht, Kontakte zu knüpfen. Nur wenn sie mit älteren Personen in Kontakt kommt, ist sie selbst überrascht, wie schwierig es für sie ist, ihre eigene Meinung zu vertreten. Nach solchen Situationen kommen ihr oft Bilder in den Kopf, wie sie bei ihren Großeltern nur dann reden durfte, wenn sie gefragt wurde, und es auch beim Essen verboten war zu reden, da ihr Großvater das nicht leiden konnte.

Diskutieren Sie in der Klasse Ihre Vermutungen, warum es Sarah so schwerfällt, ihre Meinung gegenüber älteren Personen zu vertreten.

Das **Selbstkonzept** ist die Summe aller Wahrnehmungen, Erkenntnisse und Empfindungen einer Person über sich selbst. Es ist also die **Vorstellung** oder Beschreibung **einer Person von sich selbst.** Dazu gehört das Wissen über die eigenen Fähigkeiten, persönlichen Eigenschaften, Verhaltensweisen, Vorlieben und Gefühle.

Das Selbstkonzept entwickelt sich durch die individuellen Beziehungserfahrungen mit der Umwelt. Aus diesen Erfahrungen wird das eigene Selbst konstruiert.

konstruieren = herstellen, aufbauen

DAS SOLLTEN SIE SPEICHERN

Unser Selbstkonzept beeinflusst unser Verhalten.

Daher ist es für einen konstruktiven und unterstützenden Umgang mit anderen Menschen wichtig, sich sein aktuelles Selbstkonzept immer wieder bewusst zu machen und es zu reflektieren.

Aufgabenstellung – „Mein persönliches Selbstkonzept"

- Reflektieren Sie, wie welche Personen oder sozialen Situationen zu verschiedenen Zeiten Ihres Lebens besonderen Einfluss auf Sie ausgeübt haben. Beschreiben Sie diese Erfahrungen. Gehen Sie dabei nach der Anleitung zur professionellen Reflexion von S. 26 vor.
  - In Ihrer Kindheit: ______
  - In Ihrer Jugend: ______
  - In Ihrer Zeit als Erwachsene/r: ______

Suchen Sie sich nun eine Person in Ihrer Gruppe, die Sie schon kennen oder die Sie kennenlernen wollen, und tauschen Sie sich über Ihre Einflüsse und Erfahrungen aus.

Das Selbstkonzept ist das Bild, das wir von uns selbst gestaltet haben. Es beantwortet die Frage „Wer bin ich?".

2 Sozialisation

Als soziale Wesen leben wir Menschen in Gemeinschaften bzw. Gesellschaften. Wie die jeweilige Gesellschaft aussieht, ist ganz unterschiedlich. Sie ist u. a. geprägt von ihrer Geschichte und Kultur.

das Ritual = wiederholtes, immer gleichbleibendes festgelegtes Vorgehen

Namasté (ind., wörtlich übersetzt): „Ich verbeuge mich vor dem Göttlichen in dir."

Beispiel: Begrüßung

So verschieden die Kulturen dieser Welt sind, so unterschiedlich fallen auch die Begrüßungsrituale aus:

- **Europa, Nord- und Südamerika:** Händeschütteln oder Händedruck zwischen Jung und Alt, Mann und Frau, Vorgesetzten und Angestellten
- **Europa (zusätzlich), Zentral- und Südamerika:** Wangenkuss
- **Indien:** Begrüßungsritual „Namasté" = gefaltete Hände vor der Brust und leichte Verbeugung; Händeschütteln nur unter indischen Männern
- **Japan:** Verbeugung mit Respektsabstand ohne direkten Augenkontakt
- **Arabische Länder:** leichter Händedruck mit Blickkontakt zwischen Männern; Begrüßungsreihenfolge: Gastgeber, Ältester, alle anderen Gäste; Frauen werden nicht oder nur mit einem Kopfnicken begrüßt; Frauen untereinander reichen sich gegebenenfalls die Hand

Wie dieses Beispiel zeigt, ist jede Gesellschaft unterschiedlich. Damit wir uns in ihr zurechtfinden, müssen wir uns mit ihr vertraut machen. Dieses **Einordnen des Einzelnen in eine Gesellschaft** nennt man **Sozialisation.**

DAS SOLLTEN SIE SPEICHERN

Sozialisation ist ein **lebenslanger Prozess.** Er beginnt mit der Geburt und endet mit dem Tod.

Beispiele: Rollen
Schüler/in, Freund/in, Pflegeassistent/in

Jede Gesellschaft ist durch verschiedene Verhaltensnormen sowie Werte und Moralvorstellungen bestimmt. Jeder Mensch nimmt verschiedene Rollen in der Gesellschaft ein.

Sozialisationsphasen und -träger

Sozialisationsträger, oder auch Sozialisationsinstanzen, sind Bereiche der Umwelt, die einen Menschen im Laufe seines Lebens beeinflussen. In unterschiedlichen Phasen der Sozialisation sind verschiedene Sozialisationsträger von besonderer Bedeutung.

Es werden drei Phasen der Sozialisation unterschieden:

Der Begriff „Erziehung" ist nicht identisch mit „Sozialisation". Erziehung ist aber ein Teilbereich von Sozialisation.

Primäre Phase
Zeitpunkt: frühe Kindheit
Sozialisationsträger: Familie
Vermittelte Inhalte: z. B. Regeln des Zusammenlebens, Wertvorstellungen, Normen, politische Anschauungen

Sekundäre Phase
Zeitpunkt: Kindes- und Schulalter
Sozialisationsträger: z. B. Kindergarten, Schule, Sportvereine, Peergroups, Massenmedien
Vermittelte Inhalte: z. B. Wissen, soziale und kommunikative Fähigkeiten

Tertiäre Phase
Zeitpunkt: Erwachsenenalter
Sozialisationsträger: z. B. Arbeitswelt, Berufsgruppe, politische Organisationen, Massenmedien
Vermittelte Inhalte: z. B. Verhaltensweisen und Normen für die berufliche Tätigkeit

DAS SOLLTEN SIE SPEICHERN

Peergroups spielen bei der Sozialisation eine wesentliche Rolle. Zur Peergroup gehören gleichaltrige Jugendliche, die sich an den Werten, Einstellungen und Verhaltensweisen der Gruppe orientieren.

Aufgabenstellungen – „Sozialisation"

1. Ordnen Sie den nachfolgenden Situationen die passende Phase der Sozialisation zu.

Situation	Sozialisationsphase
a) Julia macht eine Ausbildung zur Altenfachbetreuerin. Sie lernt, welche Bedürfnisse ältere Menschen haben.	
b) Benedikt ist drei Jahre alt. Seine Eltern legen großen Wert darauf, dass er „Bitte" und „Danke" sagt.	
c) Julian möchte im Kindergarten endlich seine Ostereier bemalen, aber der Basteltisch wird noch von Anna besetzt. Er will sich vordrängeln. Die Kindergartenpädagogin sagt ihm, dass er noch warten müsse, bis Anna fertig ist.	
d) Wenn Amelia im Unterricht etwas sagen möchte, hebt sie die Hand. Das hat sie bereits in der Volksschule gelernt.	

2. Reflektieren Sie die Werte und Moralvorstellungen, die Ihnen Ihre Eltern für Ihr Leben mitgegeben haben. Was ist Ihren Eltern besonders wichtig? Worauf legen Sie selbst Wert?

Eine Anleitung zur Reflexion erhalten Sie auf S. 26.

3 Soziale Kompetenz

Diskutieren Sie, inwiefern Sarah hier soziale Kompetenz zeigt.

Sarah hatte heute einen perfekten Tag und möchte ihre gute Laune und ihre Energie mit einer Freundin teilen. Als sie ihre Freundin Marie am Abend endlich trifft, merkt sie gleich, dass bei Marie etwas schiefgegangen sein muss. Sie schlägt Marie nun doch nicht vor, gemeinsam auf die Party eines Freundes zu gehen. Die beiden machen stattdessen einen Spaziergang im Park, damit Marie erzählen kann, was denn schiefgelaufen ist.

flexibel = beweglich, nicht starr, anpassungsfähig an veränderte Umstände

Soziale Kompetenz ist die Fähigkeit, sich **in unterschiedlichen Situationen angemessen zu verhalten.** Dazu gehört auch, sich flexibel auf neue und sich verändernde Situationen und die dazugehörigen Anforderungen einzustellen.

Bereiche sozialer Kompetenz

Soziale Kompetenz setzt sich aus vielen verschiedenen Fähigkeiten zusammen, die einem der vier folgenden Bereiche zugeordnet werden können:

Die hier genannten Fähigkeiten sind nur einige Beispiele.

Bereiche sozialer Kompetenz

Mein Umgang mit mir selbst	Mein Umgang mit anderen	Mit anderen zusammenarbeiten	Menschen im Beruf führen
Beispiele ■ Selbstwertgefühl ■ Selbstbewusstsein ■ Selbstverantwortung ■ Emotionale Intelligenz ■ Selbstreflexion	**Beispiele** ■ Soziale Wahrnehmung ■ Soziale Verantwortung ■ Soziale Beziehungen ■ Toleranz	**Beispiele** ■ Teamfähigkeit ■ Kommunikationsfähigkeit ■ Konfliktfähigkeit ■ Problembearbeitung	**Beispiele** ■ Fairness ■ Überzeugungskraft ■ Verantwortungsgefühl

Die Bereiche „Mein Umgang mit mir selbst" und „Mein Umgang mit anderen" werden im Folgenden näher beleuchtet.

Mit den Fähigkeiten zur Zusammenarbeit beschäftigen Sie sich in anderen Kapiteln dieses Buches.

- **Teamfähigkeit:** Kapitel „Arbeiten im Team", S. 120
- **Kommunikationsfähigkeit:** im gesamten Buch
- **Konfliktfähigkeit:** Kapitel „Konflikte und ihre Lösungen", S. 196
- **Problembearbeitung:** Kapitel „Grundlagen der Gesprächsführung", S. 62

4 Mein Umgang mit mir selbst

Wir stellen uns selbst immer wieder die Frage „Wer bin ich?". Die Antwort darauf verändert sich meist im Laufe unseres Lebens und in den jeweiligen Umgebungen, in denen wir unser Leben führen.

Je nachdem, wie wir uns selbst betrachten, werden wir auch mit unserer Umwelt und den Menschen darin umgehen. Daher ist es wichtig, zu erkennen, wer wir sind oder sein möchten, und darauf Einfluss zu nehmen.

4.1 Selbstwert – ich bin es wert

Sarah ist in ihrer Ausbildung sehr unsicher. Sie möchte im Unterricht am liebsten nicht angesprochen werden und vermeidet Diskussionen. Es ist ihr schon als Kind gesagt worden, dass sie sich besser ruhig verhalten solle, weil sie sich ja nicht auskenne. Sie fühlt sich oft unterlegen und beschreibt sich selbst als eine eher langweilige Person, die in kaum etwas ganz besonders gut ist.

Kennen Sie dieses Gefühl bei sich selbst? Tauschen Sie sich mit einer Kollegin oder einem Kollegen darüber aus.

Die Bewertung, die man von sich selbst, seinen Eigenschaften und Fähigkeiten hat, wird **Selbstwert** genannt. Der Selbstwert ist davon beeinflusst, wie man sich selbst aktuell wahrnimmt und welche Wahrnehmung man von sich in der Vergangenheit hat. Der Selbstwert wirkt sich auf die Gefühle und das Verhalten aus.

Die Familientherapeutin Virginia Satir erkannte schon früh, dass auch **Kommunikation und Selbstwert in Zusammenhang stehen.** Die Art und Weise, wie wir mit anderen Menschen umgehen und reden, beeinflusst den Selbstwert stark.

Virginia Satir, US-amerikanische Psychotherapeutin und eine der bedeutendsten Familientherapeutinnen (1916–1988)

DAS SOLLTEN SIE SPEICHERN

Wie in helfenden Beziehungen kommuniziert wird, hat daher wesentlichen Einfluss auf die Gesundheit und das Wohlbefinden aller Beteiligten.

Bedingungen, die zu einem ...

... guten Selbstwert führen	... geringen Selbstwert führen
▪ Liebe, Zuneigung und Wärme der Eltern ▪ Wertschätzung und Anerkennung ▪ Freundliche und respektvolle Behandlung ▪ Das Gefühl, gemocht zu werden und dazuzugehören ▪ Selbstständig Anforderungen bewältigen und Probleme lösen ▪ Verantwortung für die Gestaltung des eigenen Lebens übernehmen ▪ Enge Bindungen mit anderen und gleichzeitig ausreichend persönliche Freiheit	▪ Emotionale Vernachlässigung ▪ Gewalt oder Mobbing ▪ Zurückweisung, Kritik oder abwertendes Verhalten ▪ Das Gefühl, nicht dazuzugehören und ausgegrenzt zu werden

das Mobbing: Darunter versteht man psychische Gewalt, bei der einzelne Menschen durch eine Gruppe oder Einzelperson wiederholt und regelmäßig, vorwiegend seelisch, schikaniert, gequält und verletzt werden.

Mehr zum Thema **Mobbing** erfahren Sie im Kapitel „Konflikte und ihre Lösungen“, S. 211.

Aufgabenstellung – „Selbstwert“

- Reflektieren Sie, welche dieser oben beschriebenen Bedingungen für die Entwicklung eines guten Selbstwertes Sie bisher in Ihrem Leben vorgefunden haben:

Eine Anleitung zur Reflexion erhalten Sie auf S. 26.

Tauschen Sie sich nun mit einer Person aus Ihrer Gruppe über diese Bedingungen und darüber, wie Sie sie erlebt haben, aus. Setzen Sie sich auch damit auseinander, wie Sie die Erkenntnisse aus dieser Reflexion für Ihre persönliche Entwicklung nutzen können.

Förderung des eigenen Selbstwertes im Erwachsenenalter

Selbst wenn im Aufwachsen nicht die optimalen Bedingungen für einen guten Selbstwert zur Verfügung gestanden sind, ist es möglich, den Selbstwert auch im Erwachsenenalter folgendermaßen zu fördern:

Der Selbstwert wird häufig mit Selbstbewusstsein, Selbstwirksamkeit oder Selbstvertrauen gleichgesetzt. Gemeint ist immer die Idee, dass Menschen etwas „wert" sein möchten.

Erinnern an Erfolgserlebnisse

Werden schwierige Situationen erfolgreich bewältigt, so stärkt dies das Vertrauen in die eigenen Fähigkeiten. Wichtig ist dabei, den Erfolg den eigenen Fähigkeiten zuzuschreiben: „Ich habe mich angestrengt und es mit meinen Stärken geschafft. Darauf bin ich stolz!" Es ist zusätzlich günstig, sich an diese Erfahrung im Nachhinein immer wieder zu erinnern. Jede Erinnerung daran tut dem Selbstwert gut.

Beispiel
Maria hat einen Konflikt mit einem Patienten über sein Essen zur Zufriedenheit aller lösen können. Sie war sehr stolz auf sich und wurde auch von der Stationsleitung gelobt. Als sie am Abend nach Hause fährt, denkt sie wieder an die Situation und daran, was genau sie getan hat. Das Gefühl, gute Arbeit zu leisten, macht sie auch Stunden später wieder stolz.

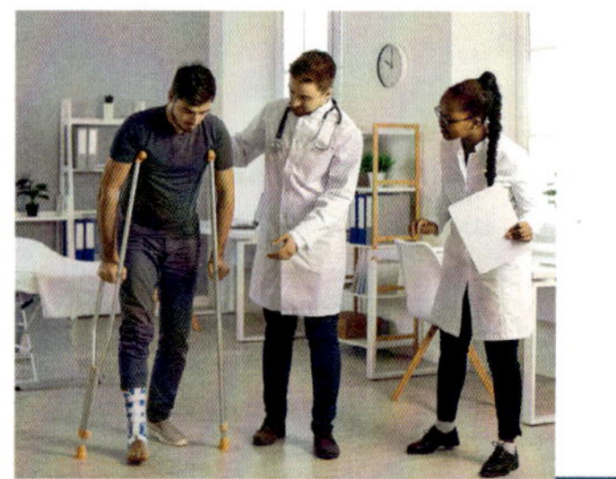

Eigene Sätze, die Mut machen

Sätze wie „Ich weiß, ich kann das" unterstützen die eigene Erwartung, dass wir etwas schaffen können. Diese Gedanken machen Mut, geben Kraft und die Sicherheit, Herausforderungen gut bewältigen zu können. Wenn wir öfter so denken, dann wird diese Erfahrung immer selbstverständlicher. Unser Gehirn trainiert damit mutmachendes Denken.

Erfolgreiche Erfahrungen anderer

Wenn wir beobachten, wie andere Menschen eine Herausforderung erfolgreich bewältigen, beurteilen wir auch die eigenen Erfolgschancen positiver. Besonders wirksam ist dieser Effekt, wenn Personen beobachtet werden, die wir gerne mögen oder die uns scheinbar ähnlich sind.

Beispiel
Im Praktikum hat Susi eine Praxisanleiterin, mit der sie sich gut versteht und die sie bewundert. Susi beobachtet die Anleiterin oft dabei, wie sie mit Bewohnerinnen und Bewohnern mit einer Demenzerkrankung wertschätzend umgeht und wie es ihr dabei gelingt, dass Menschen auf sie hören und sich wohlfühlen. Mittlerweile möchte Susi selbst gerne mit Menschen mit einer Demenzerkrankung arbeiten, weil sie von sich glaubt, dass sie das gut kann.

Vorstellung erfolgreicher Bewältigung

Die Vorstellung, wie wir uns in einer bestimmten Situation erfolgreich verhalten können, festigt die Idee, erfolgreich sein zu können.

Beispiel

Jan muss bald zum ersten Mal einen schwierigen Klienten zu einem Termin begleiten. Er macht sich Sorgen, was alles schiefgehen könnte. Als er sich immer wieder vorstellt, wie er in dieser Situation mit dem Klienten umgehen könnte, entwickelt er Sicherheit und Zuversicht, dass der Termin gut gelingen kann.

DAS SOLLTEN SIE SPEICHERN

Wenn wir andere Menschen unterstützen möchten, ist es notwendig, darauf zu achten, dass es uns selbst ein wenig besser geht als den Menschen, die wir begleiten möchten.

Mit **Selbstfürsorge** beschäftigen Sie sich in den Kapiteln „Arbeiten im Team“, S. 126 und „Krisenintervention“, S. 253.

In der Arbeit mit Menschen ist es sehr hilfreich, sich des eigenen Wertes bewusst zu sein. Daher müssen wir im Alltag immer wieder darauf achten, dass dieser Wert auch Pflege erhält. Die folgende Übung lädt Sie dazu ein:

Aufgabenstellung – „Förderung des eigenen Selbstwertes“

- Tragen Sie bei jedem Buchstaben eine Eigenschaft oder Fähigkeit ein, die Sie an sich selbst gerne mögen:

A wie ____________ N wie ____________
B wie ____________ O wie ____________
C wie ____________ P wie ____________
D wie ____________ Q wie ____________
E wie ____________ R wie ____________
F wie ____________ S wie ____________
G wie ____________ T wie ____________
H wie ____________ U wie ____________
I wie ____________ V wie ____________
J wie ____________ W wie ____________
K wie ____________ X wie ____________
L wie ____________ Y wie ____________
M wie ____________ Z wie ____________

Nehmen Sie sich Zeit für diese Übung und denken Sie immer wieder darüber nach, bis Sie für jeden einzelnen Buchstaben eine Eigenschaft oder Fähigkeit gefunden haben.

4.2 Selbstverantwortung – ich habe mein Leben in der Hand

Sarah unterhält sich kurz vor Mittag mit zwei Kolleginnen. Als Sarah gefragt wird, wohin sie denn mittagessen gehen möchte, meint sie: „Ist mir egal, ihr könnt entscheiden." Aber eigentlich möchte sich Sarah beim neuen Italiener eine Pizza holen. Nur will sie das nicht sagen, weil sie Angst hat, dass vielleicht das Essen dort nicht gut ist und sie dann Schuld daran hat. So geht Sarah mit den anderen zu Mittag mit, obwohl sie mit dem Vorschlag der Kolleginnen unglücklich ist.

Diskutieren Sie in der Klasse, was Sarahs Verhalten mit (fehlender) Selbstverantwortung zu tun hat.

Selbstverantwortung bedeutet, bewusst zu handeln und Entscheidungen zu treffen, also **das eigene Leben selbst in die Hand zu nehmen.** Wenn wir Selbstverantwortung haben, können wir aufhören, anderen, den Umständen oder unserer Vergangenheit die Schuld für unsere Probleme zu geben. Oftmals sind es nämlich unsere eigenen Denk- und Lebensweisen, durch die wir Schwierigkeiten im Leben bekommen.

Selbstverantwortung zu übernehmen, führt dazu, dass wir selbst etwas dazu beitragen, unsere eigene Lage zu verändern. Sie **fördert die innere Stärke** und hilft, inneren Stress zu reduzieren. Das eigene Handeln wird reflektiert und es ist möglich, sich selbst mit allen Schwächen zu akzeptieren.

DAS SOLLTEN SIE SPEICHERN

Selbstverantwortung lässt sich lernen und üben. Es geht darum, die eigenen Denkmuster und Überzeugungen zu reflektieren und – wenn nötig – zu verändern.

Es mag auf den ersten Blick manchmal so scheinen, als würde es Vorteile bringen, keine Selbstverantwortung zu übernehmen. Diese möglichen Vorteile sind aber nie von Dauer, weil es keine nachhaltige Strategie ist, keine Selbstverantwortung zu übernehmen.

„Vorteile", keine Selbstverantwortung zu übernehmen:

- Sich im Recht fühlen können
- Von Schuld befreit sein
- Keine Verantwortung tragen müssen
- Von anderen Zuspruch und Zuwendung bekommen
- Schonung und Verständnis erhalten und von Alltagspflichten entlastet werden

Aufgabenstellung – „Selbstverantwortung“

- Jeder Mensch entwickelt durch Erfahrungen im Laufe des Lebens Überzeugungen, die sich als Regeln oder Leitsätze bemerkbar machen und Orientierung geben. Diese Sätze können förderlich sein, aber auch Hindernisse erzeugen.

  a) Schreiben Sie möglichst viele solcher Überzeugungen, die Sie haben, in der folgenden Form auf:

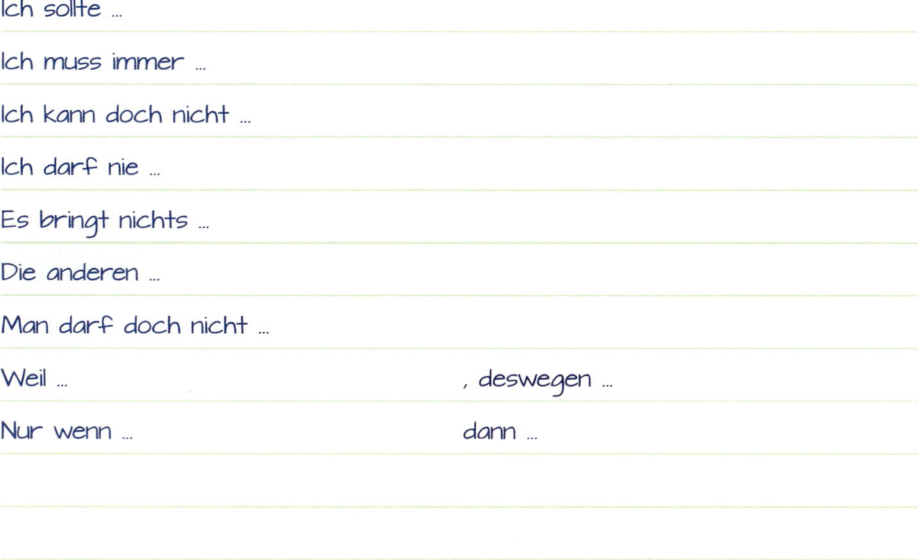

Beispiele für solche Überzeugungen sind: „Ich darf nie jemanden enttäuschen“, „Ich darf nie Nein sagen“ oder „Wenn ich das mache, wird es sowieso nichts“.

  b) Lesen Sie nun die Aussagen und nehmen Sie bei sich selbst wahr, welche die stärkste Wirkung auf Sie hat. Denken Sie darüber nach, welche dieser Überzeugungen für Sie und Ihre Wünsche und Pläne unpassend erscheint. Wenn Sie diese Aussage ändern möchten, dann suchen Sie sich jemanden aus der Gruppe und besprechen Sie, wie sie verändert oder erweitert werden sollte, damit sie in Ihr aktuelles Leben passt.

  c) Schreiben Sie anschließend die veränderte Aussage auf. Lesen Sie die neue Formulierung. Wenn sie Ihnen noch nicht passend erscheint, dann verändern Sie die Aussage weiter, bis sie für Sie passt.

Beispiel

- „Ich muss immer recht haben.“
- „Ich kann recht haben, wenn ich mir sicher bin.“
- „Ich kann recht haben und andere auch.“
- „Ich kann recht haben und auch meine Meinung ändern.“

  d) Diskutieren Sie abschließend miteinander, wie sich die Veränderung Ihrer Aussage auf Ihre Befindlichkeit auswirkt und wie sie Ihren Umgang mit anderen und Ihr berufliches Tun beeinflussen wird.

4.3 Emotionale Intelligenz

Besonders in Gesundheitsberufen ist emotionale Intelligenz gefragt.

Emotionale Intelligenz beschreibt die Fähigkeit, **mit** den eigenen **Gefühlen** und den Gefühlen anderer Menschen **gut umgehen zu können.** Sie hilft uns dabei, Gefühle zu verstehen und angemessen auf sie zu reagieren.

DAS SOLLTEN SIE SPEICHERN

Emotionale Intelligenz ist veränderbar. Sie entwickelt sich mit unseren Erfahrungen und der Möglichkeit, diese Erfahrungen zu reflektieren.

Wie sieht es nun mit Ihrer emotionalen Intelligenz aus? Machen Sie den folgenden Selbsteinschätzungstest.

Fragebogen – „Meine emotionale Intelligenz"

- Überprüfen Sie, wie gut Sie die Gefühle anderer erkennen können und wie gut Sie mit Ihren eigenen Emotionen und Ihren Beziehungen umgehen können.

  a) Kreuzen Sie die auf Sie zutreffenden Antworten an.

Bewertung
1 = Nie
2 = Gelegentlich
3 = Oft
4 = Meistens
5 = Immer

der Impuls = plötzlicher Drang, etwas zu tun ohne Rücksichtnahme auf die Auswirkungen

Aussagen zur emotionalen Intelligenz	1	2	3	4	5
Ich sehe in jedem Menschen das Gute.					
Ich bin ein geduldiger Mensch.					
Ich kann mit Stress gut umgehen.					
Ich verstehe, wie Erfahrungen und Gefühle das Verhalten verändern können.					
Ich bin zuversichtlich.					
Ich habe meine Impulse unter Kontrolle.					
Ich kann gut mit den Emotionen anderer Menschen umgehen.					
Ich kann unterschiedliche Standpunkte nachvollziehen, auch wenn ich sie selbst nicht teile.					
Ich kann flexibel auf unvorhersehbare Veränderungen reagieren.					
Ich kann meine Emotionen in dem Moment beschreiben, in dem ich sie erlebe.					
Ich kann mich anpassen und meine Pläne verändern, wenn sich die Situation verändert.					
Es ist für mich wichtig, die Beweggründe anderer zu verstehen.					
Ich interessiere mich eher für Chancen als für Hindernisse.					
Ich versuche, mich in andere hineinzuversetzen und zu verstehen, warum sie sich so verhalten oder handeln.					
Mir ist klar, wie mein eigener Stress und meine Laune mein Verhalten beeinflussen.					

b) Suchen Sie sich nun eine Person aus Ihrer Gruppe, die Sie schon kennen oder die Sie kennenlernen wollen, und tauschen Sie sich über Ihre Bewertungen aus.

c) Zählen Sie die Ziffern der Bewertungen zusammen.

Mein Punktwert: ____________

Lesen Sie nun die nachfolgenden Hinweise:

Hinweise zur Deutung des Selbsttests

Eine hohe Punktzahl (46–75) ist ein Hinweis darauf, dass Ihre emotionale Intelligenz schon gut entwickelt ist.

Eine niedrige Punktzahl (15–45) können Sie als Aufforderung verstehen, sich mehr mit vertrauten Menschen über das eigene emotionale Erleben und den Umgang mit Emotionen auszutauschen.

Emotionale Intelligenz kann als Zusammenspiel der folgenden fünf Fähigkeiten betrachtet werden:

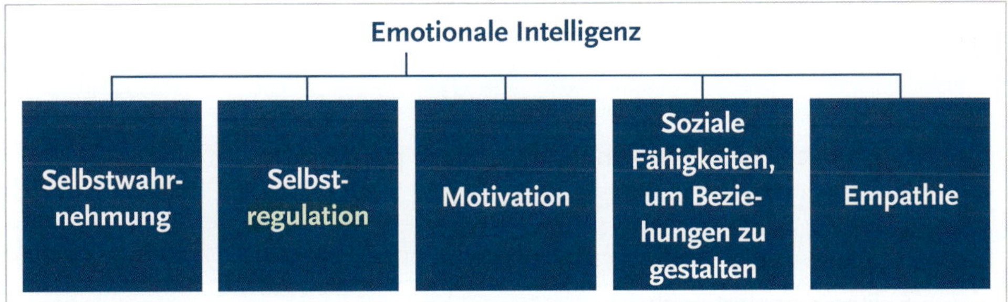

die Regulation = Steuerung, Regelung, Anpassung

Mit diesen fünf Bereichen der emotionalen Intelligenz befassen Sie sich in den folgenden Abschnitten.

4.3.1 Selbstwahrnehmung – so sehe ich mich selbst

Sarah hat gestern Abend ihre beste Freundin Lisa kritisiert. Lisa ist daraufhin sehr wütend geworden und hat Sarah ärgerlich an den Kopf geworfen, sie solle doch zuerst selbst in den Spiegel sehen, bevor sie so etwas zu ihr sagt.
Jetzt steht Sarah wirklich vor ihrem Spiegel und überlegt, was sie da sieht – welche Person steht ihr da im Spiegel gegenüber und wie ist diese Person denn eigentlich wirklich ...?

Es ist oft schwierig zu erkennen, **welche Eigenschaften und Fähigkeiten wir selbst haben.** Für unser Selbstkonzept ist es aber wichtig, erkennen zu können, was uns ausmacht.

Selbstwahrnehmung beinhaltet auch die Fähigkeit, **die eigenen Gefühle wahrnehmen** zu können. Dies ist die Voraussetzung dafür, mit ihnen reflektiert umzugehen und sie bei Bedarf steuern zu können.

reflektiert = überlegt, besonnen

Füllen Sie auch das Profil der Gegensätze aus, das Sie in der TRAUNER-DigiBox finden.

Aufgabenstellungen – „Selbstwahrnehmung“

1. Meine Gebrauchsanweisung

a) Füllen Sie die folgende „Gebrauchsanweisung“ zu Ihrer eigenen Person aus.

1. Dafür kann ich am besten eingesetzt werden:
2. Das sind meine zusätzlichen Anwendungsmöglichkeiten:
3. So will ich gewartet und gepflegt werden:
4. Das benötige ich, um mich wohlzufühlen:
5. Mögliche Nebenwirkungen – das kann passieren, wenn ich dabei bin:
6. Das motiviert mich:
7. Mein persönliches Motto:

warten = Arbeiten ausführen, die zur Erhaltung der Funktionsfähigkeit von Zeit zu Zeit notwendig sind

das Motto = Grundsatz; Satz, in dem eine Vorstellung oder Zielsetzung knapp wiedergegeben wird

b) Tauschen Sie sich nach dem Ausfüllen der einzelnen Punkte in der Gruppe über Ihre Gebrauchsanweisungen aus.

2. Welche Gefühle habe ich heute schon gehabt?

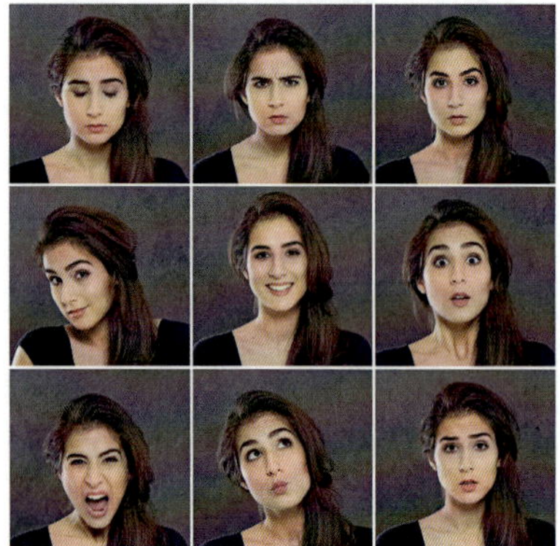

a) Kreuzen Sie alle Gefühle an, die Sie heute schon wahrgenommen haben.

kritisch		fasziniert		verbunden	
verbunden		eingeschüchtert		neidisch	
schuldig		zerbrechlich		besorgt	
unglücklich		mutig		zugeneigt	
fröhlich		aufgewühlt		hilflos	
einsam		bekümmert		zerbrechlich	
ärgerlich		stolz		unternehmungslustig	
enttäuscht		leidenschaftlich		verwirrt	
unbekümmert		sauer		verliebt	

b) Tauschen Sie sich anschließend mit Kolleginnen/Kollegen darüber aus, in welchen Situationen Sie diese Gefühle wahrgenommen haben.

4.3.2 Selbstregulation

Wenn wir in der Lage sind, unsere eigenen Gefühle wahrzunehmen und zu benennen, können wir auch darauf Einfluss nehmen, wie sie sich in verschiedenen Situationen auswirken. Die Fähigkeit, **mit den eigenen Gefühlen umgehen** zu können, nennt man **Selbstregulation.**

Es ist oft notwendig, das Ausmaß unserer Gefühle anpassen zu können an die jeweiligen Situationen, in denen wir uns befinden. Wir können wählen, ob wir einem bestimmten Gefühl in einer bestimmten Situation unkontrolliert nachgeben wollen oder es unterdrücken.

Beispiel

Wenn wir in einem Gespräch mit der/dem Vorgesetzten wahrnehmen, dass wir wütend sind, können wir entscheiden, ob wir die Wut unkontrolliert herauslassen oder ob wir trotz unserer Wut ruhig sitzen bleiben.

Aufgabenstellung – „Selbstregulation"

- In der zweiten Aufgabenstellung zur „Selbstwahrnehmung" auf S. 96 haben Sie angegeben, welche Gefühle Sie heute bereits empfunden haben.

  Wählen Sie eine der Situationen aus, in denen Sie heute Gefühle wahrgenommen haben. Besprechen Sie mit Kolleginnen/Kollegen, wie es Ihnen in dieser Situation gelungen ist, diesem Gefühl einen der Situation angemessenen Platz zu geben.

4.3.3 Motivation durch Emotion

Motivation bezeichnet den Ansporn für das eigene Handeln. Wir können die eigenen Gefühle als inneren Antrieb für unser Handeln nutzen: Wenn wir unsere **Ziele mit positiven Emotionen verbinden,** dann fällt es uns leichter, diese Ziele auch kontinuierlich zu verfolgen und sie letztendlich zu erreichen.

Aufgabenstellung – „Motivation durch Emotion"

- **Meine persönlichen Emotionen zur Ausbildung**

  a) Mit welchen Emotionen verbinden Sie den Abschluss Ihrer pflegerischen Ausbildung?

  b) Tauschen Sie sich mit Kolleginnen/Kollegen darüber aus, welche positiven Emotionen Sie alle mit dem Abschluss der Ausbildung verbinden.

Meine Motivation, zu helfen

Anderen Menschen unterstützen zu wollen, kann verschiedenste Gründe haben. Wenn Helfen zum Beruf werden soll, ist es wichtig, sich über diese Gründe Gedanken zu machen.

Manuel Barthelmess beschreibt vier Grundüberzeugungen, die Motivation sein können, einen helfenden Beruf zu ergreifen:

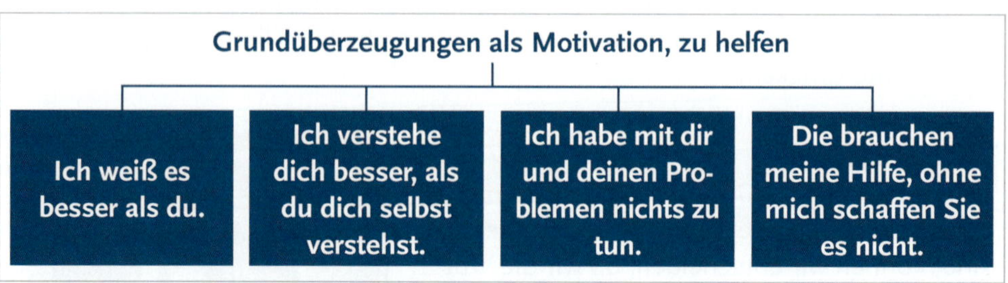

„Ich habe mit dir und deinen Problemen nichts zu tun" kann deshalb Motivation sein, zu helfen, weil oftmals erst eine gewisse Distanzierung überhaupt ermöglicht, Hilfe zu leisten. Statt etwa im Mitleid zu erstarren, bleibt die helfende Person durch die Distanzierung handlungs- und entscheidungsfähig.

Barthelmess geht davon aus, dass alle Mitarbeiter/innen in helfenden Berufen solche Überzeugungen in verschiedenem Ausmaß in sich tragen.

Fragebogen – „Meine Motivation, zu helfen"

- **Meine Grundüberzeugungen**
  a) Überprüfen Sie, in welchem Ausmaß Sie diese Grundüberzeugungen haben. Kreuzen Sie entsprechend an.

Grundüberzeugungen	1	2	3	4	5
Ich weiß es besser als du.					
Ich verstehe dich besser, als du dich selbst verstehst.					
Ich habe mit dir und deinen Problemen nichts zu tun.					
Die brauchen meine Hilfe, ohne mich schaffen sie es nicht.					

  b) Tauschen Sie sich nun in einer Dreiergruppe darüber aus, wie Sie zu dieser Einschätzung kommen.

Bewertung
1 = Das trifft voll auf mich zu.
2 = Das trifft eher zu.
3 = teils, teils
4 = Das trifft eher nicht zu.
5 = Das trifft überhaupt nicht auf mich zu.

Diese Überzeugungen beschränken einerseits die Arbeit mit Menschen. Wenn wir unsere bevorzugten Überzeugungen jedoch kennen, können wir sie andererseits auch bewusst für die Arbeit mit Menschen in schwierigen Lebenssituationen nutzen.

Die Überzeugung „Ich weiß es besser als du"

Das Risiko

Gerne lassen sich Menschen von Fachleuten unterstützen. Betrachten sich Pflegepersonen als Fachleute, die wissen, was das Beste ist, kann dies dazu führen, dass sie nicht mehr richtig zuhören und sich nicht mehr auf die Bedürfnisse der einzelnen Menschen einlassen.

Wenn wir diese Überzeugung erkennen, wird uns bewusst, dass für jeden Menschen etwas anderes richtig und passend ist. Für die Menschen, die wir unterstützen möchten, kann daher etwas ganz anderes wichtig sein als für uns Pfleger/innen. Wir sind also aufgefordert, **zuzuhören und zu fragen.**

Die Chance

Die Überzeugung „Ich verstehe dich besser, als du dich selbst verstehst“

Das Risiko

Bei der Arbeit mit Menschen müssen wir uns in sie hineinversetzen können, sodass sie sich verstanden fühlen.

Manchmal glauben Pflegepersonen vorschnell, die Gefühle der Betroffenen zu verstehen, obwohl sie stattdessen eigene Denk- und Gefühlsmuster aktiviert haben.

Die Chance

Erkennen wir diese Überzeugung, dann wird uns bewusst, dass wir andere Menschen nie vollständig verstehen können und ihre Gefühle nicht völlig nachempfinden können.

Das eröffnet die Chance, **neugierig zu bleiben** und nicht vorschnell zu verstehen.

Die Frage „Das interessiert mich, können Sie das noch genauer erzählen?“ signalisiert Interesse am Gegenüber und vermittelt Wertschätzung und Anerkennung.

Die Überzeugung „Ich habe mit dir und deinen Problemen nichts zu tun“

Das Risiko

Oft stellen wir große Distanz zu den Betroffenen und ihren Problemen her. Diese Haltung bringt auch ein Gefälle zwischen den Betroffenen und den Pflegenden mit sich. Die Betroffenen werden damit zu Unterlegenen. Die Menschen werden dann „behandelt“ und nicht mehr begleitet.

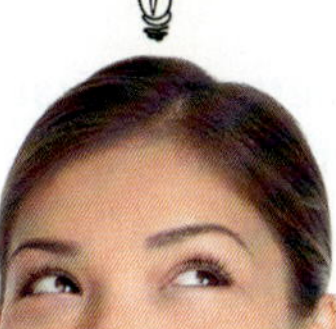

Die Chance

Kennen wir diese Überzeugung bei uns selbst, können wir trotz der Distanz auch eine Verbindung zu den Betroffenen haben. Wir erleben gemeinsam mit ihnen Situationen, von denen wir durch unsere distanzierte Betrachtung eine **andere Sichtweise** haben.

Diese können wir den Betroffenen anbieten und damit **Veränderungsmöglichkeiten eröffnen.**

das Gefälle = Höhenunterschied

Die Überzeugung „Die brauchen meine Hilfe, ohne mich schaffen sie es nicht“

Das Risiko

Als Pfleger/innen denken wir manchmal, dass andere Menschen hilflos, ohnmächtig und unwissend sind.

Das Risiko dieser Idee ist, dass wir uns immer weniger für die Fähigkeiten und Möglichkeiten der Betroffenen interessieren und dadurch letztlich deren Eigenständigkeit und Selbstwert einschränken.

Die Chance

Menschen suchen Unterstützung, weil sie sich in manchen Bereichen momentan nicht selbst helfen können. Können wir diese Überzeugung, dass Hilfe gebraucht wird, erkennen, dann können wir auch unterscheiden, in welchen Bereichen Hilfe nötig ist und wofür wir nicht zuständig sein müssen. Einerseits bleiben die Betroffenen dadurch **selbstbestimmt und eigenständig.** Andererseits schafft dies für uns Pflegepersonen **Entlastung,** weil wir nicht für das gesamte Leben der Betroffenen verantwortlich sein müssen.

Wenn die Motivation, zu helfen, nicht erkannt wird, oder persönliche Schwierigkeiten damit wettgemacht werden sollen, kann das zu Problemen führen. Im Extremfall entsteht der Wunsch, zu helfen, aus einem Helfersyndrom.

Menschen mit **Helfersyndrom** sind unfähig, ihre Gefühle und Bedürfnisse zu äußern. Diese Schwäche gleichen sie in der Rolle als Helfer/in aus und müssen so das eigene Innenleben und die eigene Hilflosigkeit nicht mehr erleben.

Aufgabenstellungen – „Meine Motivation, zu helfen“

1. Diskutieren Sie mit zwei Kolleginnen/Kollegen die folgenden beiden Fragen:

- Welche Wirkungen zeigt meine „Hauptüberzeugung“ bei mir selbst?

- Was bewirkt diese Überzeugung bei den Menschen, die ich unterstützen will?

2. Lesen Sie das folgende Fallbeispiel und bearbeiten Sie anschließend die Aufgabenstellungen:

Richard unterstützt täglich für zwei Stunden die betagte Frau Radic in ihrer Wohnung. Zunächst muss er immer, wenn er kommt, dafür sorgen, dass Frau Radic sich auf die Couch setzt und es sich gut gehen lässt. Seit Wochen sagt er ihr, dass sie nicht selbst kochen solle, weil sie beim Stehen schon sehr unsicher sei und hinfallen und sich verletzen könnte. Er selbst wäre sehr froh, wenn ihm jeden Tag jemand Essen bringen würde. Wenn Richard sie fragt, warum sie denn immer noch koche, wird für ihn nach ein paar Sätzen stets klar, dass die Dame nur stur an alten Gewohnheiten festhält. Allzu viel will er sich gedanklich aber auch gar nicht mit Frau Radic beschäftigen, sonst denkt er womöglich nach den zwei Stunden immer noch an sie.

Gestern hat die Teamleitung Richard überraschend darüber informiert, dass Frau Radic von ihm keine Unterstützung mehr haben möchte, weil sie dadurch ihr eigenes Leben nicht mehr führen könne, nicht verstanden werde und das Gefühl habe, wie ein Kind behandelt zu werden. Sie sei zwar eine alte Frau, möchte aber trotzdem ihr eigenes Leben haben.

a) Bestimmen Sie Richards Grundüberzeugungen.

b) Erläutern Sie die Wirkungen dieser Überzeugungen auf Frau Radic.

4.3.4 Soziale Fähigkeiten, um Beziehungen zu gestalten

Emotionale Intelligenz ist wichtig, um Beziehungen aufzubauen, zu pflegen und zu erhalten. Zu merken, wie es dem Gegenüber geht, und sich entsprechend zu verhalten, stellt dabei eine wesentliche Fähigkeit dar.

Soziale Fähigkeiten, um Beziehungen zu gestalten	Mögliche Verhaltensweisen	Beispiele
Andere verstehen	▪ Durch aufmerksames Zuhören können wir nachvollziehen, was andere meinen und wie sie sich fühlen. ▪ Wir melden rück, dass es nachvollziehbar ist, wie andere denken, fühlen und handeln und welche Motive und Werte wesentlich erscheinen.	▪ „Ja, ich kann gut nachvollziehen, dass so etwas in deiner Situation schwer auszuhalten ist." ▪ „Wenn man so behandelt wird, kann man leicht aus der Haut fahren."
Andere akzeptieren	▪ Wir verzichten (in bestimmten Situationen oder zeitlich begrenzt) auf Bewertungen und akzeptieren unser Gegenüber so, wie es gerade erscheint. ▪ Wir betrachten unser Gegenüber als okay.	▪ „Erzähle mir, wie du das siehst, was da passiert ist." ▪ „Was würdest du aus deiner Sicht dazu sagen?"
Anderen emotionale Wärme entgegenbringen	▪ Wir senden unserem Gegenüber positive emotionale Signale mittels Stimme, Gestik und Mimik.	▪ „Ich freue mich, dich zu sehen." ▪ Anderen entgegengehen und lächeln ▪ Das Handy weglegen und die andere Person ansehen und begrüßen
Anderen Interesse entgegenbringen	▪ Wir interessieren uns für die anderen und ihre Art, zu leben, zu denken und zu fühlen.	▪ Fragen stellen in jenen Bereichen, die uns auch tatsächlich interessieren: „Womit beschäftigst du dich gerade?", „Hast du heute jemanden getroffen?", „Wie schaffst du es, so viel allein zu sein?"
Andere respektieren	▪ Wir nehmen andere uneingeschränkt ernst. ▪ Wir betrachten andere als eigenverantwortlich für ihr Handeln und ihre Entscheidungen, selbst wenn wir unter Umständen gerne anders entscheiden würden.	▪ Auf unerbetene Vorschriften oder Ratschläge verzichten ▪ Hilfe anbieten („Kann ich etwas für dich tun?") und es aushalten, wenn es keine Anliegen oder Wünsche gibt
Sich loyal zeigen	▪ Wir bemühen uns, für andere da zu sein, sie zu unterstützen und zu stärken und ihre Einschätzungen ernst zu nehmen. ▪ Wir sind für andere auch in Situationen da, die für uns unangenehm sind.	▪ Sich treffen, auch wenn die Stimmung schlecht oder getrübt ist, und aushalten, dass sich gerade nichts verändert

loyal = treu, zuverlässig

Aufgabenstellungen – „Soziale Fähigkeiten, um … "

1. Mit welchen Aktivitäten oder Handlungen haben Sie in der letzten Woche Ihre wichtigsten Beziehungen gepflegt? Besprechen Sie sich in einer Kleingruppe und schreiben Sie konkrete Beispiele auf:

intensiv = gründlich, genau; stark, durchdringend

2. Führen Sie für einige Wochen ein Experiment durch, indem Sie Ihre Beziehung zu einer Person Ihrer Wahl besonders intensiv pflegen. Beobachten Sie dabei, ob sich die Qualität der Beziehung verändert. Notieren Sie Ihre Beobachtungen:

____

____

____

____

____

____

Das **Konzept der vorurteilskritischen Kommunikation** lernen Sie im Kapitel „Grundlagen der Kommunikation", S. 45, kennen.

Nähere Informationen zum **aktiven Zuhören** finden Sie im Kapitel „Grundlagen der Gesprächsführung", S. 53.

4.3.5 Empathie

Empathie ist die Fähigkeit und die Bereitschaft, zu **erkennen, was das Gegenüber fühlt.** Wer Empathie hat, kann sich in andere Menschen hineinversetzen und ihre Gefühle und Handlungen verstehen. Empathiefähigkeit macht es einfacher, sich vorzustellen, wie Menschen in verschiedenen Situationen reagieren. Und sie erleichtert es, sich auf diese Reaktionen einzustellen.

Fünf Tipps zur Verbesserung der eigenen Empathiefähigkeit

1. Tipp: beobachten
Schauen Sie Ihren Mitmenschen im Alltag zu. So erkennen Sie ihre Gewohnheiten, typischen Reaktionen und Verhaltensweisen.

2. Tipp: sich der eigenen Vorannahmen bewusst sein
Jeder Mensch hat Vorannahmen oder Vorurteile. Werden Sie sich dieser bewusst und versuchen Sie möglichst unvoreingenommen auf andere Personen zuzugehen. So fällt es Ihnen leichter, sich in die Situation von anderen hineinzuversetzen.

3. Tipp: aktiv zuhören
Zum aktiven Zuhören gehört zunächst, dass Sie mitdenken bei dem, was Ihr Gegenüber erzählt. Stellen Sie auch Rückfragen und wiederholen Sie Wichtiges mit eigenen Worten. Das vermittelt Verständnis und Wertschätzung.

4. Tipp: Interesse zeigen
Zeigen Sie Interesse an den Hobbys und Leidenschaften Ihrer Mitmenschen. Fragen Sie nach und achten Sie auf die damit verbundenen Gefühle.

5. Tipp: verständnisvoll sein
Geben Sie Ihrem Gegenüber das Gefühl, wahrgenommen und verstanden zu werden. Dadurch entsteht bei ihm mehr Vertrauen und Wohlbefinden. Durch Aussagen wie „Das verstehe ich" oder „Das kann ich gut nachvollziehen" entstehen Verbundenheit und Vertrautheit – natürlich nur, wenn sie auch ernst gemeint sind.

Besonders wirksam sind diese Tipps, wenn Sie sich über die Erfahrungen, die Sie dabei sammeln, mit vertrauten Personen austauschen.

5 Mein Umgang mit anderen

Attila beobachtet während seines Praktikums in einem Altenpflegeheim, dass Kolleginnen und Kollegen Herrn Votruba, der im Rollstuhl sitzt, täglich nach dem Essen den ganzen Nachmittag allein im Esszimmer sitzen lassen. Er weiß, dass sich Herr Votruba mit niemandem gut verträgt. Richard ist hin- und hergerissen: Er möchte in seinem Beruf keinesfalls Menschen aufs „Abstellgleis" stellen und ihnen den Kontakt verwehren. Allerdings kann er auch verstehen, warum die Kolleginnen und Kollegen komische Querulanten wie Herrn Votruba meiden – die verhalten sich ja wirklich ablehnend.

Wie schätzen Sie diese Situation ein? Tauschen Sie Ihre Meinungen in der Klasse aus.

Unsere sozialen Erfahrungen machen uns zu dem, was wir sind. Wir orientieren uns meist an dem, was unsere wichtigste Umwelt uns vorgibt.

„Der Mensch wird am Du zum Ich."

Martin Mordechai Buber, österreichisch-israelischer jüdischer Religionsphilosoph (1868–1965)

5.1 Soziale Wahrnehmung

Was wir in unterschiedlichen Situationen wahrnehmen, wird von verschiedenen individuellen und sozialen Faktoren beeinflusst.

Besprechen Sie mit Kolleginnen/Kollegen, welche dieser Einflussfaktoren Sie schon beobachtet haben oder bei sich selbst in einzelnen Situationen erkennen konnten.

Die soziale Wahrnehmung wird beeinflusst von ...

individuellen Faktoren	gesellschaftlichen Faktoren
Beispiele	**Beispiele**
▪ Erinnerungen an Ereignisse	▪ Sozialer Druck
▪ Persönliche soziale Erfahrungen	▪ Gruppenangehörigkeit
▪ Erwartungen an Situationen	▪ Soziale Normen und Werte
▪ Individuelle Persönlichkeitsmerkmale	▪ Gesellschaftliche und kulturelle Gegebenheiten

Dieser soziale Einfluss kann sogar dazu führen, dass sich unsere Einstellungen und unser Verhalten widersprechen und dass wir uns sehr unlogisch verhalten. Das liegt eben daran, dass wir uns an soziale Situationen anpassen. Der Psychologe Solomon Elliot Asch belegte dies eindrucksvoll mit folgendem Experiment.

Solomon Elliot Asch, polnisch-amerikanischer Gestalt- und Sozialpsychologe (1907–1996)

Beispiel: Studie Solomon Elliot Asch

Solomon Asch wollte in einem Experiment herausfinden, wie Menschen zu eigenen Einschätzungen und Urteilen kommen. Er forderte Versuchsteilnehmer/innen auf, zu bestimmen, welche zwei von vier Linien gleich lang sind.

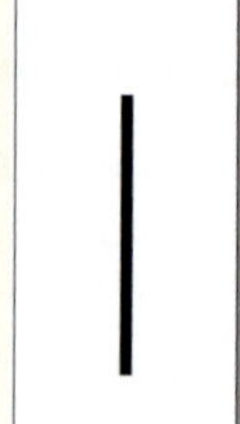

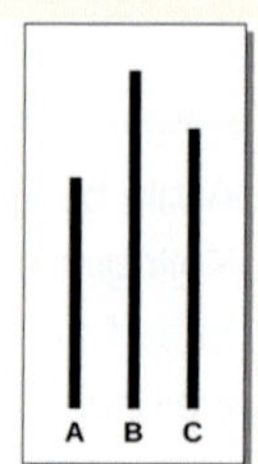

Allerdings waren alle Teilnehmer/innen bis auf eine/n in das Experiment eingeweiht und sollten die falsche Antwort liefern. Ihre falschen Antworten wurden in der Gruppe laut gesagt, damit die übrigen Teilnehmer/innen sie auch hören konnten. Dies führte dazu, dass sich die nicht eingeweihten Teilnehmer/innen häufig von der Gruppenentscheidung beeinflussen ließen und sich der Mehrheit mit dem ganz offensichtlich falschen Ergebnis anschlossen.

DAS SOLLTEN SIE SPEICHERN

Die soziale Wahrnehmung beeinflusst unsere persönliche soziale Verantwortung und wie wir soziale Kontakte und Beziehungen gestalten.

Tipp!

Wenn zwei oder mehr Menschen dieselbe Situation erleben, bedeutet das nicht, dass sie dieselben Dinge oder Ereignisse wahrnehmen können. Es ist davon auszugehen, dass jede Person Unterschiedliches bemerkt.

Aufgabenstellung – „Soziale Wahrnehmung“

- **Meine Gruppe heute**

  a) Skizzieren Sie stichwortartig, wer aus Ihrer Gruppe heute schon mit wem gesprochen hat und wer aus der Gruppe sich heute am Unterricht aktiv beteiligt.

  b) Tauschen Sie sich mit zwei Kolleginnen/Kollegen über Ihre Beschreibungen aus und geben Sie mögliche Gründe für die unterschiedlichen Beschreibungen an.

5.2 Soziale Verantwortung

Sarah verlässt heute als Letzte die kleine Konditorei, in der sie samstags jobbt. Heute hat sie sich über zwei Kolleginnen sehr geärgert. Sie haben ihr zu verstehen gegeben, dass man so ein junges Ding besser nicht unbeaufsichtigt arbeiten lassen solle. Beim letzten Rundgang durch die Konditorei bemerkt Sarah, dass in der Küche der Strom weg ist. Sie ruft ihre Freundin an und sagt das vereinbarte Treffen am Abend ab. Dann wartet sie auf den Hausmeister, der den Strom wieder in Gang bringen soll, da sonst die gekühlten Produkte verderben würden.

Haben Sie auch schon einmal die Erfahrung gemacht (vielleicht sogar während Ihres Praktikums), dass Ihnen nicht zugetraut wurde, (soziale) Verantwortung für bestimmte Dinge zu übernehmen? Und was bedeutet soziale Verantwortung für Sie? Diskutieren Sie in der Klasse.

Voraussetzung für soziale Verantwortung ist ein grundsätzliches Verantwortungsbewusstsein. Verantwortungsbewusstsein bedeutet zu wissen, dass wir verschiedene Aufgaben und Verpflichtungen haben, die wir auch erfüllen wollen.

„Mensch sein heißt verantwortlich sein."
Antoine de Saint-Exupéry, französischer Schriftsteller (1900–1944)

Menschen, die soziales Verantwortungsbewusstsein haben,
- bedenken immer auch die langfristigen Folgen ihres Handelns,
- haben ein Bewusstsein für die Frage „Wie kann ich helfen?" und
- sind bereit, eigene Anliegen zeitweise zurückzustellen oder Dinge zu tun, die schwierig sind.

Fragebogen – „Mein Verantwortungsbewusstsein"

- Setzen Sie sich mit Ihrem eigenen Verantwortungsbewusstsein auseinander.
  a) Kreuzen Sie die auf Sie zutreffenden Antworten an.

Aussagen zum Verantwortungsbewusstsein	1	2	3	4	5
Ich führe die Aufgaben, die mir gestellt werden, gewissenhaft aus.					
Es ist günstig, wenn es für jede Aufgabe im Team Verantwortliche gibt.					
Ich stehe zu den Fehlern, die ich mache.					
Ich hatte schon als Kind kleine Aufgaben in meiner Familie, die ich erfüllte.					
Ich werde von Menschen, die mich gut kennen, oft als sehr pflichtbewusst beschrieben.					
Ich engagiere mich gern aktiv in der Gemeinde oder in Vereinen für Dinge, die allen zugutekommen.					
Wenn jemand in Schwierigkeiten steckt, verzichte ich schon mal auf Freizeit, um zu helfen.					

Bewertung
1 = Das trifft voll auf mich zu.
2 = Das trifft eher zu.
3 = teils, teils
4 = Das trifft eher nicht zu.
5 = Das trifft überhaupt nicht auf mich zu.

  b) Suchen Sie sich nun eine Person in Ihrer Gruppe, die Sie schon kennen oder die Sie kennenlernen wollen, und tauschen Sie sich über Ihre Bewertungen aus.

Hinweis zur Deutung des Selbsttests: Ihr Verantwortungsbewusstsein ist umso höher, je niedriger die Summe aller Zahlen Ihrer Antworten ist.

Verantwortungsbewusstsein ist keine angeborene Eigenschaft, sondern es wird schon **im Kindes- und Jugendalter entwickelt** und von wichtigen Erwachsenen gefördert. Verantwortungsbewusstsein kann aber auch **später im Leben** geübt und **weiterentwickelt** werden.

Besonders wirksam sind diese Tipps, wenn Sie sich über die Erfahrungen, die Sie dabei sammeln, mit vertrauten Personen austauschen.

Tipps zur Förderung des Verantwortungsbewusstseins

1. Tipp: Beginnen Sie mit kleinen Dingen.
Bieten Sie an, kleinere Aufgaben zu übernehmen, die nur geringen Aufwand bedeuten. Schreiben Sie die Aufgaben dazu in einen Kalender. Damit zeigen Sie zunehmend, dass Sie Verantwortung übernehmen.

2. Tipp: Nehmen Sie auch die kleinsten Aufgaben ernst.
Verantwortungsbewusstsein ist eine grundsätzliche Einstellung, die in jedem Lebensbereich zur Verfügung stehen soll. Machen Sie daher alles ernsthaft, damit Verantwortungsübernahme zur Gewohnheit wird.

3. Tipp: Halten Sie sich vor Augen, wen Ihr Tun beeinflusst.
Es wird einfacher, Verantwortung zu übernehmen, wenn wir uns bewusst machen, wen unser Tun oder Nichttun betrifft. So werden uns die Auswirkungen unseres Handelns klarer und wir werden fast automatisch verantwortungsbewusster.

4. Tipp: Übernehmen Sie Verantwortung für Fehler.
Es ist zwar besonders schwierig, eigene Fehler zuzugeben, aber damit wird Verantwortungsbewusstsein besonders gefördert. Es reicht oft schon zu sagen: „Das war mein Fehler, ich werde versuchen, ihn auszubügeln."

Aufgabenstellungen – „Soziale Verantwortung"

1. Kreuzen Sie in Zweierteams jene Eigenschaftswörter an, die aus Ihrer Sicht mit sozialem Verantwortungsbewusstsein in Verbindung stehen. Diskutieren Sie Ihr Ergebnis anschließend mit Kolleginnen/Kollegen.

ehrlich		mitdenkend	
schlampig		umsichtig	
pünktlich		egoistisch	
gewissenhaft		verlässlich	
rücksichtslos		umweltbewusst	
gerecht		gedankenlos	
pflichtbewusst		eigenverantwortlich	
selbstsüchtig		sorgfältig	
nachlässig		rücksichtsvoll	

2. Wählen Sie gemeinsam mit einer Kollegin/einem Kollegen einen Tipp zur Förderung des Verantwortungsbewusstseins. Formulieren Sie ganz konkret, wie und in welchen Situationen Sie diesen Tipp in den nächsten zehn Tagen ausprobieren können.

5.3 Feedback

Feedback ist eine verbale Form der Rückmeldung nach bestimmten Regeln, bei der mitgeteilt wird, **wie das Verhalten des Gegenübers erlebt und empfunden wird.** Feedback ist für eine gute Zusammenarbeit wichtig.

Aufgabenstellung – „Reflexion zum Einstieg“

- Reflektieren Sie die folgenden Fragen. Gehen Sie dabei nach der Anleitung zur professionellen Reflexion von S. 26 vor.
  - Welches Feedback oder welche (negative) Kritik hat Sie in Ihrem Leben wirklich weitergebracht? Was war das Besondere daran?
  - Über welche Rückmeldung oder welches Feedback haben Sie sich richtig geärgert und warum?
  - Was ist für Sie wichtig, damit Sie eine Rückmeldung oder ein Feedback gut annehmen können?

Leiten Sie nun aus den obigen Antworten Regeln ab, die es Ihrer Meinung nach für ein konstruktives Feedback braucht.

Sammeln Sie diese Regeln in der Klasse.

Voraussetzung für gelungenes Feedback ist **Vertrauen** zwischen Feedbackgeber/in und Feedbackempfänger/in.

Positive Wirkungen von Feedback

- Es fördert positive Verhaltensweisen, weil sie anerkannt werden.
- Es zeigt Stärken auf, die der Person bisher möglicherweise nicht bewusst waren.
- Es zeigt Verhaltensweisen auf, die als Schwächen empfunden werden.
- Es unterstützt die Weiterentwicklung.
- Es hilft, Beziehungen zwischen Menschen zu klären und die anderen Personen besser zu verstehen.

Feedback sollte als ein „Geschenk" angesehen werden, das die eigenen Stärken und Schwächen aufzeigt.

Diese positiven Wirkungen erreichen Sie jedoch nur mit konstruktivem Feedback. Beim Geben von Feedback kommt es immer auch auf die Art an, wie Sie die Kritik formulieren.

Mit dem Unterschied zwischen **Beobachtung und Bewertung** haben Sie sich bereits im Kapitel „Gewaltfreie Kommunikation“, S. 137, beschäftigt.

Das richtige Geben und das Annehmen von Feedback sind ein wichtiger Bestandteil der Konfliktvermeidung und Konfliktlösung.

Eine geeignete Situation könnte z. B. sein:

- Eine Präsentation
- Ein Gespräch mit einer Lehrperson
- Ein bestimmtes Verhalten gegenüber einer Kollegin/einem Kollegen
- Ein bestimmtes Vorkommnis in der Pause

DAS SOLLTEN SIE SPEICHERN

Feedback soll ein Verhalten beschreiben, nicht bewerten.

Feedbackregeln

Geben von Feedback	Empfangen von Feedback
■ Beschreiben Sie ohne zu bewerten oder zu interpretieren. ■ Verwenden Sie Ich-Botschaften. ■ Seien Sie wertschätzend. ■ Geben Sie Feedback zeitnah. ■ Planen Sie genügend Zeit für das Feedback ein. ■ Geben Sie Feedback an einem neutralen und ungestörten Ort. ■ Seien Sie sich bewusst, dass Feedback kein Zwang zur Änderung ist.	■ Sagen Sie, worüber genau Sie Feedback haben wollen. ■ Fragen Sie nach, um sicherzugehen, dass Sie richtig verstanden haben. ■ Hören Sie nur zu und verteidigen Sie sich nicht. ■ Bedanken Sie sich für das Feedback.

Aufgabenstellung – „Feedback“

- Bilden Sie Dreierteams, um das Geben und Empfangen von Feedback zu üben. **Person A** ist Feedbackempfänger/in, **Person B** ist Feedbackgeber/in und **Person C** ist Beobachter/in.
  - **Person A** wählt eine Situation, zu der sie Feedback haben möchte. **Person B** gibt das Feedback. Beide beachten dabei die Feedbackregeln.
  - **Person C** beobachtet die Einhaltung der Feedbackregeln und gibt anschließend Verbesserungsvorschläge.

  Wiederholen Sie die Übung mit getauschten Rollen, bis jede Person einmal Feedback bekommen hat.

Ziele erreicht? – „Soziale Kompetenz“

1. **Selbstkonzept**

   a) Definieren Sie den Begriff Selbstkonzept und nennen Sie Möglichkeiten, das Selbstkonzept zu beeinflussen.

   b) Gestalten Sie auf einem großen Blatt Papier (z. B. Zeichenblock) ein Bild oder eine Collage mit den Ereignissen und Personen, die auf Sie in Ihrer Entwicklung wesentlichen Einfluss ausgeübt haben oder noch immer ausüben.

2. **Selbstwert**

   a) Zählen Sie mindestens drei Bedingungen für einen guten Selbstwert auf.

b) Eine Kollegin, die mit Ihnen ein Praktikum macht, fragt Sie, wie man seinen eigenen Selbstwert pflegen kann. Kreuzen Sie geeignete Möglichkeiten an.

Möglichkeiten zur Selbstwertpflege	Geeignet
a) Sich erinnern, was schiefgegangen ist, damit es nicht wieder passiert	
b) Sich selbst „Ich kann das und schaffe es!“ sagen	
c) Im Praktikum einem geschätzten Kollegen zusehen, wie er mit schwierigen Menschen umgeht	
d) Die Vorgesetzte bitten, Fehler, die gemacht werden, zu notieren und in der Teambesprechung vor allen anderen auf diese Fehler hinzuweisen	
e) Die Aufgaben im Praktikum selbstständig erledigen und positive Rückmeldung dazu erhalten	
f) Sich nicht an Teamaktivitäten beteiligen und sagen, dass man als Praktikant/in ja nicht zum Team gehört	
g) Am Heimweg daran denken, was in den letzten Tagen gut gegangen ist und was man selbst dazu beigetragen hat	

3. Kreuzen Sie an, was Selbstverantwortung alles sein kann:

- ◯ Kolleginnen/Kollegen darauf aufmerksam machen, dass sie etwas vergessen haben
- ◯ Eigene Ziele und Wünsche verfolgen
- ◯ Das eigene körperliche und psychische Wohlbefinden beachten
- ◯ Sich anstrengen, bis man nicht mehr kann
- ◯ Entscheidungen treffen und dazu stehen
- ◯ Die eigenen Gedanken und Gefühle lieber nicht so ernst nehmen
- ◯ Nach der Arbeit erschöpft auf der Couch liegen und noch nicht Erledigtes für die Arbeit dokumentieren
- ◯ Beim Heimfahren schon wissen, wie die Erholung und das Auftanken aussehen könnten
- ◯ Merken, was für einen selbst gerade wichtig ist
- ◯ Sich zu Hause entspannen, das Diensthandy abschalten und mit Freundinnen und Freunden Sport machen

4. Schreiben Sie zu jedem der fünf Bereiche emotionaler Intelligenz Ihre wesentlichen Erkenntnisse auf:

Emotionale Intelligenz

Motivation

Empathie

Selbstwahrnehmung

Soziale Fähigkeiten, um Beziehungen zu gestalten

Selbstregulation

5. Sie haben bemerkt, dass ein Kollege im Praktikum die Überzeugung „Ich weiß es besser als du!“ hat. Wenn er Menschen unterstützt, werden diese oft ärgerlich. Einige haben schon gemeint, er brauche gar nicht mehr zu ihnen kommen. Der Kollege ist schon sehr verzweifelt, weil er nicht verstehen kann, warum die Leute immer ärgerlich werden. Er fragt, ob Sie eine Idee dazu haben. Was würden Sie ihm antworten?

6. **Empathie**

a) Definieren Sie den Begriff Empathie.

b) Sie werden von Kolleginnen/Kollegen gefragt, wie man die eigene Empathiefähigkeit fördern kann. Kreuzen Sie geeignete Möglichkeiten an.

Förderung der Empathiefähigkeit	Geeignet
a) Aktiv zuhören im Gespräch	
b) Die eigenen Gefühle nicht so wichtig oder ernst nehmen	
c) Den eigenen Vorurteilen vertrauen, da sie sich schon oft als richtig herausgestellt haben	
d) Die Mitmenschen im Alltag beobachten und ihre Reaktionen erkennen	
e) Sich für Hobbys und Leidenschaften der Mitmenschen interessieren	
f) Sich ärgern und ablehnend reagieren, wenn andere für mich Unverständliches tun	
g) Anderen im Gespräch erklären, dass die Geschichte unverständlich ist, und darum bitten, dass die Geschichte richtig erzählt wird	

7. Kreuzen Sie geeignete Verhaltensweisen an, um Beziehungen aufzubauen und zu pflegen:

- ○ Termine, die vereinbart wurden, vergessen und ohne Absage nicht erscheinen
- ○ Anderen positiv und mit Wertschätzung begegnen
- ○ Sich für das Leben und die Interessen der anderen interessieren und nachfragen
- ○ Bei einem Treffen/einer Unterhaltung immer wieder aktuelle Handynachrichten lesen
- ○ Unterstützung anbieten, auch wenn dadurch eigene Interessen zurückgestellt werden müssen
- ○ Bedürfnisse und Sichtweisen des Gegenübers hören und auf Bewertungen verzichten
- ○ Sich ärgern und das Gespräch beenden, wenn die eigene Meinung nicht übernommen wird
- ○ Entscheidungen der anderen ernst nehmen, auch wenn wir selbst anders entscheiden würden
- ○ Die eigenen Interessen und Bedürfnisse in den Vordergrund stellen
- ○ Im Gespräch rückmelden, dass es verständlich ist, wie das Gegenüber denkt und handelt
- ○ Den Kontakt abbrechen, wenn das Gegenüber schlechte Laune hat, bis die Stimmung wieder gut ist
- ○ Andere immer wieder unterbrechen
- ○ Im Gespräch rückmelden, dass die Erzählungen sehr viel Unsinn beinhalten
- ○ Respektvoll mit dem Gegenüber und dessen Ansichten umgehen
- ○ Während des Gespräches auf die Uhr sehen und rückmelden, dass die Zeit abgelaufen ist
- ○ Im Kontakt bleiben, auch wenn manche Ideen der anderen nicht den eigenen entsprechen
- ○ Sich nicht melden, obwohl man es versprochen hat

8. Nennen Sie Faktoren, welche die soziale Wahrnehmung beeinflussen.

Formulierungshilfen finden Sie ab S. 259.

9. Geben Sie Tipps, um das Verantwortungsbewusstsein zu fördern.

10. **Feedback**

a) Zählen Sie die wichtigsten Feedbackregeln auf.

b) Kreuzen Sie jene Aussagen oder Verhaltensweisen an, bei denen es sich um konstruktives Feedback handelt.

Aussagen/Verhaltensweisen	Feedback
a) Max schnauft laut aus.	
b) „Ich habe verstanden, dass du weniger Stunden arbeiten möchtest. Das überrascht mich jetzt."	
c) „Ich brauche noch etwas Zeit."	
d) „Lass mich in Ruhe. Ich will keinen Besuch."	
e) „Wenn ich Sie so sehe, denke ich, Sie haben noch Schmerzen."	
f) „Dass du zu spät zur Dienstübergabe kommst, ärgert mich."	
g) „Du musst vorsichtiger sein, wenn du Frau Peter positionierst."	
h) „Herr Xaver, wenn Sie sich selbst auch ein wenig abstützen, kann ich Ihnen besser beim Aufstehen helfen."	
i) Hannes dreht sich um, während Lisa die Infusion wechselt.	
j) „Diese Frage ist zu schwer gestellt für mich."	

c) Begründen Sie, dass es sich bei den nicht angekreuzten Rückmeldungen nicht um konstruktives Feedback handelt.

d) Versetzen Sie sich in die folgende Situation:

Sie befinden sich gerade zu zweit in einem Patientenzimmer. Ihr Kollege Martin hilft Frau Huber beim Essen. Immer wieder hören Sie, wie Martin laut ausschnauft. Gleichzeitig blickt er zur Tür. Sie bemerken, dass Frau Huber auch zur Tür blickt und sich nicht auf das Essen konzentriert.

Formulieren Sie ein konstruktives Feedback an Ihren Kollegen Martin.

Nähe und Distanz

Das Verhältnis von Nähe und Distanz im Berufsalltag angemessen zu gestalten, ist eine tägliche Aufgabe in der Pflege von Menschen. Es ist nicht immer leicht, diese Balance zu finden. Sie für sich selbst und andere als wichtig zu erachten, ist jedoch Voraussetzung, um den Pflegeberuf gelingend und freudvoll auszuführen.

Wie Sie ein berufsadäquates Nähe-und-Distanz-Verhältnis gestalten können, mit dem sowohl Sie selbst als auch die von Ihnen betreuten Personen sich wohlfühlen, erfahren Sie im folgenden Kapitel.

Meine Ziele

Nach Bearbeitung dieses Kapitels kann ich

- beschreiben, wie ein Nähe-und-Distanz-Verhältnis berufsadäquat gestaltet werden kann;
- ein berufsadäquates Nähe-und-Distanz-Verhältnis demonstrieren;
- die Balance zwischen körperlicher Nähe und professioneller Distanz halten;
- durch achtsame Berührung und angepasste Bewegungsunterstützung eine vertrauensvolle Pflegebeziehung gestalten.

1 Nähe und Distanz – die richtige Balance finden

Attila nimmt sich Zeit, um die 74-jährigen Frau Jelly zu duschen. Er weiß, dass Frau Jelly zu viele körperliche Berührungen nicht gut aushält. Die alte Frau äußert häufig Schmerzen am ganzen Körper. Andererseits hat sie sehr gerne, wenn man ihre Hände hält und sanft eincremt. Attila muss sich sehr gut konzentrieren und aufmerksam sein, um die richtige Balance für die Pflege von Frau Jelly zu finden.

Welche Eigenschaften und Verhaltensweisen braucht es vonseiten der Pflegekraft, um die Balance zwischen Nähe und Distanz bei intimen Pflegehandlungen zu wahren? Diskutieren Sie in der Klasse.

Bei der Pflegetätigkeit **sollten Grenzüberschreitungen** einerseits **so gut wie möglich vermieden werden.** Andererseits muss dennoch **auf die psychischen und sozialen Bedürfnisse** der pflegebedürftigen Person **eingegangen werden.**

Von der Pflegekraft bedarf es hoher Konzentration und Aufmerksamkeit, um die Signale wahrzunehmen, mit denen eine Person zeigt, dass sie mehr Nähe oder Distanz braucht. Diese Signale richtig zu erkennen, ist nötig, um die pflegebedürftige Person, aber auch sich selbst zu schützen.

1.1 Körperliche Distanzzonen

Die Distanzzonen, die in der Pflege vorrangig betreten werden, sind die allgemeine persönliche und die allgemeine intime Distanzzone.

Körperliche Distanzzonen

Persönliche Distanzzone	Intime Distanzzone
70 bis 150 cm (1 bis 2 Armlängen)	0 bis 70 cm (vollkommene Nähe bis maximal 1 Armlänge)
Dieser Abstand wird bei einer allgemeinen Begrüßung oder bei einem Gespräch mit einer Person gehalten.	So nahe heran kommen im Allgemeinen nur der/die Partner/in, Haustiere und bei Kindern die Mutter und der Vater.
	Weitere Beispiele ■ Umarmung ■ Mobilisieren ■ Funktionelle Berührungen bei verschiedenen Pflegetätigkeiten

funktionell = tätigkeitsorientiert

DAS SOLLTEN SIE SPEICHERN

Eine Pflegeperson dringt bei fast jeder Pflegehandlung unweigerlich in die intime Distanzzone einer Person ein.

unweigerlich = ohne es vermeiden zu können

Damit begeht sie eine Art Grenzüberschreitung, die vom Gegenüber immer eine Art Zustimmung braucht. Gleichzeitig ist ein Überschreiten dieser allgemeinen intimen Distanzgrenze notwendig, um das Bedürfnis der pflegebedürftigen Personen nach Nähe zu erfüllen.

Weitere Informationen zu **Grenzüberschreitungen** bei Pflegehandlungen finden Sie im Kapitel „Interaktion und Kommunikation“, S. 24.

Aufgabenstellungen – „Körperliche Distanzzonen“

1. Besprechen Sie in der Klasse die Situation zwischen Attila und Frau Jelly aus dem Einstiegbeispiel:
   a) Bestimmen Sie die Distanzzone, die im Beispiel thematisiert wird, und geben Sie an, woran Sie die Distanzzone erkennen.
   b) Erschließen Sie eine mögliche Schwierigkeit bei der Pflege von Frau Jelly.
   c) Machen Sie Vorschläge, wie Attila die richtige Balance zwischen Nähe und Distanz bei Frau Jelly finden und beim Duschen auch gleich umsetzen kann.

2. Für diese Übung sollte jede Person in der Klasse etwas mitbringen, das sie ihrem Gegenüber mit einem Löffel eingeben kann (Joghurt, Brei, Pudding, Kompott etc.).

   - Bilden Sie Zweierteams und setzen Sie sich einander gegenüber. Eine Person gibt der anderen die mitgebrachte Speise mit dem Löffel behutsam ein. Danach wird gewechselt.
   - Reflektieren Sie die Übung anschließend gemeinsam in der Klasse. Die folgenden Fragen können Ihnen als Denkanstöße dienen:
     - Konnten Sie die richtige Balance zwischen Nähe und Distanz halten?
     - War es für Sie schwieriger, die gebende oder die nehmende Person zu sein? Warum war es schwieriger?
     - Sind Sie an Ihre persönliche Grenze gekommen? Beschreiben Sie diese Grenze.
     - Was hätten Sie gebraucht, um die richtige Balance zwischen Nähe und Distanz zu finden?

1.2 Zu viel Distanz bedeutet zu wenig Nähe

Wer Menschen pflegen will, muss bereit sein, sich auf körperliche und emotionale Nähe einzulassen. **Nähe wird durch beiderseitiges Vertrauen möglich.** Nähe und Distanz werden immer individuell empfunden.

DAS SOLLTEN SIE SPEICHERN

Um eine vertrauensvolle Pflegebeziehung herzustellen, braucht es große Achtsamkeit bei Nähe und Berührungen.

Aufgabenstellungen – „Zu viel Distanz bedeutet zu wenig Nähe“

1. Lesen Sie das folgende Fallbeispiel und bearbeiten Sie die Aufgabenstellungen in Kleingruppen.

Frau Dörfler ist eine äußerst umgängliche pflegebedürftige junge Frau im Behindertenwohnheim. Sie lächelt viel und nimmt von sich aus oft die Hand ihrer Pfleger und Pflegerinnen und bedankt sich freundlich. Manchmal entsteht daraus sogar eine kurze, innige Umarmung, die Frau Dörfler und auch den Pflegekräften guttut.

kompetent = fachkundig

Simone ist eine sehr gewissenhafte, korrekte Pflegerin, für die es aus persönlichen Gründ[en] [...] perliche und emotionale Nähe aufzubauen und zu geben. Wenn sie Frau Dörfler behilflich ist, hält Simone meist emotionalen Abstand und pflegt sie sehr funktionell und im Sinne der Pflege kompetent und vorbildlich. Frau Dörfler spricht mit Simone kaum und bei ihr lächelt sie auch nicht.

a) Reflektieren Sie Ihre persönlichen Gefühle, wenn Sie im Beispiel lesen, *„... nimmt von sich aus oft die Hand ihrer Pfleger und Pflegerinnen ...“* und *„Manchmal entsteht daraus sogar eine kurze, innige Umarmung ...“*. Gehen Sie dabei nach der Anleitung zur professionellen Reflexion von S. 26 vor.

b) Formulieren Sie mögliche persönliche Gründe, warum es jemandem schwerfallen könnte, Nähe zuzulassen und zu geben.

c) Erörtern Sie, woran Sie einerseits emotionalen Abstand erkennen und andererseits emotionale Nähe, die nicht nur funktionell ist.

2. Lesen Sie das folgende Fallbeispiel und bearbeiten Sie die Aufgabenstellungen gemeinsam in der Klasse.

Herr Gube wurde 1939 zu Kriegsbeginn geboren. Als der Krieg zu Ende war, kam sein vom Kriegsgeschehen traumatisierter Vater enttäuscht zurück nach Hause. Herr Gube war damals sechs Jahre alt und erlebte den Vater meist wütend, schreiend und oftmals handgreiflich gegenüber ihm und seiner Mutter. Im Laufe seines Lebens ist Herr Gube jedem Konflikt möglichst aus dem Weg gegangen.

Jetzt, 89-jährig, kommt er wegen einer demenziellen Erkrankung in eine Pflegeeinrichtung. Er ist meist in sich gekehrt und kommuniziert kaum mit jemandem. Wenn man sich Herrn Gube zu schnell und laut sprechend nähert, schreit er und schlägt um sich. Im Pflegeteam wird darüber diskutiert, dass Herr Gube sich von einigen Kolleginnen beinahe immer berühren lässt und ihre Nähe bei der Bewegungsunterstützung gut zulässt, von anderen Pflegepersonen im Team aber überhaupt nicht.

a) Erschließen Sie den Einfluss der Lebensgeschichte auf das Nähe-und-Distanz-Verhalten einer alten Person.

b) Erklären Sie die Unterschiede, die Herr Gube in seinem Nähe-und-Distanz-Bedürfnis den verschiedenen Pflegepersonen gegenüber merklich zeigt.

c) Diskutieren Sie den Einfluss der demenziellen Erkrankung auf Herrn Gubes Nähe-und-Distanz-Verhalten.

2 Balance zwischen Beruf und Privatleben

Die Arbeit mit pflegebedürftigen Menschen erfordert einerseits hohe soziale Kompetenz, was Gefühl und Nähe voraussetzt. Andererseits ist genau deshalb die **berufsadäquate Distanz** besonders wichtig. Jede Person sollte sich ab und zu die Frage stellen, ob sie Beruf und Privates gelingend trennen kann und auch hierbei die richtige Balance finden kann.

in sich gekehrt = verschlossen, unzugänglich

Mit **sozialer Kompetenz** haben Sie sich bereits im Kapitel „Soziale Kompetenz“, S. 88, beschäftigt.

DAS SOLLTEN SIE SPEICHERN

Im Pflegeberuf ist es äußerst wichtig, sich nicht auf die Lebensgeschichten und die daraus folgenden Verhaltensweisen der Klientinnen und Klienten persönlich und emotional einzulassen. Dies erfordert gezielt professionelle Distanz.

Trotzdem kann man gleichzeitig der pflegebedürftigen Person emotionale und körperliche Nähe geben, etwa bei der Bewegungsunterstützung, beim Eingeben von Essen etc.

Aufgabenstellungen – „Balance zwischen Beruf und Privatleben"

1. Lesen Sie das folgende Fallbeispiel und bearbeiten Sie die Aufgabenstellungen.

Samuel ist ein engagierter, besonders beliebter Pfleger. Er versucht für seine Klientinnen und Klienten alles zu geben. Neulich blieb er eine Stunde länger in der Arbeit, weil Melissa, eine junge Bewohnerin, nicht aufhörte zu erzählen und Samuel sie nicht unterbrechen wollte.

Manchmal wird Samuel auch von Kolleginnen und Kollegen gebeten, Nachtdienste zu übernehmen oder anders einzuspringen. Auch dazu kann er schwer nein sagen. Samuel hat keine eigene Familie und die Arbeit bedeutet ihm sehr viel, er nennt sie „seine Berufung".

a) Beschreiben Sie Samuels Einstellung zu seinem beruflichen und privaten Leben.

b) Erschließen Sie den Nutzen, den Samuel von seinem persönlichen Einsatz hat.

c) Erläutern Sie den Nutzen der Bewohner/innen und Kolleginnen/Kollegen.

d) Begründen Sie, ob Samuel ein berufsadäquates Nähe-und-Distanz-Verhältnis hat.

e) Erörtern Sie, wie die berufliche und private Zukunft für Samuel aussehen könnte.

2. Lesen Sie das folgende Fallbeispiel und bearbeiten Sie die Aufgabenstellungen gemeinsam in der Klasse.

Michaela geht meistens erschöpft aus ihrem Dienst. Sie ist Pflegerin auf einer Demenzstation und kommt dort gut zurecht. Manche Situationen aus dem Berufsalltag nimmt Michaela gedanklich und emotional mit nach Hause. Ihr Mann bittet sie dann, die Eindrücke ihrer Arbeit dort zu lassen, denn er möchte davon nichts hören. Außerdem meint er, die Kinder hätten mehr Freude, wenn Michaela beim Nach-Hause-Kommen fröhlicher wäre. Umgekehrt erzählt Michaela auch gern in ihrer Arbeit von ihren Kindern. Dort hört ihr aber niemand so zu, wie sie es gerne hätte.

a) Beschreiben Sie, wie es Michaela geht und in welchem Zwiespalt sie sich befindet.

b) Erzählen Sie von Situationen aus Ihrem Praktikum, in denen es Ihnen ähnlich ergangen ist. Reflektieren Sie, wie das für Sie war.

3. Lesen Sie das folgende Fallbeispiel und bearbeiten Sie die Aufgabenstellungen.

Florian arbeitet seit Kurzem in einem Pflegeheim. Er ist gerade mit seiner Ausbildung zur Pflegefachassistenz fertig geworden. Obwohl er auch ein Praktikum in diesem Pflegeheim gemacht hat, bekommt er nun viele neue Eindrücke, die er nicht immer so leicht wegstecken kann.

In seinem letzten Nachtdienst ist ein 84-jähriger Mann verstorben. Florians Großvater ist auch in diesem Alter und der Pfleger denkt seither ständig an die erlebte Situation im Pflegeheim. Er ist oft unkonzentriert und irgendwie unruhig. Eigentlich sollte Florian zu Hause nicht von der Arbeit reden, aber er spricht nach etwa drei Wochen doch mit seiner Frau über den Todesfall.

a) Benennen Sie die Verbindung, die zwischen dieser konkreten beruflichen Situation und Florians Privatleben besteht.

b) Erschließen Sie, wie es Florian mit seinem Erlebnis aus der Arbeit geht. Kennen Sie selbst auch so ein Gefühl?

c) Reflektieren Sie, ob es für Sie selbst schon einmal eine ähnliche Verbindung zwischen Beruflichem und Privatem gegeben hat.

Eine Anleitung zur professionellen Reflexion erhalten Sie auf S. 26.

d) Kommentieren Sie Florians Umgang mit der Situation.

e) Beurteilen Sie, ob Florian seine Gefühle und Gedanken einfach wegstecken soll.

f) Machen Sie Vorschläge, was Florian tun kann, damit es ihm besser geht.

4. Erarbeiten Sie in Kleingruppen Ideen zur Abgrenzung vom Beruf im Privatleben. Die folgenden Fragen können Sie als Denkanstöße nutzen:

- Was hilft Ihnen dabei, die Eindrücke aus der Arbeit oder aus dem Unterricht nicht mit nach Hause zu nehmen?
- Welche konkreten Rituale würden Ihnen dabei helfen?
- Was können Sie tun, wenn Sie Berufliches trotzdem gedanklich mit ins Privatleben nehmen?

Ziele erreicht? – „Nähe und Distanz“

KOMPETENZ-ERWERB

1. Unterscheiden Sie die allgemeine persönliche von der allgemeinen intimen Distanzzone.

Formulierungshilfen, die Sie sprachlich bei der Erarbeitung der Aufgabenstellungen unterstützen, finden Sie ab S. 259.

2. Erläutern Sie die Wichtigkeit der richtigen Balance zwischen Nähe und Distanz.

3. Erklären Sie, warum fast jede Pflegehandlung eine Grenzüberschreitung mit sich bringt.

4. Lesen Sie das folgende Fallbeispiel und bearbeiten Sie die Aufgabenstellungen.

Manuela kommt schnellen Schrittes ins Zimmer von Frau Sans und begrüßt sie aus der Entfernung, während sie den Rollator bereit macht. Frau Sans liegt in ihrem Bett und schaut etwas unsicher zu Manuela. Sie weiß, dass sie jetzt von Manuela aus dem Bett zur Pflege mobilisiert werden soll. Manuela kommt mit dem Rollator zu Frau Sans und wirft die Bettdecke zurück. Frau Sans erschrickt und will sich wieder bedecken. Aber Manuela kommt ganz nahe an Frau Sans heran und versucht sie so auf Querbettstellung zu bringen. Frau Sans schreit und stemmt sich steif dagegen.

a) Zeigen Sie die Verhaltensweisen auf, an denen erkennbar ist, dass Frau Sans sich mit der großen Nähe unwohl fühlt.

b) Stellen Sie Vermutungen über Manuelas Gefühlslage und ihre wahrscheinliche Reaktion an.

c) Erschließen Sie jene Haltung und Verhaltensweise, mit der die Pflegerin Manuela die Situation für Frau Sans angenehmer gestalten kann.

III Kommunikation im Team

Sie finden

Arbeiten im Team/ Seite 120

Gewaltfreie Kommunikation/ Seite 133

Arbeiten im Team

Teamfähigkeit ist eine der wichtigsten Eigenschaften, die Menschen im Berufsleben benötigen. Umso mehr gilt das, wenn Sie als Pflegeassistenz in multiprofessionellen Teams arbeiten. Wie gut Ihre Klientinnen/Klienten und Patientinnen/Patienten betreut werden, hängt auch davon ab, wie gut das gesamte Team, das mit der Pflege und Betreuung beauftragt ist, den Arbeitsanforderungen gerecht wird.

Was gute Teamarbeit ausmacht, wie sich Teams entwickeln und welchen Beitrag Sie selbst als Gruppenmitglied zum Funktionieren des Teams beitragen können, erfahren Sie im folgenden Kapitel.

Meine Ziele

Nach Bearbeitung dieses Kapitels kann ich

- Rollen, Strukturen und Regeln beschreiben, die für eine gelingende Teamarbeit benötigt werden;
- beschreiben, wie man empathisch, wertschätzend und kongruent innerhalb eines Teams kommunizieren kann;
- die Bedeutung von Teamarbeit und Teamentwicklung erläutern;
- zur eigenen Entlastung und zur Entlastung der Kolleginnen/Kollegen beitragen;
- Informationen klar weitergeben und einfordern.

1 Teamarbeit

Sarah arbeitet sehr gerne in Teams. Gruppenarbeiten machen ihr einfach mehr Spaß, als allein an einer Aufgabe zu arbeiten. Sarah findet, dass dabei viele tolle Ideen entstehen, auf die sie allein nie kommen würde.

Arbeiten Sie lieber in Teams oder allein? Macht es einen Unterschied, welche Aufgabe Sie zu erledigen haben? Tauschen Sie sich in der Klasse aus.

Als **Team** wird eine Gruppe von Menschen bezeichnet, die zusammen an einer **gemeinsamen Aufgabe** arbeitet oder ein gemeinsames **Ziel** verfolgt. Meist gibt es in Teams **eigene Kommunikationsstrukturen,** in denen verbindliche Absprachen getroffen werden (z. B. Teamsitzungen, Dienstübergabe, Dienstplan etc.).

verbindlich = bindend, verpflichtend

In der Pflege bringen die einzelnen Teammitglieder üblicherweise unterschiedliche Kompetenzen mit (DGKP, Pflegeassistenz, Ärztinnen/Ärzte, Patientenservice, Physiotherapeutinnen/Physiotherapeuten, Reinigungskräfte etc.). Die einzelnen Teammitglieder sollten sich für die Arbeit verantwortlich fühlen und sich an die **gemeinsamen Regeln** halten.

Richtlinien für gute Teamarbeit

Alle Teammitglieder ...

- verfolgen das gemeinsame Ziel konsequent und konstruktiv.
- sind überzeugt, im Team besser arbeiten zu können als allein.
- bringen ihr Wissen und ihre Erfahrungen ein.
- halten die Regeln und Vereinbarungen ein und arbeiten kooperativ zusammen.
- geben Informationen verlässlich und zeitlich nah weiter.
- stellen Fragen bei Unklarheiten.
- begegnen einander mit Offenheit und Fairness und unterstützen einander gegenseitig.
- lösen Konflikte konstruktiv, d. h., die Lösungen sind für alle vertretbar.
- benennen Fehler sachlich und weisen einander keine Schuld zu.

konsequent = fest entschlossen, unbeirrbar

kooperativ = bereit zur Zusammenarbeit

Zur **Konfliktlösung** finden Sie Informationen im Kapitel „Konflikte und ihre Lösungen“, S. 196.

Aufgabenstellung – „Teamarbeit“

- Recherchieren Sie in Kleingruppen zum Thema „Teamarbeit“ und bearbeiten Sie die folgenden Aufgaben:
  a) Nennen Sie unterschiedliche Arten von Teamarbeit.

  b) Zählen Sie Vorteile von Teamarbeit auf.

  c) Listen Sie mögliche Nachteile von Teamarbeit auf.

Machen Sie auch die Übung zur Teamarbeit in der TRAUNER-DigiBox.

2 Teamentwicklung

Kennen Sie das auch aus eigener Erfahrung? Berichten Sie darüber, welche positiven Dinge sich in Gruppen(arbeiten) entwickelt haben.

Sarah hat die Erfahrung gemacht, dass nicht jedes Team gleich aufgebaut ist bzw. dass nicht alle Teammitglieder immer gleich gut zusammenarbeiten. Außerdem ist sie sich bewusst, dass sich jede neue Gruppe erst zusammenfinden muss. Auch eine anfänglich schwierige Gruppe kann sich mit der Zeit zu einem tollen Team entwickeln.

Welche **Entwicklungsphasen** ein Team durchläuft und wie **gute Zusammenarbeit** letztlich erreicht werden kann, erfahren Sie in den folgenden Abschnitten.

Bruce Wayne Tuckman, US-amerikanischer Psychologe und Organisationsberater (1938–2016)

2.1 Phasen der Teamentwicklung nach Tuckman

Jedes Team durchläuft vier Entwicklungsphasen:

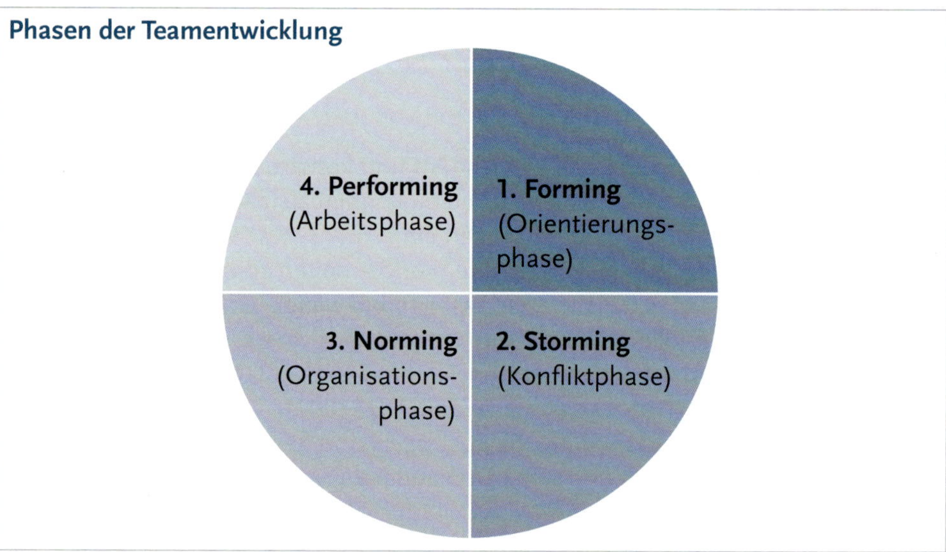

Ein Team befindet sich jedoch selten ganz klar in einer einzigen Phase. Häufig steht es am Übergang zwischen zwei Phasen. Wenn neue Mitglieder dazukommen oder bestehende Mitglieder wegfallen, durchläuft ein Team die Phasen erneut. Dabei befindet es sich aber wesentlich kürzer in jeder Phase als bei der Zusammenstellung eines ganz neuen Teams.

1 Forming (Orientierungsphase)

- Kennenlernphase (Wer sind die anderen?)
- Das Team formt sich (Wir sind ab jetzt ein Team).
- Die Phase ist geprägt von Unsicherheit, Vorsicht und Höflichkeit der Gruppenmitglieder.

2 Storming (Konfliktphase)

- Die Mitglieder finden ihre Position im Team.
- Cliquen bilden sich.
- Es gibt Diskussionen über die Gruppenregeln und mögliche Strafen gegen Regelverstöße.
- Konflikte treten auf.
- In dieser Phase entscheidet sich, wie sich das Team weiterentwickelt.

die Clique = Personenkreis, der in erster Linie seine eigenen Gruppeninteressen verfolgt

3 Norming (Organisationsphase)

- Es werden Umgangsformen und Regeln festgelegt.
- Kompromisse und Möglichkeiten der Kooperation werden vereinbart.
- Aufgaben werden verteilt und Rollen werden übernommen.
- Meinungen werden offen ausgetauscht.
- Bei Problemen wird kreativ nach Lösungsmöglichkeiten gesucht.
- Die vereinbarten Ziele werden überprüft.

4 Performing (Arbeitsphase)

- Das Team leistet gute Arbeit.
- Es orientiert sich am gemeinsamen Ziel.
- Der Umgang miteinander ist geprägt von gegenseitiger Anerkennung und Wertschätzung.
- Die Aufgaben werden der jeweiligen Rolle entsprechend übernommen.
- Die Teammitglieder haben Interesse an der konstruktiven Lösung der Aufgabe.

Beispiele für Rollen
- der/die Fürsorgliche (bringt Kuchen mit)
- der/die Genaue (räumt auf)
- der/die Kritische (hinterfragt Vorschläge)
- der/die Lustige (erzählt Witze)
- der/die Tröstende (muntert auf)
- der/die Ausgleichende (betont die Vorteile aller Meinungen)

Aufgabenstellung – „Phasen der Teamentwicklung nach Tuckman"

- Die Phasen der Teamentwicklung nach Tuckman können als „Teamuhr" veranschaulicht werden. In welcher Phase oder zwischen welchen Phasen sich ein Team befindet, kann demnach als Uhrzeit dargestellt werden. Der kleine Zeiger (Stundenzeiger) ist dabei bedeutender als der große Zeiger (Minutenzeiger).

Betrachten Sie die folgende Abbildung und bearbeiten Sie anschließend die Aufgabenstellungen.

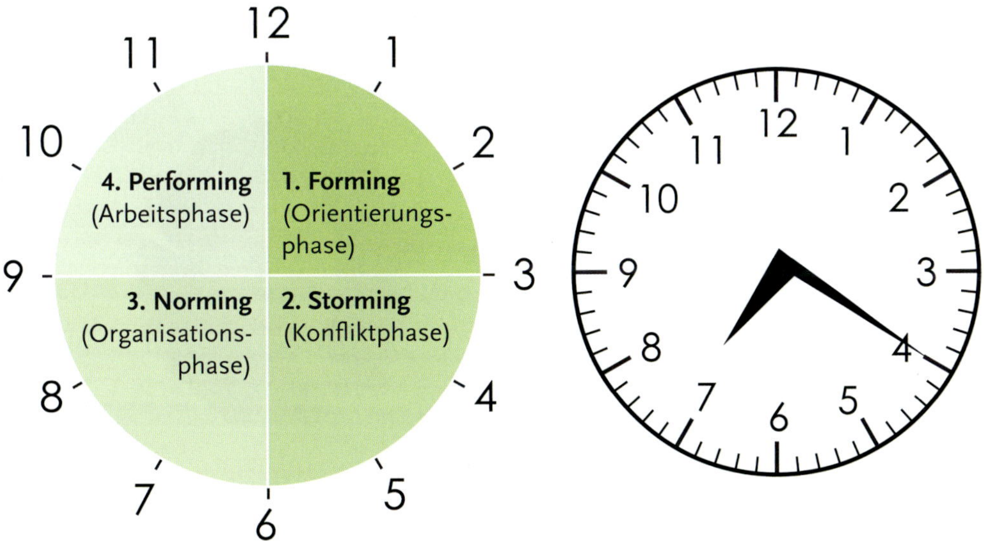

a) Erschließen Sie gemeinsam in der Klasse die Bedeutung einer Teamuhr, die auf 7:20 steht.

b) Leiten Sie, jede/r für sich, die „Uhrzeit" Ihrer Klassengemeinschaft ab.
- Tragen Sie auf dem Ziffernblatt rechts den großen und den kleinen Zeiger ein.
- Diskutieren Sie in Kleingruppen die Merkmale dieser „Uhrzeit", die Sie in der Klassengemeinschaft wahrnehmen können.

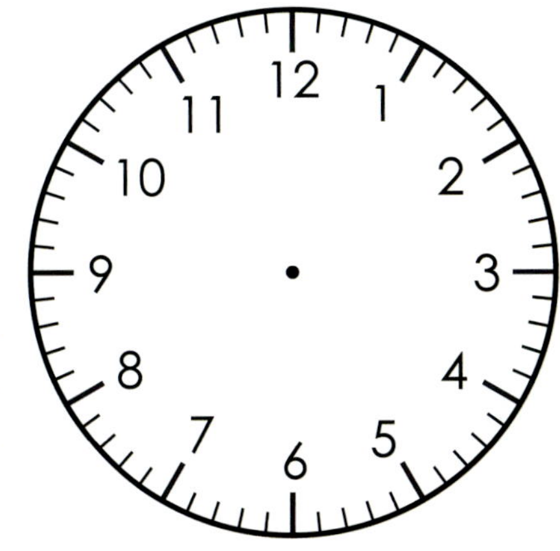

- Tauschen Sie sich abschließend in der Klasse über Ihre Erkenntnisse aus den Gesprächen in Kleingruppen aus.

2.2 Der Weg zur Zusammenarbeit

Über die folgenden Schritte gelangt ein Team zu guter Zusammenarbeit:

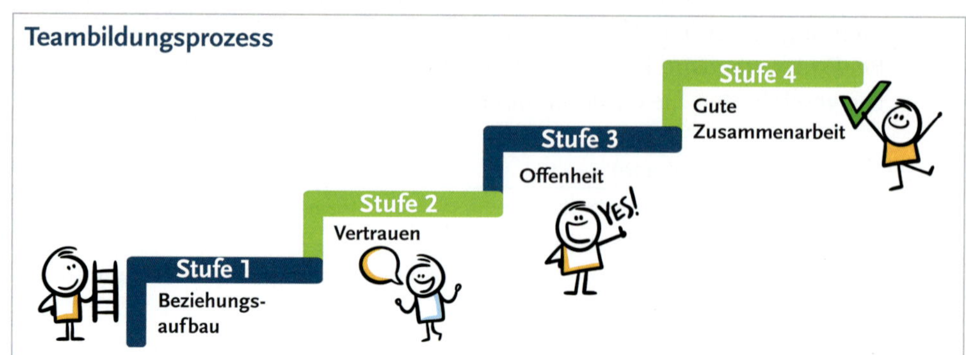

1 Beziehungsaufbau

Am Beginn des Teambildungsprozesses müssen die Teammitglieder zueinander eine Beziehung aufbauen. Sie müssen einander kennenlernen und miteinander positive Erfahrungen sammeln können. Hierfür sollten sie sich genügend Zeit lassen, damit niemand überfordert wird.

Am Anfang stellen sich die Mitglieder verschiedene Fragen:

Erzählen Sie in der Gruppe etwas von sich, das die anderen noch nicht wissen.

Tipps!

- Erzählen Sie etwas von sich, z. B. was Sie gerne tun, wo Sie wohnen, von Ihrer Familie usw.
- Zeigen Sie Interesse an den anderen: Stellen Sie einfache Fragen zum Kennenlernen.

2 Vertrauen

Ohne Vertrauen ist ein Team nicht lebensfähig.

Durch das gegenseitige Sichmitteilen wächst auch das Vertrauen zueinander. Wenn Sie wissen, wie die anderen denken – und vor allem, warum sie so denken –, können Sie die Personen besser verstehen. Damit ist ein Grundstein für gute Zusammenarbeit gelegt.

Damit sich Vertrauen bilden kann, ist die Verlässlichkeit der Gruppenmitglieder wichtig.

Tipps!
- Bleiben Sie verlässlich bei Ihren Entscheidungen.
- Wenn Sie eine Entscheidung ändern, teilen Sie Ihre Beweggründe offen mit.
- Fordern Sie Verlässlichkeit ein.

Aufgabenstellung – „Vertrauen"

- Führen Sie die folgende Aufgabenstellung im Stillen für sich durch. Seien Sie dabei ehrlich zu sich und fair zu den anderen.
  - Reflektieren Sie, wen in der Klassengemeinschaft Sie nicht mögen.
  - Finden Sie eine positive Eigenschaft, auf die Sie bei dieser Person vertrauen können.

3 Offenheit

Mit wachsendem Vertrauen entsteht Offenheit, die nicht verletzt. Sie können erkennen, dass genügend Vertrauen im Team vorhanden ist, wenn
- Gruppenmitglieder einander sagen, was sie voneinander denken, was sie aneinander schätzen oder was sie stört, und
- die Personen, denen gegenüber Offenheit gezeigt wird, nicht beleidigt reagieren und sich nicht sofort zu verteidigen versuchen.

Mit Offenheit ist gemeint, dass Sie die Beziehungsebene ansprechen.

Das Eisbergmodell und die Unterscheidung zwischen **Sachebene und Beziehungsebene** können Sie im Kapitel „Grundlagen der Kommunikation", S. 43, nachlesen.

Tipps!
- Teilen Sie Ihre verborgenen Freuden, Ängste und Unzufriedenheiten mit.

  Beispiele
  - „Ich freue mich, dass ich den Verband ohne Aufsicht wechseln darf."
  - „Ich möchte, dass Sie mir nochmals zeigen, wie ich die Patientinnen und Patienten umdrehe."

- Sprechen Sie die Beziehungsebene an: Was nehmen Sie auf dieser Ebene wahr?

  Beispiel
  „Wenn wir über die Patientin Frau Jobst sprechen, merke ich eine allgemeine Abneigung und Unsicherheit."

- Fragen Sie Ihre Kolleginnen und Kollegen nach deren Empfinden.

  Beispiele
  - „Wie geht es dir bei ...?"
  - „Welche Befürchtungen hast du?"
  - „Was brauchst du, um ...?"
  - „Wer kann dir hierbei am besten helfen?"

Offenheit darf nicht verletzen!

Aufgabenstellung – „Offenheit“

- Formulieren Sie, jede/r für sich, Eigenschaften, Verhaltensweisen und Bedingungen, die Sie von Ihrer/Ihrem Vorgesetzten brauchen, um gut arbeiten zu können.
  - Sammeln Sie zwei bis vier Stichwörter, von denen Sie jedes auf ein eigenes Kärtchen schreiben.
  - Pinnen Sie Ihre Kärtchen anschließend auf eine Pinnwand. Oben sind die Kärtchen zu platzieren, die der Sachebene zugeordnet werden können. Unten platzieren Sie alle Kärtchen, welche die Beziehungsebene betreffen.
  - Evaluieren Sie abschließend gemeinsam im Plenum die Zuordnungen.

4 Gute Zusammenarbeit

Gute Zusammenarbeit im Team ist erst dann möglich, wenn eine Gruppe den Weg vom Beziehungsaufbau zu gegenseitigem Vertrauen und Offenheit in einem Tempo zurückgelegt hat, das für keines der Teammitglieder zu schnell war.

Damit Teams leistungsstark bleiben, braucht es die geplante Zusammenarbeit aller im Team.

3 Entlastung schaffen

Versetzen Sie sich in die Lage von Maria und besprechen Sie zu zweit, wie belastend dieses Erlebnis für Sie selbst wäre. Nennen Sie auch Maßnahmen, die Ihnen danach helfen könnten, mit diesem belastenden Ereignis besser umzugehen.

Die Pflegeassistentin Maria misst beim Klienten Herrn Baktay den Blutdruck. Währenddessen hat er einen Herzinfarkt. Trotz aller sofortigen Maßnahmen – Herzalarm und Reanimation – stirbt Herr Baktay.

Die Arbeit im Pflegebereich ist körperlich und psychisch oft sehr fordernd. Derartig herausfordernde Ereignisse wie das oben geschilderte kommen zwar nicht täglich vor, aber auch **zur Bewältigung der alltäglichen Belastungen** durch Stress, Verantwortung und Arbeitslast **brauchen wir Unterstützung.**

Nähere Informationen zur **Selbstfürsorge** finden Sie im Kapitel „Krisenintervention“, S. 253.

DAS SOLLTEN SIE SPEICHERN

Um Ihren Patientinnen/Patienten und Klientinnen/Klienten Hilfe leisten zu können, müssen Sie sich selbst gegenüber fürsorglich sein.

Ein wichtiger Teil der Selbstfürsorge ist es, zu wissen, wann Sie Unterstützung brauchen, und sich die benötigte Hilfe auch zu holen. Hierfür ist Achtsamkeit für die eigenen Bedürfnisse zentral.

Es gibt verschiedene Methoden der Unterstützung und Entlastung:

Achtsamkeit

Ein achtsamer Umgang mit sich selbst muss bewusst gepflegt werden.

DAS SOLLTEN SIE SPEICHERN

Nehmen Sie sich ganz bewusst Zeit für sich und Ihre Bedürfnisse, für Erholung und Ruhe, für soziale Kontakte und eine gesunde Lebensweise.

Je nach Anliegen und Ihrem eigenen Wesen können Sie auch professionelle Hilfe von außen annehmen.

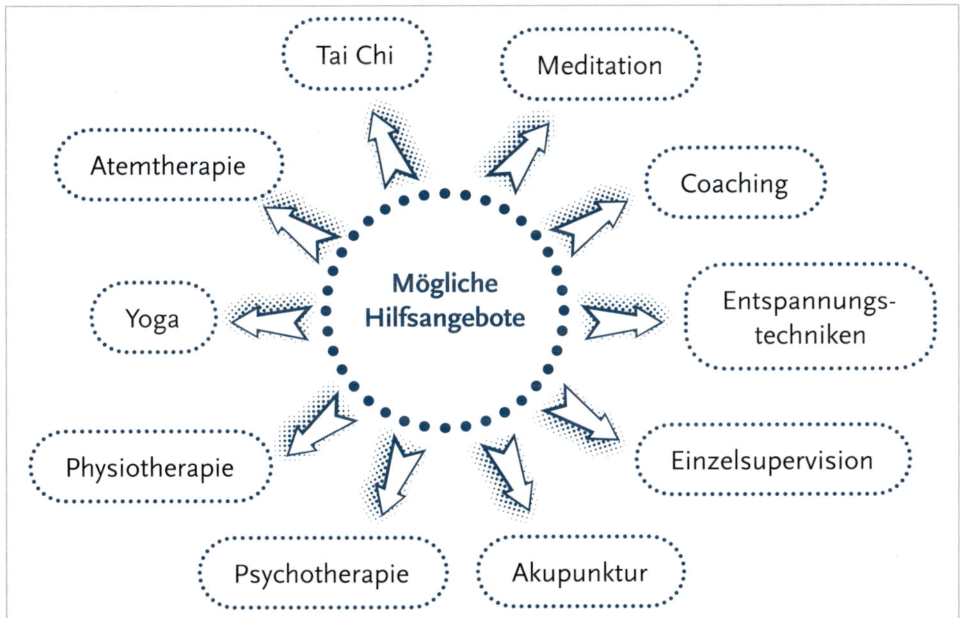

Am besten, Sie probieren verschiedene Methoden aus, um herauszufinden, was Ihnen guttut.

Gespräche im Team

In Gesprächen mit Kolleginnen und Kollegen können Sie rasch und ohne besondere Planung Entlastung finden. Diese Gespräche können informell stattfinden oder auch in Teamsitzungen.

Vorteile von Gesprächen im Team

- Sie brauchen die Sachlage nicht ausführlich zu erklären, da die Kolleginnen und Kollegen sie kennen.
- Die anderen erfahren, wie Belastungen auf Sie wirken, und können somit in Zukunft besser darauf reagieren.
- Sie erfahren, wie es den anderen mit bestimmten Problemen geht.
- Dieser Austausch schafft Nähe und Vertrautheit und stärkt das Team als Ganzes.
- Sie können im Team gemeinsame Lösungen erarbeiten und Arbeitsbelastungen verteilen.

Eine grundlegende **Achtsamkeitsübung** haben Sie auf S. 57 kennengelernt.

Ein Team sollte Intervisionen in regelmäßigen Abständen machen.

Intervision

Bei der **Intervision** handelt es sich um kollegiale Beratung. Die Teammitglieder beraten einander gegenseitig ohne eine Beraterin/einen Berater von außen. Die Intervision eignet sich sehr gut für fachliche und organisatorische Anliegen sowie für Fragen, die sich auf Klientinnen und Klienten beziehen.

Ablauf und Regeln einer Intervision

Ein Teammitglied bringt sein Anliegen vor.

Die anderen hören zunächst nur aktiv zu. Es findet keine Diskussion statt.

Nachdem die Person das Problem geschildert hat, geben die Kolleginnen und Kollegen Denkanstöße und Lösungsvorschläge. Alle Vorschläge sind erlaubt. Hierbei ist es wichtig, dass eine Person die Moderation übernimmt und auf die Zeit und die Einhaltung der Regeln achtet.

Die Person, die Rat sucht, entscheidet selbst, welche Beiträge für sie unterstützend waren.

Am Ende bedankt sich die Rat suchende Person bei den anderen.

Supervision

Bei einer **Supervision** leitet ein/e Supervisor/in, der/die nicht zum Team gehört, die Sitzung. Supervision kann zum einen dazu dienen, die Qualität der Teamarbeit zu verbessern. Zum anderen ist Supervision eine Methode, um Belastungen und Herausforderungen im Arbeitsprozess zu besprechen.

Arten der Supervision

Fallsupervision	Teamsupervision
▪ „Fälle“ (Bewohner/innen, Klientinnen/Klienten, Patientinnen/Patienten) werden besprochen. ▪ Sie wird vor allem in Pflege(wohn)heimen eingesetzt.	▪ Das Miteinander im Team oder der gemeinsame Umgang mit Ereignissen wird besprochen.

Vorteile der Supervision

- Der/Die Supervisor/in bietet fachliche Unterstützung von außen.
- Der/Die Supervisor/in begleitet neutral und achtet darauf, dass keine Vorwürfe und Schuldzuweisungen Platz haben.
- Im Setting der Supervision ist das Erlernen und Üben von gesprächsfördernden Methoden möglich.
- Die Teammitglieder bekommen viel Feedback, was ihre Weiterentwicklung fördert.

4 Kommunikation im Team

Maria hat gerade als Pflegeassistentin im Altersheim zu arbeiten begonnen. Sie kennt noch nicht alle Bewohner/innen und weiß auch noch nichts über deren Gesundheit bzw. Krankheiten. Die diensthabende diplomierte Krankenschwester gibt ihr den Auftrag: „Richte bitte alle Medikamente für das Abendessen her." Maria ist sehr unsicher und traut sich deshalb nicht nachzufragen, was genau sie jetzt machen soll.

Beschreiben Sie zu zweit, was an dieser Situation problematisch ist. Besprechen Sie auch, wie Sie sich an Marias Stelle verhalten würden.

Die Grundlagen der Kommunikation und eine wertschätzende, empathische Haltung sind selbstverständlich auch für die Arbeit im Team von Bedeutung. Bei der Kommunikation innerhalb von Teams sind aber andere Aspekte zusätzlich zu beachten. Im Folgenden beschäftigen Sie sich daher neben der **Informationsweitergabe** auch damit, wie das **Vier-Seiten-Modell** nach SCHULZ VON THUN für die Kommunikation im Team genutzt werden kann und wie **Feedback** zu einer positiven Zusammenarbeit beitragen kann.

4.1 Informationsweitergabe

Zuverlässige Informationsweitergabe ist für eine gute Teamarbeit sehr wichtig. Wenn **Informationen ohne Verluste und rasch weitergegeben** werden, können Missverständnisse und Konflikte vermieden und Fehler verhindert werden.

Als Pflegeassistenz bekommen Sie einerseits sehr viele Aufgaben übertragen. Andererseits müssen Sie Informationen verständlich an Ihre Kolleginnen und Kollegen, Patientinnen und Patienten sowie deren Angehörige weitergeben können.

Die Patientinnen/Patienten unterscheiden selten die Fachkraft von einer Praktikantin/einem Praktikanten. Das heißt, auch im Praktikum werden Sie Informationen bekommen oder es werden Ihnen Fragen gestellt, die Sie weiterleiten müssen.

Ablauf der Informationsweitergabe

1 Geben Sie einen Überblick

Beispiel
„Wir bereiten Sie jetzt für die Operation vor. Diese haben Sie in einer Stunde."

2 Erklären Sie den Ablauf oder Aufbau

Beispiel
„Bevor Sie zum Anästhesisten kommen, ziehen wir Sie um, dann bekommen Sie einen Beruhigungsdrink von uns."

3 Nennen Sie Details

Beispiel
„Sie bekommen ein OP-Hemd von uns, die Unterhose können Sie anbehalten. Den Drink nehmen Sie hier im Zimmer ein. Es ist nur ein kleiner Drink, zwei Schluck. In einer halben Stunde bringen wir Sie dann im Rollstuhl runter in den OP-Saal ..."

Weitere Informationen zur **Kommunikation mit Angehörigen** finden Sie im Kapitel „Grundlagen der Angehörigenarbeit", S. 166.

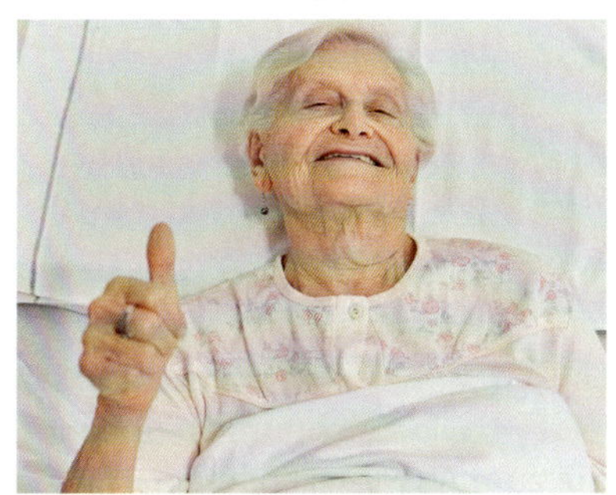

Beachten Sie bei der Informationsweitergabe außerdem Folgendes:

Als Sender/in der Informationen	Als Empfänger/in der Informationen
■ Erklären Sie schrittweise. ■ Sprechen Sie deutlich. ■ Verwenden Sie unterschiedliche Formulierungen. ■ Erwähnen Sie scheinbare Selbstverständlichkeiten. ■ Geben Sie dem/der Empfänger/in Zeit zum Verstehen. ■ Gehen Sie auf Fragen ein. ■ Schreiben Sie wichtige Informationen auf. ■ Bestehen Sie auf Feedback.	■ Haben Sie Interesse. ■ Hören Sie gut zu. ■ Lassen Sie das Gegenüber ausreden. ■ Fragen Sie nach. ■ Machen Sie sich Notizen. ■ Geben Sie konstruktives Feedback.

Nähere Informationen zum **Feedback** finden Sie im Kapitel „Soziale Kompetenz“, S. 107.

Delegation

Delegieren heißt, jemandem die Verantwortung für die Durchführung einer Aufgabe zu übertragen. Dadurch können alltägliche Aufgaben in einem Team effektiv erledigt werden und die Patientinnen/Patienten können besser versorgt werden.

effektiv = wirksam, wirkungsvoll

Die Delegation von Aufgaben ist eine Informationsweitergabe.

Beispiel

Die Stationsleitung teilt den Mitarbeiterinnen und Mitarbeitern für das Mittagessen Aufgaben zu und bestimmt,

- wer die Medikamente herrichtet,
- wer den Patientinnen und Patienten das Essen bringt und
- wer welche Patientin/welchen Patienten beim Essen unterstützt.

Aufgabenstellungen – „Informationsweitergabe“

1. Führen Sie die folgende Übung in Dreierteams durch. **Person A und B** sitzen Rücken an Rücken. **Person C** beobachtet.
   - **Person A** bekommt ein leeres Blatt Papier. **Person B** bekommt eine einfache Zeichnung.
   - **Person B** leitet nun Person A an, diese Zeichnung nachzubilden. **Person A** kann auch Fragen stellen.
   - Am Ende tauschen sich **Person A und B** darüber aus, was bei der Informationsweitergabe hilfreich und was hinderlich war. Auch **Person C** gibt über ihre Beobachtungen Rückmeldung.
   - Die Erfahrungen werden abschließend in der Klasse gesammelt.
2. Begründen Sie in der Klasse die Notwendigkeit der exakten Informationsweitergabe für Ihren zukünftigen Beruf.

Die Zeichnungen finden Sie zum Ausdrucken in der TRAUNER-DigiBox.

4.2 Vier-Seiten-Modell nach Schulz von Thun

Das Vier-Seiten-Modell nach Friedemann Schulz von Thun haben Sie bereits im Kapitel „Grundlagen der Kommunikation“ kennengelernt. Das Modell geht davon aus, dass alles, was wir sagen, und alles, was wir hören, **vier Botschaften** enthält.

Das Vier-Seiten-Modell lässt sich auch für die Kommunikation im Team nutzen.

Förderliches und hinderliches Verhalten für eine gute Kommunikation im Team

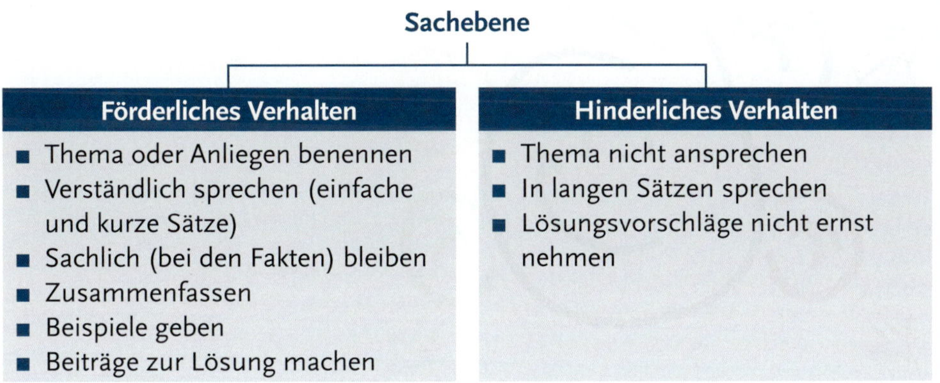

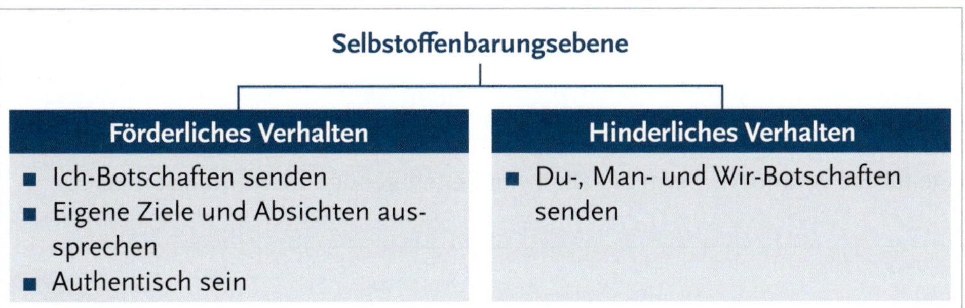

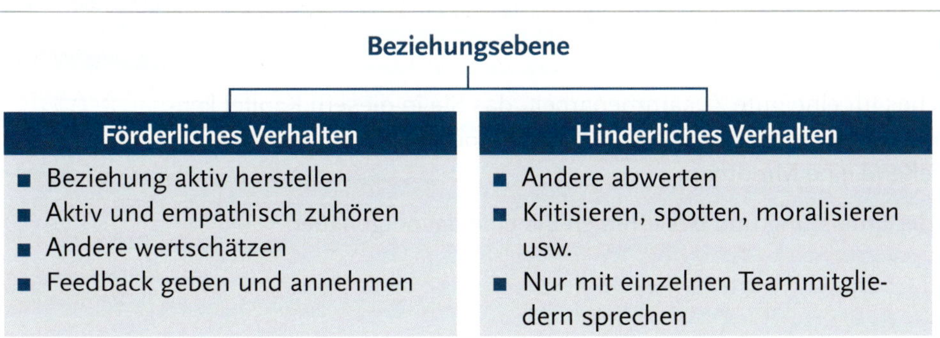

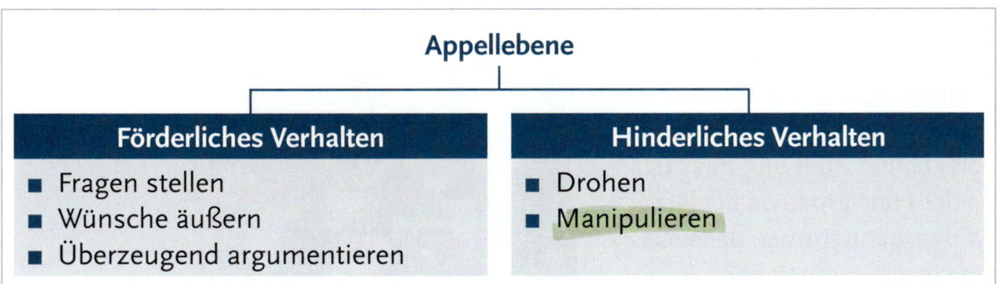

Vier-Ohren-Modell
Sachebene
Worüber (über welche Sache) wird informiert?
Selbstoffenbarungsebene
Was gibt der/die Sender/in über sich selbst preis?
Appellebene
Wozu soll das Gegenüber veranlasst werden?
Beziehungsebene
Was hält der/die Sender/in vom Gegenüber, wie stehen die Gesprächspartner/innen zueinander?

Informationen zu den **Ich-Botschaften** finden Sie im Kapitel „Konflikte und ihre Lösungen“, S. 207.

manipulieren = durch bewusste Beeinflussung in eine bestimmte Richtung lenken

Aufgabenstellung – „Vier-Seiten-Modell nach Schulz von Thun“

- Schreiben Sie eine Aussage auf, die Sie verletzt hat.

  - Formulieren Sie nun in Kleingruppen mögliche Botschaften dieser Aussage auf allen vier Ebenen (auch mehrere Möglichkeiten pro Ebene).

Sachebene

Selbstoffenbarungsebene

Appellebene

Beziehungsebene

  - Reflektieren Sie, wie sich die Aussage für Sie verändert, wenn Sie allen vier Seiten genügend Aufmerksamkeit schenken.

Ziele erreicht? – „Arbeiten im Team“

1. Sammeln Sie in Kleingruppen Hilfreiches für eine gute Zusammenarbeit, das Sie in diesem Kapitel kennengelernt haben. Das können Eigenschaften, Verhaltensweisen, Richtlinien oder Tipps für gute Teamarbeit sein. Erstellen Sie daraus anschließend eine Mindmap. 
2. Nennen Sie verschiedene Methoden der Entlastung und beschreiben Sie eine davon genauer.  
3. Stellen Sie sich die folgende Situation vor: 

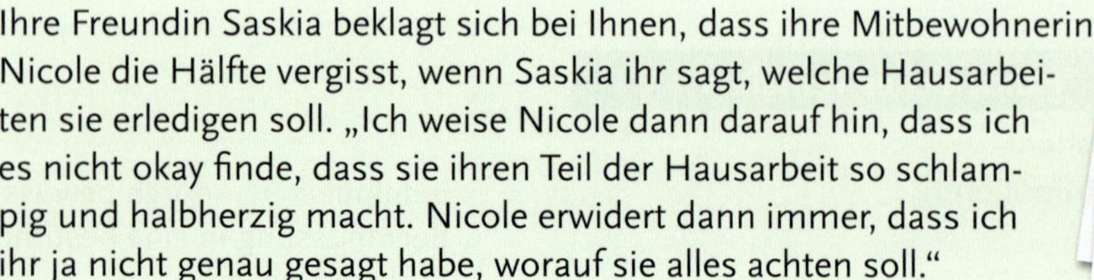
Ihre Freundin Saskia beklagt sich bei Ihnen, dass ihre Mitbewohnerin Nicole die Hälfte vergisst, wenn Saskia ihr sagt, welche Hausarbeiten sie erledigen soll. „Ich weise Nicole dann darauf hin, dass ich es nicht okay finde, dass sie ihren Teil der Hausarbeit so schlampig und halbherzig macht. Nicole erwidert dann immer, dass ich ihr ja nicht genau gesagt habe, worauf sie alles achten soll.“

Geben Sie Saskia Tipps zur Verbesserung der Informationsweitergabe.

Gewaltfreie Kommunikation

Die Art, wie wir kommunizieren, beeinflusst unsere Beziehung zu anderen Menschen. In der Pflege ist es wichtig, einen konstruktiven Kontakt zu den pflegebedürftigen Menschen herzustellen und eine unterstützende Beziehung aufzubauen.

Daher soll in diesem Kapitel eine konstruktive und beziehungsfördernde Form der Kommunikation in den Blick genommen werden: die gewaltfreie Kommunikation (GFK) nach MARSHALL B. ROSENBERG.

Meine Ziele

Nach Bearbeitung dieses Kapitels kann ich

- das Konzept der gewaltfreien Kommunikation in seinen Grundzügen erläutern;
- die Schritte der gewaltfreien Kommunikation in Gesprächssituationen anwenden;
- auf Menschen mit Empathie, Wertschätzung und Kongruenz zugehen.

1 Grundlagen und Ziele der gewaltfreien Kommunikation

Duygu wirft einen Stapel unterschiedlich gefalteter Handtücher vor Attila auf den Tisch. Attila sagt daraufhin: „Ich sehe, dass du mir gerade die Handtücher, die ich zusammenlegen sollte, auf den Tisch geworfen hast. Verstehe ich dich richtig, dass du mit meiner Erledigung der Aufgabe, die Handtücher ordentlich zu verstauen, unzufrieden bist? Ich bin irritiert von deiner Reaktion. Gerne würde ich gut mit dir zusammenarbeiten und kollegial mit dir umgehen. Ich möchte dich bitten, mir zu erklären, was dich stört oder was ich vielleicht falsch gemacht habe."

Besprechen Sie zu zweit, was Ihnen an Attilas Aussage auffällt. Machen Sie stichwortartige Notizen und tauschen Sie sich anschließend darüber in der Klasse aus.

Die **gewaltfreie Kommunikation (GFK)** im Sinne von MARSHALL B. ROSENBERG ist eine bewährte **Kommunikations- und Konfliktlösungsstrategie.** Sie ermöglicht es, konflikthafte Situationen zu beobachten und empathisch zu beschreiben.

MARSHALL B. ROSENBERG, US-amerikanischer Psychologe und Mediator (Konfliktregler) (1934–2015)

Kooperationsbereitschaft

Durch gewaltfreie Kommunikation erhöht sich die Kooperationsbereitschaft der Gesprächspartner/innen, sodass nachhaltige Problemlösungen möglich werden.

Keine Kritik und Angriffe

Gewaltfreie Kommunikation verzichtet auf alles, was beim Gegenüber als Bewertung, Kritik oder Angriff ankommen könnte. Die unterschiedlichen Sichtweisen der Beteiligten werden wahrgenommen und als gleichwertig akzeptiert. Angriffe, Vorwürfe, Kritik und sogar Beleidigungen werden nicht persönlich genommen, sondern in unerfüllte Bedürfnisse und die dazugehörigen Gefühle des Gegenübers übersetzt.

Bedürfnisse und Gefühle

Zentral ist, dass die Bedürfnisse und Gefühle hinter den Sichtweisen kommuniziert werden und sie bei der Problemlösung beachtet werden.

Ich-Botschaften

Kommuniziert wird in der GFK mit Ich-Botschaften. Dabei ist es einerseits wichtig, die Beobachtungen von den Bewertungen zu trennen, und andererseits, Bitten auszusprechen, anstatt Forderungen zu stellen. Dadurch entsteht mehr gegenseitiges Verständnis, sodass Abwehrreaktionen oder Aggressionen wegfallen können.

Ziele der GFK

- Eine ruhige Kontaktaufnahme, auf die nicht mit Verteidigung, Rückzug oder Angriff reagiert wird
- Die respektvolle Kommunikation auf Augenhöhe
- Die Fähigkeit, eigene Bedürfnisse zu äußern, ohne das Gegenüber anzugreifen
- Die Annahme der Gleichwertigkeit der Gesprächspartner/innen mit ihren unterschiedlichen Bedürfnissen
- Die Förderung von gegenseitiger Wertschätzung und Aufmerksamkeit
- Die konstruktive, faire und dauerhafte Klärung von Konflikten

Aufgabenstellung – „Grundlagen und Ziele der gewaltfreien Kommunikation"

- In der gewaltfreien Kommunikation sind empathische Reaktionen wesentlich.

a) Kreuzen Sie empathische Reaktionen auf die folgende Aussage an: „Können Sie nicht einmal pünktlich zur Arbeit erscheinen?"

a) „Ich bin ja wirklich unzuverlässig, ich muss besser auf die Arbeitszeit achten." ○ Ja ○ Nein

b) „Sie sind doch letzte Woche am Donnerstag auch zu spät gekommen!" ○ Ja ○ Nein

c) „Sie sind verärgert, weil es Ihnen wichtig ist, dass die Arbeitszeit eingehalten wird." ○ Ja ○ Nein

d) „Wer im Glashaus sitzt, sollte lieber nicht mit Steinen werfen." ○ Ja ○ Nein

e) „Ich bin jetzt genervt, weil ich einfach ein bisschen Flexibilität in der Arbeit brauche." ○ Ja ○ Nein

f) „Ok, Sie haben ja recht, das geht nicht." ○ Ja ○ Nein

g) „Sie sind enttäuscht, weil Ihnen Pünktlichkeit sehr wichtig ist." ○ Ja ○ Nein

h) „Ich bin jetzt frustriert, weil ich doch gerne meine Arbeit gut und richtig mache." ○ Ja ○ Nein

b) Tauschen Sie sich nun mit jemandem aus Ihrer Gruppe über Ihre Einschätzungen aus.

2 Die vier Schritte der gewaltfreien Kommunikation

Mit diesen vier Schritten können Menschen ihre Gefühle und Bedürfnisse ausdrücken, ohne andere zu beschuldigen, unter Druck zu setzen oder zu manipulieren.

In der gewaltfreien Kommunikation werden Konfliktsituationen in vier Schritten entschärft.

1 Die Beobachtung

Wir beobachten ohne Bewertung und beschreiben nur, was wir wahrnehmen (sehen, hören ...). Die Wahrnehmung wird nicht mit Kritik oder Schuldzuweisungen vermischt.

Beispiel
Statt „Du hast die neuen Medikamente nicht wie vereinbart besorgt", ist es besser zu sagen: „Ich kann die neuen Medikamente nirgends finden."

2 Das Gefühl

Konfliktsituationen führen bei den Beteiligten zu intensiven Gefühlen. Wenn wir diese Gefühle bei uns und den anderen wahrnehmen, erhalten wir wichtige Informationen darüber, wie die Situation gesehen wird.

Beispiel
Statt „Immer musst du mich ungerechtfertigt beschuldigen, dass ich faul bin", ist es besser zu sagen: „Ich habe den Eindruck, dass du dich über die nicht auffindbaren Medikamente ärgerst."

3 Das Bedürfnis

Hinter den Gefühlen steht meist ein verborgenes Bedürfnis. Dieses Bedürfnis muss erkannt und ausgedrückt werden. Nur so können die Gesprächspartner/innen sich die wahrgenommenen Gefühle erklären und Möglichkeiten der Konfliktlösung erkennen.

Beispiel
„Ich ärgere mich, wenn ich den Eindruck habe, dass meine Aufträge nicht ausgeführt werden, weil ich gerne von meinen Mitarbeiterinnen und Mitarbeitern respektiert werden möchte."

4 Die Bitte

Mit „Bitte" ist die einfühlsame Formulierung eines Anliegens gemeint, nicht eine zu erfüllende Forderung. Dem Gegenüber wird die Wahl gelassen, ob es die Bitte erfüllt oder nicht. Dadurch werden auch die Bedürfnisse des Gegenübers berücksichtigt.

Beispiel
„Für mich wäre es sehr hilfreich, wenn ich eine kurze Information bekommen könnte, wenn mein Auftrag erledigt worden ist."

DAS SOLLTEN SIE SPEICHERN

Gewaltfreie Kommunikation findet vor allem in konflikthaften Situationen Anwendung. Im alltäglichen Austausch machen diese Formulierungen oft wenig Sinn oder wirken sogar eigenartig.

2.1 Die Beobachtung ohne Bewertung

Häufig teilen wir nicht nur mit, welches Verhalten wir beobachten können, sondern liefern auch gleich eine Bewertung der Beobachtung mit. Das macht Kommunikation ökonomischer: Es werden nicht nur Fakten genannt, sondern diese werden auch gleich erklärt und bewertet.

Das Risiko dabei ist, dass das Gegenüber oft nicht nachvollziehen kann, wie diese Bewertungen zustande kommen. Dadurch können Missverständnisse entstehen, die sich zu Konflikten ausweiten können.

ökonomisch = sparsam, mit möglichst großem Nutzen bei möglichst geringem (Zeit-)Einsatz

Aufgabenstellungen – „Die Beobachtung ohne Bewertung"

1. Bestimmen Sie, welche der folgenden Aussagen beschreibend sind, also eine Beobachtung (1) wiedergeben, und welche eher eine Bewertung (2) sind.

Aussagen	1	2
a) „Meine Kollegin jammert immer, wenn ich mit ihr spreche."	◯	◯
b) „Mein Chef ist grundlos sauer auf mich."	◯	◯
c) „Gestern hat mein Kollege beim Dokumentieren einen Kaffee getrunken."	◯	◯
d) „Beim gestrigen Teammeeting wurde ich vom Moderator nicht nach meiner Meinung gefragt."	◯	◯
e) „Die neue Pflegemitarbeiterin arbeitet zu viel."	◯	◯
f) „Die neue Bewohnerin sitzt jeden Tag als erste beim Frühstückstisch."	◯	◯
g) „Deine neue Frisur steht dir nicht gut."	◯	◯
h) „Die Patientin trinkt während des Mittagessens nichts."	◯	◯
i) „Die Bewohnerin hat Schwierigkeiten mit ihrer Körperhygiene."	◯	◯
j) „Der Kollege ist in der letzten Woche jeden Morgen zu spät zum Dienst gekommen."	◯	◯

Tauschen Sie sich nun mit jemandem aus Ihrer Gruppe über den Unterschied zwischen Beobachtung und Bewertung aus.

2. Formulieren Sie in Dreiergruppen Beobachtungen, die Sie in Ihrer Klasse machen können.

2.2 Das Gefühl wahrnehmen und ausdrücken

Bei der Konfliktlösung ist es hilfreich, wenn wir unsere Gefühle ausdrücken können. Hierfür müssen wir sie zunächst erkennen und benennen können. Nur wenn wir unsere Gefühle erkennen, können wir in Konflikten auch unsere Verletzlichkeit zeigen, was eine Lösung der Konflikte ermöglicht.

Wenn wir unsere Gefühle nicht ernst nehmen, tun andere es auch nicht.

Aufgabenstellung – „Das Gefühl wahrnehmen und ausdrücken“

- Sie bekommen von Ihrer Lehrkraft eine Liste an Adjektiven, die Gefühle beschreiben. Die Liste finden Sie auch zum Ausdrucken in der TRAUNER-DigiBox.

  a) Kreuzen Sie auf dieser Liste alle Gefühle an, die Sie selbst schon erlebt haben.

  b) Tauschen Sie sich in Kleingruppen über die Ihnen bekannten Gefühle aus. Erläutern Sie jene Gefühle, die nicht allen bekannt sind.

  c) Erstellen Sie eine Liste an Gefühlen, die Sie kennen und die in der Aufzählung nicht enthalten sind.

Unterscheiden Sie zwischen dem, was Sie fühlen, und dem, was Sie darüber denken, wer Sie sind oder sein möchten.

2.3 Das Bedürfnis hinter den Gefühlen erkennen und akzeptieren

Was das Gegenüber sagt, ist nur ein Auslöser für das Gefühl, das dadurch in uns entsteht. Es ist aber nicht die Ursache des Gefühls. Gefühle entstehen aus unseren Bedürfnissen und Erwartungen in der Situation.

Wesentliche Grundbedürfnisse von Menschen (nach Manfred Max-Neef)

- Selbsterhalt (Schutz, Sicherheit, Verlässlichkeit)
- Liebe (Zuwendung, Nähe, Kontakt, Vertrauen, Wertschätzung)
- Verständnis (Empathie, Rücksichtnahme)
- Sinnhaftigkeit (Identität, Selbstverwirklichung)
- Aufrichtigkeit (Offenheit, Authentizität)
- Zugehörigkeit (Beteiligung, Miteinander)
- Freiheit (Selbstbestimmung, Mitbestimmung)
- Kreativität (Spiel, Ruhe, Muße)

MANFRED A. MAX-NEEF, chilenischer Ökonom deutscher Herkunft (1932–2019)

die Identität = als „Selbst“ erlebte innere Einheit einer Person

die Authentizität = das Echtsein, das Glaubwürdigsein

die Muße = freie Zeit und (innere) Ruhe, um etwas zu tun, was den eigenen Interessen entspricht

Unsere Gefühle sagen lediglich aus, wie wir auf das Gesagte reagieren wollen. Es lassen sich vier Reaktionsmöglichkeiten auf negative Äußerungen beschreiben:

Uns selbst die Schuld geben

Wenn wir uns selbst die Schuld geben, hören wir Vorwürfe und Kritik und nehmen sie persönlich.

Beispiel
Auf die Aussage „Du bist ein gefühlloser Mensch, der nur auf sich selbst schaut!“ antworten wir dann vielleicht: „Tut mir leid, ich bin oft so unsensibel.“ Damit nehmen wir die Aussage so auf und akzeptieren dieses Urteil.

Dadurch entstehen zunehmend Schuldgefühle und unser Selbstvertrauen verringert sich.

Anderen die Schuld geben

Beispiel
Auf die Aussage „Du bist ein gefühlloser Mensch, der nur auf sich selbst schaut!“ antworten wir dann z. B.: „Du hast kein Recht, so etwas zu sagen. Nur weil du selbst kein Gefühl hast, steht es dir nicht zu, andere zu beschuldigen!“ Diese Form der Entgegnung führt wahrscheinlich bei beiden Beteiligten zu Ärger.

Unsere eigenen Gefühle und Bedürfnisse wahrnehmen

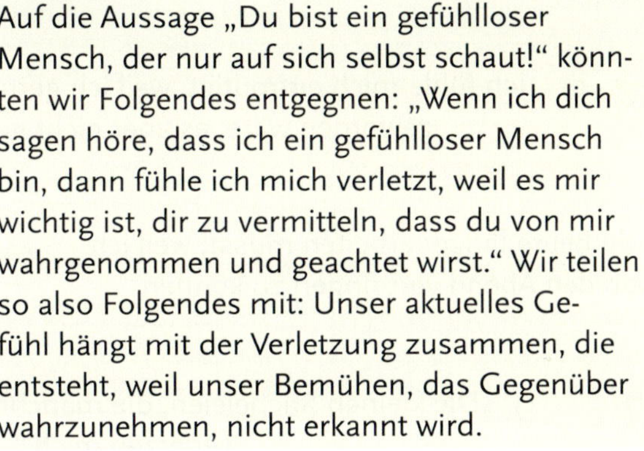

Beispiel
Auf die Aussage „Du bist ein gefühlloser Mensch, der nur auf sich selbst schaut!“ könnten wir Folgendes entgegnen: „Wenn ich dich sagen höre, dass ich ein gefühlloser Mensch bin, dann fühle ich mich verletzt, weil es mir wichtig ist, dir zu vermitteln, dass du von mir wahrgenommen und geachtet wirst.“ Wir teilen so also Folgendes mit: Unser aktuelles Gefühl hängt mit der Verletzung zusammen, die entsteht, weil unser Bemühen, das Gegenüber wahrzunehmen, nicht erkannt wird.

Statt uns selbst oder anderen Schuld zu geben, sollten wir als Reaktion auf negative Äußerungen unsere eigenen Gefühle und Bedürfnisse und die des Gegenübers wahrnehmen.

Die Gefühle und Bedürfnisse der anderen wahrnehmen

Wir können auf die Bedürfnisse und Gefühle des Gegenübers eingehen, die mit der Aussage möglicherweise zusammenhängen.

Beispiel
Dann könnte unsere Antwort auf „Du bist ein gefühlloser Mensch, der nur auf sich selbst schaut!“ sein: „Bist du verletzt, weil du für deine Anliegen mehr Interesse von mir brauchst?“

Wir verzichten hiermit darauf, dem Gegenüber die Schuld für unsere Gefühle zu geben. Stattdessen akzeptieren wir die eigene Verantwortung: Wir erkennen und achten die eigenen Bedürfnisse, Erwartungen und Wünsche und auch die des Gegenübers.

DAS SOLLTEN SIE SPEICHERN

Wenn Sie Ihre Bedürfnisse wahrnehmen und zeigen, können Konflikte gelöst werden. Sie übernehmen dabei die Verantwortung für Ihre eigenen Gefühle, aber nicht für die Gefühle anderer. Und Sie wissen, dass Sie Ihre eigenen Bedürfnisse nicht auf Kosten anderer erfüllen können.

Aufgabenstellungen – „Das Bedürfnis hinter den Gefühlen erkennen und akzeptieren"

1. **Verantwortung für die eigenen Gefühle übernehmen**

a) Kreuzen Sie jene Aussagen an, in denen die Sprecher/innen die Verantwortung für die eigenen Gefühle übernehmen.

a) „Ich bin echt frustriert, wenn du zu spät zur Übergabe kommst."

b) „Ich bin verärgert, wenn du so mit mir redest, weil ich respektiert werden möchte und die Aussagen als Beleidigung auffasse."

c) „Ich bin enttäuscht, weil du versprochen hast, die Doku zu machen, es aber nicht getan hast."

d) „Ich fühle mich entmutigt, weil ich gerne mit meiner Arbeit fertig geworden wäre, es aber nicht geschafft habe."

e) „Ich bin traurig darüber, dass du heute länger arbeiten musst, weil ich gehofft habe, mit dir gemeinsam den Abend verbringen zu können."

f) „Die kleinen Sticheleien, die manchmal gemacht werden, verletzen mich."

g) „Ich bin dankbar, dass du mich nach Hause gebracht hast, weil es mir wichtig ist, dass ich den Kindern etwas zu essen mache, wenn sie von der Schule kommen."

h) „Ich bin sehr stolz darauf, dass wir den Preis bekommen haben."

b) Entwickeln Sie nun zu zweit Formulierungen, mit denen Sie ausdrücken können, dass Sie die Verantwortung für Ihre Gefühle übernehmen.

2. Wertschätzung erhalten wir von anderen und auch von uns selbst. Häufig können wir allerdings die Wertschätzung von außen nicht erkennen. Dann ist es besonders wichtig, unser Handeln selbst wertzuschätzen.

Ergänzen Sie den folgenden Satz mit dem Beispiel einer Ihrer Handlungen aus den letzten Tagen:

Wenn ich bemerke oder mich daran erinnere, dass ich ______________________

____

getan/gesagt habe, dann empfinde ich/fühle ich mich ______________________,

weil mein Bedürfnis nach ______________________

____

erfüllt ist/wird.

2.4 Die motivierende Bitte

Eine Bitte findet beim Gegenüber mehr Gehör als eine Forderung. Denn mit einer Bitte wird auch das Bedürfnis des Gegenübers nach Selbstbestimmung berücksichtigt. Mit einer Bitte laden Sie das Gegenüber dazu ein, das damit kommunizierte Bedürfnis ernsthaft zu bedenken und der Bitte auch nachzukommen.

Durch eine Forderung wird häufig Widerstand hervorgerufen.

DAS SOLLTEN SIE SPEICHERN

Wichtig beim Äußern von Bitten ist, dass die Bedürfnisse beider Seiten berücksichtigt werden. So entstehen Lösungen, die für alle passend und zufriedenstellend sind.

Bitten beinhalten für das Gegenüber immer auch die Möglichkeit, sie abzulehnen, ohne dass dies negative Auswirkungen nach sich zieht.

Beachten Sie bei der Formulierung von motivierenden Bitten Folgendes:

- Formulieren Sie positiv: Sagen Sie, was Sie möchten, anstatt, was Sie nicht möchten.

Beispiel

„Ich möchte dich bitten, heute die Medikamente der Bewohner/innen bis 16 Uhr einzusortieren, damit wir sie vor dem Essen ausgeben können."

- Beschreiben Sie in Ihrer Bitte eine konkrete Situation, keine unklaren, allgemeinen Anliegen.

Beispiel

„Bitte sage mir bis morgen Mittag, wann du nächsten Monat freihaben willst, damit ich den Dienstplan fertig machen kann."

- Benennen Sie ein konkretes, beobachtbares Verhalten, anstatt zu erklären, wie eine Person sein oder fühlen soll.

Beispiel

„Ich bitte dich, anzuklopfen, bevor du die Zimmer der Patientinnen und Patienten betrittst."

- Die Umsetzung Ihrer Bitte soll hier und jetzt überprüfbar sein.

Eine motivierende Bitte ist konkret machbar und es ist möglich zu überprüfen, ob sie erfüllt wird oder nicht.

Beispiel

„Ich möchte jetzt mit dir gemeinsam ausprobieren, wie dieser Verband angelegt werden kann. Passt das für dich?"

DAS SOLLTEN SIE SPEICHERN

Es ist nicht das Ziel der GFK, das Gegenüber und sein Verhalten zu ändern und den eigenen Willen durchzusetzen. Vielmehr zielt die GFK darauf ab, Beziehungen aufzubauen, die auf Empathie basieren, sodass die Bedürfnisse jeder einzelnen Person erfüllt werden können.

Aufgabenstellung – „Die motivierende Bitte“

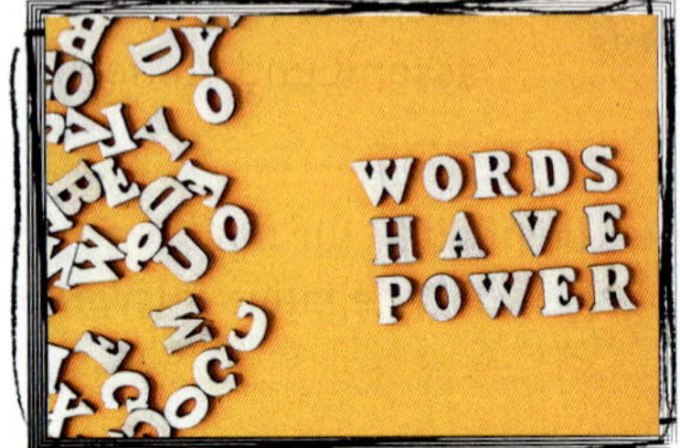

- Formulieren Sie die folgenden Aussagen in motivierende Bitten um. Berücksichtigen Sie dabei die oben genannten Kriterien.
  a) „Arbeiten Sie verantwortungsvoll!“

  b) „Sei doch bitte rücksichtsvoller!“

  c) „Jetzt hör mir doch bitte endlich zu!“

  d) „Könntest du bitte deine Arbeit weniger schlampig erledigen?“

  e) „Fühle dich hier einfach wie zu Hause.“

Ziele erreicht? – „Gewaltfreie Kommunikation“

1. Nennen Sie Ziele der gewaltfreien Kommunikation.

2. Zählen Sie die vier Schritte der gewaltfreien Kommunikation auf.

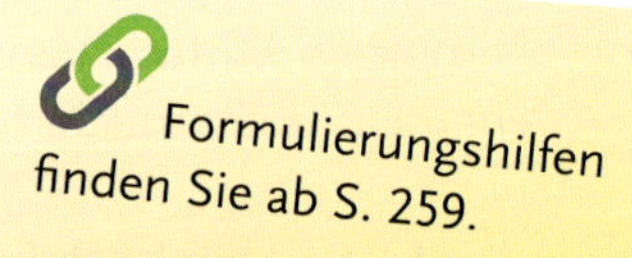

3. **Gefühle**

   a) Erläutern Sie die Notwendigkeit, Gefühle benennen zu können.

   b) Die folgenden Aussagen drücken teilweise Gefühle und teilweise Gedanken, Interpretationen, Vergleiche etc. aus. Kreuzen Sie jene Aussagen an, in denen Sie etwas über die Gefühle der Sprecherin/des Sprechers erfahren.

a) „Ich werde das Gefühl nicht los, von dir benutzt zu werden.“	◯
b) „Ich fühle mich gestresst mit dem Berg an Arbeit vor mir.“	◯
c) „Ich spüre ganz deutlich, dass bei dir irgendetwas los ist.“	◯
d) „Nach unserer Unterhaltung spüre ich bei mir eine große Enttäuschung.“	◯
e) „Ich fühle mich vom Team im Stich gelassen.“	◯
f) „Ich bin so froh, dass du auf mich wartest.“	◯
g) „Für mein Gefühl liegst du mit deiner Einschätzung komplett falsch.“	◯
h) „Ich fürchte mich vor der Prüfung morgen.“	◯
i) „Ich habe das Gefühl, als wäre ich überrollt worden.“	◯

j) „Ich freue mich sehr über das Geschenk von dir.“ ◯

k) „Ich habe das Gefühl, dass du mir nicht die Wahrheit sagst.“ ◯

l) „Ich hoffe, dass es auf der Party etwas Gutes zu essen gibt.“ ◯

m) „Ich spüre deutlich, dass du dich nicht wohl in deiner Haut fühlst.“ ◯

n) „Hier auf der Station fühle ich mich völlig unwichtig.“ ◯

o) „Ich bin echt verärgert.“ ◯

p) „Ich fühle mich, als hätte mich ein wilder Affe gebissen.“ ◯

q) „Ich mache mir Sorgen über die Zukunft.“ ◯

r) „Ich bin neugierig auf die neue Kollegin.“ ◯

s) „Ich habe das Gefühl, dass ich im Team akzeptiert werde.“ ◯

t) „Es berührt mich, dass du mir das erzählst.“ ◯

c) Schlagen Sie Gefühle vor, die hinter den folgenden Aussagen bei den Personen vorhanden sein könnten.

a) „Ich habe das Gefühl, der Kollege spielt sich ziemlich wichtig auf.“ ____________

b) „Ich fühle mich von allen nur ausgenutzt.“ ____________

c) „Ich fühle mich völlig ungeeignet für den Job.“ ____________

d) „Ich habe das Gefühl, alles falsch zu machen.“ ____________

e) „Ich habe das Gefühl, von allen übersehen zu werden.“ ____________

f) „Ich habe das Gefühl, dass hier einiges ziemlich schiefläuft.“ ____________

g) „Ich habe das Gefühl, dass rundherum enormer Druck gemacht wird.“ ____________

4. Bedürfnisse

a) Zählen Sie wesentliche Grundbedürfnisse des Menschen auf.

b) Nennen Sie die vier Reaktionsmöglichkeiten auf negative Äußerungen.

5. Geben Sie vier Tipps zum Formulieren motivierender Bitten.

6. Formulieren Sie Antworten, die Sie in den folgenden Situationen im Sinne der gewaltfreien Kommunikation geben würden. Beachten Sie dabei, dass Sie einen Kontakt auf Augenhöhe anstreben und die schwierigen Situationen im Sinne einer Win-win-Lösung gestalten wollen.

die Win-win-Lösung = Lösung, die für alle Beteiligten Vorteile bietet

Übung nach I. Holler

1. Sie stehen mit einer dunkelhäutigen Kollegin beim Bäcker an. Als ihre Kollegin an die Reihe kommt, sagt der Verkäufer plötzlich „Was du wollen?“, obwohl er vorher mit den anderen fließend Deutsch gesprochen hat. Ihnen gefällt das nicht und Sie sprechen den Verkäufer darauf an:

2. Sie sind in der Teambesprechung von einer Kollegin nun zum vierten Mal unterbrochen worden. Jetzt ist es Ihnen genug und Sie sprechen es an:

3. Sie warten schon eine Weile in einer Schlange an der Kasse eher am Ende. Plötzlich kommt jemand und versucht sich unauffällig ganz vorne in die Schlange einzureihen. Ihnen passt das gar nicht, da Sie ohnehin unter Zeitdruck sind, und Sie sprechen die Person darauf an:

4. Sie und Ihr/e Freund/in haben sich trotz Verabredung nun schon dreimal verpasst. Bei der nächsten Verabredung möchten Sie sicherstellen, dass Sie beide sich am verabredeten Ort und zur verabredeten Zeit treffen. Das teilen Sie Ihrer Freundin/Ihrem Freund mit:

7. Rufen Sie sich eine erlebte Situation mit einer anderen Person aus der jüngsten Vergangenheit in Erinnerung. Versetzen Sie sich in dieser Situation in Ihr Gegenüber hinein und vervollständigen Sie die folgende Aussage, die Sie an die Person richten.

„Wenn Sie sagen/tun/denken ______

fühlen Sie sich ______,

weil Ihr Bedürfnis nach ______ nicht erfüllt ist/

weil Ihnen wichtig ist ______/

weil Sie ______ brauchen.

Deshalb haben Sie die Bitte, dass ______

______?“

Sie vermuten, dass es diese Bitte ist, ohne dass das heißt, dass Sie sie erfüllen wollen.

IV In Vielfalt kommunizieren

Sie finden

Diversität

In unserer Gesellschaft leben Menschen zusammen, die sich in vielfacher Hinsicht voneinander unterscheiden und ganz unterschiedliche Lebenshintergründe haben. Im beruflichen Alltag ist die Vielfältigkeit der Menschen, mit denen Sie zu tun haben, vermutlich noch wesentlich größer als in Ihrem Privatleben.

Diese Vielfalt der Arbeitskolleginnen und -kollegen sowie Klientinnen und Klienten erstreckt sich über zahlreiche Diversitätsdimensionen, die sowohl kulturelle als auch soziale Faktoren umfassen. Für Pflegekräfte ist es von entscheidender Bedeutung, ein Verständnis für Diversität zu entwickeln, um eine angemessene und qualitativ hochwertige Pflege zu gewährleisten.

Meine Ziele

Nach Bearbeitung dieses Kapitels kann ich

- verschiedene Dimensionen von Diversität nennen;
- den Zusammenhang zwischen sozialer Herkunft und Gesundheit erläutern;
- meine Identität in Bezug auf verschiedene Dimensionen von Diversität reflektieren;
- die Wichtigkeit eines Bewusstseins für Diversität in der Pflege erörtern.

1 Dimensionen von Diversität

Unter dem Begriff **Diversität** versteht man individuelle, soziale und strukturelle Unterschiede von Personen oder Personengruppen in der Gesellschaft.

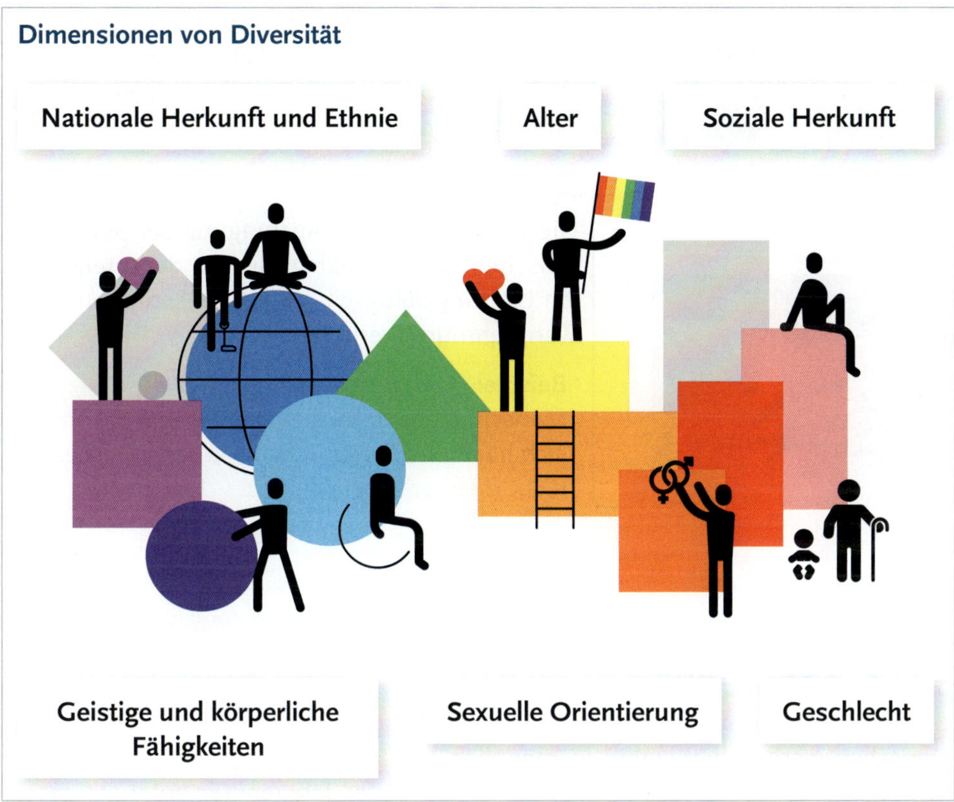

Diversität bedeutet Vielfalt und bezeichnet Unterschiede und Gemeinsamkeiten von Menschen und Gruppen.

2 Alter

In den Sozialwissenschaften wird der Begriff Alter in drei Dimensionen unterteilt, die in ihren Grenzbereichen ineinander übergehen können.

Drei Dimensionen des Alters

Biologisches Alter
Dieses bezieht sich auf den körperlichen Gesundheitszustand.

Beispiel
Der menschliche Körper nutzt sich im Laufe des Lebens ab. Je älter der Mensch wird, desto größere Probleme können z. B. die Knie- und Hüftgelenke oder die Bandscheiben machen.

Soziales Alter
Dieses beschreibt soziokulturelle Werte, die einer Altersgruppe zugeschrieben werden, und Rollenerwartungen, die an sie gestellt werden.

Beispiel
Bei älteren Menschen geht die Gesellschaft davon aus, dass sie mehr Lebenserfahrung haben und besonnener Entscheidungen treffen als Jugendliche.

Psychologisches Alter
Dieses hängt von der Ausprägung der psychomotorischen Funktionsfähigkeit, von der intellektuellen Leistungsfähigkeit, vom Gedächtnis und vom Wahrnehmungsvermögen ab.

Beispiel
Menschen, die an Alzheimer erkranken, können sich häufig an Ereignisse, die kurz zurückliegen, nicht mehr erinnern.

3 Geschlecht

Menschen werden gemeinhin in **männlich** und **weiblich** eingeteilt. Diese strikte Zweiteilung der Geschlechter ist jedoch in den letzten Jahrzehnten aufgrund gesellschaftlicher Bewegungen und wissenschaftlicher Erkenntnisse immer öfter infrage gestellt worden.

Abgesehen vom **biologischen Geschlecht** – erkennbar durch körperliche Merkmale – sind auch **traditionelle Rollenbilder** prägend für die Zweiteilung der Geschlechter.

Biologisches und soziales Geschlecht

Biologisches Geschlecht (sex)

Das biologische Geschlecht (engl. *sex*) ist an körperlichen Merkmalen erkennbar.

Beispiele
- Konstanze wurde mit einer Vagina geboren. Ihr biologisches Geschlecht ist weiblich.
- Armin wurde mit einem Penis geboren. Sein biologisches Geschlecht ist männlich.

Soziales Geschlecht (gender)

Das soziale Geschlecht (engl. *gender*) bezeichnet das gelebte und gefühlte Geschlecht.

Beispiel
Christoph wurde mit einem Penis geboren. Er ist in biologischer Hinsicht ein Mann. Er fühlt sich jedoch seit seiner Kindheit als Frau und lebt als Erwachsener sein soziales Geschlecht auch aus, indem er z. B. Frauenkleider trägt und sich als Carmen vorstellt.

Oftmals wird automatisch vom biologischen Geschlecht auf persönliche Eigenschaften geschlossen. Häufig wird die Meinung vertreten, dass es rein männliche oder weibliche Eigenschaften gebe, die dementsprechend nur von Männern oder Frauen angenommen werden sollen.

Aufgabenstellungen – „Geschlecht"

1. Typisch männlich, typisch weiblich?

a) Erstellen Sie in Kleingruppen eine Liste an Charaktereigenschaften und Verhaltensweisen, die traditionell vorrangig Männern bzw. Frauen zugeschrieben werden.

b) Überprüfen Sie anschließend,

- ob diese Zuschreibungen aufgrund des biologischen oder des sozialen Geschlechts erfolgen.
- ob diese Zuschreibungen den realen Bedingungen in der Gesellschaft entsprechen.

2. Recherchieren Sie(,) ...

a) den Unterschied zwischen den Bezeichnungen „intergeschlechtlich" und „nicht binär".

b) die Begriffe „Transsexualität" und „Intersexualität".

c) welche Bedingungen erfüllt sein müssen, dass eine Person in Österreich rechtlich dem sogenannten dritten Geschlecht zugeordnet werden kann.

4 Sexuelle Orientierung

Die **sexuelle Orientierung** einer Person beschreibt, **welches Geschlecht** oder welche Geschlechter sie **sexuell anziehend** findet. Es gibt viele unterschiedliche Begriffe, die Menschen benutzen, um ihre sexuelle Orientierung zu beschreiben. Einige davon finden Sie in der folgenden Tabelle:

Sexuelle Orientierung	Beschreibung
Asexuell	Menschen, die sich zu niemandem sexuell hingezogen fühlen und/oder keinen Sex wollen, bezeichnen sich als asexuell.
Bisexuell	Bisexuelle Menschen fühlen sich zu Männern und Frauen sexuell hingezogen.
Heterosexuell	Heterosexuelle Personen fühlen sich zu Personen des anderen Geschlechts sexuell hingezogen.
Homosexuell	Homosexuelle Menschen fühlen sich zu Menschen ihres eigenen Geschlechts sexuell hingezogen.
Pansexuell	Als pansexuell bezeichnen sich Menschen, die sich zu anderen Menschen unabhängig von deren Geschlecht hingezogen fühlen.

Aufgabenstellungen – „Sexuelle Orientierung“

1. Recherchieren Sie weitere Bezeichnungen sexueller Orientierung sowie deren Bedeutung und ergänzen Sie die Tabelle auf S. 149.
2. Lesen Sie die folgende Grafik und bearbeiten Sie anschließend die Aufgabenstellung.

Frage: Wie, wenn überhaupt, identifizieren Sie sich?

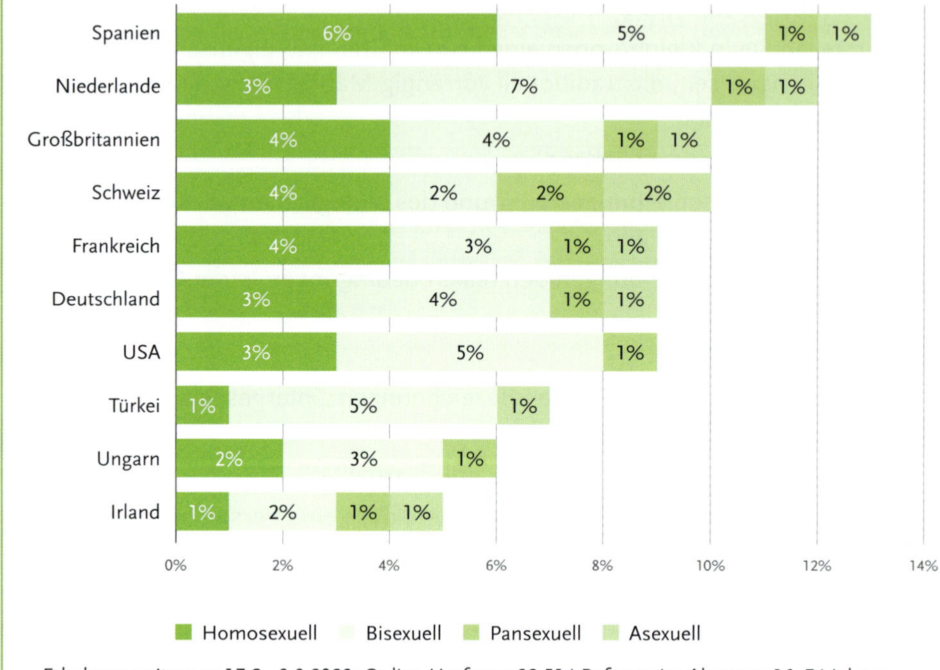

Erhebungszeitraum: 17.2.–3.3.2023; Online-Umfrage; 22.514 Befragte im Alter von 16–74 Jahren

Quelle: Statista 2023

Besprechen Sie die Grafik in Kleingruppen und geben Sie mögliche Gründe für die Unterschiede der Zahlen in den verschiedenen Ländern an.

5 Soziale Herkunft

der sozioökonomische Status = Begriff aus den Sozialwissenschaften, der u. a. folgende Merkmale menschlicher Lebensumstände umfasst: Schulabschluss, Ausbildung, Beruf, Einkommen, Wohnort, Kreditwürdigkeit

Die Dimension der sozialen Herkunft wird unter anderem durch den **sozioökonomischen Status der Familie,** in der man aufwächst, bestimmt.

Statistiken zeigen, dass die soziale Herkunft starken Einfluss auf **Bildungs- und Arbeitsmarktchancen** hat. Sie bestimmt auch entscheidend mit, welche Chancen Personen auf **Wohlstand** und **gesellschaftliche Macht** haben.

Auch auf die **Gesundheit** wirkt sich die soziale Herkunft aus: Kinder und Jugendliche aus Elternhäusern mit niedrigerem sozioökonomischem Status haben schlechtere Chancen, gesund aufzuwachsen. Sie haben öfter psychische Probleme. Sie treiben auch seltener Sport, ernähren sich ungesünder und sind häufiger übergewichtig. Ein niedriger sozioökonomischer Status geht nachweislich mit einer verringerten Lebenserwartung einher.

Aufgabenstellung – „Soziale Herkunft“

- Zu einer besonders vulnerablen Gruppe gehören Kinder und Jugendliche mit einem niedrigen Sozialstatus.

  Lesen Sie die folgende Grafik und bearbeiten Sie anschließend die Aufgabenstellungen in Kleingruppen.

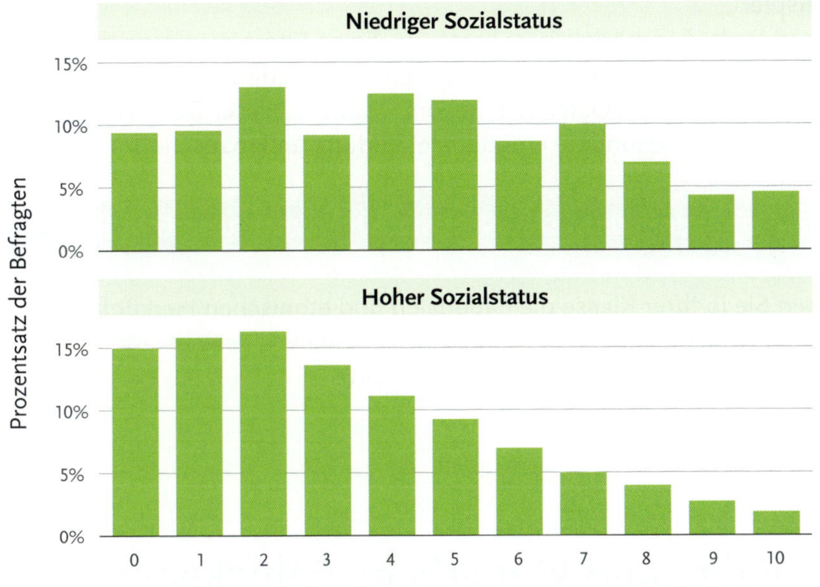

Erhebungszeitraum: Schuljahr 2022/2023; Online-Umfrage; 14.702 Befragte im Alter von 10–15 Jahren

Quelle: Präventionsradar 2023

a) Analysieren Sie die Grafik und arbeiten Sie das Ergebnis der Umfrage heraus.

b) Geben Sie mögliche Gründe für das Ergebnis dieser Umfrage an.

vulnerabel = verletzlich, gefährdet, krankheitsanfällig

6 Nationale Herkunft und Ethnie

Die **nationale Herkunft** einer Person bezieht sich auf ihre rechtliche nationale Zugehörigkeit im Sinne einer **Staatsbürgerschaft.**

Als **Ethnie** bezeichnet man eine Gruppe von Menschen, die durch eine gemeinsame Geschichte, geografische Herkunft, Kultur, Religion, Tradition und Sprache miteinander verbunden sind. Ethnizität ist die individuell empfundene Zugehörigkeit zu einer Ethnie. Sie entwickelt sich abhängig vom Umfeld, von der Zeit und den gesellschaftlichen, wirtschaftlichen und individuellen Möglichkeiten.

die Ethnie = Volksgruppe

Informationen zur **kultursensiblen Beziehungsgestaltung und Kommunikation** erhalten Sie im Kapitel „Kultursensibles pflegerisches Handeln“, S. 184.

DAS SOLLTEN SIE SPEICHERN

Ethnizität ist ähnlich wie Gender ein soziales Konstrukt.

Die ethnische und die nationale Zugehörigkeit einer Person müssen nicht zwingend ident sein.

Beispiel

Mirkos nationale Zugehörigkeit ist kroatisch. Seine Eltern stammen aus Kroatien und er hat wie sie die kroatische Staatsbürgerschaft. Ethnisch fühlt er sich aber als Österreicher. Er ist in Österreich geboren, spricht besser Deutsch als Kroatisch und hat keine besondere emotionale Bindung an kroatische Traditionen.

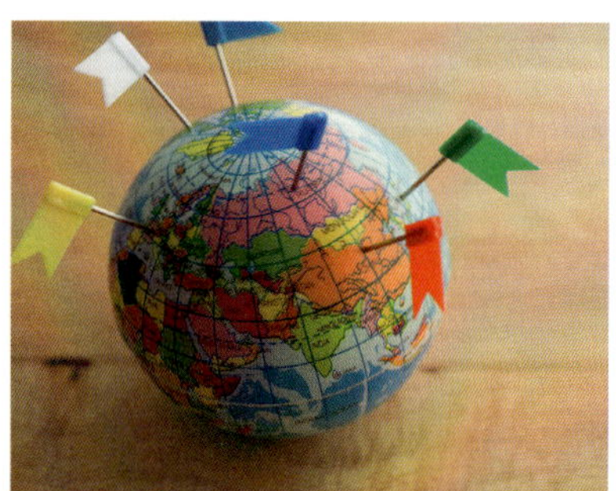

Aufgabenstellung – „Nationale Herkunft und Ethnie“

- Erheben Sie in Ihrer Klasse die nationalen und ethnischen Herkünfte aller Mitschüler/innen. Nutzen Sie dafür gegebenenfalls eine Weltkarte und markieren Sie die unterschiedlichen Herkunftsorte.

7 Geistige und körperliche Fähigkeiten

Menschen unterscheiden sich in ihren geistigen und körperlichen Fähigkeiten und Bedürfnissen. Jeder Mensch soll in der Lage sein, ein selbstbestimmtes Leben zu führen. Dies soll unabhängig davon möglich sein, welche körperlichen bzw. geistigen Einschränkungen oder besonderen Begabungen dieser Mensch aufweist.

die Barriere = Hindernis

die Partizipation = das Beteiligtsein, die Teilhabe

WHO (World Health Organization) = Weltgesundheitsorganisation

Behinderung wird nicht mehr ausschließlich als **körperliche und geistige Beeinträchtigung** gesehen, sondern auch als **Folge gedanklicher Barrieren.** Eine Beeinträchtigung der Körperfunktion ist kein ausschließlich biologisches Problem: Häufig sind es vielmehr gesellschaftlich bedingte Einschränkungen, die die Möglichkeiten zur Partizipation und Aktivität beeinträchtigen. Die WHO unterscheidet in diesem Zusammenhang drei Begriffe:

Definitionen der WHO

Schädigung (impairment)	Beeinträchtigung (disability)	Behinderung (handicap)
Mängel oder Abnormitäten der psychologischen oder physiologischen Funktionen und der Strukturen des Körpers	Funktionsbeeinträchtigung aufgrund von Schädigungen, die typische Alltagssituationen behindern oder unmöglich machen	Nachteile, die sich für die Person aufgrund ihrer Schädigung oder Beeinträchtigung ergeben
Beispiel Tara ist querschnittgelähmt.	**Beispiel** Tara kann aufgrund ihrer Querschnittlähmung nicht gehen und ist zur Fortbewegung auf ihren Rollstuhl angewiesen.	**Beispiel** Weil der Aufzug zur U-Bahn außer Betrieb ist und es keine Rampe gibt, kann Tara die U-Bahn nicht benützen.

Aufgabenstellung – „Geistige und körperliche Fähigkeiten“

- Diskutieren Sie in der Klasse die folgende Aussage:
  „Wir sind nicht behindert, wir werden behindert.“

Formulierungshilfen, die Sie sprachlich bei der Erarbeitung der Aufgabenstellungen unterstützen, finden Sie ab S. 259.

Ziele erreicht? – „Diversität“

KOMPETENZ-ERWERB

1. Definieren Sie den Begriff Diversität.

2. Bestimmen Sie die jeweilige Dimension von Diversität, die in den folgenden Beispielen berücksichtigt wird.

1. Ein Software-Unternehmen stellt eine blinde Programmiererin ein und sorgt dafür, dass ihr Arbeitsplatz barrierefrei ist.

2. Ein Tech-Unternehmen startet ein Mentoring-Programm, um den Frauenanteil in Führungspositionen zu erhöhen.

3. Auf der onkologischen Station arbeitet Anna, 58, seit 30 Jahren, während ihr Kollege Tim, 24, gerade seine Ausbildung abgeschlossen hat. Beide bringen unterschiedliche Perspektiven und Erfahrungen ein.

4. Lea sitzt im Rollstuhl, nimmt aber dennoch aktiv am Schulsport teil.

5. Emre, dessen Eltern aus der Türkei stammen, feiert sowohl das Zuckerfest als auch Weihnachten mit seinen österreichischen Freunden.

6. Lukas spricht in der Schule offen darüber, dass er sich sowohl zu Buben als auch zu Mädchen hingezogen fühlt.

7. Ein Krankenhaus bietet interkulturelle Trainings an, um das Bewusstsein für Rassismus und Diskriminierung am Arbeitsplatz und im Umgang mit den Patientinnen und Patienten zu erhöhen.

interkulturell = die Beziehungen zwischen verschiedenen Kulturen betreffend

3. Reflektieren Sie Ihre eigene Identität und Ihre Erfahrungen im Zusammenhang mit den Dimensionen von Diversität. Gehen Sie dabei nach der Anleitung zur professionellen Reflexion von S. 26 vor.

4. Bilden Sie Kleingruppen, wählen Sie einen Pflegebereich (Altenpflege, Krankenhaus, Behindertenpflege etc.) und diskutieren Sie die Vorteile, die ein besseres Verständnis von Diversität in diesem Pflegebereich bringen kann.

Kommunikation und Beziehungsgestaltung mit beeinträchtigten Menschen

In manchen Bundesländern werden die Klientinnen und Klienten auch als Kundinnen und Kunden bezeichnet. Die Begrifflichkeiten sind österreichweit nicht einheitlich.
In diesem Buch werden daher stets die Begriffe Klientinnen und Klienten verwendet.

Beziehung und Kommunikation sind eng miteinander verbunden. Eine positive Beziehung zu den Klientinnen und Klienten setzt einen Umgang auf Augenhöhe voraus. In der Betreuung von Menschen mit Beeinträchtigung ist jedenfalls eine klare, offene und wertschätzende Kommunikation wesentlich für eine gelungene Beziehung.

Was Sie bei der Kommunikation mit beeinträchtigten Menschen beachten sollten, erfahren Sie im folgenden Kapitel. Außerdem beschäftigen Sie sich mit Bindungsmustern und der menschlichen Entwicklung, die in der Beziehung mit beeinträchtigten Personen eine wichtige Rolle spielen.

Meine Ziele

Nach Bearbeitung dieses Kapitels kann ich

- Grundhaltungen in der Kommunikation mit beeinträchtigten Menschen beschreiben;
- die Entwicklung des Menschen beschreiben;
- verschiedene Bindungsmuster erkennen und bei der Beziehungsgestaltung berücksichtigen;
- den Einfluss einer wertschätzenden, empathischen und kongruenten Kommunikation auf das Empfinden pflegebedürftiger Menschen nachvollziehen.

1 Kommunikation mit beeinträchtigten Menschen

Attilas Klientin, Frau Pratsch, hat eine chronische Erkrankung, die sich stetig verschlechtert und mit der sie zunehmend hadert. Das wirkt sich so aus, dass sie mit der Pflege immer unzufriedener wird und den Pflegekräften ständig Vorwürfe macht. Attila ist sehr einfühlsam, hört Frau Pratsch geduldig zu und nimmt Anschuldigungen nicht persönlich. Frau Pratsch fällt es schwer, Hilfe anzunehmen und über ihre Sorgen und Probleme zu reden. Attila nimmt sich Zeit und ermuntert Frau Pratsch zum Reden.

Wie gut gelingt es Ihnen, Vorwürfe von Klientinnen und Klienten nicht persönlich zu nehmen und auch mit unzufriedenen pflegebedürftigen Personen einen wertschätzenden und freundlichen Umgang zu haben? Besprechen Sie sich zu zweit.

In der Kommunikation mit beeinträchtigten Menschen läuft manches anders ab als in der alltäglichen Kommunikation mit nichtbeeinträchtigten Personen. Dabei spielt es eine Rolle, um welche **Art der Beeinträchtigung** es sich handelt:

Zur Unterstützten Kommunikation finden Sie Informationen in der TRAUNER-DigiBox.

kognitiv = geistig, verstandesmäßig, die Wahrnehmung und das Denken betreffend

Dementsprechend ist auch die **Art und Weise der Kommunikation** zu wählen.

Beispiel

Bei einem Menschen mit einer kognitiven Beeinträchtigung verwenden Sie eine einfache Sprache ohne Fremdwörter. Bilden Sie nur kurze Sätze. Wiederholen Sie wichtige Aussagen.

In Ihrem Beruf werden Sie mit Klientinnen und Klienten arbeiten, die nicht sprechen können. Sie müssen mit ihnen nonverbal kommunizieren. Hierbei ist zu beachten, dass es bei Kommunikation ohne verbale Anteile leichter zu Missverständnissen kommt.

Zur **nonverbalen Kommunikation** finden Sie umfassende Informationen im Kapitel „Interaktion und Kommunikation", S. 13.

Beispiel

Herr Kloiber, der bei einer bestimmten Pflegetätigkeit überfordert ist, streicht mit seinem Finger quer über seinen Hals. Die Pflegerin Saskia versteht diese Geste als Gewaltandrohung. Herr Kloiber hingegen sendet die Information, dass ihm alles zu viel wird.

Grundhaltungen in der Kommunikation mit beeinträchtigten Menschen

DAS SOLLTEN SIE SPEICHERN

Generell ist immer eine wertschätzende und professionelle Haltung gegenüber Klientinnen und Klienten erforderlich.

Achten Sie dabei besonders auf die folgenden Grundhaltungen:

Sicherheit fördern

Geben Sie Ihren Klientinnen und Klienten Sicherheit, indem Sie stets emotional präsent sind.

Rahmen schaffen

Halten Sie Vereinbarungen ein. Die Klientinnen und Klienten sollen sich darauf verlassen können.

Achtsamkeit bewahren

- Achten Sie auf nonverbale Äußerungen der Klientinnen und Klienten.
- Gehen Sie achtsam mit vertraulichen Informationen um.

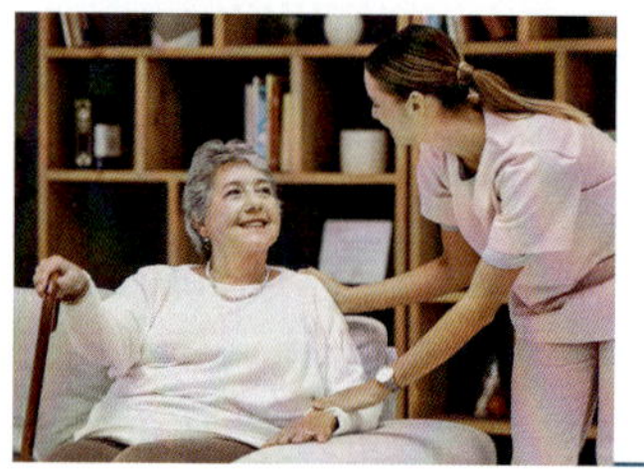

Bleiben Sie trotzdem kongruent und authentisch.

Freundlichkeit behalten

Bleiben Sie auch bei Beleidigungen oder Gefühlsausbrüchen der Klientinnen oder Klienten freundlich (professionelle Grundhaltung wahren) und nehmen Sie Beleidigungen nicht persönlich.

der Affekt = heftiges Gefühl, starke Aufgeregtheit

regulieren = steuern, regeln

Vermeiden Sie moralische Urteile und Vergleiche!

Affekte regulieren

Eigene Affekte und die der Klientinnen und Klienten zu regulieren, kann für eine stabile Beziehung nützlich sein. Dabei ist es wichtig,

- Affekte zu **erkennen** (Klient/in ist wütend, traurig, ängstlich etc.),
- Affekte zu **verstehen** (Warum ist der/die Klient/in wütend, traurig etc.? Was will sie/er mit ihrem/seinem Verhalten ausdrücken?),
- Affekte zu **regulieren** (Braucht der/die Klient/in Trost, Beruhigung, Aufmerksamkeit etc.?) und
- Affekte zu **integrieren** (zulassen, auch wenn Sie sie nicht nachvollziehen können).

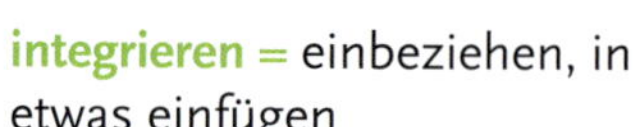

integrieren = einbeziehen, in etwas einfügen

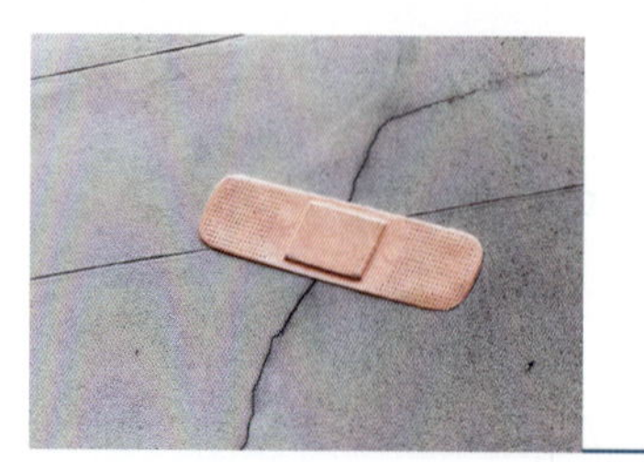

Brüche reparieren

Als Pflegekraft werden Sie nicht immer klar erkennen, was zu einer Unstimmigkeit oder sogar zu einem Bruch in der Beziehung geführt hat. Es ist aber wichtig, diese „Bruchstelle" zu thematisieren und den Bruch zu reparieren.

Achtung: Es geht dabei nicht um Schuldzuweisungen. Schuldfragen sind Machtfragen und dürfen keine Rolle spielen!

Aufgabenstellung – „Grundhaltungen“

- Reflektieren Sie in der Gruppe Alltagssituationen, in denen die beschriebenen Grundhaltungen wichtig waren. Die folgenden Fragen können Ihnen als Hilfestellung dienen:
  - Haben Sie sich dabei professionell verhalten?
  - Was ist hilfreich, um ruhig zu bleiben?
  - Wie können Sie Schuldzuweisungen vermeiden?

2 Beziehungsgestaltung

Laut dem Vier-Seiten-Modell von FRIEDEMANN SCHULZ VON THUN enthält jede Nachricht auch eine Definition der Beziehung zwischen Sender/in und Empfänger/in.

Das **Vier-Seiten-Modell** haben Sie bereits im Kapitel „Grundlagen der Kommunikation“, S. 39, kennengelernt.

DAS SOLLTEN SIE SPEICHERN

Jede Form der Kommunikation kann daher auch als ein Beziehungsangebot betrachtet werden.

Je nachdem, wie die Botschaften kommuniziert und verstanden werden, kann das Beziehungsangebot entweder **Nähe oder Distanz** zum Gegenüber herstellen. Gesteuert kann dies von der Senderin/vom Sender werden, indem sie/er auf Augenhöhe, von oben herab (Überheblichkeit) oder von unten herauf (Unterwürfigkeit) kommuniziert.

Der Unterschied zwischen **hierarchischer und symmetrischer Kommunikation** wurde im Kapitel „Grundlagen der Kommunikation“, S. 37, besprochen.

Der/Die Empfänger/in eines Beziehungsangebotes kann nun auf unterschiedliche Arten darauf reagieren und damit selbst die Beziehungsdefinition mitgestalten:

Detaillierte Informationen zu unterschiedlichen Kommunikationsstilen finden Sie in der TRAUNER-DigiBox.

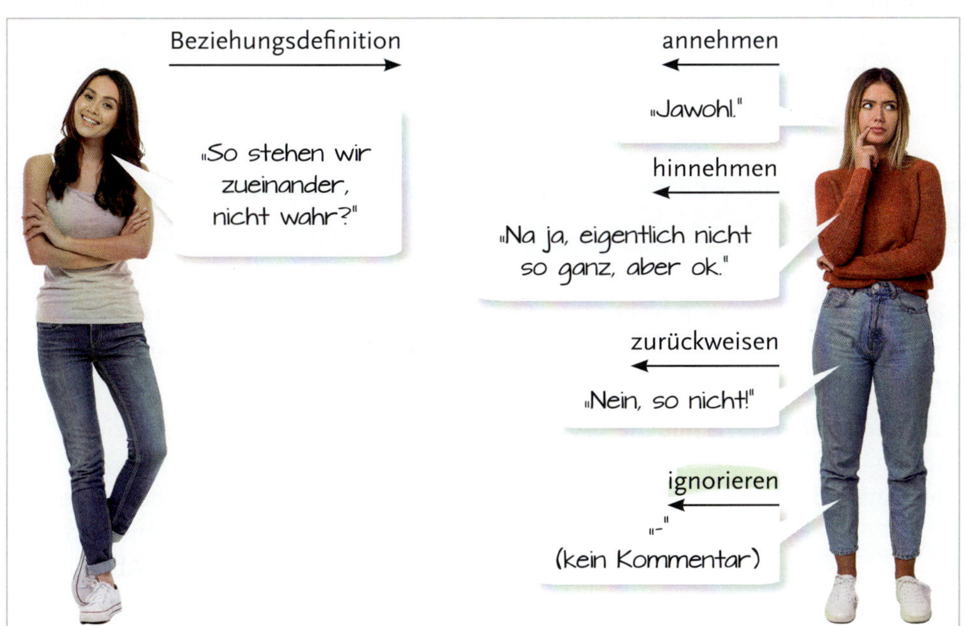

ignorieren = nicht beachten

Aufgabenstellung – „Beziehungsgestaltung“

- Setzen Sie sich zu zweit einander gegenüber jeweils auf einen Sessel und beginnen Sie ein beliebiges Gespräch.
  - Eine/r von Ihnen beiden steht nach drei Minuten auf und stellt sich vor die Kollegin/den Kollegen, die/der sitzen bleibt. Fahren Sie so mit dem Gespräch für weitere drei Minuten fort.
  - Reflektieren Sie anschließend, wie es Ihnen beiden ergangen ist, und beantworten Sie die folgenden Fragen:
    - Welche Position war angenehmer?
    - Was haben Sie in den unterschiedlichen Positionen empfunden?
    - Welche Position hat eher Nähe, welche eher Distanz geschaffen?

2.1 Bindungsmuster

dominant = vorherrschend, bestimmend

Für eine langfristige Beziehungsgestaltung muss auf das Bindungsmuster des Gegenübers geachtet werden. **Bindungsmuster** sind dominante, unbewusste Strategien, um sich in einer Beziehung (Partnerschaft, Beruf ...) „optimal“ zu positionieren. „Optimal“ bedeutet dabei, sich in **eine Position zu begeben, die,** entsprechend den Erfahrungen, **am meisten Sicherheit gibt.**

Diese Erwartungen zeigen sich meist nonverbal und unbewusst.

DAS SOLLTEN SIE SPEICHERN

Bindungsmuster sind eine Art inneres Programm, das bestimmt, wie Personen mit anderen in Beziehung treten und wie sie Erwartungen an die Bezugsperson bzw. Bindungsfigur kommunizieren.

primär = anfänglich, zuerst vorhanden

Bindungsmuster **entstehen in den ersten Lebensjahren** auf Basis der gemachten Bindungserfahrungen mit der primären Bezugsperson und **bleiben bis zum Erwachsenenalter erhalten.** Die Qualität dieser primären Bindung hat Einfluss auf die weitere psychosoziale Entwicklung und die künftige Art der Beziehungsgestaltung.

Das Bindungsmuster bildet im Erwachsenenalter die **Grundlage für enge emotionale Beziehungen.** Die Gefühle, Erregungsabläufe, Denkstrukturen und sprachlichen Ausdrucksformen, die dem jeweiligen Bindungsmuster zugrunde liegen, beeinflussen die Beziehungen. Das betrifft auch die Pflegebeziehung, in der die Pflegekraft eine wichtige Bezugsperson darstellt.

Bindungsmuster

Bindungsmuster	Eigenschaften der primären Bezugsperson	Bevorzugte Bindungsstrategie	Verhaltensmuster
Sicher gebunden	▪ Zuverlässig ▪ Feinfühlig ▪ Unterstützend ▪ Verfügbar	▪ Sucht Nähe ▪ Beziehung auf Augenhöhe ist möglich	▪ Kommunikativ ▪ Sozial kompetent ▪ Gefühle werden offen geäußert
Unsicher vermeidend gebunden	▪ Emotional unerreichbar ▪ Ablehnend ▪ Nicht unterstützend	▪ Flucht ▪ Distanziert sich	▪ Einerseits distanziert, kühl, zurückhaltend ▪ Andererseits besteht ein großes Bedürfnis nach Sicherheit und Abhängigkeit von Beziehungen, Freundschaften und Bezugspersonen

Unsicher ambivalent gebunden	■ Ängstlich ■ Unberechenbar ■ Angsterzeugend	■ „Kampf" (Hyperaktivierung von Gefühlen)	■ Fordernd ■ Anspruchsvoll ■ Es gibt ständig neue Probleme ■ Person kann nie mit etwas zufrieden sein
Desorganisiert gebunden	■ Feindselig ■ Quelle der Bedrohung	■ „Totstellen" ■ Beziehung ist kaum möglich	■ Selbstschädigendes Verhalten ■ Emotionale Schwankungen ■ Wahnvorstellungen
Mischformen	■ Wechselhaft zwischen (über-)fürsorglich und vernachlässigend	■ Schwankt zwischen Kampf und Flucht	

DAS SOLLTEN SIE SPEICHERN

Je mehr Wissen Sie als Pflegekraft über Bindungsmuster haben, umso besser können Sie auf unterschiedliche Verhaltensweisen Ihrer Klientinnen und Klienten eingehen und entsprechende Aktivitäten setzen.

ambivalent = widersprüchlich, zwiespältig

die Wahnvorstellung = Wahrnehmung, der ein realer Reiz zugrunde liegt, die aber falsch gedeutet wird

Beispiele

- **Unsicher vermeidend gebundene** Klientinnen und Klienten brauchen grundsätzlich viel Einsatz, Energie, Aufmerksamkeit und Stimulation.
- **Unsicher ambivalent gebundene** Klientinnen und Klienten benötigen sehr viel Beruhigung, Trost und Sicherheit. Für sie ist es wichtig, dass ihre Affekte – auch in ihrer Übertreibung – ernst genommen werden.
- **Desorganisiert gebundene** Klientinnen und Klienten brauchen ein klares, stabiles Dasein ihres Gegenübers. Das hilft ihnen dabei, besser umzugehen mit den emotionalen Gegensätzen zwischen Beziehungsabbruch und großer Nähe, mit der Regulation von großen Spannungszuständen sowie mit psychotischen Zuständen.

die Stimulation = Anregung, Aktivierung

Aufgabenstellung – „Bindungsmuster"

- Machen Sie ein Rollenspiel zu zweit. **Person A** ist der/die Klient/in, **Person B** ist die Pflegekraft (= Bezugsperson).

Der/Die Klient/in zeigt ein

a) unsicher vermeidendes Bindungsmuster.

b) desorganisiert gebundenes Bindungsmuster.

Situation:

Der/Die Klient/in hat eine andere Pflegekraft während des gemeinsamen Essens absichtlich angespuckt und als „Trottel" beschimpft. Die Bezugsperson will herausfinden, wie es dazu kam und welche Motive der/die Klient/in für sein/ihr Verhalten hatte.

Reflektieren Sie abschließend, wie es Ihnen in der jeweiligen Rolle ergangen ist.

- Welche Rolle war als Klient/in am herausforderndsten?
- Welches Verhaltensmuster war für die Pflegekraft am schwierigsten?

Eine Anleitung zur Reflexion erhalten Sie auf S. 26.

2.2 Grundlagen der menschlichen Entwicklung

Entwicklung bezeichnet neben körperlicher und geistiger Reifung auch ein Sichentfalten sowie die Veränderungen im Erleben und Verhalten eines Menschen.

Es gibt verschiedene Ansätze, die menschliche Entwicklung zu beschreiben. In diesem Kapitel wird ein Überblick über die Entwicklungsetappen nach UHLENDORFF und das Lebensaufgabenmodell nach ERIKSON gegeben.

UWE UHLENDORFF, deutscher Professor für Sozialpädagogik (geb. 1961)

die Konvention = eine gesellschaftliche Regel oder allgemein anerkannte Verhaltensnorm, die dazu dient, soziale Schwierigkeiten zu vermeiden

2.2.1 Entwicklungsetappen nach Uhlendorff

Den Rahmen für UHLENDORFFS Beschreibung der Entwicklung bildet das **Verhältnis der Person zu ihrer Umwelt.** UHLENDORFF teilt die normale Entwicklung einer/eines Jugendlichen in vier Etappen ein. Für jede Entwicklungsetappe beschreibt er die **Schwächen,** welche die Person **in der Interaktion** mit der Umwelt (noch) zeigt, sowie bestimmte **Entwicklungsaufgaben,** welche die Person in dieser Etappe zu bewältigen hat.

	Schwächen	Entwicklungsaufgaben
Erste Etappe 7. – 11. Lebensjahr	▪ Die eigene Sichtweise und die Sicht der anderen können noch nicht ausreichend unterschieden werden. Es fehlt eine objektive Sicht. ▪ Die sozialen Erwartungen, Interessen und Absichten der anderen werden kaum erkannt. ▪ Die eigenen Interessen stehen im Vordergrund und werden durchgesetzt. ▪ Die Affekte können nur schwer beherrscht werden.	Die Person muss zum Beispiel lernen, ▪ den eigenen Körper realistisch einzuschätzen und auch den Körper anderer Menschen wahrzunehmen. ▪ körperliche Antriebe zu beherrschen. ▪ im Spiel oder bei handwerklichen Tätigkeiten zusammenzuarbeiten und sich abzusprechen. ▪ soziale Erwartungen anderer zu akzeptieren. ▪ Verpflichtungen einzugehen. ▪ Gewalt als Mittel der Durchsetzung zu vermeiden.
Zweite Etappe 12. – 15. Lebensjahr	▪ Interessen und Neigungen können mit anderen nicht abgestimmt werden. ▪ Es wird versucht, Pläne gegenüber anderen durchzusetzen. ▪ Konventionen werden übertreten, wenn es der Person selbst nicht schadet. ▪ Selbstkritik ist kaum entwickelt.	Die Person muss zum Beispiel lernen, ▪ wie man die Zusammenarbeit mit anderen plant. ▪ Freundschaften zu bilden, in denen Werte wie gegenseitige Verlässlichkeit und Hilfe, Vertrauen sowie Ehrlichkeit wichtig sind. ▪ faire Kompromisse zu schließen. ▪ Gruppenregeln einzuhalten. ▪ eigene Pläne und Auffassungen zugunsten gemeinsamer Vorstellungen zurückzunehmen.
Dritte Etappe 16. – 18. Lebensjahr	▪ Zwischenmenschliche Beziehungen werden als konflikthaft und instabil erlebt. ▪ Freundschaftskonzepte werden formuliert, aber nicht gemeinsam ausgehandelt. Freundschaften zerbrechen, sobald sich unterschiedliche Erwartungen gegenüberstehen.	Die Person muss zum Beispiel lernen, ▪ Freundschaften zu vertiefen. ▪ sich über gegenseitige Erwartungen auszutauschen. ▪ wichtige Werte wie gegenseitigen Respekt und Verantwortung, Verzicht auf Gewalt und Rücksichtnahme anzuerkennen.
Vierte Etappe ab 18. Lebensjahr	▪ Es können keine übereinstimmenden gemeinsamen Auffassungen über ein Zusammenleben/-arbeiten erzielt werden, was als Problem erkannt wird. ▪ Einzelne Umstände oder Verhaltensweisen, die zu zwischenmenschlichen Konflikten führen, werden aber nicht vollständig durchschaut.	Die Person muss zum Beispiel lernen, ▪ Verständnis für die Erwartungen anderer aufzubringen. ▪ Berufsperspektiven zu entwickeln, in denen eigene Interessen berücksichtigt werden. ▪ eigene Zukunftspläne auf ihre Machbarkeit zu überprüfen und anzupassen. ▪ eigenständig und selbstverantwortlich im Einklang mit sozialen Regeln und Pflichten zu leben.

DAS SOLLTEN SIE SPEICHERN

Bei Menschen mit Behinderung werden diese Etappen häufig langsamer und nicht immer vollständig durchschritten.

Wenn Sie als Pflegekraft am Verhalten erkennen können, in welcher Entwicklungsetappe sich der/die Klient/in befindet, können Sie das Verhalten besser verstehen. Gleichzeitig können Sie die pflegebedürftige Person dabei unterstützen, die Aufgaben zu bewältigen und die jeweiligen Schwächen zu verbessern.

Aufgabenstellung – „Entwicklungsetappen nach Uhlendorff"

- Lesen Sie die folgenden Fallbeispiele und bestimmen Sie die Entwicklungsetappe nach Uhlendorff, in der Herr Kron und Frau Xandur sich jeweils befinden.

1. Herr Kron wurde im Alter von einem Jahr in einem Kinderheim untergebracht. Seine Mutter war mit seiner körperlichen und geistigen Beeinträchtigung überfordert. Bis zum Erwachsenenalter wechselte er mehrmals das Heim. Er lebt nun bereits seit Jahren in einer betreuten Einrichtung und hat Probleme mit den Mitbewohnerinnen und Mitbewohnern. Er will nur seine Interessen durchsetzen, Erwartungen anderer erkennt er nicht als solche. Wenn er sich nicht durchsetzen kann, wird er aggressiv.

Entwicklungsstufe: ______________________

2. Frau Xandur lebt allein zu Hause. Sie sitzt im Rollstuhl und ist stark bewegungseingeschränkt. Sie hat kaum soziale Kontakte, versucht aber immer wieder, sich mit der Nachbarin anzufreunden. Die Nachbarin geht auf sie ein und macht ihr Angebote für gemeinsame Unternehmungen. Frau Xandur zeigt ein zurückweisendes und auch respektloses Verhalten, wenn ihr die Angebote nicht zusagen. Sie sagt der Nachbarin nicht, was sie eigentlich unternehmen möchte und wie sie sich die Beziehung vorstellt.

Entwicklungsstufe: ______________________

2.2.2 Lebensaufgabenmodell nach Erik Erikson

Erik Eriksons Lebensaufgabenmodell stellt dar, dass jede Person bestimmte **Lebensstufen vom Säuglingsalter bis ins hohe Alter** durchlebt und **auf jeder Stufe eine bestimmte Lebensaufgabe zu erfüllen hat.** Gelingt diese Lebensaufgabe nicht, kommt es zur psychologischen Krise und die Person ringt nach Lösungen und Strategien, um am besten damit umzugehen.

Erik Erikson, deutsch-amerikanischer Psychoanalytiker (1902–1994)

Lebensaufgabenmodell nach Erik Erikson

Stufen	Aufgaben	Hemmende Umweltbedingungen	Misslingen der Aufgaben führt zu
Säuglingsalter (1. Jahr) Vertrauen vs. Misstrauen	■ Grundlegendes Vertrauen lernen	■ Mangel an Zuwendung ■ Ablehnung ■ Verwahrlosung ■ Grundbedürfnisse werden nicht befriedigt	■ Misstrauen
Frühkindliches Alter (2.–3. Jahr) Autonomie vs. Scham und Zweifel	■ Autonomie entwickeln ■ Regeln befolgen lernen ■ Selbstkontrolle lernen	■ Kritik ■ Einschränkung ■ Überforderung	■ Scham ■ Selbstzweifel
Spielalter (4.–5. Jahr) Initiative vs. Schuldgefühl	■ Initiative entwickeln	■ Leistungsdruck ■ Zu viele Verbote	■ Schuldgefühle
Schulalter (6.–12. Jahr) Kompetenz vs. Minderwertigkeit	■ Eifer entwickeln	■ Fehlende Erfolgserlebnisse ■ Zu viel Kritik ■ Diskriminierung ■ Fehlende Anerkennung	■ Minderwertigkeitsgefühl
Adoleszenz (13.–20. Jahr) Identität vs. Identitätskonfusion	■ Identität finden ■ Abnabeln von den Eltern	■ Gesellschaftliche Erwartungen können nicht erfüllt werden	■ Unsicherheit ■ Unklare Rollen
Junges Erwachsenenalter (20.–45. Jahr) Intimität vs. Isolation	■ Intimität lernen ■ Verantwortung für die Gefühle, Erfolge und Misserfolge übernehmen	■ Zurückweisung ■ Beziehungsabbrüche ■ Karrierestreben zulasten intimer Beziehungen und Freundschaften	■ Isolation ■ Abhängigkeit
Lebensmitte (45.–65. Jahr) Generativität vs. Stagnation	■ Neue Aufgaben und Aktivitäten entwickeln, wenn die alten Rollen überholt sind	■ Erfolglosigkeit ■ Mangel an Aufgaben ■ Krankheit	■ Stagnation ■ Festhalten an überholten Rollen
Alter (Ab 65. Jahr) Integrität vs. Verzweiflung	■ Das Leben resümieren ■ Integrität erlangen ■ Innere Stärke haben	■ Unzufriedenheit mit dem Leben ■ Angst vor dem Tod	■ Verzweiflung ■ Ekel

die Initiative = Fähigkeit, aus eigenem Antrieb zu handeln
die Identitätskonfusion: Es wird keine eigenständige Identität entwickelt, sondern die Identität richtet sich nach der jeweiligen Situation.
die Intimität = das Vertrautsein
die Isolation = Vereinzelung, Absonderung
die Generativität = Wissen um das gegenseitige Angewiesensein der Generationen und Ausrichten des eigenen Handelns danach
die Stagnation = Stillstand
resümieren = zusammenfassen, was wichtig oder wesentlich war
die Integrität = Übereinstimmung der eigenen Werte und der tatsächlichen Handlungen

Erst der **Prozess des Sich-Durcharbeitens durch die Aufgaben jeder Lebensstufe führt zur Reife.** Werden die Lebensaufgaben rechtzeitig erfüllt, erlangt die Person im weiteren Alter **Integrität.** Sie ist dann mit sich und der Umwelt im Reinen. Das Denken und die Vorstellungen stimmen dann mit den eigenen Handlungen überein und die Person kann zu sich selbst stehen.

Aufgabenstellung – „Lebensaufgabenmodell nach Erik Erikson"

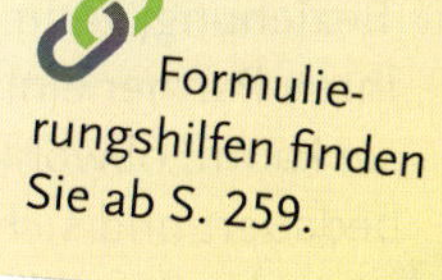

Formulierungshilfen finden Sie ab S. 259.

- Bearbeiten Sie zu zweit die folgenden Aufgabenstellungen.
  - Bestimmen Sie, in welcher Lebensphase Sie sich Ihrem Alter entsprechend gerade befinden.
  - Beurteilen Sie, wo Sie mit Ihrer derzeitigen Aufgabe stehen.
  - Kommentieren Sie, ob Sie mit Ihren Lösungen zufrieden sind bzw. was Sie noch verbessern können.
  - Überprüfen Sie, ob noch andere Aufgaben in der Schleife hängen, die vielleicht noch nicht genug bearbeitet und verarbeitet sind.

Aufgabenstellung – „Grundlagen der menschlichen Entwicklung"

- Bereiten Sie in Kleingruppen Präsentationen zu den folgenden Modellen der menschlichen Entwicklung vor.
  - Moralentwicklung nach Jean Piaget
  - Ökologische Systemtheorie nach Uri Bronfenbrenner
  - Lebensspannenansatz nach Paul B. Baltes
  - Modell der Ich-Entwicklung nach Jane Loevinger
  - Lawrence Kohlbergs Theorie zur Moralentwicklung

a) Jede Gruppe recherchiert Informationen zu einem der oben genannten Modelle.
Fassen Sie die wichtigsten Informationen kompakt und übersichtlich zusammen.
Beachten Sie die Seriosität Ihrer Quellen und notieren Sie alle Quellen, von denen Sie Informationen verwenden.

b) Bereiten Sie Ihre Präsentation vor und halten Sie sie anschließend.
Erstellen Sie auch ein Handout für Ihre Kolleginnen/Kollegen.
Gestalten Sie ein übersichtliches Lernplakat mit den wichtigsten Informationen, das Sie im Klassenzimmer aufhängen können.

Ziele erreicht? – „Kommunikation und Beziehungsgestaltung mit ..."

1. Nennen Sie Grundhaltungen in der Kommunikation mit beeinträchtigten Menschen.

2. Geben Sie die vier grundsätzlichen Reaktionsmöglichkeiten an, die ein/e Empfänger/in eines Beziehungsangebotes hat.

3. Ordnen Sie die Beispiele den passenden Bindungsmustern zu.

1. Frau Michalitsch ist Alkoholikerin, leidet unter starken emotionalen Schwankungen und hat Wahnvorstellungen.

2. Herr Kubicek verlangt von einer Betreuerin, sich ausschließlich um ihn zu kümmern. Er wirft ihr vor, dass sie für andere Klientinnen und Klienten mehr Zeit aufwende. Die Betreuerin ist seine Bezugsperson und unternimmt deswegen viel mit ihm. Für Herrn Kubicek ist das aber zu wenig, er ist ständig unzufrieden und fordert mehr Zuwendung.

3. Frau Soost lebt zwar in einer Beziehung, kann sich aber nicht auf ihren Partner einlassen. Freunde hat sie kaum, obwohl sie das manchmal bedauert und sich eine Freundschaft wünscht. Sie zieht sich gerne zurück, hat Stimmungsschwankungen und neigt zu Selbstschädigung durch Drogen.

4. Herr Lang ist ein sehr gesprächiger und umgänglicher Klient. Er kümmert sich um Mitklientinnen/Mitklienten und zeigt offen seine Gefühle.

5. Frau Zadic lebt sehr zurückgezogen. Sie hat nur oberflächliche Freundschaften, obwohl sie sich nach einer Beziehung sehnt.

a) Sicher

b) Unsicher vermeidend

c) Unsicher ambivalent

d) Desorganisiert

e) Mischform

4. Beschreiben Sie die vier Entwicklungsetappen nach UHLENDORFF und nennen Sie jeweils zwei Beispiele für Verhaltensweisen, die in den Etappen erlernt werden müssen.

Erste Entwicklungsetappe

Zweite Entwicklungsetappe

Dritte Entwicklungsetappe

Vierte Entwicklungsetappe

5. Erklären Sie das Lebensaufgabenmodell nach Erik Erikson.

V Angehörigenarbeit und kultursensible Kommunikation

Sie finden

Grundzüge der Angehörigenarbeit

Die Bedeutung von Angehörigen endet nicht damit, dass sie eine Einrichtung oder ambulante Dienste beauftragen, ihr Familienmitglied zu pflegen. Angehörige kommen zu Besuch, beteiligen sich eventuell an der Pflege und Betreuung, sprechen Pfleger/innen an oder äußern Kritik und Lob.

Angehörige und Pfleger/innen haben also immer wieder Kontakt. Ein offener und wertschätzender Umgang miteinander nützt dabei nicht nur den Pflegepersonen und den Angehörigen selbst, sondern auch den pflegebedürftigen Personen.

Meine Ziele

Nach Bearbeitung dieses Kapitels kann ich

- Belastungssymptome bei pflegenden Angehörigen wahrnehmen;
- den Einfluss einer wertschätzenden, empathischen und kongruenten Kommunikation mit Angehörigen nachvollziehen;
- eine professionelle Beziehung zu Angehörigen aufbauen;
- über mögliche Unterstützung pflegender Angehöriger inhaltlich korrekt informieren und entsprechende Angebote vermitteln;
- Gespräche mit Angehörigen und Interventionen nachvollziehbar dokumentieren;
- mit Beschwerden professionell umgehen;
- die Leistungen pflegender Angehöriger anerkennen und wertschätzen.

1 Bedeutung der Angehörigen

Frau Schnabel ruft häufig nach der Pflegekraft. Das Personal hat zu wenig Zeit, sich rund um die Uhr um sie zu kümmern. Bei ihrer Tochter beklagt sich Frau Schnabel, dass sie schlecht betreut wird. Die Tochter ist entsetzt und beschwert sich bei der Pflegerin Duygu, die versucht zu beschwichtigen. Attila beobachtet das Gespräch und hat das Gefühl, dass die Tochter sich nicht verstanden fühlt.

beschwichtigen = beruhigen, besänftigen

Angehörige sind ein wichtiger kontinuierlicher Bestandteil im Leben der betreuten Person. Sie sind das Bindeglied zwischen der neuen eingeschränkten Lebenswelt (etwa einem Pflegewohnheim) und der früheren vertrauten Welt. Sie **geben den Pflegebedürftigen** dadurch emotionale **Sicherheit.**

DAS SOLLTEN SIE SPEICHERN

Als Pflegekraft müssen Sie sich der Bedeutung der Angehörigen für die pflegebedürftige Person bewusst sein und die Angehörigen daher möglichst unterstützen.

Tipp: Fragen Sie Angehörige nach ihrem Wissen und ihrer Meinung.

Eine positive und wertschätzende Beziehung nützt allen Beteiligten: den Angehörigen, Pflegebedürftigen und Pflegekräften.

Angehörigenarbeit im Interesse der Angehörigen

Gespräche mit den Pflegekräften können es Angehörigen erleichtern, persönliche Gefühle auszusprechen und sich dadurch **Entlastung** zu verschaffen. Pfleger/innen müssen sich dessen bewusst sein, dass nicht nur die pflegebedürftigen Personen professionelle Hilfe benötigen, sondern auch deren Angehörige.

Angehörigenarbeit im Interesse der Pflegebedürftigen

Viele Betroffene sind bei ihrer Aufnahme nicht in der Lage, die nötigen **Informationen** über sich, ihr Umfeld und ihre momentane Situation zu geben. Es ist daher bereits bei der Aufnahme sinnvoll, auch mit den Angehörigen Kontakt aufzunehmen und diesen Kontakt dann kontinuierlich weiterzuentwickeln.

Informationen von den Angehörigen ermöglichen ein klareres Bild der Betroffenen, ihres Umfeldes und der aktuell vorhandenen Probleme. Dadurch können die Pflegeanamnese, die Pflegeplanung und somit die erforderliche **Unterstützung der Betroffenen** effizienter gestaltet werden. Denn sind die Probleme klar definiert, lassen sich auch die Ziele klar festlegen.

die Anamnese = Krankengeschichte

Angehörigenarbeit im Interesse der Pflegekräfte

Für die Pflegekräfte bietet Angehörigenarbeit eine gute Möglichkeit, sich durch **zusätzliche Informationen** über die betreuten Personen und ihr Umfeld ein umfassendes Bild zu machen. Dadurch können sie die Defizite, aber auch die Ressourcen der Betroffenen klar erkennen und in der Anamnese darlegen. So können die Pflegekräfte einfacher gemeinsam mit den Betroffenen Ziele herausarbeiten und in der Pflegeplanung dokumentieren.

das Defizit = Mangel

Aufgabenstellung – „Bedeutung der Angehörigen“

- Haben Sie selbst bereits, eventuell während eines Praktikums, Situationen erlebt, in denen Sie froh waren, auf das Wissen oder die Unterstützung der Angehörigen zurückgreifen zu können? Reflektieren Sie, worin genau der Wert der Angehörigen in dieser Situation für Sie bestanden hat.

Eine Anleitung zur Reflexion erhalten Sie auf S. 26.

2 Typen von Angehörigen

Sarahs Oma ist erst seit Kurzem in einer Pflegeeinrichtung. Sarahs Mutter macht sich große Sorgen und ist sehr verunsichert, ob es der Oma hier gut geht. Die Mutter kennt sich in der Pflege nicht aus, erlebt das Personal aber als sehr kompetent, hilfsbereit und freundlich. Die Mitarbeiter/innen gehen aktiv auf sie zu, informieren sie über alle Leistungen und haben ihr die Einrichtung gezeigt.

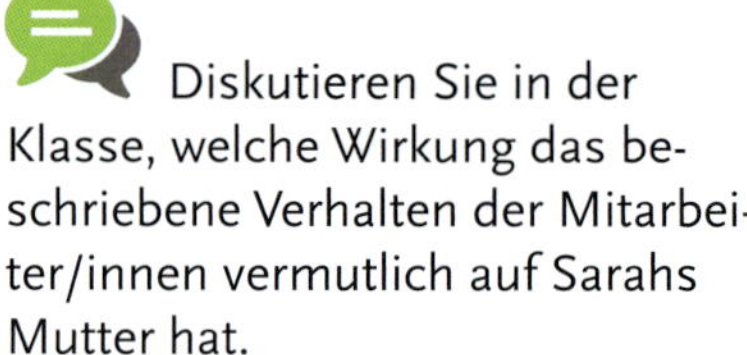

Diskutieren Sie in der Klasse, welche Wirkung das beschriebene Verhalten der Mitarbeiter/innen vermutlich auf Sarahs Mutter hat.

Angehörige übernehmen ganz **unterschiedliche Aufgaben** und zeigen verschiedene Verhaltensweisen. Sie haben **unterschiedliche Bedürfnisse,** denen auf ebenso unterschiedliche Art begegnet werden sollte. In der Pflegewissenschaft werden Angehörige daher in Typen eingeteilt:

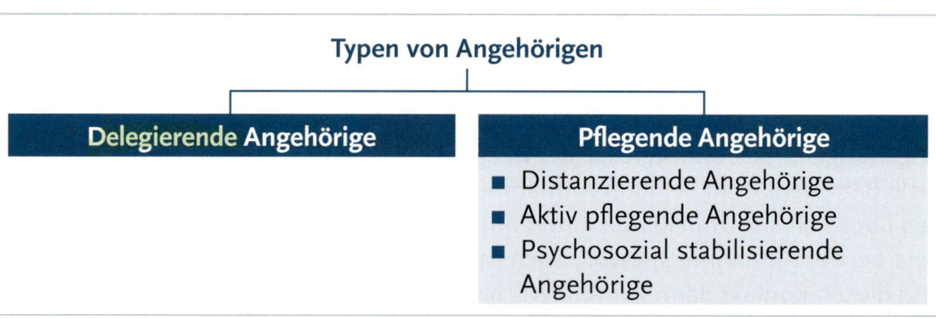

delegieren = Aufgaben auf jemand anderen übertragen

DAS SOLLTEN SIE SPEICHERN

So verschieden die Angehörigen sind, so unterschiedlich sollten auch die Angebote der Einrichtung und der Pflegepersonen an sie sein.

2.1 Delegierende Angehörige

Delegierende Angehörige beteiligen sich an der Pflege der/des Betroffenen **nicht aktiv.** Sie treten meist nur unregelmäßig in Kontakt mit der Pflegeeinrichtung oder den Pflegekräften und wollen deren **Leistung überwachen.**

Der Umgang mit ihnen ist für die Pflegekräfte nicht immer einfach. Meist haben delegierende Angehörige nämlich nur wenige Kenntnisse von der pflegerischen Arbeit, kritisieren aber viel. Dadurch entstehen Konflikte.

Wenn die Angehörigen eingebunden und ausreichend informiert werden, erfahren sie mehr über die Arbeit der Pflegekräfte und bemerken, dass diese viel nicht sichtbare Arbeit verrichten, die sich aber trotzdem positiv auf die betreuten Personen auswirkt.

Tipps für den Umgang mit delegierenden Angehörigen

- Informieren Sie die Angehörigen über die Arbeitsinhalte der Pflegekräfte und der Einrichtung.
- Laden Sie die Angehörigen zur aktiven Teilnahme an der Pflegeplanung für ihr Familienmitglied ein.
- Führen Sie die Angehörigen durch die Einrichtung und ihre Bereiche.

2.2 Pflegende Angehörige

Die pflegenden Angehörigen werden in der Pflegewissenschaft in drei Untergruppen gegliedert. In der Realität können Angehörige aber nur selten einer der Untergruppen klar zugeordnet werden.

Distanzierende Angehörige

Distanzierende Angehörige sind zwar regelmäßig, aber eher selten auf Besuch und haben **keinen Einblick in die pflegerische Arbeit.** Sie übernehmen für ihr betreutes Familienmitglied Aufgaben wie das Einkaufen, die Verwaltung von Finanzen, die Organisation von Terminen und dergleichen.

Emotional sind sie von der pflegebedürftigen Person distanziert. Oft haben sie eine **angespannte Beziehung zur/zum Betroffenen.**

Häufig leiden beide Seiten unter dieser distanzierten Beziehung, in der sie nicht richtig miteinander reden können.

Tipps für den Umgang mit distanzierenden Angehörigen

- Informieren Sie die Angehörigen über die Unterstützungsleistungen durch die Einrichtung, wie Einkauf, Organisation der Termine und Finanzen.
- Klären Sie die Angehörigen über die Arbeitsabläufe in der Pflege und Betreuung auf.
- Beteiligen Sie die Angehörigen an der Pflegeplanung.
- Informieren Sie die Angehörigen über die krankheitsbedingten Bedürfnisse der betreuten Person und die dafür notwendigen Pflegemaßnahmen.
- Ermutigen Sie die Angehörigen zu gemeinsamen Unternehmungen mit der betreuten Person.

Aktiv pflegende Angehörige

Diese Angehörigen haben ihr Familienmitglied bereits längere Zeit in der häuslichen Umgebung gepflegt. Sie kennen daher deren Wünsche und gesundheitliche Probleme. Sie sind zu Expertinnen und Experten der Pflege und Betreuung geworden.

Angehörige dieser Gruppe können die Verantwortung für die Pflegebedürftigen oft nur schwer oder gar nicht abgeben. Auch nachdem sie eine Pflegeeinrichtung oder ambulante Dienste mit der Betreuung beauftragt haben, sind sie **nach wie vor** fast täglich **pflegend tätig.** Dabei können energie- und zeitraubende Konflikte entstehen.

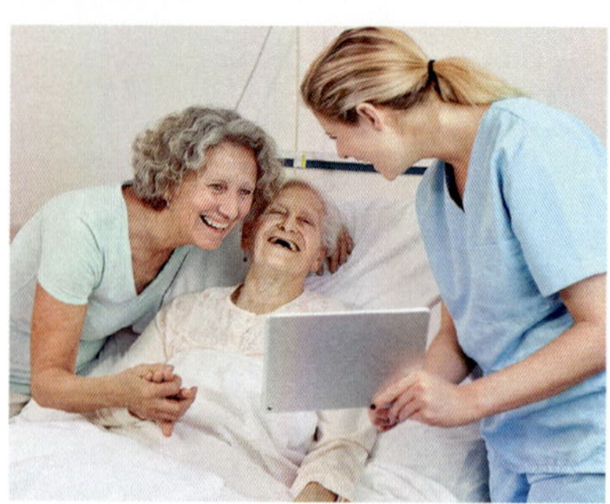

Tipps für den Umgang mit aktiv pflegenden Angehörigen

- Geben Sie den Angehörigen die Bestätigung, dass ihre bisherige Pflege und Verantwortung geschätzt werden.
- Erklären Sie den Angehörigen das Krankheitsbild ihres Familienmitgliedes und die damit verbundenen Veränderungen in verständlicher Form.
- Geben Sie den Angehörigen Anleitung in pflegerischen Tätigkeiten.
- Ermuntern Sie die Angehörigen, die direkten pflegerischen Aufgaben zu reduzieren und sich verstärkt auf die betreuerischen Aufgaben zu konzentrieren.
- Bieten Sie den Angehörigen Einzelgespräche über ihre Sorgen und Wünsche an.

Psychosozial stabilisierende Angehörige

Psychosozial stabilisierende Angehörige konzentrieren sich auf die ihres Familienmitgliedes. Sie bemühen sich um die Aufrechterhaltung eines möglichst normalen Lebens für die betreute Person. Die Beziehung zwischen diesen Angehörigen und ihrem Familienmitglied ist von Offenheit und menschlicher Nähe geprägt.

Diese Angehörigen gehen auf ihr Familienmitglied ein und nehmen sich bei Besuchen sehr viel Zeit. Zwischen ihnen und den Pflegekräften bestehen meist gegenseitige Wertschätzung und Anerkennung.

Tipps für den Umgang mit psychosozial stabilisierenden Angehörigen

- Leisten Sie Unterstützung bei den Vorhaben der Angehörigen.
- Bieten Sie Gespräche an, in denen sich die Angehörigen ihre Belastungen von der Seele reden können.
- Informieren Sie die Angehörigen über die allgemeine Befindlichkeit der betreuten Person.

Aufgabenstellung – „Typen von Angehörigen“

- Tauschen Sie sich zu zweit über die Typen von Angehörigen aus, mit denen Sie bereits in Kontakt gekommen sind. Die folgenden Fragen können Ihnen als Denkanstöße dienen:
  - Welche Gruppe ist Ihnen am geläufigsten?
  - Mit welchen Angehörigen hatten Sie die größten Schwierigkeiten?
  - Haben Sie sich bei diesen Schwierigkeiten Unterstützung geholt und, wenn ja, von wem?
  - Haben Sie den Angehörigen Angebote gemacht und, wenn ja, welche?
  - Waren diese Angebote hilfreich?
  - Wo sind Sie an Ihre Grenzen gestoßen und wussten nicht mehr weiter?

3 Kommunikation in der Angehörigenarbeit

Für gewinnbringende Gespräche ist es wichtig, eine **vertrauensvolle Beziehung** aufzubauen. Dies kann leichter in einer angenehmen Atmosphäre gelingen. Ein ansprechend gestaltetes Büro sowie Ruhe und Aufmerksamkeit beim Gespräch fördern eine offene Begegnung.

In der Kommunikation zwischen Pflegekräften und Angehörigen können **Störungen** auftreten. Diese können ihren Ursprung sowohl bei den Angehörigen als auch bei den Pfleger/innen haben.

Mögliche Gründe für Kommunikationsprobleme

- Unterschiedliche Vorstellungen von der Pflege
- Verschiedene Bedürfnisse

vonseiten der Angehörigen	vonseiten der Pflegekräfte
▪ Sprachbarrieren ▪ Stimmungs- und Gefühlslage (Nervosität, Angst, Ärger etc.) ▪ Soziokulturelle Aspekte (Unterschiede bezüglich Kultur, Familienstruktur, Werte etc.) ▪ Kognitive Einschränkungen	▪ Unklare sprachliche Ausdrucksweise ▪ Desinteresse an der Angehörigenarbeit ▪ Mangelnde Beziehungsfähigkeit ▪ Angehörige werden nicht als gleichrangige Gesprächspartner/innen anerkannt ▪ Keine Zeit für ausführliche Gespräche ▪ Kein passender Raum vorhanden (Gespräche zwischen Tür und Angel)

Die Folgen von Kommunikationsproblemen sind Missstimmung und Unzufriedenheit.

Tipps für die Kommunikation mit Angehörigen

- Die Kommunikation mit Angehörigen soll stets kundenorientiert, wertschätzend und klar sein.
- Vermeiden Sie unklare Aussagen und Ausflüchte.
- Passen Sie sich den kommunikativen Möglichkeiten der Angehörigen an (einfache Sprache, Angst nehmen, um eine Dolmetscherin/einen Dolmetscher bemühen).
- Sagen Sie ganz klar, wenn etwas nicht machbar ist.

Manchmal sind Pflegekräfte auch mit schwierigen Situationen im Zusammenhang mit Angehörigen konfrontiert. Das Verhalten von Angehörigen kann sehr herausfordernd sein. Ärger, Beschimpfungen, Unzufriedenheit mit Betreuungsleistungen oder der Einrichtung vonseiten der Angehörigen fordern von Pflegepersonen ein hohes Maß an sozialer Kompetenz und Kommunikationsfähigkeit.

konfrontieren = zur Auseinandersetzung mit etwas zwingen

DAS SOLLTEN SIE SPEICHERN

Schwieriges Verhalten der Angehörigen ist meist eine Folge ihrer Sorge darüber, wie es weitergeht und welche Rolle sie als Angehörige in Zukunft spielen werden.

Aufgabenstellung – „Kommunikation in der Angehörigenarbeit“

- Lesen Sie die folgende Situation und bearbeiten Sie anschließend die Aufgabenstellung.

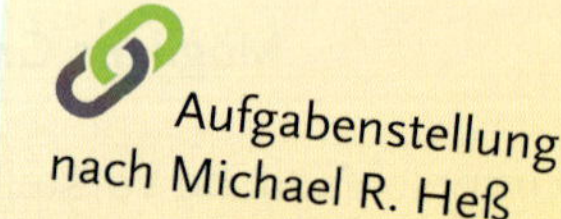

Herr Kopp stellt beim Besuch seiner Mutter im Pflegewohnheim fest, dass ihre Tabletten nicht mehr weiß sind, sondern grün. Er möchte wissen, ob die Medikation verändert wurde, und fragt bei der Pflegerin Daniela, die er am Gang antrifft, nach.

Erschließen Sie, welche der folgenden Antworten die geeignetste Reaktion der Pflegerin Daniela ist, und kreuzen Sie sie an:

a) „Hoffentlich hat Ihre Mutter auch die richtigen Medikamente bekommen. Ich spreche sofort mit dem Pfleger, der die Medikamente verteilt hat.“ ○

b) „Das ist bestimmt ein Generikum. Sie wissen ja, der Sparzwang. Es gibt nicht mehr alle Medikamente für alle. Auch die Ärztinnen und Ärzte müssen sparen. Wenn Sie wollen, dass Ihre Mutter wieder die weißen Tabletten bekommt, gehen Sie zum Hausarzt.“ ○

c) „Herr Kopp, die Medikation ist nicht verändert worden. Dr. Miklos hat Ihrer Mutter gestern ein vergleichbares Medikament mit einer besseren Verträglichkeit verschrieben. Möchten Sie, dass wir Ihnen telefonisch Bescheid sagen, wenn sich die Medikation doch einmal verändern sollte?“ ○

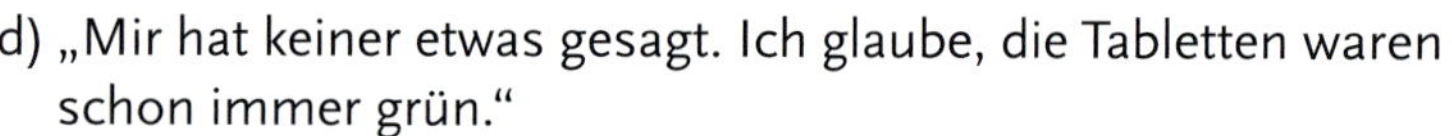

d) „Mir hat keiner etwas gesagt. Ich glaube, die Tabletten waren schon immer grün.“ 

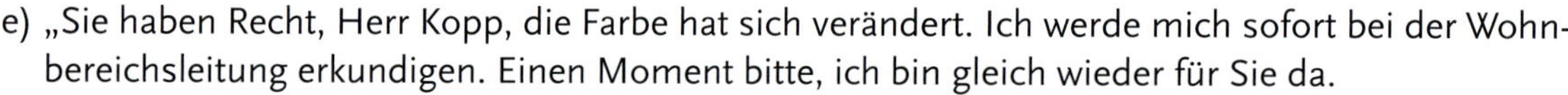

e) „Sie haben Recht, Herr Kopp, die Farbe hat sich verändert. Ich werde mich sofort bei der Wohnbereichsleitung erkundigen. Einen Moment bitte, ich bin gleich wieder für Sie da. 

3.1 Stress und Belastungen wahrnehmen

Diskutieren Sie in der Klasse: Ist es Marias Aufgabe als Pflegeassistentin, Herrn Feists Tochter auf die beobachteten Anzeichen von Belastung anzusprechen?

Maria beobachtet immer wieder, wie Herr Feist von seiner Tochter ins angeschlossene Tageszentrum gebracht wird. Die Tochter wirkt meist sehr müde und hat einen barschen und ungeduldigen Tonfall, wenn sie mit ihrem Vater spricht. Nach dem „Abliefern“ des Vaters raucht sie häufig vor der Türe noch zwei Zigaretten. Maria hat den Eindruck, dass die Tochter belastet ist. Aber sie ist sich sehr unsicher, ob es zu ihrem Aufgabenbereich gehört, die Tochter darauf anzusprechen.

Nicht jede Anstrengung ist gleich eine nicht bewältigbare Überforderung. Stress ist ein fixer Teil unseres Lebens und wirkt sich nicht nur negativ aus. **Stress kann motivieren** und aktivieren und wirkt manchmal im alltäglichen Leben wie das sprichwörtliche „Salz in der Suppe". Allerdings kann eine **dauerhafte negative Stressbelastung zu Überforderung führen.**

Ein Arbeitsblatt zu Ihrer persönlichen Stressbewältigung finden Sie in der TRAUNER-DigiBox.

Was als belastender Stress wahrgenommen wird, ist von Mensch zu Mensch sehr unterschiedlich. Es hängt einerseits davon ab, wie Belastungen und Herausforderungen von der einzelnen Person bewertet werden. Andererseits wird es davon beeinflusst, ob Fähigkeiten zur Bewältigung zur Verfügung stehen.

Salutogenese

Das **Gesundheitsmodell** der Salutogenese wurde von Aaron Antonovsky entwickelt. Es soll Menschen dabei unterstützen, starke Belastungen zu bewältigen.

Antonovsky vergleicht die menschliche Gesundheit mit einem Fluss, in dem wir schwimmen. Dieser Fluss hat auch gefährliche Strudel, Stromschnellen und Hindernisse. Das Ziel der Salutogenese ist es, die Menschen dabei zu unterstützen, besser schwimmen zu lernen.

Aaron Antonovsky, israelisch-amerikanischer Medizinsoziologe (1923–1994)

Im Ansatz der Salutogenese sind die Kraft der **Widerstandsressourcen** und die Entwicklung eines **Kohärenzgefühls** zentral.

die Kohärenz = Zusammenhang, Abstimmung

Widerstandsressourcen

Eine positive und lösungsorientierte Haltung fördert und erhält die Gesundheit.

Die Widerstandsfähigkeit und die persönliche Stressregulation werden gefördert durch:

- Das aktive Herangehen an Probleme
- Das Betrachten der Herausforderungen als Chance
- Das Empfinden, selbst Gestalter/in des eigenen Lebens zu sein

Fähigkeiten und Ressourcen, die helfen, Belastungen und Herausforderungen aktiv zu bewältigen, werden **generalisierte Widerstandsressourcen** genannt. Je mehr davon zur Verfügung stehen und verwendet werden können, desto besser können Stressbelastungen erfolgreich bewältigt werden.

generalisiert = bedeutet in diesem Zusammenhang, dass diese Ressourcen in den verschiedensten Belastungssituationen hilfreich sind

Beispiele für generalisierte Widerstandsressourcen

- Materielle Ressourcen
- Sozialer Rückhalt und Beziehungen
- Genetische/körperliche Faktoren
- Wissen, Intelligenz
- Vorausschauende Bewältigungsstrategien
- Selbstkonzept
- Verantwortungsgefühl
- Kultur, Religion, Philosophie

Je mehr Widerstandsressourcen zur Verfügung stehen, desto weniger kann Stress der Gesundheit schaden.

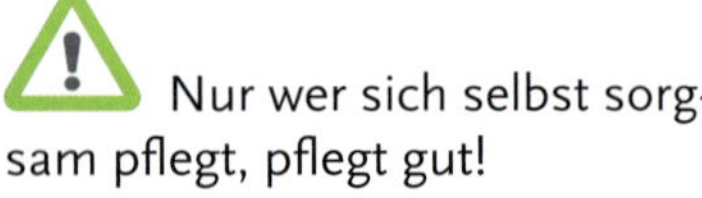

Nur wer sich selbst sorgsam pflegt, pflegt gut!

Kohärenzgefühl

Das Kohärenzgefühl ist eine **Grundhaltung.** Es ist das **Vertrauen darauf,** dass ausreichend Möglichkeiten vorhanden sind, um die anstehenden **Herausforderungen** des Lebens **bewältigen zu können.** Das Kohärenzgefühl setzt sich aus drei Teilen zusammen:

Das Gefühl von Verstehbarkeit	Das Gefühl von Bewältigbarkeit	Das Gefühl von Bedeutsamkeit
Die Umwelt, in der sich eine Person befindet, wird als verstehbar wahrgenommen. Die Person kann sich ihre Umwelt selbst erklären.	Die Person hat die Gewissheit, dass Herausforderungen durch Hilfe von außen oder eigene Ressourcen bewältigt werden können.	Das eigene Leben mit den darin enthaltenen Aufgaben wird als sinnvoll oder bedeutsam empfunden.
Beispiel Angehörige können sich erklären, welche Umstände dazu führen, dass die aktuelle Situation so belastend ist.	**Beispiel** Angehörige haben das Gefühl, dass sie die pflegerischen Aufgaben mit den eigenen Möglichkeiten bewältigen können und auch Unterstützung durch das soziale Umfeld und professionelle Dienste erhalten.	**Beispiel** Wenn pflegende Angehörige erkennen, wie sinnvoll die eigene Selbstfürsorge auch für die Menschen ist, die sie pflegen, fördert dies sowohl ihre Zufriedenheit als auch die Umsetzung dieser Selbstfürsorge.

3.2 Unterstützung bei Stressbelastung von Angehörigen

Frühzeitig sichtbar werden erste Anzeichen von Stress und Überforderung von pflegenden Angehörigen oftmals für das Pflegepersonal. Das Ansprechen dieser Anzeichen und die Information über Angebote zur Unterstützung und Entlastung von Angehörigen zählen daher zur pflegerischen Kompetenz.

DAS SOLLTEN SIE SPEICHERN

Es ist wirkungsvoller und nachhaltiger, die beobachteten Belastungen bei Angehörigen frühzeitig anzusprechen, als erst spät die Beschwerden aufwendig zu behandeln, die durch die Belastungen entstanden sind.

Auswirkungen von Stress und längerfristiger Überforderung durch die Pflege von Angehörigen

Körperliche Auswirkungen
- Muskelverspannungen und Gelenksverschleiß
- Anfälligkeit für Infektionen
- Hautprobleme
- Gewichtsschwankungen
- Magen- und Verdauungsprobleme
- Schlafstörungen, ungewöhnliche Müdigkeit

Psychische Auswirkungen
- Stimmungsschwankungen
- Nervosität, Unruhe, leichte Reizbarkeit
- Antriebs- oder Rastlosigkeit
- Gedächtnis- und Konzentrationsschwierigkeiten
- Übermäßiger Gebrauch von Medikamenten, Tabak, Alkohol oder anderen Substanzen
- Erschöpfung

Soziale Auswirkungen
- Verlust von Kontakten bis zu Isolation
- Abnahme des Interesses an der Umwelt
- Gesellschaftlicher Druck durch moralische Haltungen (z. B.: „Eine gute Tochter sorgt für ihre Mutter.“)

Materielle Auswirkungen
- Einkommensverlust und geringere Pension
- Hohe Kosten für die Gestaltung einer pflegegerechten Wohnung
- Kosten für Ersatzpflege bei Krankheit
- Kosten für Pflegeausstattung

Diese Beschwerden können auf eine Belastung hindeuten, müssen aber nicht zwingend Auswirkungen von Stress und Überlastung sein. Es gibt auch noch andere Gründe, weshalb solche Symptome auftreten können.

3.2.1 Ein Gespräch mit belasteten Angehörigen einleiten

Für das Ansprechen solcher beobachteten Belastungen bietet sich der Ansatz der **motivierenden Gesprächsführung** an. Beachten Sie bei Angehörigengesprächen auch die grundlegenden Haltungen der Gesprächsführung, also **Wertschätzung, empathisches Einfühlen und Verstehen** sowie **Kongruenz,** also Echtheit in der Gesprächsführung.

Zur **motivierenden Gesprächsführung** finden Sie umfassende Informationen im Kapitel „Gesprächsführungskonzepte“, S. 71.

Um Erstmaßnahmen zur Unterstützung belasteter Angehöriger zu setzen, können Sie nach den folgenden vier Schritten vorgehen:

Schritt 1: **Belastungen bei Angehörigen wahrnehmen**

Wenn Sie Anzeichen von Belastungen bei Angehörigen wahrnehmen, können Sie entweder das Gespräch gleich suchen oder, wenn Sie sich nicht ganz sicher sind, zu Schritt 2 übergehen.

Schritt 2: Sich mit Kolleginnen/Kollegen oder internen Ansprechstellen austauschen

Dabei können Ihre Beobachtungen besprochen werden. Es kann abgeklärt werden, inwieweit Ihre Wahrnehmungen auf Belastungen bei Angehörigen hinweisen können. Zusätzlich kann dabei geklärt werden, wer ein Gespräch mit den Angehörigen führen könnte/sollte.

Schritt 3: Das Gespräch mit den Angehörigen suchen

Ist aufgrund Ihrer Wahrnehmungen und/oder des Austauschs mit Kolleginnen/Kollegen anzunehmen, dass die Angehörigen stark belastet sind, führen Sie ein erstes Gespräch mit den Angehörigen. Beachten Sie dabei die Grundlagen der Gesprächsführung.

Lesen Sie hierfür im Kapitel „Grundlagen der Gesprächsführung“ nach.

Schritt 4: Informationen über Unterstützung von außen einholen bzw. Unterstützung organisieren

Wissen über Möglichkeiten der Unterstützung schafft Sicherheit im Gespräch. Im Fall einer tatsächlichen Belastung der Angehörigen können Sie mit dem Wissen auch konkrete Hilfe anbieten. Unterstützung muss nicht immer selbst geleistet werden, sondern kann auch in der Vermittlung kompetenter Angebote bestehen.

Aufgabenstellung – „Unterstützung bei Stressbelastung“

- Recherchieren Sie Unterstützungsmöglichkeiten für Angehörige von pflegebedürftigen Menschen.

Tauschen Sie sich anschließend mit Kolleginnen/Kollegen über die Angebote aus und ergänzen Sie die eigenen Aufzeichnungen bei Bedarf.

3.2.2 Unterstützungsangebote für pflegende Angehörige

Für pflegende Angehörige werden von der Sozialversicherung, den Ländern und den Gemeinden verschiedene Unterstützungsangebote zur Verfügung gestellt. Diese Angebote gliedern sich im Wesentlichen in folgende Bereiche:

Entlastung und Erholung
verschiedenste soziale Dienste (Tagesbetreuung, Kurzzeitpflege oder Urlaubspflege, Besuchsdienste usw.), Rehabilitation für pflegende Angehörige, Pflegefreistellung, Familienhospizkarenz usw.

Information, Beratung und Fortbildung
Hausbesuche von qualifizierten Pflegekräften, Kurse und Schulungen für pflegende Angehörige, Selbsthilfegruppen zu verschiedenen Themenbereichen usw.

Möglichkeiten der persönlichen Beratung bis hin zur psychotherapeutischen Unterstützung
Angehörigengespräche durch Psychologinnen/Psychologen, Beratungsstellen mit verschiedenen Schwerpunkten (Familie, Demenz, Sucht ...) usw.

Folgende Internetadressen bieten Informationen zur Unterstützung von Angehörigen:
www.pflege.gv.at
www.gesundheit.gv.at
www.sozialministerium.at
www.oesterreich.gv.at
www.sozialversicherung.at
www.arbeiterkammer.at

DAS SOLLTEN SIE SPEICHERN

Es ist nicht die vorrangige Aufgabe von Pflegekräften, über alle Möglichkeiten der Entlastung von Angehörigen Bescheid zu wissen. Wichtig ist, entweder Ansprechpersonen in der Einrichtung/Organisation für dieses Thema zu haben oder an kompetente Einrichtungen in der Umgebung verweisen zu können.

3.3 Dokumentation von Angehörigengesprächen

Professionelle Pflege ist meist arbeitsteilig organisiert. Unterschiedliche Pflegekräfte leisten Unterstützung und sind auch mit den Angehörigen in Kontakt. Um **Informationen** auch an Kolleginnen/Kollegen **weiterzugeben,** ist daher eine Dokumentation der Pflegeleistungen notwendig. Damit werden die **Pflegeleistungen nachvollziehbar.**

In einer Pflegedokumentation werden verschiedenste Informationen erfasst, z. B.:

- Die wichtigsten formalen Daten der Klientinnen und Klienten
- Die Anamnese
- Die Pflegeplanung mit der Darstellung verschiedenster Maßnahmen auch anderer Berufsgruppen (Ärztinnen/Ärzte, Physiotherapeutinnen/-therapeuten usw.)
- Pflegeberichte und Pflegeleistungen
- Gespräche mit den Betroffenen und ihren Angehörigen

In der Dokumentation von Angehörigengesprächen ist es wichtig, auch darzustellen, welche Interventionen (Gespräch, Weitervermittlung intern oder extern zu Fachdiensten, Vereinbarungen usw.) gesetzt wurden.

Eine Pflegedokumentation dient nicht nur der Information, sondern auch der rechtlichen Absicherung der Mitarbeiter/innen und Verantwortlichen der Pflege.

Aufgabenstellung – „Dokumentation von Angehörigengesprächen“

- a) Formulieren Sie in Kleingruppen kurze Informationen über ein Gespräch mit einer belasteten Angehörigen und Ihre Vorgehensweise dabei. Folgende Informationen haben Sie erhalten:

  Die Angehörige hat Ihnen von Schlafstörungen und starken Stimmungsschwankungen erzählt. Zudem haben Sie erfahren, dass die Angehörige dauerhaft müde ist und große Geldsorgen hat. In ihrem Freundeskreis ist sie nicht mehr gerne gesehen und sie hat kaum noch Kontakt.

  b) Lassen Sie Ihre Formulierungen von einer anderen Kleingruppe lesen und überprüfen Sie, was die Kolleginnen/Kollegen verstanden haben (Worum geht es? Wie wurde reagiert/interveniert? Wurde jemand eingebunden oder wurde an jemanden weiterverwiesen?).

intervenieren = dazwischentreten, vermittelnd eingreifen

4 Umgang mit Beschwerden

Attila beobachtet, wie der Pfleger Thorsten ein Gespräch mit der Mutter der 50-jährigen Bewohnerin Frau Hofer führt. Frau Hofer wird mit Multipler Sklerose betreut. Die Mutter hat sich in lautem Tonfall im Aufenthaltsraum beschwert, dass ihre Tochter immer im Bett liegen würde, wenn sie auf Besuch kommt. Außerdem meint sie, dass sich das Personal nicht ausreichend um ihre Tochter kümmern und sie nur als Belastung ansehen würde.

Wie würden Sie an Thorstens Stelle mit dieser Beschwerde umgehen? Besprechen Sie sich in Kleingruppen.

vermeintlich = falsch angenommen

Im Arbeitsalltag bedeutet Angehörigenarbeit vielfach Beschwerdemanagement. Beschwerdemanagement sollte möglichst **frühzeitig** einsetzen, bevor sich eine Verbitterung einstellt – bei den Angehörigen wegen vermeintlich schlecht laufender Vorgänge, bei den Pflegekräften wegen vermeintlich „immer nur nörgelnder“ Angehöriger.

DAS SOLLTEN SIE SPEICHERN

Aktives Beschwerdemanagement ist erfolgversprechender, als die Angehörigen hinzuhalten und abzuwehren.

Tipps für ein aktives Beschwerdemanagement

- Einrichten einer offiziellen Beschwerdeannahmestelle
- Sammlung und Dokumentation von Beschwerden
- Kontinuierliche Überwachung der Fehlerquellen und der dafür vorgesehenen Lösungswege

Es hat negative Auswirkungen auf den Ruf einer Einrichtung, wenn mit unzufriedenen Angehörigen kein offenes Gespräch geführt wird.

> *„Pflegeeinrichtungen sind auf die Kritik der Angehörigen angewiesen, wollen sie ihre Arbeit kundengerecht gestalten und damit einer optimalen Auslastung des Hauses zuarbeiten."*
>
> SIGRID DANEKE: ANGEHÖRIGENARBEIT, URBAN&FISCHER

Beschwerden bieten für eine Einrichtung **Chancen.** Angehörige sehen die Einrichtung aus der Sicht von Kundinnen und Kunden und sind anders als die Mitarbeiter/innen nicht betriebsblind.

DAS SOLLTEN SIE SPEICHERN

Beschwerden können Aufschluss darüber geben, ob die Arbeit insgesamt gut bewertet wird. Zusätzlich zeigen Beschwerden Schwachstellen auf, wenn bestimmte Arbeitsbereiche immer wieder kritisiert werden.

Nicht immer sind Beschwerden berechtigt. Manchmal sind sie auch zurückzuführen auf Unwissenheit oder unrealistische Vorstellungen der Angehörigen oder sogar auf Probleme der Angehörigen mit dem betreuten Familienmitglied oder anderen Personen.

Allein die Absicht und das **Bemühen, Angehörige ernst zu nehmen,** ihre Sorgen und Wünsche anzuhören und **auf sie einzugehen,** erhöht das Verständnis der Angehörigen gegenüber den Pflegekräften sowie ihre Bereitschaft zum Entgegenkommen.

Manche unzufriedenen Angehörigen fühlen sich in ihrer Situation zu wenig beachtet und fordern mehr Aufmerksamkeit.

Tipps für den Umgang mit mündlichen Beschwerden

- Nehmen Sie sich für Gespräche ausreichend **Zeit** und sorgen Sie für eine ruhige, ungestörte Gesprächsatmosphäre.
- Treten Sie **geduldig, höflich** und zugewandt auf.
- Beachten Sie die **Grundlagen der Kommunikation.**
- Versetzen Sie sich in die Lage der Angehörigen hinein und bringen Sie **Verständnis** für sie auf.
- **Warten** Sie, bis sich die Angehörigen so weit wie nötig ausgesprochen haben und den Erklärungen zuhören können.
- Bewahren Sie **Ruhe.**
- Machen Sie **keine Versprechungen,** die nicht eingehalten werden können.
- Sagen Sie den Angehörigen, dass **Anregungen und Kritik** angenommen werden und eine positive Wirkung für die Einrichtung haben.

Lesen Sie hierfür im Kapitel „Grundlagen der Kommunikation" nach.

Aufgabenstellung – „Umgang mit Beschwerden“

- Lesen Sie noch einmal das Einstiegsbeispiel auf Seite 178 und bearbeiten Sie die folgenden Aufgabenstellungen:
  - **a)** Beschreiben Sie eine geeignete Art, auf die Thorsten mit der Mutter von Frau Hofer in Kontakt treten kann.
  - **b)** Geben Sie Punkte an, auf die Thorsten besonders achten sollte.
  - **c)** Formulieren Sie eine geeignete Reaktion auf die Vorwürfe der Mutter.
  - **d)** Schlagen Sie Schritte vor, die Thorsten für die Zukunft am besten setzen sollte.

Formulierungshilfen finden Sie ab S. 259.

Ziele erreicht? – „Grundzüge der Angehörigenarbeit“

KOMPETENZERWERB

1. Skizzieren Sie die Bedeutung von Angehörigen für die betreuten Personen und die Pflegekräfte

2. Bestimmen Sie den Typ von Angehörigen, dem die folgenden Personen am ehesten zugeordnet werden können, und geben Sie Tipps für den Umgang mit diesem Typ:

1. Herr Maier besucht seine Tochter, die seit einem Unfall, den er verschuldet hat, im Rollstuhl sitzt. Er fühlt sich verantwortlich für ihre Finanzen, obwohl die Tochter sich selbst darum kümmern kann und eigentlich keine Unterstützung möchte. Die Besuche sind immer sehr kurz, es wird kaum geredet, gemeinsame Unternehmungen gibt es nicht.

Typ:

Tipps:

2. Frau Sengül hat ihren Mann fünf Jahre lang zu Hause gepflegt. Nun wird das gemeinsame Haus umgebaut und der Mann lebt vorübergehend in einer Pflegeeinrichtung. Nach wie vor kümmert sie sich aufopfernd um ihn und übernimmt täglich den Großteil seiner Pflege und Betreuung.

Typ:

Tipps:

3 Frau Hofer kommt nach längerer Zeit ihre Mutter besuchen. Wie immer will sie Einsicht in die Pflegedokumentation und bemängelt dabei, dass ihre Mutter zu selten gebadet werde. Außerdem bekomme sie den falschen Badezusatz. Frau Hofer kündigt an, den Pflegezustand ihrer Mutter nun regelmäßig zu kontrollieren.

Typ:

Tipps:

3. Lesen Sie die folgende Situation mit einer Angehörigen und bearbeiten Sie die Aufgabenstellungen.

Sie arbeiten als Pflegekraft in einem Pflegeheim und werden von Frau Ilhan, der Ehefrau eines Bewohners, unvermittelt gefragt: „Wie schaffen Sie das nur, immer die Pflegebedürftigen um sich herum? Einige Bewohner sind doch wirklich schwierig. Wenn ich da nur an Herrn Höchst denke ..." Sie wissen, dass Herr Ilhan und Herr Höchst sich nicht gut miteinander verstehen, und wollen Frau Ilhan auch deshalb keine heiklen Informationen liefern.

Aufgabenstellung nach Michael R. Heß

- Wählen Sie aus den folgenden Antwortmöglichkeiten jene, die für Sie stimmig ist und die Sie umsetzen können.

a) „Wer weiß, wie ich mich in diesem Alter verhalte, wenn ich stark eingeschränkt bin."	○
b) „Wenn ich sehe, dass unsere Bewohner/innen zufrieden sind, motiviert mich das täglich bei meiner Arbeit."	○
c) „Jeder Mensch ist von den Erfahrungen geprägt, die er gemacht hat. Wer weiß, wie ich mich in diesem Alter verhalte."	○
d) „Die Anforderungen in der Altenpflege sind hoch, Frau Ilhan. Deshalb bilden wir uns auch im zwischenmenschlichen Umgang ständig weiter."	○

Tipp: Testen Sie Ihre bevorzugte Antwort in einem kleinen Rollenspiel und achten Sie auf die Reaktion Ihrer Gesprächspartnerin/Ihres Gesprächspartners.

- Begründen Sie in einer anschließenden Diskussion in der Klasse Ihre Antwortwahl.

4. **Gespräche mit Angehörigen**

a) Geben Sie Gründe an für Kommunikationsprobleme, die von den Angehörigen bzw. den Pflegekräften ausgehen.

b) Formulieren Sie eine kundenorientierte Alternative zu den folgenden Aussagen der Pflegekräfte.

1 Herr Kolm fragt die Pflegerin Zuhal, warum bei seiner Frau der Verband nicht gewechselt wurde. Zuhal antwortet ihm: *„Ich weiß nicht, ich hatte frei."*

Ihr Formulierungsvorschlag:

② Frau Nemecek möchte mit der Physiotherapeutin reden. Sie fragt den Pfleger Thomas, wann sie diese erreichen könne. Thomas antwortet: *„Das geht jetzt nicht. Wir sind so knapp besetzt, die hat jetzt keine Zeit.“*

Ihr Formulierungsvorschlag:

5. Geben Sie einige Beispiele zu verschiedenen negativen Auswirkungen, die Stressbelastung durch die Pflege von Angehörigen haben kann.

6. **Salutogenese**

a) Beschreiben Sie die Faktoren des Kohärenzgefühls.

b) Reflektieren Sie in Dreiergruppen Ihre persönlichen Widerstandsressourcen anhand der folgenden Fragen:

- In welchen Situationen/Lebensphasen waren diese Widerstandsressourcen besonders hilfreich?
- Wie haben Sie sich diese Ressourcen angeeignet und sie erweitert?
- Wie könnten andere Menschen diese Ressourcen an Ihnen bemerken?
- Welche dieser Ressourcen möchten Sie noch erweitern oder ausbauen?
- Welche Widerstandsressourcen erscheinen Ihnen im Pflegeberuf besonders hilfreich?

7. **Unterstützung belasteter Angehöriger**

a) Geben Sie die Schritte wieder, die Sie setzen können, um entlastende Erstmaßnahmen bei belasteten Angehörigen einzuleiten.

b) Versetzen Sie sich in die folgende Situation:

Sie unterhalten sich mit Herrn Hasimović, dem Sohn eines Bewohners mit Demenz, der in der Pflegeeinrichtung lebt, in der Sie arbeiten. Herr Hasimović kommt jede Woche mindestens zweimal zu Besuch und bringt seinem Vater Kleinigkeiten zu essen aus seinem Herkunftsland mit. Außerdem ist er der Angehörigenvertreter seines Vaters. Sie erfahren, dass Herr Hasimović arbeitslos ist und Mietschulden hat. Zudem konsumiert er viel Alkohol und sein Freundeskreis ist mittlerweile sehr klein. Meist verbringt er seine Zeit allein in der Wohnung, in der er mit seinem Vater gewohnt hat. Seine Mutter ist schon gestorben und seine Geschwister sind ins Herkunftsland der Familie zurückgegangen. Sie fühlen sich überfordert von den vielen Informationen und dem Schicksal von Herrn Hasimović, möchten aber gerne helfen. Daher versuchen Sie, ihn an kompetente Stellen zu vermitteln.

Kreuzen Sie jene Stellen an, an die Sie Herrn Hasimović in diesem Fall weitervermitteln würden.

- ○ An die Alkoholberatungsstelle
- ○ An einen Priester/Pfarrer/Geistlichen
- ○ An eine Kollegin, die auch die Miete nicht bezahlen kann und damit Erfahrung hat
- ○ An ein Reisebüro, damit er in das Heimatland seiner Familie reisen kann
- ○ An das Arbeitsmarktservice, damit er einen Job bekommt
- ○ An ein Datingportal, das Sie kennen, damit er mit interessanten Menschen in Kontakt kommt
- ○ An eine Psychiaterin/einen Psychiater
- ○ An das Vertretungsnetz, damit er die Verantwortung für seinen Vater abgeben kann
- ○ An die Mietervereinigung
- ○ An die Sozialberatungsstelle
- ○ An eine Selbsthilfegruppe für Angehörige von Menschen mit Demenzerkrankung
- ○ An eine Psychotherapeutin/einen Psychotherapeuten
- ○ An einen Kreditvermittler, damit er wieder Geld zur Verfügung hat
- ○ An eine Fitnesstrainerin/einen Fitnesstrainer, damit er wieder zu Kräften kommt

c) Führen Sie zu zweit ein Gespräch mit verteilten Rollen. Eine Person übernimmt die Angehörigenrolle, die andere die Rolle der Pflegekraft.

- Der/Die Angehörige berichtet von verschiedenen Belastungen und Herausforderungen.
- Als Pflegekraft versuchen Sie auf Basis dieses Berichts einzuschätzen, welche Unterstützung Sie selbst geben können und wobei Sie weitervermitteln sollten. Machen Sie sich Notizen zur Intervention.

____

____

____

____

____

- Wechseln Sie anschließend die Rollen und wiederholen Sie die Übung.

8. Bilden Sie Dreiergruppen, um das folgende Beschwerdegespräch im Rollenspiel zu führen:

- **Person A** spielt einen aufgebrachten Angehörigen, der sich bei der Pflegekraft darüber beschwert, dass seine Mutter immer als Letzte das Mittagessen eingegeben bekommt und es dann schon kalt ist.
- **Person B** schlüpft in die Rolle der Pflegekraft und versucht, das Beschwerdegespräch professionell zu führen, sodass am Ende sowohl der Angehörige als auch die Pflegekraft mit Wohlwollen und einigermaßen zufrieden aus dem Gespräch gehen.
- **Person C** beobachtet, macht Notizen und gibt Person B nach dem Rollenspiel Feedback.

Anschließend werden die Rollen getauscht, sodass jede Person einmal in die Rolle der Pflegekraft schlüpft.

Beachten Sie die Tipps für den Umgang mit mündlichen Beschwerden!

Kultursensibles pflegerisches Handeln

Unsere Kommunikation wird von unserem gesellschaftlichen Umfeld und unserer Kultur beeinflusst. Mit den vielfältigen gesellschaftlichen und kulturellen Hintergründen unserer Gesprächspartner/innen sollten wir konstruktiv umgehen können. In der Pflege ist dies eine Voraussetzung dafür, dass die Bedürfnisse der betreuten Menschen und ihrer Angehörigen wahrgenommen werden können.

Um alle Klientinnen und Klienten unabhängig von ihrer kulturellen Prägung gut versorgen zu können, benötigen Pflegekräfte eine gewisse Kultursensibilität, die in diesem Kapitel geschärft werden soll.

Meine Ziele

Nach Bearbeitung dieses Kapitels kann ich

- zentrale Grundsätze einer kultursensiblen Beziehungsgestaltung beschreiben;
- beispielhaft aufzeigen, was in der interkulturellen Kommunikation zu beachten ist;
- die eigenen Einstellungen zu kulturell unterschiedlich geprägten Lebenswelten reflektieren;
- Grundsätze einer kultursensiblen Kommunikation anwenden;
- kultursensibel auf Menschen eingehen.

1 Was ist Kultur?

Attila hat den Auftrag erhalten, Herrn Ilhan, einem neuen Bewohner des Hauses, Aktivitäten anzubieten, damit er sich nicht so allein fühlt. Da Attila den Namen des Mannes schon kennt und Herrn Ilhan auch schon beim Frühstück kurz gesehen hat, sucht er sich das Backgammon-Spiel heraus. Er nimmt an, dass Herr Ilhan aus der Türkei stammt, wo ja alle Männer gerne Backgammon spielen. Als er Herrn Ilhan fragt, ob er Interesse an einem Spiel habe, antwortet dieser: „Ich habe noch nie Backgammon gespielt, aber schnapsen würde ich gerne mit Ihnen!"

Tauschen Sie sich zu zweit über Situationen aus, in denen Sie überrascht waren, weil Ihre (kulturellen) Vorannahmen nicht bestätigt wurden. Wurden Sie in diesen Situationen positiv oder negativ überrascht?

Recherchieren Sie unterschiedliche Definitionen von Kultur und halten Sie Ihre Rechercheergebnisse in Ihren Lernunterlagen fest.

Die **Kultur** einer Person setzt sich aus vielen Aspekten zusammen. Dazu zählen u. a. Wertvorstellungen, erlernte Verhaltensweisen, Normen, Bräuche, die Sprache oder die Religionszugehörigkeit. Personen, die sich derselben Kultur zugehörig fühlen, weisen bezüglich dieser Aspekte Gemeinsamkeiten auf. Das **verbindet** sie und gibt ihnen eine **gemeinsame Identität.**

Beispiel

Bestimmt haben Sie z. B. schon wahrgenommen, dass die Rollenverteilung zwischen Männern und Frauen in verschiedenen Kulturen unterschiedlich ist. Vielleicht weicht Ihr eigenes Rollenverständnis ab von jenem, das in Ihrer Wohngegend vorherrscht. Oder Sie haben diesbezügliche Unterschiede im Urlaub (im Ausland) wahrgenommen. Vielleicht haben Sie auch Bekannte aus einem anderen Kulturkreis, in dem Frauen und Männer andere Aufgaben und Verantwortlichkeiten haben, als Sie es gewohnt sind.

Geschlechterrollen sind beeinflusst von Einstellungen, Werten und Normen einer Gesellschaft. Sie werden von Generation zu Generation weitergegeben. So, wie sich jedoch eine Gesellschaft mit ihren Werten und Normen verändert, so entwickeln sich auch Geschlechterrollen laufend.

Kultur wird in diesem Kapitel nicht als etwas Statisches verstanden. Kultur wird als eine besondere Lebensweise einzelner Gruppen betrachtet, die sich dynamisch im Rahmen gesellschaftlicher Möglichkeiten und Zwänge verändert.

statisch = unbeweglich, feststehend
dynamisch = beweglich, veränderbar

Dieses dynamische Kulturverständnis hat folgende Vorteile:

1 Es bezieht die aktuellen individuellen Bedingungen, innerhalb derer Menschen ihr Leben gestalten, mit ein.

2 Menschen werden damit nicht auf eine bestimmte Herkunft mit den dazugehörigen Stereotypen reduziert.

3 Menschen werden in ihrer gesamten Lebensgestaltung mit ihren höchstpersönlichen Möglichkeiten und Grenzen wahrgenommen.

2 Kultursensibilität

Kultursensibilität ist die Fähigkeit, sich auf Menschen aus anderen kulturellen Umgebungen feinfühlig einstellen zu können. Sie beinhaltet einen respektvollen und differenzierten Umgang mit der eigenen Kultur sowie mit anderen Kulturen.

differenziert = fein abgestuft

Dafür sollten Sie einerseits den Blick für die eigenen Werthaltungen schärfen. Andererseits sollten Sie neugierig und interessiert auf Personen mit anderen kulturellen Hintergründen zugehen. Für Kultursensibilität sind einige Fähigkeiten als Voraussetzungen notwendig:

Reflektieren Sie Ihre kulturellen Privilegien. Füllen Sie hierfür den Fragebogen in der TRAUNER-DigiBox aus.

das Privileg = einer einzelnen Person oder einer Gruppe vorbehaltene Vergünstigung oder Sonderregelung

Fähigkeiten	Beschreibung
Reflexionsfähigkeit/ Selbstreflexion	Die eigenen kulturellen Prägungen im Denken, Erleben und alltäglichen Handeln werden wahrgenommen und können auch betrachtet und besprochen werden.
Akzeptierende Haltung	Andere Einstellungen und Verhaltensweisen können als gleichberechtigt mit den eigenen betrachtet werden. Dies bedeutet keine Aufgabe der eigenen Haltung.
Neugier	Es besteht eine gewisse Neugier, sich mit kulturell beeinflussten Denk- und Handlungsmustern zu beschäftigen. Dies führt zu einer aktiven Auseinandersetzung mit den Themen anderer Kulturen.
Empathiefähigkeit	Es ist möglich, sich in die Denk-, Fühl- und Handlungsweisen von Menschen mit anderen kulturellen Hintergründen hineinzuversetzen.
Sensibilität für Gemeinsamkeiten und Unterschiede	Durch eine Beschäftigung mit Gemeinsamkeiten und Unterschieden können Überschneidungen entdeckt werden, die es erleichtern, gemeinsame Handlungsmöglichkeiten zu entwickeln.

Nähere Informationen zur **Empathie** finden Sie im Kapitel „Soziale Kompetenz“, S. 102.

Aufgabenstellung – „Kultursensibilität“

- Setzen Sie sich auseinander mit den Eigenschaften und Verhaltensweisen von Personen aus anderen Kulturen, mit denen Sie öfter Kontakt haben.
  a) Tragen Sie in den Kästchen jene Eigenschaften und Verhaltensweisen ein, die unterschiedlich zu Ihren eigenen erscheinen. In den überschneidenden Kreis tragen Sie die Gemeinsamkeiten, die Sie mit den Personen haben, ein.

Das müssen keine großen Kulturunterschiede sein. Oft herrscht schon im benachbarten Ort oder Bundesland eine etwas andere Kultur.

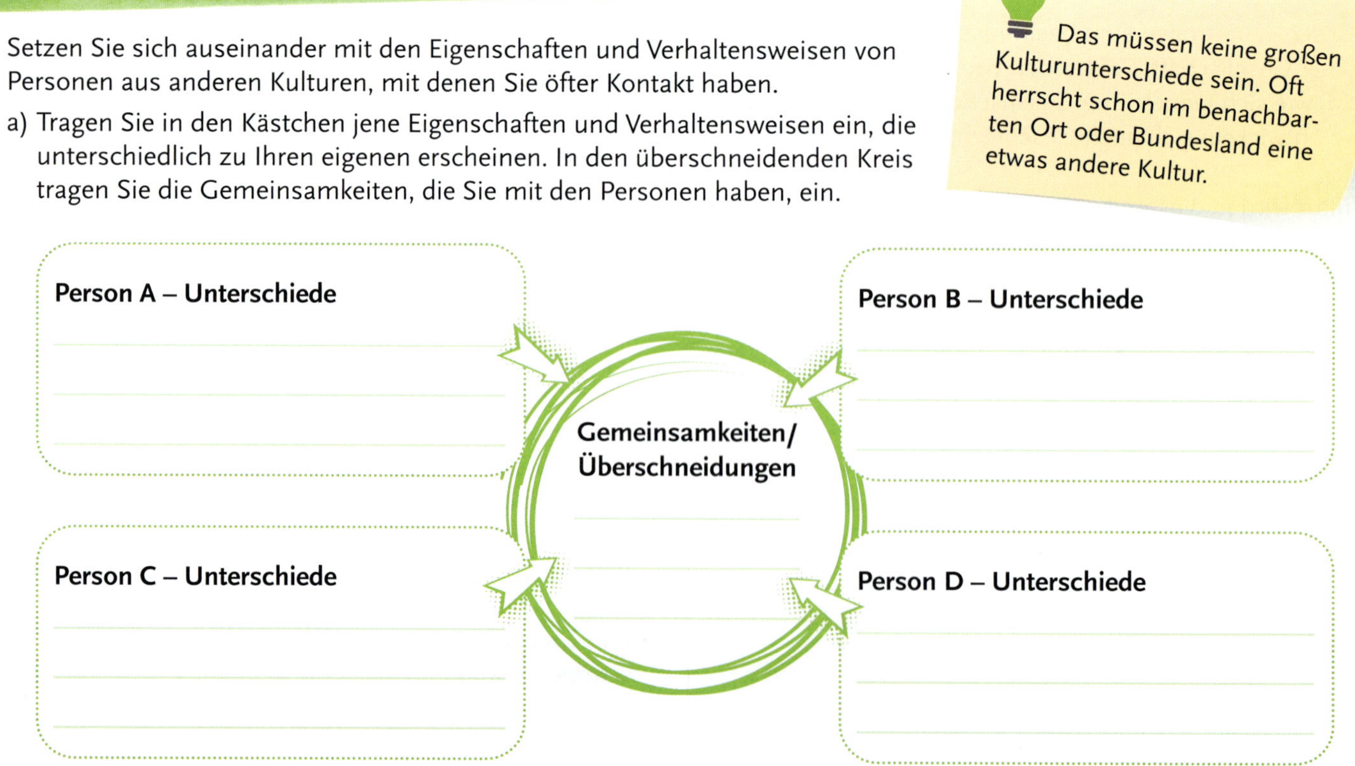

b) Tauschen Sie sich mit Kolleginnen und Kollegen über die Gemeinsamkeiten, die Sie jeweils gefunden haben, aus. Begründen Sie auch Ihre Bereitschaft, die Unterschiede zu akzeptieren.

2.1 Kultursensible Beziehungsgestaltung

Menschen entwickeln **in verschiedenen Umfeldern unterschiedliche kulturelle Zugehörigkeiten.** Werden Menschen auf eine Kulturzugehörigkeit reduziert, können sie nicht mehr als eigenständige und vielschichtige Personen wahrgenommen werden. Dadurch kommt es leicht zu schmerzhaften Diskriminierungen.

Allgemeine Informationen zur **Beziehungsgestaltung** finden Sie im Kapitel „Soziale Kompetenz", S. 101.

Die folgenden Aspekte sollten daher bei einer kultursensiblen Beziehungsgestaltung berücksichtigt werden:

1 Kulturen stehen in einem bestimmten Machtverhältnis zueinander

Kulturen stehen meist nicht gleichwertig nebeneinander, sondern in einer über- bzw. untergeordneten Beziehung. Eine kultursensible Beziehungsgestaltung beachtet diese Machtunterschiede.

Jede Interaktion ist interkulturell!

2 Kultur ist dynamisch

Kulturelle Zuschreibungen sind keine statischen Verhaltensnormen, die über Generationen unverändert bestehen. Die Lebensweisen von Gruppen verändern sich dynamisch.

3 Kulturzuschreibungen beinhalten „Vereinfachungen"

Wenn Verhaltensweisen und Denkmuster von Menschen einer bestimmten Kultur zugeschrieben werden, ist dies häufig der Versuch, komplexe Situationen und Lebensweisen von Menschen zu vereinfachen.

komplex = vielschichtig

4 Kultur trägt zur Sinn- und Identitätsbildung bei

Das Zugehörigkeitsgefühl zu einer Kultur und eigene kulturelle Zuschreibungen erfüllen eine wesentliche Funktion: Sie dienen Menschen als Hinweise oder Anleitung, wie sie Herausforderungen in ihrem Leben begegnen können.

5 Kulturelles Handeln ist immer auch vom Umfeld beeinflusst

Wie sich Menschen verhalten, ist auch abhängig von ihrem aktuellen Umfeld und den Möglichkeiten, die dieses bietet. Soziale und gesellschaftliche Gegebenheiten ermöglichen oder verhindern bestimmte Verhaltensweisen. Zudem tragen sie zu einer Veränderung kultureller Standards bei.

der Standard = Maßstab, Norm

Häufige Stolpersteine in der kultursensiblen Beziehungsgestaltung

- Annahme von Gemeinsamkeiten, wo Unterschiede herrschen, und umgekehrt
- Gebrauch stereotyper Weltbilder („Die sind ..." oder „Wir sind ...")
- Schlussfolgerungen, die auf Halbwissen aufbauen
- Versuch, das Gegenüber vom eigenen „Richtig" zu überzeugen
- Überempfindliche Reaktionen in Bezug auf Interkulturelles und die Neigung, alles als kulturbedingt zu deuten
- Vorspielen übertriebener, nicht ernst gemeinter Empathie und Political Correctness

stereotyp = eingefahren und unreflektiert in derselben Weise ständig wiederkehrend

die Political Correctness = Einstellung, die alle Ausdrucksweisen und Handlungen ablehnt, durch die jemand aufgrund bestimmter Merkmale diskriminiert wird

Beispiel
Attila schlussfolgert im Einstiegsbeispiel auf S. 263 auf Basis von Halbwissen, dass der türkeistämmige Herr Ilhan Backgammon spielen möchte. Er stützt sich dabei auf das stereotype Bild, dass „alle türkischen (älteren) Männer Backgammon spielen“.

Aufgabenstellung – „Kultursensible Beziehungsgestaltung“

- Reflektieren Sie in Kleingruppen:
  a) In welchem Umfeld wie z. B. Freundesgruppe, Ausbildungsgruppe, Familie usw. zeigen Sie welche Verhaltensweisen vermehrt? Und in welcher von diesen Umgebungen vertreten Sie welche Werte oder Überzeugungen vermehrt?
  b) Wählen Sie drei verschiedene Kulturen aus, zu denen Sie einen Bezug haben, und beschreiben Sie die Eigenschaften oder Kennzeichen, die Sie den Menschen aus dieser Kultur zuschreiben. Tauschen Sie sich anschließend gemeinsam darüber aus, ob Ihnen diese Beschreibungen ein Gefühl von Klarheit und Sicherheit im Umgang mit diesen Menschen geben.

Es sind Kulturen im weitesten Sinn gemeint: das können z. B. Gemeinden, Schulen, Klassengemeinschaften, aber auch Religionsgemeinschaften, Nationalitäten oder Sprachgemeinschaften sein.

2.2 Kultursensible Kommunikation

Fragebogen – „Kultursensible Kommunikation“

- Beurteilen Sie, wie sehr für Sie folgende Aussagen zur kultursensiblen Kommunikation zutreffen.
  a) Kreuzen Sie an.

Aussagen zur kultursensiblen Kommunikation	1	2	3	4	5
Interkulturelle Kommunikation ist nicht automatisch konfliktträchtig – oftmals gelingt sie gut.					
Interkulturelle Konflikte bestehen zwischen einzelnen Menschen und nicht zwischen Kulturen.					
Beide Kommunikationspartner/innen sind zuständig für das Gelingen kultursensibler Kommunikation.					
Interkulturelle Kommunikation ist oftmals geprägt von Stereotypen und Vorurteilen.					
Werte sind relativ. Jede Kultur hat eigene Werte. Es gibt keinen objektiven Standpunkt.					
Emotionale und soziale Kompetenzen sind wesentlich in der kultursensiblen Kommunikation – dazu zählen z. B. Ambiguitätstoleranz, Neugier und Humor.					

  b) Diskutieren Sie mit Ihrer Nachbarin/Ihrem Nachbarn Ihre persönliche Einschätzung zu den Aussagen über kultursensible Kommunikation.

Bewertung
1 = Das trifft voll zu.
2 = Das trifft eher zu.
3 = teils, teils
4 = Das trifft eher nicht zu.
5 = Das trifft überhaupt nicht zu.

die Ambiguitätstoleranz = Fähigkeit, mehrdeutige Situationen und widersprüchliche Handlungsweisen ungelöst zu lassen

Kommunikation, ob verbal, paraverbal oder nonverbal, ist unterschiedlich zwischen Menschengruppen. Was in einer Kultur als höflich gilt, wie zum Beispiel Händeschütteln zur Begrüßung, wird in anderen Kulturen abgelehnt.

Beispiele von interkulturellen Unterschieden in der Kommunikation

- **Blickkontakt:** Im europäischen Raum wird Blickkontakt beim Sprechen als höflich erachtet und er fördert eher gegenseitiges Vertrauen. In Asien hingegen wird oftmals nur kurz Blickkontakt aufgenommen und dann wird der Blick gesenkt, weil ein längerer Blick ins Gesicht als unfreundlich gewertet werden könnte.
- **Pünktlichkeit:** In Mitteleuropa wird Pünktlichkeit vorausgesetzt und gehört sozusagen zum guten Ton. In Indien hingegen legen die Menschen keinen großen Wert auf Pünktlichkeit, selbst bei geschäftlichen Terminen.
- **Zeigen von Emotionen:** In westlichen Kulturen werden negative Gefühle durchaus auch durch die Mimik ausgedrückt und dies wird akzeptiert. In Japan beispielsweise ist es üblich, sich negative Gefühle nicht anmerken zu lassen.
- **Zeitplanung:** Sich zu organisieren und die Fähigkeit zur konkreten, verlässlichen und langfristigen Planung wird im deutschsprachigen Raum als Kompetenz betrachtet und auch vom Gegenüber verlangt. Im arabischen Raum wird kurzfristiger und flexibler geplant, längerfristige Planungen sind eher unüblich.

Selbst bei scheinbar einfachen und klaren Begriffen kommt es oft zu **unterschiedlichen Interpretationen.** Dies passiert besonders häufig, wenn große kulturelle Unterschiede zwischen den Gesprächspartnerinnen und -partnern herrschen.

die Assoziation = Gedankenverbindung

Aufgabenstellung – „Kultursensible Kommunikation"

- Führen Sie die Übung in Dreiergruppen durch. Schreiben Sie zu den folgenden Begriffen Ihre ersten zehn Assoziationen auf, was Ihnen also zu den Begriffen als Erstes einfällt. Gehen Sie folgendermaßen vor:

1. Lesen Sie den ersten der folgenden drei Begriffe und raten Sie gemeinsam in der Dreiergruppe, wie viele gleiche Einfälle Sie haben werden.
2. Schreiben Sie nun jede/r für sich Ihre ersten zehn Assoziationen auf.

Assoziationen zu **Familie**	Assoziationen zu **Gesundheit**	Assoziationen zu **Freundschaft**
1.	1.	1.
2.	2.	2.
3.	3.	3.
4.	4.	4.
5.	5.	5.
6.	6.	6.
7.	7.	7.
8.	8.	8.
9.	9.	9.
10.	10.	10.

3. Vergleichen Sie in Ihrer Gruppe, wie viele gleiche Einfälle Sie zum ersten Begriff gefunden haben.
4. Wiederholen Sie die Vorgehensweise mit den nächsten beiden Begriffen.
5. Geben Sie abschließend mögliche Gründe an, dass Sie übereinstimmende bzw. unterschiedliche Assoziationen zu diesen einfachen Begriffen gehabt haben.

2.2.1 Kultursensible Kommunikation in der Pflege

Im Pflegebereich tragen insbesondere **Sprachbarrieren** zusätzlich zu Kommunikationsschwierigkeiten bei. Nur selten stehen geschulte Dolmetscher/innen zur Verfügung. Der Kontakt und der Austausch müssen sich daher häufig auf einfache Worte und Formulierungen beschränken.

Besonders schwierig ist Verständigung über psychische Probleme. Diese sind nämlich meist von Scham besetzt und im Gegensatz zu „sichtbaren" körperlichen Beschwerden üblicherweise nur durch Kommunikation zugänglich.

DAS SOLLTEN SIE SPEICHERN

Die verbale Ebene der Kommunikation tritt dadurch mehr in den Hintergrund. Die Aufmerksamkeit richtet sich stärker auf die nonverbale Kommunikation. Zu beachten ist dabei, dass sich nonverbale Signale in ihrer Bedeutung kulturell unterscheiden können.

Neben diesen Sprachbarrieren kann durch ein anderes **kulturell bedingtes Gesundheits- und Krankheitsverständnis** eine inhaltliche Barriere entstehen. Für Gesundheitspersonal selbstverständliche Krankheitsbilder können von Betroffenen mit anderen kulturellen Bezügen anders erlebt und ausgedrückt werden. Dies kann eine zielführende und gelingende pflegerische Unterstützung erschweren.

Beispiel

Wird die Auswirkung einer Infektion z. B. als etwas Schicksalhaftes oder Gottgewolltes erklärt, kann es sein, dass Behandlungen, die aus der Sicht des Gesundheitspersonals wirksam sind (z. B. die Einnahme von Antibiotika), verweigert werden und stattdessen auf traditionelle Rituale zurückgegriffen wird.

Zu den **zentralen Haltungen der Gesprächsführung** siehe Kapitel „Grundlagen der Gesprächsführung"

DAS SOLLTEN SIE SPEICHERN

Das allgemeine Wissen über die Grundlagen der Gesprächsführung ist Voraussetzung für eine gelingende kultursensible Kommunikation. Darüber hinaus kann die Kommunikation erleichtert werden durch

- kulturelles Hintergrundwissen,
- das Bewusstsein über eigene kulturelle Stereotype und
- die Bereitschaft, sich neugierig und offen Angehörigen anderer Kulturen zu nähern.

In der kultursensiblen Pflege gelten außerdem die folgenden Grundsätze:

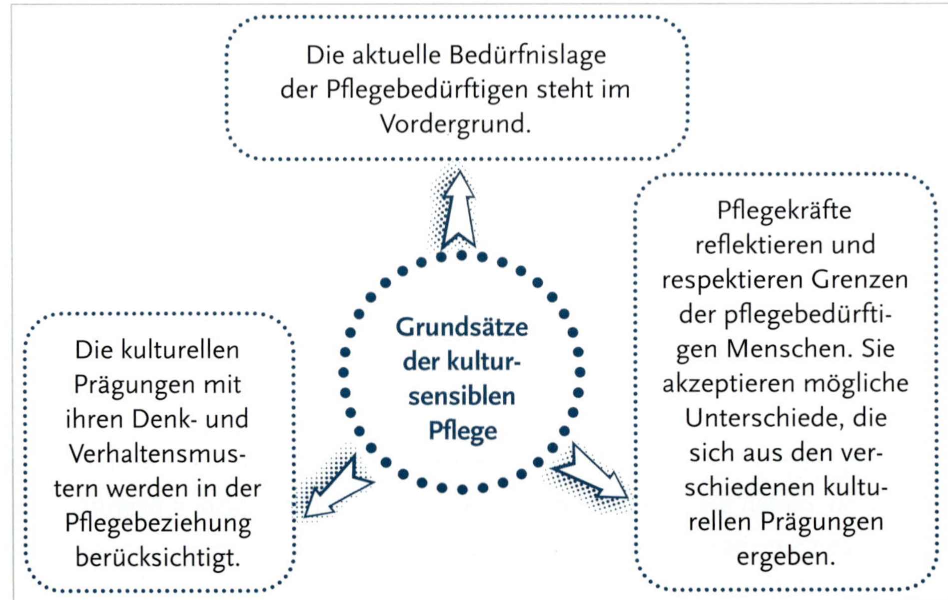

2.2.2 Hilfreiche Axiome in der kultursensiblen Kommunikation

Auch die folgenden Axiome der Kommunikation nach Watzlawick sind für eine kultursensible Kommunikation hilfreich:

Nähere Informationen zu **Watzlawicks Axiomen** erhalten Sie im Kapitel „Grundlagen der Kommunikation“, S. 42.

1 Man kann nicht nicht kommunizieren

Jeder Kontakt und jede Begegnung ist auch eine Form von Kommunikation. Wenn Menschen unterschiedliche kulturelle Hintergründe haben, bekommen nonverbale Kommunikationsformen eine noch größere Bedeutung.

FALLBEISPIEL

Eine neue Bewohnerin zieht gerade in die Einrichtung ein, in der Sie tätig sind. Sie gehen auf die Dame zu, sehen ihr direkt ins Gesicht und strecken ihr die Hand zur Begrüßung hin. Die Dame blickt daraufhin zu Boden und wirkt völlig verschlossen. Sie merken, dass Sie sich über diese Unhöflichkeit ärgern und sich fragen, welche Probleme mit dieser Frau noch entstehen werden, wenn sie so abweisend ist.

Geben Sie in der Klasse mögliche andere Gründe (neben Unhöflichkeit) für die Reaktion der neuen Bewohnerin an.

2 Jede Kommunikation hat einen Inhalts- und einen Beziehungsaspekt

Wesentlich dabei ist, dass der Beziehungsaspekt den Inhaltsaspekt bestimmt. Der Beziehungsaspekt wird vorrangig nonverbal ausgedrückt. Das heißt, dass nicht das gesprochene Wort, sondern die Stimmlage, die Gestik, das Auftreten und das Verhalten überwiegend bestimmen, wie der Inhalt aufgefasst wird. WIE etwas gesagt wird, hat Vorrang gegenüber dem, WAS gesagt wird.

FALLBEISPIEL

Eine Pflegerin sagt im Vorbeigehen sehr laut und bestimmt zu einem indischstämmigen Mann, dass seine Familie diesmal pünktlich zu Besuch kommen soll und die Besuchszeit einzuhalten ist. Am nächsten Tag erfährt die Mitarbeiterin von der Teamleitung, dass die Familie einen anderen Platz für den Herren sucht, weil er hier nicht willkommen sei und nicht gut versorgt werde.

Diskutieren Sie in der Klasse mögliche Botschaften, die die Pflegerin durch ihre Art und ihren Tonfall vermittelt haben könnte.

3 Kommunikation besteht immer aus Aktion und Reaktion

In Gesprächen beziehen sich die Gesprächspartner/innen auf bestimmte Aussagen des Gegenübers. Wenn andere Aussagen aufgegriffen werden, als der/die Sprecher/in glaubt, können Missverständnisse entstehen.

FALLBEISPIEL

Ein älterer Mann aus dem arabischen Raum wird von Ihnen seit einigen Monaten gepflegt. Er kann sich nur schlecht verständigen, aber Sie haben eine „Sprache“ mit verschiedenen Gesten entwickelt. Plötzlich weigert er sich zu essen, wenn Sie kommen. Er versucht, Ihnen deutlich zu machen, dass Sie früher am Morgen oder später am Abend kommen sollen. Sie antworten ihm, dass er essen müsse, sonst gehe es ihm gesundheitlich schlechter, und bringen ihm wieder etwas zu essen. Er weigert sich und deutet, Sie sollen am Abend kommen.

Geben Sie in der Klasse mögliche Gründe dafür an, dass der Mann plötzlich sein Essen verweigert. Machen Sie Vorschläge, wie Sie in diesem Fall kommunizieren müssten, damit sich der beschriebene Kreislauf verändern könnte.

2.2.3 Sprachsensible Kommunikation im multikulturellen Team

In Gesundheitsberufen herrscht ein hohes Maß an Diversität, nicht nur bei den Klientinnen und Klienten, sondern auch innerhalb des Teams. Dies ist häufig sehr hilfreich, wenn z. B. unterschiedlichste Sprach- und Kulturkenntnisse ganz unkompliziert im Alltag zur Verfügung stehen. Es gehen aber auch Herausforderungen damit einher.

Die folgenden Tipps fördern eine wertschätzende und möglichst reibungslose sprachsensible Kommunikation im beruflichen Alltag.

Tipps	Beschreibung
Formulieren Sie kurze und klare Sätze.	Vermeiden Sie lange Schachtelsätze, passive Sätze, doppelte Verneinungen und die Verwendung der Möglichkeitsform. **Beispiele für kurze und klare Sätze** ■ „Miss bitte den Blutdruck zweimal täglich." ■ „Hat schon jemand den Verband gewechselt?" ■ „Sieh bitte alle drei Stunden nach dem Patienten."
Sprechen Sie langsamer, nicht lauter.	■ Sprechen Sie langsam und deutlich und sehen Sie das Gegenüber dabei an. ■ Sagen Sie wichtige Dinge nicht im Vorbeigehen. ■ Verschlucken Sie keine Silben oder Wörter. ■ Sprechen Sie auch in Gruppen langsam und deutlich.
Seien Sie geduldig und aufmerksam.	■ Wiederholen Sie Ihre Aussage, wenn Ihr Gegenüber Ihnen signalisiert, dass es nicht verstanden hat. ■ Planen Sie Zeit für Fragen und Erklärungen ein. ■ Fragen Sie im Gespräch aktiv nach.
Kommunizieren Sie in ganzen Sätzen und paraphrasieren Sie.	Gekürzte Sätze, die grammatikalisch falsch sind, werden nicht besser verstanden und sind nicht hilfreich (Negativbeispiel: „Bitte wechseln Verband bei Mann."). Paraphrasieren Sie im Gespräch, um mitzuteilen, was Sie verstanden haben. Bitten Sie auch Ihre Kolleginnen/Kollegen darum, zu paraphrasieren. **Beispiel für Paraphrasieren** „Habe ich richtig verstanden, dass ich den Verband bei Herrn Fux wechseln soll?"
Vermeiden Sie Missverständnisse durch Metakommunikation	Versuchen Sie, durch Metakommunikation Missverständnisse zu verringern, wenn Sie merken, dass die Kommunikation mit bestimmten Kolleginnen und Kollegen selten zufriedenstellend klappt. **Beispiele für Metakommunikation** ■ „Mir ist nicht klar, was von dem, was ich sage, bei dir ankommt. Können wir darüber reden?" ■ „Ich habe den Eindruck, wir reden über Unterschiedliches. Können wir das klären?"

Näheres zur **Informationsweitergabe** finden Sie im Kapitel „Arbeiten im Team", S. 129.

Zum **Paraphrasieren** siehe Kapitel „Grundlagen der Gesprächsführung", S. 54

Wie **Metakommunikation** funktioniert, können Sie im Kapitel „Grundlagen der Kommunikation", S. 41, nachlesen.

Ziele erreicht? – „Kultursensibles pflegerisches Handeln“

KOMPETENZ-ERWERB

1. Kreuzen Sie jene Fähigkeiten an, die für Kultursensibilität notwendig sind.

- ◯ Selbstreflexion
- ◯ Desinteresse
- ◯ Akzeptierende Haltung
- ◯ Gleichgültigkeit
- ◯ Neugier
- ◯ Respektlosigkeit
- ◯ Empathiefähigkeit
- ◯ Sensibilität für Gemeinsamkeiten und Unterschiede

2. Streichen Sie das jeweils falsche Wort bei den folgenden Aspekten durch, die bei einer kultursensiblen Beziehungsgestaltung bedacht werden müssen.

a) Kulturen stehen in einem / keinem bestimmten Machtverhältnis zueinander.

b) Kultur ist statisch / dynamisch.

c) Kulturzuschreibungen beinhalten Vereinfachungen / Standards.

d) Kultur trägt zur Bildung von Identität / Vorurteilen bei.

e) Kulturelles Handeln ist immer / selten auch vom Umfeld beeinflusst.

3. Beschreiben Sie Grundsätze, die in der kultursensiblen Pflege Berücksichtigung finden sollten.

4. Zählen Sie einige Stolpersteine in der kultursensiblen Kommunikation auf.

5. Bewerten Sie, wie sehr Sie die folgenden Situationen stören.

a) Markieren Sie hierfür die Skala neben jeder Situation entsprechend:

Verschiedene Alltagssituationen	Stört mich	Stört mich nicht
a) Sie führen ein Gespräch mit einem Angehörigen, der Sie dabei nicht ansieht.		
b) Sie stehen in der überfüllten Straßenbahn. Die Person neben Ihnen putzt sich kräftig die Nase.		
c) Es kommt Ihnen am Gehsteig jemand entgegen, der im Vorbeigehen auf die Straße spuckt.		
d) Im Frühstücksraum eines Hotels beginnt am Nebentisch ein Mann laut schmatzend sein Frühstück.		
e) Sie haben sich mit Freundinnen verabredet und warten nun, weil ihre Freundinnen unpünktlich sind.		
f) Sie treffen sich mit Freunden und deren Besuch. Sie wollen zur Begrüßung allen die Hand geben, aber der Besuch weigert sich.		

b) Erstellen Sie nun im Austausch mit Kolleginnen und Kollegen weitere Beispiele für Verhaltensweisen im Alltag, die für Sie störend sind.

6. Formulieren Sie für die folgenden drei Teile eines Baumes Begriffe, die Ihren eigenen kulturellen Hintergrund beschreiben, und notieren Sie sie neben dem Baum:

- **Die Blätter** stehen für Begriffe, die **sichtbare Zeichen** Ihrer persönlichen Kultur ausdrücken (z. B. Begriffe aus Ihrer Esskultur, kulturell wichtige Feste usw.).
- **Der Stamm** steht für Begriffe, die für Sie relevante **Werte** aus Ihrem kulturellen Umfeld beschreiben.
- **Die Wurzeln** stehen für Begriffe, die Ihr **Zugehörigkeitsgefühl** zu kulturellen Gruppen ausdrücken.

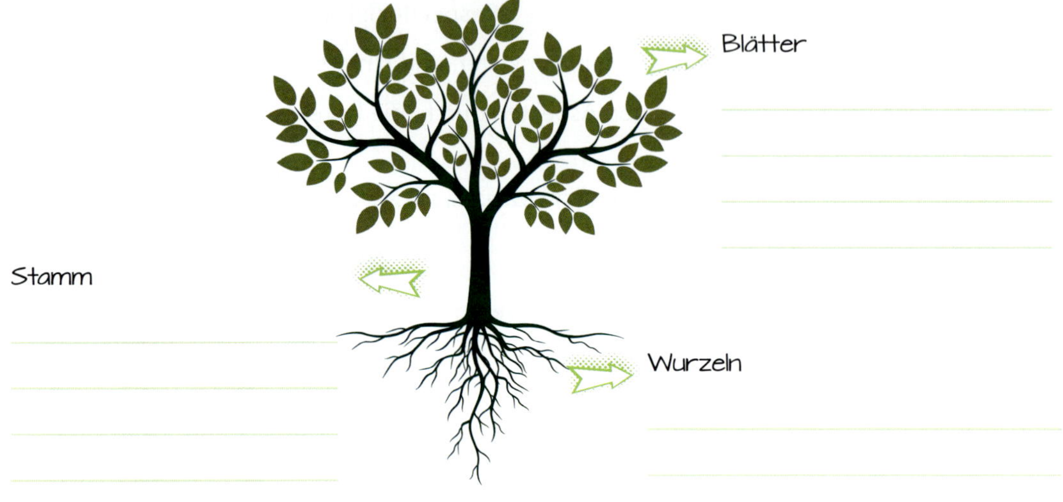

Reflektieren Sie anschließend die folgenden Fragen mit Ihren Kolleginnen und Kollegen:

- War es eher leicht oder eher schwierig, eine kulturelle Gruppe zu finden, der Sie sich zugehörig fühlen? Haben Sie mehrere Gruppen ausgewählt, denen Sie sich zugehörig fühlen?
- Glauben Sie, dass die von Ihnen gewählten Werte und Zeichen typisch für die kulturelle Gruppe sind, der Sie sich zugehörig fühlen?
- Fühlen Sie sich mit dem sichtbaren, öffentlichen Teil Ihres kulturellen Hintergrundes wohl oder möchten Sie diese kulturellen Merkmale eher „unsichtbar" halten? Warum und in welchen Situationen?

7. Bilden Sie Dreiergruppen.

- **Person A** und **Person B** werden für fünf Minuten ein Gespräch zu einem selbstgewählten Thema führen. **Person C** beobachtet das Gespräch.
- **Person A** wird davor aus dem Raum geschickt und erhält die Anweisung, während des Gespräches ein besonderes Kommunikationsverhalten zu zeigen. Folgende Anweisungen kann es beispielsweise geben:
  - Sehen Sie während des ganzen Gespräches Ihrem Gegenüber nicht in die Augen.
  - Halten Sie sehr wenig räumliche Distanz zum Gegenüber.
  - Verwenden Sie sehr ausgeprägte Gestik.
  - Reden Sie im Gespräch extrem langsam und machen Sie oft Pausen.
  - Unterbrechen Sie das Gespräch häufig und fallen Sie dem Gegenüber immer wieder ins Wort.
- **Person A** und **Person B** führen dann das Gespräch.
- Wechseln Sie anschließend die Rollen. Eine andere Person erhält eine Anweisung. Dann führen Sie wieder ein Gespräch zum Thema. Wechseln Sie die Rollen noch einmal, bis alle einmal jede Rolle eingenommen haben.
- Reflektieren Sie abschließend die Gespräche anhand der folgenden Fragen:
  - Wann ist es Ihnen gut gegangen im Gespräch und wann ist es eher unangenehm geworden?
  - Welche Kommunikationsregeln gelten für Sie persönlich?
  - Welches Gesprächsverhalten ist aus Ihrer Sicht eher kulturell bedingt?
  - Welche Kommunikationsgewohnheiten erscheinen Ihnen hilfreich und würden Sie sich wünschen?
  - Welche Fragen oder Anregungen zur kultursensiblen Kommunikation sind noch aufgetaucht?

> Themenvorschlag für das Gespräch: „Wie können Pflegeberufe mehr Anerkennung durch die Politik erhalten?"

V Konfliktmanagement

Konflikte und ihre Lösungen

Wo Menschen miteinander in Kontakt treten, treffen unterschiedliche Meinungen, Interessen, Bedürfnisse und Ziele aufeinander. Werden diese Unterschiede besonders emotionsgeladen ausgetragen, entsteht Streit.

Um Konflikte dauerhaft zu lösen, sollte nicht nur ein Wille durchgesetzt werden, damit es zu keiner „Niederlage" einzelner Beteiligter kommt. Gerade in Teams und beruflichen Situationen ist das wichtig. Denn nur so kann auch nach einem Konflikt weiterhin gut zusammengearbeitet werden. Und nur so kann weiterhin ein gegenseitig wertschätzender Umgang mit den pflegebedürftigen Menschen aufrecht erhalten werden.

Meine Ziele

Nach Bearbeitung dieses Kapitels kann ich

- Konfliktstile benennen;
- Ursachen von Konflikten sowie Kommunikationssperren anhand von Beispielen aufzeigen;
- erklären, was Mobbing ist und wie man am besten darauf reagiert;
- mittels theoretischer Grundlagen Konflikte und Kommunikationsschwierigkeiten im Konflikt reflektieren;
- Dynamiken von Konflikten erkennen und darauf konstruktiv einwirken;
- ein Konfliktlösungsmodell anwenden.

1 Was sind Konflikte?

Attilas neuer Kollege Max ist entrüstet über die Ansprüche, die ein neuer Bewohner der Einrichtung stellt. Als Max verärgert aus dessen Zimmer kommt, trifft er am Gang auf Attila. Max äußert einen sehr abfälligen Kommentar über den Bewohner. Attila ist erschrocken, dass Max so eine verachtende Einstellung gegenüber einem Bewohner hat, und sagt ihm dies auch. Daraufhin wirft ihm Max vor, er sei ein vertrauensseliger Gutmensch, der keine Ahnung habe und lieber mal das Leben kennenlernen solle. Max sagt noch: „Mit Leuten wie dir diskutiere ich nicht", und dann geht er.

Wie, denken Sie, beeinflusst diese Interaktion die weitere Beziehung zwischen Attila und Max? Finden Sie zu zweit verschiedene mögliche Entwicklungen.

Ein **Konflikt** ist eine Situation, in der zwei oder mehr Personen **unterschiedliche Ziele, Wünsche oder Bedürfnisse** haben, die **nicht** vollständig miteinander **vereinbar** sind. Konflikte werden immer begleitet von großer Aufregung und einem hohen Maß an Emotionalität bei den Beteiligten. Dies gilt sowohl für private als auch für berufliche Konfliktsituationen.

Es lassen sich nicht alle Konflikte vermeiden. Konflikte sind ein **normaler Teil** der Arbeit in Teams und **der Arbeit mit Menschen.** Und Konflikte können auch Positives bewirken. Sie können den eigenen **Horizont erweitern** und zu neuen Sichtweisen beitragen.

DAS SOLLTEN SIE SPEICHERN

Der bewusste Umgang mit Konflikten kann ein Gewinn für das Miteinander sein, vor allem, wenn Lösungen für die Konflikte gefunden werden.

Diskutieren Sie in Kleingruppen, warum die Alltagsweisheit „Der Klügere gibt nach" nicht die empfehlenswerte Antwort auf einen Konflikt ist.

Fragebogen – „Mein Umgang mit Meinungen"

- Reflektieren Sie Ihr Verhalten in Situationen, in denen unterschiedliche Meinungen aufeinandertreffen.
  a) Kreuzen Sie die auf Sie zutreffenden Antworten an.

Verhaltensweisen	1	2	3	4	5
Ich fordere gerne Menschen zu etwas auf oder ordne gerne etwas an.					
Ich weise Menschen gerne darauf hin, was die richtige Einstellung ist.					
Ich versuche oft, durch meine Logik zu überzeugen.					
Ich versuche oft, andere mit Lob und Belohnungen zu überzeugen.					
Ich versuche oft, andere zu beruhigen und zu trösten.					
Ich gebe gerne Interpretationen und Erklärungen ab.					
Mir fallen schnell Lösungen ein, die ich gleich vorschlage.					

  b) Tauschen Sie sich nun mit jemandem aus Ihrer Gruppe darüber aus, wie sich diese Verhaltensweisen in Konflikten auswirken.

Bewertung
1 = Das trifft voll auf mich zu.
2 = Das trifft eher zu.
3 = teils, teils
4 = Das trifft eher nicht zu.
5 = Das trifft überhaupt nicht auf mich zu.

Ursachen für Konflikte

Im alltäglichen Umgang miteinander werden Erwartungen meist nicht ausgesprochen. Stattdessen herrschen Gedanken wie:

Dies führt häufig zu Konflikten. Denn aus Enttäuschung darüber, dass die eigenen Erwartungen nicht erfüllt werden, reagieren Menschen feindselig, verletzend oder aggressiv. Dabei konnte das Gegenüber die Erwartung gar nicht erfüllen, weil es sie nicht gekannt hat.

DAS SOLLTEN SIE SPEICHERN

Häufig kann Konflikten vorgebeugt werden, wenn die Erwartungen und Bedürfnisse kommuniziert werden. Das gibt Orientierung und verringert Unsicherheiten.

Die Ursachen für Konflikte können im Wesentlichen in vier Gruppen eingeteilt werden:

1 Persönliche Eigenschaften der Konfliktbeteiligten

Dazu gehören Eigenschaften wie Leistungsmotivation, persönliches Machtstreben, Misstrauen gegenüber anderen, Selbstsicherheit, Kontroll- und Sicherheitsbedürfnisse sowie Fähigkeiten zur Kommunikations- und Beziehungsgestaltung.

Auch unterschiedliche kulturelle Prägungen beeinflussen die Ziele, Einstellungen, Werte und Normen.

2 Unterschiede in den Zielen, Einstellungen, Werten oder Normen

- **Zielunterschiede** können sowohl Unterschiede in den persönlichen beruflichen Zielen als auch verschiedene Ziele einzelner Berufsgruppen, Teams oder Abteilungen sein.
- **Einstellungs- und Wertunterschiede** treten oftmals zwischen Generationen auf, also älteren und jüngeren Mitarbeiterinnen/Mitarbeitern, oder zwischen unterschiedlichen Berufsgruppen.

3 Informationsunterschiede und Kommunikationsmangel

Durch unzureichende Information entstehen Missverständnisse und Konflikte. Speziell durch die neuen Informationstechnologien (E-Mail, Kurznachrichten, Messages ...) verändert sich die Interaktion: Vieles wird nicht mehr von Angesicht zu Angesicht kommuniziert. Damit können sich Konflikte noch steigern.

4 Strukturelle Bedingungen und Sachzwänge

- Durch **begrenzte Ressourcen** und Möglichkeiten in Organisationen können Verteilungskonflikte entstehen.
- Auch **Beurteilungs- und Bewertungsverfahren** von Mitarbeiterinnen und Mitarbeitern können Anlass für Konflikte sein, besonders wenn die Leistung von Einzelnen und nicht die Zusammenarbeit im Mittelpunkt steht.

die Ressource = das zur Verfügung stehende Mittel, das für die Herstellung eines Produktes oder die Bereitstellung einer Dienstleistung benötigt wird (z. B. Budget, Personal, Zeit ...)

Aufgabenstellungen – „Was sind Konflikte?"

1. Recherchieren Sie Definitionen des Begriffes Konflikt.

2. Ordnen Sie den folgenden Konfliktsituationen die jeweils passende Art der Ursache (1 bis 4) zu.

a) Die Stationsleitung Amra ist verärgert über den Praktikanten Patrik. Er ist heute nämlich nicht zur Teambesprechung erschienen, die sie gestern ganz kurzfristig per E-Mail angekündigt hat. Amra findet, dass Patrik ihr zumindest hätte sagen müssen, dass er nicht kommen kann. Patrik wusste nichts von der Teambesprechung, weil er gestern seine E-Mails nicht mehr abgerufen hatte.	◯
b) Zwischen gewissen Abteilungen im Krankenhaus gibt es immer wieder Unstimmigkeiten. Manche Abteilungen fühlen sich nämlich benachteiligt. Sie meinen, dass das Budget nicht bedarfsgerecht verteilt werde und andere Abteilungen diesbezüglich bevorzugt würden.	◯
c) Der 55-jährige Fritz ist der Meinung, dass sich die jungen Kolleginnen und Kollegen an die Vorgehensweisen halten müssen, die vom älteren und erfahreneren Personal seit Jahren verfolgt werden. Die 21-jährige Samira findet jedoch, dass Prozesse, die lange Zeit immer gleich gestaltet wurden, durchaus auch einmal neu bewertet und verändert werden sollten.	◯
d) Die beiden Kolleginnen Judith und Marina geraten immer wieder in Streit über die Erledigung mancher Aufgaben. Judith ist sehr engagiert und fleißig. Marina hingegen ist eher gemütlich und wartet lieber auf Anweisungen, statt selbstständig tätig zu werden.	◯

2 Konfliktstile

Fragebogen – „Konfliktstile"

- Reflektieren Sie Ihre Reaktionen auf Konflikte und kreuzen Sie die auf Sie zutreffenden Antworten an.

Verhaltensweisen	1	2	3	4	5
Ich meide Konflikte.					
Ich gebe bei Konflikten nach.					
Ich setze mich bei Konflikten durch.					
Ich lasse mich gerne auf einen Kompromiss ein.					
Ich versuche, eine Lösung zu finden, die für alle gut passt.					

Bewertung
1 = Das trifft überhaupt nicht auf mich zu.
2 = Das trifft eher nicht zu.
3 = teils, teils
4 = Das trifft eher zu.
5 = Das trifft voll auf mich zu.

Überprüfen Sie anhand des Konflikttypentests in der TRAUNER-DigiBox, wie gut Sie sich eingeschätzt haben.

Begründen Sie gemeinsam mit Ihrer Sitznachbarin/Ihrem Sitznachbarn die Notwendigkeit, Ihre bevorzugten Konfliktstile zu kennen.

Die verschiedenen Arten, auf Konflikte zu reagieren, können in **fünf Konfliktstilen** zusammengefasst werden. Jeder Mensch bevorzugt ein bis zwei dieser Konfliktstile.

Konfliktstile nach Kenneth W. Thomas und Ralph H. Kilmann

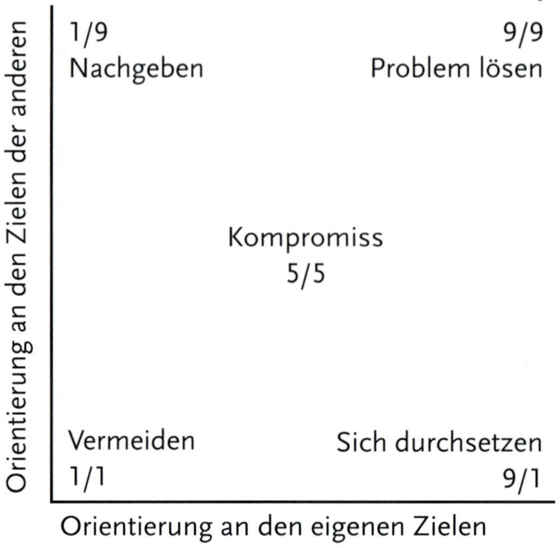

Orientierung an den Zielen der anderen

1/9 Nachgeben

9/9 Problem lösen

Kompromiss 5/5

Vermeiden 1/1

Sich durchsetzen 9/1

Orientierung an den eigenen Zielen

Konfliktstile	Konflikttypen – Verhalten beim Konflikt
9.1 Sich durchsetzen	Die Person versucht, die eigenen Wünsche, Interessen und Bedürfnisse durchzusetzen. Notfalls droht sie der/dem anderen und setzt ihre Macht ein. Auf die Beziehung zum Gegenüber nimmt sie keine Rücksicht.
1.1 Vermeiden	Die Person hält sich nach Möglichkeit aus einem Konflikt heraus und bezieht keine Stellung. Wenn sie sich dem Konflikt nicht entziehen kann, reagiert sie mit Flucht, Rückzug und häufig mit Resignation („Da kann man ja ohnedies nichts machen“).
1.9 Nachgeben	Der Person ist das Wohl der/des anderen wichtiger als ihr eigenes. Daher verzichtet sie auf eigene Ziele und gibt nach. Dieses Nachgeben kann bis zur Unterwerfung gehen. Die Person versucht zu harmonisieren und passt sich an, um die Beziehung zum Gegenüber nicht zu gefährden.
5.5 Kompromiss	Die Person rückt von ihren Maximalforderungen ab und erwartet von ihrem Gegenüber, dass es das auch tut. Alle Beteiligten bekommen einen Teil ihrer Bedürfnisse und Wünsche erfüllt, einen anderen Teil dafür nicht. Der Kompromiss eignet sich vor allem zur schnellen Konfliktlösung. Wenn Konflikte immer wieder mit Kompromissen gelöst werden, werden die Beteiligten auf Dauer jedoch unzufrieden sein.
9.9 Problem lösen	Die Person versucht, gemeinsam mit den anderen zu einer Lösung zu kommen, die für alle Beteiligten und unter den gegebenen Umständen bestmöglich ist. Sie strebt eine Win-win-Lösung an. Dieser Konfliktstil ist nur möglich, wenn alle Beteiligten eine gemeinsame Lösung anstreben.

die Resignation = enttäuschtes bzw. entmutigtes Aufgeben

harmonisieren = in Übereinstimmung bringen

die Maximalforderung = höchstmögliche Forderung

Tipps für die Konfliktlösung

- Streben Sie eine Win-win-Lösung an.
- Zeigen Sie die Bereitschaft, den Konflikt gemeinsam zu lösen.
- Begegnen Sie den anderen wohlwollend und zeigen Sie Interesse an deren Bedürfnissen.
- Achten Sie auf Ihre eigenen Bedürfnisse.
- Sehen Sie das Gemeinsame (z. B. das Teamziel).
- Seien Sie bereit, sich auch einmal zu entschuldigen.
- Bedanken Sie sich dafür, dass Ihr Gegenüber bereit ist, mit Ihnen an einer Lösung zu arbeiten.

DAS SOLLTEN SIE SPEICHERN

Wenn Sie alle Konfliktstile anwenden können, gelingt es Ihnen am besten, Konflikte zufriedenstellend zu lösen.

Diskutieren Sie die Vor- und Nachteile der einzelnen Konfliktstile in der Klasse.

3 Konfliktlösung nach Gordon

Der personenzentrierte Psychotherapeut THOMAS GORDON bemerkte, dass Eltern mit ihren Kindern wegen unterschiedlichster Konflikte in Therapie kamen, aber eigentlich keine Therapie nötig hatten. Vielmehr erschien es GORDON notwendig, die Eltern in Gesprächsführung und Konfliktlösung zu schulen, damit diese Konflikte bewältigbar wurden. Diesen Ansatz erweiterte er später auch auf andere Personengruppen wie etwa Teams.

THOMAS GORDON, US-amerikanischer Psychologe und personenzentrierter Psychotherapeut (1918–2002)

FALLBEISPIEL

Eszter: Ich gehe jetzt unsere beiden Herren positionieren.
Luis: Wir haben doch die Anweisung, so etwas nicht allein zu machen. Warte doch, bis Osman kommt.
Eszter: Nein, der kommt doch wie immer zu spät zur Arbeit und ist ja ohnehin keine Hilfe. Die Bewohner warten und ich mach es jetzt allein.
Luis: Ich mache mir Sorgen um deinen Rücken, wenn du so schwere Aufgaben allein erledigst. Und wenn du deswegen in Krankenstand gehen musst, geht es uns alle etwas an.
Eszter: Ich arbeite lieber allein als mit Osman gemeinsam.
Luis: Das klingt, als gäbe es da einen richtigen Konflikt. Wie können wir eine gute Lösung finden, sodass wieder alle miteinander arbeiten können?
Eszter: Hmm, vielleicht könntest du mir heute helfen, wenn du hier wegkannst. Und was mich so ärgert in der Zusammenarbeit mit Osman, besprechen wir nächste Woche in der Supervision?
Luis: Ja, das kann ich heute machen. Und ich halte es für eine gute Idee, wenn du das Thema in der Supervision ansprichst.

Informationen zur **Supervision** finden Sie im Kapitel „Interaktion und Kommunikation", S. 29.

3.1 Sechs Schritte der Konfliktlösung nach Gordon

Gordons Modell der Konfliktlösung ist in sechs Schritte unterteilt:

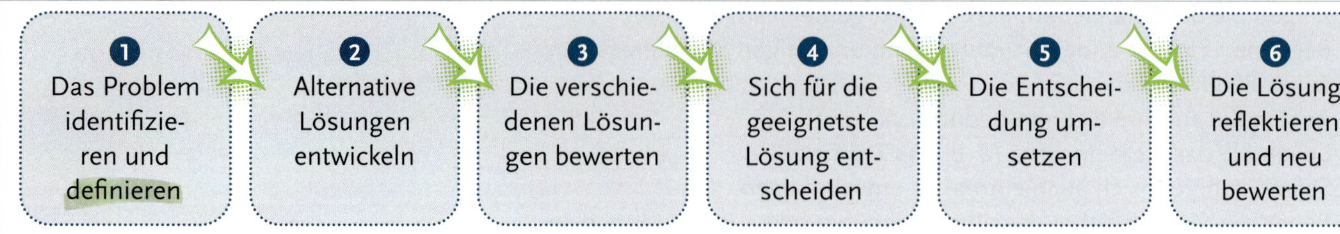

Diese sechs Schritte zur Konfliktlösung sind ein Leitfaden, der sich sowohl für Konflikte zwischen Einzelpersonen als auch für Teams oder andere Gruppen eignet.

1. Schritt: Das Problem identifizieren und definieren

Als erster Schritt wird eine Bestandsaufnahme der Situation gemacht. Die Beteiligten setzen sich zusammen – bei Bedarf mit Moderation – und äußern ihren eigenen Standpunkt.

Informationen zu **Ich-Botschaften** erhalten Sie in diesem Kapitel auf S. 207.

Details zum **aktiven Zuhören** haben Sie bereits im Kapitel „Gesprächsführungskonzepte", S. 53, kennengelernt.

Achten Sie auf Folgendes

- Schildern Sie Ihren Standpunkt möglichst sachlich ohne Vorwürfe und Wertungen.
- Verwenden Sie Ich-Botschaften statt Du-Botschaften.
- Lassen Sie das Gegenüber ausreden.
- Hören Sie den Beteiligten aktiv zu.

Es ist hilfreich, bei dieser Bestandsaufnahme die wesentlichen Punkte auf einem Flipchart mitzuschreiben.

FALLBEISPIEL (FORTSETZUNG)

Luis:	Wir wollen heute herausfinden, worum es in eurem Konflikt geht. Ich würde euch bitten, eure Sicht zu schildern. Ich fasse die Standpunkte am Flipchart zusammen.
Eszter:	Ich finde dein ständiges Zuspätkommen unkollegial von dir, Osman, weil für uns dann immer mehr Arbeit zu tun ist. Ich muss mich oft sehr anstrengen und besonders die körperlich schweren Arbeiten führen bei mir schon zu Verspannungen.
Osman:	Ich finde es nicht so schlimm, zu spät zu kommen, da ich ja dann am Abend auch oft noch länger bleibe. Außerdem bin ich eher ein Abendmensch. Ich wusste bisher gar nicht, dass dich mein Zuspätkommen so ärgert. Ich habe gedacht, du magst mich einfach nicht, und daher habe ich zu dir auch Abstand gehalten.
Eszter:	Mein Problem ist nur das Allein-Arbeiten bei den körperlich sehr anstrengenden Aufgaben.
Osman:	Okay, das wusste ich nicht. Meine Schwierigkeit sind dieser enge Zeitplan und die geringe Flexibilität im Ablauf bei uns.
Luis:	Ich habe eure Standpunkte hier notiert. Jetzt können wir zum nächsten Schritt gehen. Ist das für euch okay?

Sobald eine Definition des Problems gefunden worden ist, folgt der zweite Schritt.

2. Schritt: Alternative Lösungen entwickeln

Jetzt wird's kreativ. Im zweiten Schritt werden Lösungsmöglichkeiten gesammelt. Dabei geht es noch nicht darum, eine machbare Lösung zu entwickeln. Es sollen alle Vorschläge einfach gesammelt und aufgeschrieben werden.

Achten Sie auf Folgendes

- Es sollen alle zu Wort kommen können.
- Finden Sie „gute" Lösungen, also solche Ideen, die für alle Beteiligten gut möglich oder passend sind, sodass es keine Verlierer/innen gibt.
- Schreiben Sie alle Vorschläge auf, ohne darauf zu achten, ob sie auch machbar sind.

Falls es schwierig ist, Lösungsideen zu finden, kann es hilfreich sein, einen Schritt zurückzugehen und das Problem noch einmal zu überdenken und neu zu definieren.

FALLBEISPIEL (FORTSETZUNG)

Luis: Ich möchte euch jetzt bitten, Ideen zu entwickeln, wie eine Lösung dieses Problems aussehen könnte. Ich sammle am Flipchart einfach eure Beiträge. Es ist jetzt noch nicht wichtig, dass die Ideen auch möglich sind. Super wäre es aber, wenn sie für euch beide passen.

Osman: Da fällt mir gleich etwas ein: Nehmen wir keine Bewohner/innen mehr auf, die mehr als 50 Kilo haben. Dann ist es kein Problem, wenn mal jemand allein arbeitet.

Eszter: (lacht) Na, da habe ich auch eine Idee: Wie wäre es mit einem Shuttleservice für uns Mitarbeiter/innen? Dann kommt niemand mehr zu spät.

Osman: Ja, das wäre perfekt.
Ich hätte noch eine Idee: Könnten wir nicht die Aufgaben in einem gewissen Zeitraum erledigen statt nach einem fixen Ablauf? Dann wäre es möglich, dass wir uns selbst ausmachen, wann genau die Arbeiten am besten zu erledigen sind.

Eszter: Ich fände es gut, wenn wir die Dienstplaneinteilung gemeinsam machen würden, dann könnten wir besser auf unsere Morgenmuffel und Frühaufsteher/innen im Team Rücksicht nehmen. So würden die Verspätungen vielleicht weniger werden.

3. Schritt: Die verschiedenen Lösungen bewerten

Die gesammelten Vorschläge werden nun nacheinander besprochen und gemeinsam auf ihre Brauchbarkeit überprüft.

Beachten Sie bei der Bewertung die folgenden Fragen

- Wird die Lösung allen gerecht?
- Löst die Idee wirklich das Problem?
- Ist es möglich, die Idee noch zu verbessern?
- Gibt es Kritikpunkte an der Idee und wenn ja welche?
- Ist die Lösung aktuell umsetzbar?

Wichtig ist bei diesem Schritt, dass auch weiterhin sachlich, offen und wertschätzend miteinander gesprochen wird und die Beteiligten sich gegenseitig aktiv zuhören.

FALLBEISPIEL (FORTSETZUNG)

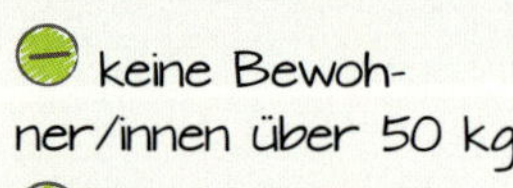

Luis: Nun möchte ich euch einladen, über die gesammelten Vorschläge zu diskutieren und sie zu bewerten, damit wir sehen, welche Lösungen für euch infrage kommen.

Osman: Na, das Shuttleservice hätte ich schon gerne, ist aber eher ein Scherz und nicht realistisch.

Eszter: Ja, das Gleiche gilt für schwere Bewohner/innen. Wir sind schon für alle Menschen da, nicht nur für die leichtgewichtigen. Ich würde sagen, mehr Flexibilität bei der Erledigung der Aufgaben würde das Problem schon lösen.

Osman: Ja, das sehe ich auch so. Wobei mir eine Dienstplaneinteilung mit Berücksichtigung der Morgenmuffel auch gut gefallen würde. Das würde mir sehr entgegenkommen. Aber grundsätzlich ist es nicht immer ideal, weil ja jeder auch mal am Abend freihaben will.

Luis: Ich habe eure Bewertungen der Vorschläge hier am Flipchart notiert. Jetzt können wir gleich zum nächsten Schritt übergehen.

4. Schritt: Sich für die geeignetste Lösung entscheiden

Nach der Bewertung der Lösungsvorschläge wird gemeinsam entschieden, welche die beste Lösung für das Problem ist.

DAS SOLLTEN SIE SPEICHERN

Dabei ist zu beachten, dass diese Lösung für keine/n der Beteiligten eine Niederlage darstellen soll.

Achten Sie auf Folgendes

- Niemand sollte zu einer bestimmten Lösung überredet werden.
- Jede/r Beteiligte sollte sich aktiv zu einer Lösung bekennen.
- Die Lösung sollte für alle klar formuliert werden, um möglichen Missverständnissen vorzubeugen.

FALLBEISPIEL (FORTSETZUNG)

Luis: Ich lade euch jetzt ein, zu sagen, welche Lösung eurer Meinung nach die geeignetste für das Problem ist. Wer möchte anfangen?

Eszter: Ich finde, die beste Lösung ist mehr Flexibilität bei der Durchführung unserer Aufgaben. Mit mehr Flexibilität stehe ich weniger unter Druck und es ist nicht so schlimm, wenn mal jemand zu spät kommt.

Osman: Für mich ist es auch die Lösung mit mehr Flexibilität. Dann habe ich außerdem kein so schlechtes Gewissen, wenn ich zu spät komme.

Luis: Okay. Die Lösung heißt also: Die Aufgaben müssen in einem bestimmten Zeitraum erledigt werden. Die Reihenfolge der Erledigung wird von den Kolleginnen und Kollegen selbst bestimmt und organisiert. Ist das die Lösung für euch?

Eszter: Ja, genau so.

Osman: Ja, das ist es.

Luis: Bevor wir zur Umsetzung kommen, müssen wir allerdings die Lösung mit der Leitung besprechen und uns das OK dafür holen.

Bei sehr vielen Lösungsvorschlägen (z. B. bei Teamkonflikten mit vielen Beteiligten) kann die geeignetste Lösung auch folgendermaßen gewählt werden: Jede Teilnehmerin/Jeder Teilnehmer erhält drei Klebepunkte, die sie/er auf eine, zwei oder drei Lösungen verteilen kann. Die Lösung, die am Schluss die meisten Punkte hat, wird letztlich gewählt.

5. Schritt: Die Entscheidung umsetzen

Nachdem die beste gemeinsame Lösung gefunden worden ist, wird sie umgesetzt.

FALLBEISPIEL (FORTSETZUNG)

Luis: Gute Nachrichten! Die Leitung ist mit eurem Vorschlag der selbstständigen Aufgabeneinteilung innerhalb eines gesetzten Zeitraumes einverstanden. Allerdings sollen die Zeitrahmen-Vereinbarungen auch dokumentiert werden, damit die Sache verlässlich bleibt.

Eszter: Super, d. h., wenn ich weiß, dass Osman später kommt, kann ich zuerst die Dinge erledigen, für die ich keine Unterstützung benötige.

Osman: Und meine Morgen sind etwas stressfreier. Wenn ich dann da bin, werde ich gleich meine Unterstützung anbieten.

Luis: Okay. Starten wir gleich mit dieser neuen Flexibilität und treffen wir uns in zwei Monaten wieder, um zu besprechen, wie es euch damit geht.

Falls nötig, kann auch noch ein Plan zur Umsetzung erstellt werden. In diesem wird festgelegt, wer was wann und wie tut.

Achten Sie auf Folgendes

- Seien Sie den anderen gegenüber vertrauensvoll, dass sie sich an die vereinbarte Abmachung halten.
- Verzichten Sie darauf, einander ständig gegenseitig an die Abmachung zu erinnern. Das könnte sonst einen neuen Konflikt hervorrufen.

6. Schritt: Die Lösung reflektieren und neu bewerten

Es ist günstig, die Lösung nach einigen Wochen des Ausprobierens noch einmal im gemeinsamen Austausch neu zu bewerten.

Diskutieren Sie die folgenden Fragen

- Sind noch alle mit der vereinbarten Lösung zufrieden?
- Sind bei der Umsetzung Schwierigkeiten aufgetaucht?
- Hat die Umsetzung der Lösung auch Nachteile hervorgebracht?
- Welche Verbesserungen könnten noch sinnvoll sein?

Zur **Informationsweitergabe** finden Sie Inhalte im Kapitel „Arbeiten im Team", S. 129.

Falls es zu Veränderungen in der Vereinbarung kommt, ist es wesentlich, dass alle Beteiligten davon informiert werden und auch damit einverstanden sind.

FALLBEISPIEL (FORTSETZUNG)

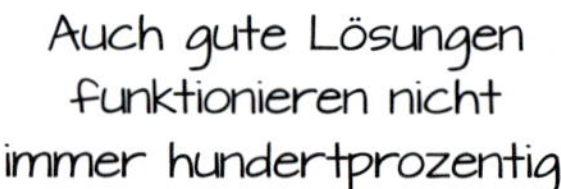

Luis: Schön, dass wir Zeit gefunden haben, die letzten zwei Monate noch einmal zu reflektieren. Seid ihr mit der vereinbarten Lösung noch zufrieden oder seht ihr Veränderungsbedarf?

Eszter: Aus meiner Sicht läuft es ganz gut. Besonders, dass Osman gleich herkommt, wenn er zu arbeiten beginnt, finde ich gut. Das einzig Schwierige ist, dass die Bewohner/innen manchmal warten müssen und das nicht immer verstehen.

Osman: Ja, ich habe auch schon bemerkt, dass manche Bewohner/innen nicht warten möchten und ein bisschen ungehalten sind. Ansonsten mag ich die Lösung, weil ich dadurch vor der Arbeit weniger unter Druck bin. Außerdem habe ich nicht mehr das Gefühl, dass Eszter mich nicht mag. Ich würde gerne so weitermachen. Für die Bewohner/innen braucht es vielleicht noch mehr Info.

Eszter: Ja, ich denke auch, dass unsere Bewohner/innen mehr darüber informiert werden müssen. Das haben wir wohl vergessen. Ich würde vorschlagen, wir sprechen das Thema in der nächsten Hausbesprechung an und erklären, weshalb wir jetzt so arbeiten.

Osman: Hey Eszter, das ist eine gute Idee.

Luis: Das klingt nach einer sinnvollen Erweiterung unserer Lösung. Ich bin froh, dass wir das gemeinsam so hinbekommen haben.

Aufgabenstellungen – „Konfliktlösung nach Gordon“

1. Bestimmen Sie die Wahrscheinlichkeit, dass die folgenden Verhaltensweisen zu Konflikten führen.
   a) Kreuzen Sie entsprechend Ihrer Einschätzung an:

Verhaltensweisen	1	2	3	4	5
a) Über andere Personen schlecht reden und sich aus dem Weg gehen					
b) Nicht über Missverständnisse und Erwartungen reden					
c) Den Kolleginnen und Kollegen wesentliche Informationen vorenthalten					
d) Die Forderung aufstellen, dass alles so bleibt wie bisher, da es ja in der Vergangenheit auch gut gelaufen ist					
e) Sich für die Meinung der Kolleginnen und Kollegen aktiv interessieren					
f) Anweisungen geben, wie die Arbeit zu tun ist, damit sie so geschieht, wie es für einen selbst angenehm ist					
g) Ein Lob von Vorgesetzten über die gute Arbeit des Teams an die Kolleginnen und Kollegen weitergeben					

   b) Diskutieren Sie mit Kolleginnen/Kollegen anhand selbst erlebter Beispiele (eventuell aus Ihrem Praktikum), wie diese Verhaltensweisen zur Konfliktentstehung beitragen können.
2. Lösen Sie einen leichten oder mittelschweren Konflikt, der im Unterricht aufgetaucht ist, in den sechs Schritten der Konfliktlösung nach Gordon.

Bewertung
1 = führt sicher zum Konflikt
2 = führt eher zum Konflikt
3 = teils, teils
4 = führt eher zu keinem Konflikt
5 = führt sicher zu keinem Konflikt

3.2 Ich-Botschaften

Ich-Botschaften sind eine Kommunikationsstrategie, die es ermöglicht, die eigenen Gefühle und **Wahrnehmungen auszudrücken, ohne das Gegenüber abzuwerten** oder anzugreifen.

Wir neigen dazu, Du-Botschaften auszusenden, wenn wir darüber nicht nachdenken. Du-Botschaften helfen uns nämlich, die eigene Perspektive auszudrücken. Wenn sich unsere Sichtweise aber stark von jener der Kommunikationspartner/innen unterscheidet, **begünstigen Du-Botschaften einen Konflikt.**

DAS SOLLTEN SIE SPEICHERN

Ich-Botschaften laden das Gegenüber besser dazu ein, die eigene Sichtweise nachzuvollziehen.

Wenn ich möchte, dass andere Menschen mich verstehen, muss ich über mich selbst sprechen.

Thomas Gordon

Beispiele

Du-Botschaften	Ich-Botschaften
 Sie sollen nicht immer so laut fernsehen, das hält ja niemand aus!!!	 Ich bin sehr angestrengt, wenn der Fernseher beim Verbandwechseln so laut läuft, und würde mir wünschen, dass er für diesen Zeitraum leiser geschaltet wird.
 Ich hab dir schon mehrmals gesagt, dass du das Geschirr dort drüben hinstellen sollst, nicht hier neben die Abwasch!	 Für mich ist es anstrengend, den Abwasch zu machen, wenn sich das Geschirr neben der Abwasch türmt. Ich kriege dann auch Stress, weil es nicht so schnell geht wie von mir erwartet.
 Du sollst mit dem Einsortieren der Medikamente nicht warten, bis dein Dienst fast vorbei ist, damit es jemand anderer für dich macht!	 Ich ärgere mich, wenn die Medikamente nicht zeitgerecht einsortiert werden, weil ich Sorge habe, dass es dann niemand mehr macht oder es vergessen wird.

Eine positive Ich-Botschaft besteht aus drei Teilen:

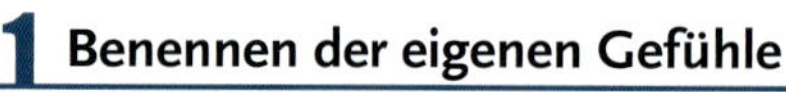

1 Benennen der eigenen Gefühle

Die eigenen Gefühle, die in der Situation auftauchen, werden benannt. Dabei wird auf Bewertungen verzichtet. Wenn nur die eigenen Emotionen beschrieben werden, ist es für die Gesprächspartner/innen leichter, zuzuhören und sich auf ein Gespräch einzulassen.

2 Beschreiben der Situation

Die Situation oder der Auslöser für eine Schwierigkeit wird sachlich und konkret ohne Bewertung mitgeteilt. Dadurch erfährt das Gegenüber den Grund für die Kritik. Dabei sollte auf Verallgemeinerungen wie „immer“, „überall“ oder „niemals“ verzichtet werden.

3 Benennen der Auswirkungen und der eigenen Bedürfnisse oder Wünsche

Dem Gegenüber wird die Auswirkung seines Verhaltens mitgeteilt, damit es die Gefühle nachvollziehen kann. Darauf folgt häufig eine Beschreibung der eigenen Bedürfnisse oder Wünsche in Bezug auf die Situation. Diese Wünsche sollten so formuliert werden, dass beim Gegenüber kein Gefühl von Druck und Zwang entsteht.

Vorteile von Ich-Botschaften

- Sie entschärfen Situationen.
- Sie ermöglichen es allen Beteiligten, sich mit der Lösung von Problemen zu beschäftigen, anstatt „Schuldige“ zu suchen.
- Durch sie werden ein partnerschaftlicher Umgang und das gegenseitige Verstehen gefördert. Das führt zu mehr Akzeptanz und gegenseitigem Vertrauen. Dadurch wird wiederum Missverständnissen und Konflikten vorgebeugt.

Aufgabenstellung – „Ich-Botschaften“

- **Ich- oder Du-Botschaften**

a) Ordnen Sie die folgenden Formulierungen den Ich- oder den Du-Botschaften zu.

Botschaften	Ich	Du
a) Du bist ständig unhöflich.		
b) Wenn ich häufig unterbrochen werde, habe ich das Gefühl, dass meine Meinung nicht erwünscht ist und ich gehen sollte.		
c) Ich gerate in Stress, wenn durch das Zuspätkommen mancher Kolleginnen und Kollegen die Teambesprechung später anfängt. Ich würde mir wünschen, dass wir zur vereinbarten Zeit alle anwesend sind.		
d) Ich finde, du hast wenig Kommunikationsfähigkeiten und solltest möglichst bald eine Weiterbildung dazu machen.		
e) Du wirst es wohl nie schaffen, pünktlich deine Aufgaben zu erledigen.		
f) Ich habe den Eindruck, du willst in Besprechungen immer nur deine Meinung durchsetzen.		
g) Ich habe das sichere Gefühl, du willst dich vor der Erledigung einiger Aufgaben immer drücken.		

b) Arbeiten Sie nun mit jemandem aus Ihrer Gruppe den Unterschied zwischen Ich- und Du-Botschaften heraus.

c) Formulieren Sie zu zweit die Du-Botschaften aus Aufgabe a) in Ich-Botschaften um.

3.3 Konfliktfördernde Kommunikationssperren

Kommunikationssperren sind verschiedene Formen der (verbalen) Kommunikation, mit denen wir ausdrücken, dass **wir das Gegenüber verändern wollen.** Sie führen dazu, dass die Gesprächspartner/innen entweder nichts mehr sagen oder sich aufregen. In beiden Fällen fühlen sie sich unverstanden und der Zugang zu ihnen verschließt sich uns.

Kontakt und Begegnung sind dann möglich, wenn wir einander akzeptieren, wie wir sind.

Aufgabenstellung – „Konfliktfördernde Kommunikationssperren"

- Schreiben Sie einige typische Sätze auf, die Personen aus Ihrem Umfeld öfter zu Ihnen sagen (Partner/innen, Kinder, Freundinnen/Freunde, Kolleginnen/Kollegen, Eltern ...).

Mögliche Beispiele
- Du kommst uns so selten besuchen.
- Oje, morgen ist schon wieder Montag.
- Mir geht meine Chefin so auf die Nerven!
- Das machen doch alle.

a) Geben Sie Ihre üblichen Reaktionen oder Antworten auf diese Sätze wieder.

b) Analysieren Sie, ob Sie bevorzugt auf eine bestimmte Art und Weise reagieren bzw. antworten, und benennen oder umschreiben Sie diese Art zu reagieren.

c) Vergleichen Sie Ihre bevorzugten Reaktionen nun in Zweierteams mit den unten aufgelisteten Kommunikationssperren.

Folgende zwölf Kommunikationssperren werden von Thomas Gordon unterschieden:

Kommunikationssperren	Beispiele
Befehlen, anordnen, bestimmen	„Das muss heute noch fertig werden, erst dann kannst du gehen."
Drohen, warnen	„Wenn die Dokumentation bis Freitag nicht vollständig ist, hast du ein Problem mit mir!"
Zureden, moralisieren, predigen	„Jammere nicht, das muss ein Mann schon aushalten."
Ratschläge erteilen, Lösungen vorgeben	„Wenn ich an deiner Stelle wäre, würde ich sicher zum Betriebsrat gehen."
Vorträge halten, belehren, logische Argumente liefern	„Jetzt höre mir einmal genau zu. Es ist doch erwiesen, dass Kaffee ungesund ist."
Urteilen, kritisieren, Vorwürfe machen	„Wie du mit den anderen umgehst, kann ja nur zu Ärger führen."
Loben, zustimmen, manipulieren	„Du kannst mit den Bewohnerinnen und Bewohnern von allen am besten umgehen. Da können sich die anderen eine Scheibe abschneiden."
Lächerlich machen, beschimpfen	„An deiner Stelle würde ich auch keine Doku ausfüllen – deine Rechtschreibung ist ja peinlich."

Loben wird zu den Kommunikationssperren gezählt, weil es eine (zu) hohe Erwartungshaltung signalisieren kann.

Interpretieren, analysieren, diagnostizieren	„Seit du die Fortbildung gemacht hast, meinst du offenbar, du bist etwas Besseres."
Beruhigen, beschwichtigen, aufrichten	„Nimm dir das nicht so zu Herzen. Morgen sieht die Welt wieder ganz anders aus."
Nachforschen, nachfragen, verhören	„Was hast du genau mit der Bewohnerin gemacht, damit sie mit der Entscheidung einverstanden war?"
Ablenken, sarkastisch reagieren, ausweichen	„Das muss dich jetzt nicht beschäftigen, wir gehen lieber gemeinsam einen Kaffee trinken."

der Sarkasmus = beißender, verletzender Spott, der jemanden oder etwas lächerlich machen will

Darauf zu achten, keine Kommunikationssperren zu verwenden, ist nicht einfach. Allerdings können Begegnung, Kontakt und aufrichtiger Austausch nur dann gelingen, wenn wir auf unsere gewohnten Strategien zur Kontrolle unserer Beziehungen zu anderen Menschen verzichten.

4 Mobbing

Sarahs Freundin Amina ist fix und fertig. Sie wird in ihrem Lehrbetrieb von ihren Kolleginnen gemobbt. Ständig tuscheln sie hinter Aminas Rücken und enthalten ihr Informationen vor, die sie zur Verrichtung ihrer Arbeit braucht. Dazu kommt noch, dass Amina auch regelmäßig WhatsApp-Nachrichten bekommt, in denen sie beschimpft wird.

Wie kann Sarah ihre Freundin Amina in dieser schwierigen Situation am besten unterstützen? Machen Sie zu zweit Vorschläge.

Mobbing unterscheidet sich von „normalen" Konflikten und Streitereien: Es handelt sich dabei um **gezielte Angriffe** auf eine Person (oder kleine Gruppe), **die über einen längeren Zeitraum regelmäßig stattfinden.** Das Ziel von Mobbing ist, die gemobbte Person aus dem Team auszugrenzen.

engl. *to mob* = bedrängen, anpöbeln, attackieren, angreifen

Je nachdem, in welcher Beziehung das Opfer zu den Mobbing-Tätern steht, wird dieses feindselige Verhalten unterschiedlich bezeichnet:

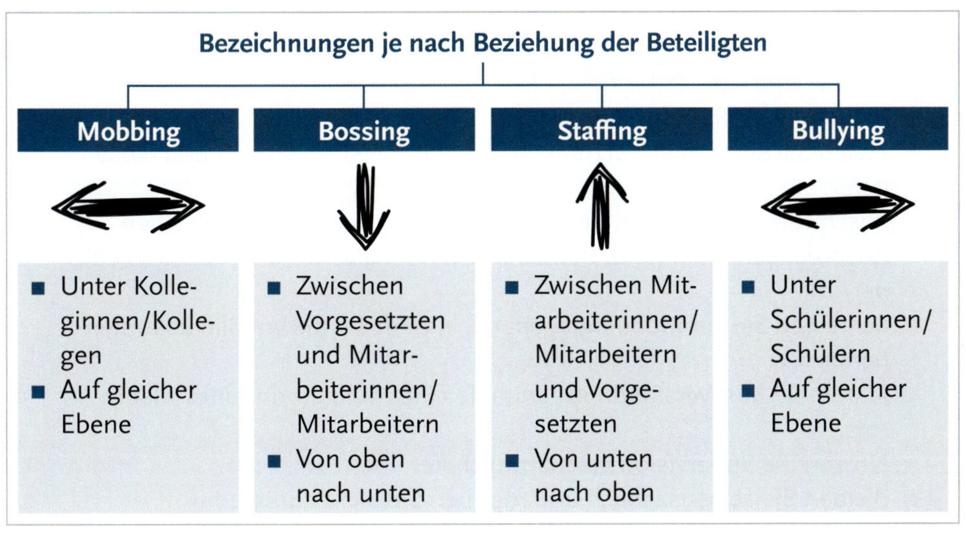

Manche Mobbinghandlungen können strafrechtlich verfolgt werden, z. B. gefährliche Drohung, üble Nachrede, grobe Beleidigung

In der TRAUNER-DigiBox finden Sie einen Katalog von 45 Mobbinghandlungen, der Ihnen hilft, Mobbing zu erkennen und benennen zu können.

Beispiele für typische Mobbinghandlungen

- Eingeschränkte Möglichkeit, sich zu äußern
- Ständiges Unterbrechen
- Anschreien oder lautes Schimpfen
- Ständige Kritik
- Telefonterror
- Mündliche oder schriftliche Drohungen
- Kontaktverweigerung
- Negative Andeutungen, ohne dass etwas direkt angesprochen wird

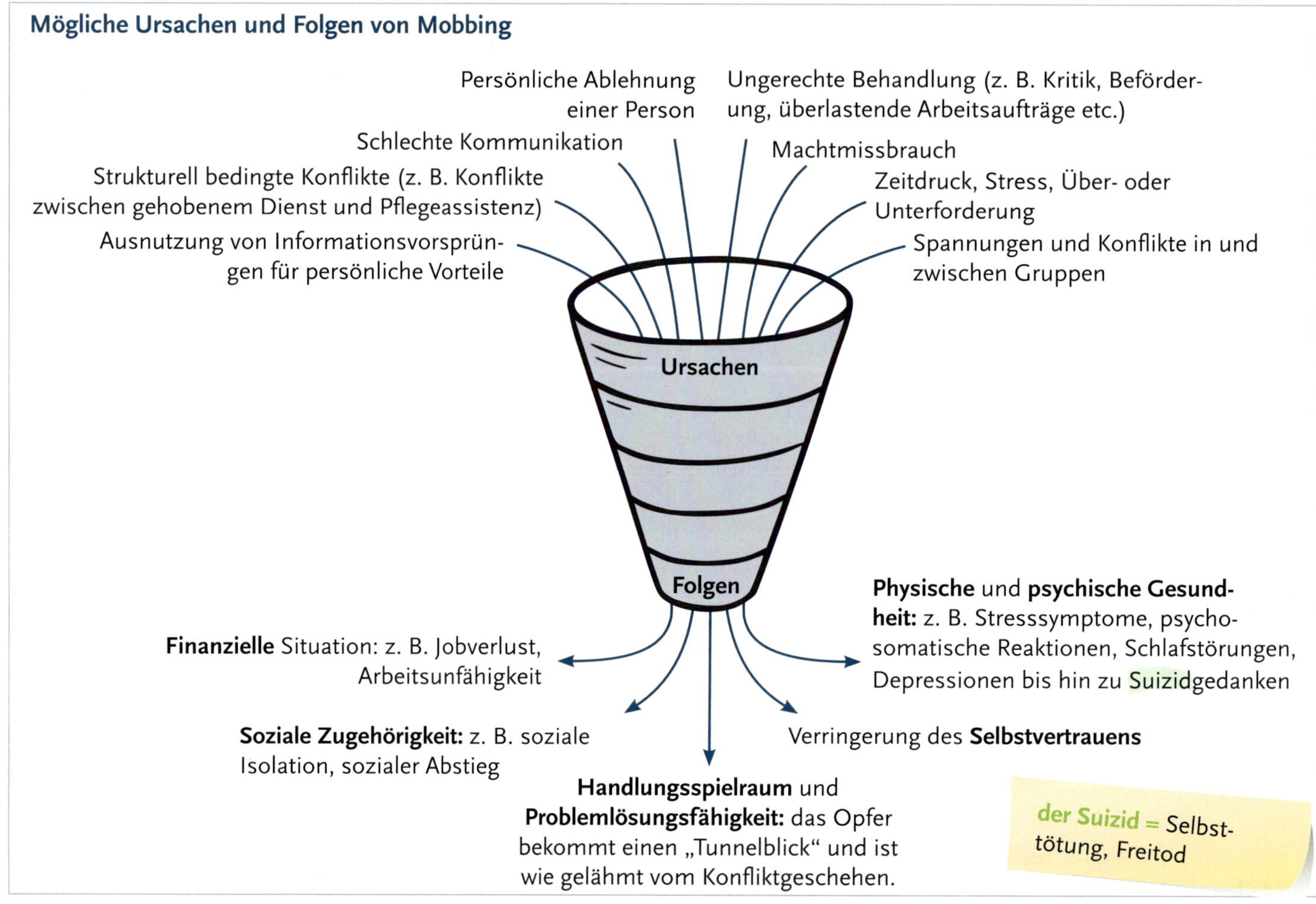

der Suizid = Selbsttötung, Freitod

Mobbing ist auch in Pflegeberufen auffallend verbreitet. Frauen sind von Mobbing häufiger betroffen als Männer.

46 % der Betroffenen gaben in einer Studie an, dass sie sich im Nachhinein frühzeitiger und massiver zur Wehr setzen würden.

Tipps, die Ihnen als Betroffene/r helfen können

- Wehren Sie sich gegen Mobbing.
- Holen Sie sich Unterstützung bei Ihren Arbeitskolleginnen und -kollegen.
- Beschweren Sie sich bei Ihren Vorgesetzten und innerbetrieblichen Ansprechpersonen (z. B. Betriebsrat, Personalvertretung, Arbeitsmediziner/in).
- Schreiben Sie ein Mobbingtagebuch, in dem Sie die Vorfälle dokumentieren.
- Klären Sie Missverständnisse mithilfe einer Mediatorin/eines Mediators.
- Nutzen Sie Supervision als Klärungshilfe.
- Bleiben Sie selbst sachlich und mobben Sie nicht zurück.

Tipps, um anderen Betroffenen zu helfen

- Tragen Sie selbst zu einem positiven zwischenmenschlichen Klima bei.
- Beteiligen Sie sich nicht am Mobbing.
- Reden Sie mit der/dem Betroffenen und bieten Sie Ihre Hilfe an.
- Sprechen Sie die Situation offen an.
- Informieren Sie die Vorgesetzten.
- Holen Sie Unterstützung bei anderen Stellen (z. B. Mobbing-Beratungsstelle, Betriebsrat, Betriebsärztin/-arzt usw.).
- Engagieren Sie sich gegen Mobbing: Organisieren Sie Vorträge, holen Sie Informationen ein und stellen Sie sie den Kolleginnen/Kollegen bereit.

Ziele erreicht? – „Konflikte und ihre Lösungen“

1. Definieren Sie den Begriff Konflikt.

2. **Ursachen für Konflikte**

a) Zählen Sie häufige Ursachen für Konflikte auf.

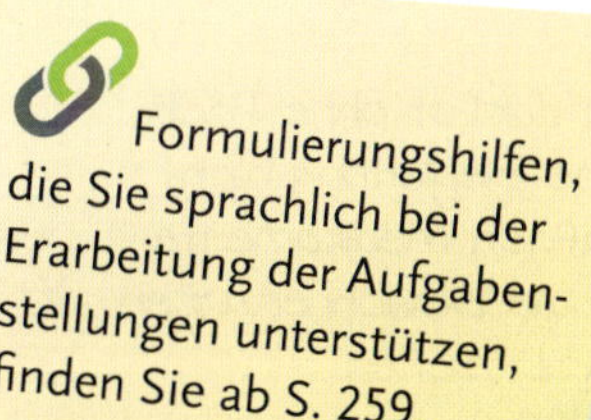

b) Tauschen Sie sich in Kleingruppen über Ihre letzten Konfliktsituationen aus.

- Diskutieren Sie mögliche Ursachen, die hinter den jeweiligen Konflikten gestanden sind.
- Reflektieren Sie mögliche Unterschiede zwischen den Konfliktursachen im privaten und im beruflichen (schulischen) Leben.

3. Nennen Sie die fünf Konfliktstile und beschreiben Sie Ihren eigenen bevorzugten Konfliktstil näher.

4. **Konfliktlösung nach Gordon**

a) Benennen Sie die sechs Schritte der Konfliktlösung nach Gordon.

b) Bilden Sie eine Dreiergruppe und wählen Sie einen mittelschweren Konflikt aus, den jemand von Ihnen in letzter Zeit erlebt hat.

Bearbeiten Sie diesen Konflikt nach den sechs Schritten der Konfliktlösung nach Gordon. Notieren Sie die Problemdefinition, die Lösungsüberlegungen und den Plan zur Umsetzung.

5. **Ich-Botschaften**

a) Nennen Sie die drei Teile, aus denen positive Ich-Botschaften bestehen.

b) Formulieren Sie zu den folgenden Beispielen von Du-Botschaften positive Ich-Botschaften:

Du-Botschaften	Ich-Botschaften
Du sollst nicht immer die Fenster offen lassen, wenn es ohnehin schon so kalt im Raum ist.	
Du sollst in Anwesenheit von Kolleginnen/Kollegen keine abwertenden Bemerkungen über sie machen.	
Ich habe dir diese Woche schon dreimal gesagt, dass du keine Reste beim Verbandwechseln unter dem Bett liegen lassen sollst.	
Du darfst ohne fachliche Begleitung nicht einfach Medikamente an die Bewohner/innen verabreichen.	
Die Dokumentation schreibt sich nicht von selbst. Du sollst dich an die Vereinbarung halten, das zeitgerecht zu erledigen.	

6. Geben Sie einige Kommunikationssperren wieder.

7. **Mobbing**

a) Definieren Sie den Begriff Mobbing in eigenen Worten.

b) Versetzen Sie sich in folgende Situation:

Melinda ist seit vier Jahren in Ihrem Team. Bisher hatten Sie den Eindruck, dass alles gut läuft. Doch in letzter Zeit bemerken Sie, dass Stefan, Mira und Andrea negative Andeutungen über Melindas Arbeit machen. Sie nennen keine konkreten Beispiele. Wenn Melinda in den Teamsitzungen etwas sagen will, wird sie von den dreien unterbrochen. Die Stationsleitung reagiert nicht darauf.

Erläutern Sie Möglichkeiten, um Melinda in dieser Situation zu helfen.

c) Reflektieren Sie Ihre übliche Reaktion, wenn Sie sich von jemandem beleidigt fühlen. Setzen Sie sich auch mit anderen möglichen Verhaltensweisen auseinander.

Deeskalation in der Betreuung

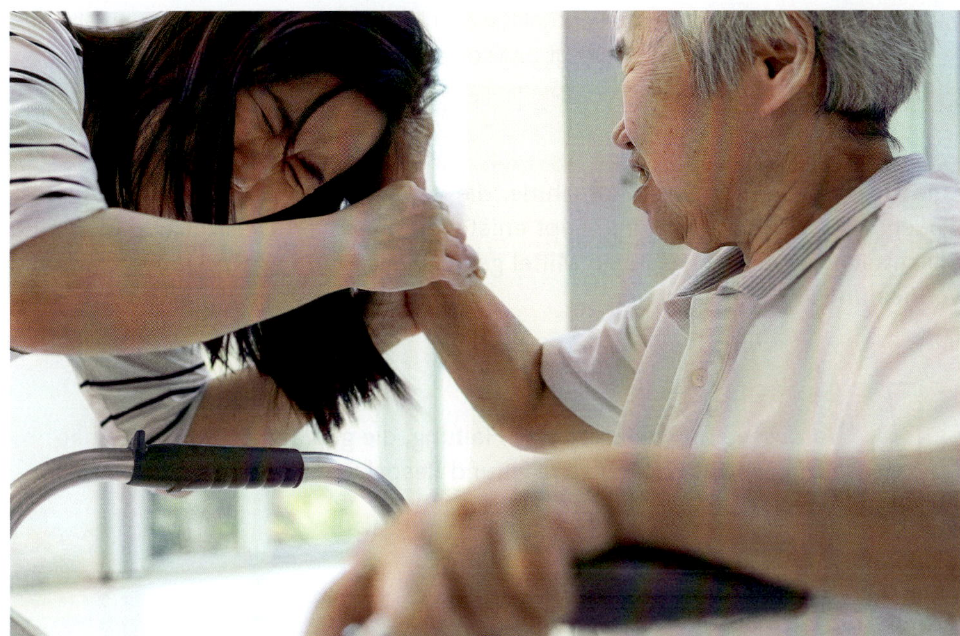

Überall, wo Menschen miteinander in Kontakt treten, entstehen Spannungen und Konflikte. Wenn diese nicht rechtzeitig aufgelöst werden, können sie eskalieren und zu Aggressionen bis hin zu Gewalt führen. Auch als Pflegekraft werden Sie solche Situationen erleben.

Sie haben dabei aber immer die Möglichkeit, deeskalierend, also entschärfend, auf die Situation Einfluss zu nehmen. Welche Haltung Sie hierfür benötigen und welche Deeskalationsmaßnahmen Sie setzen können, erfahren Sie im folgenden Kapitel.

Meine Ziele

Nach Bearbeitung dieses Kapitels kann ich

- die Grundregeln der Deeskalation nennen;
- Techniken der Deeskalation unterscheiden;
- kommunikative Deeskalationstechniken im direkten Umgang mit Pflegebedürftigen erläutern;
- Entstehungsmechanismen und Einflussfaktoren von herausforderndem Verhalten reflektieren;
- einfache Deeskalationsstrategien anwenden.

1 Wozu Deeskalation?

Haben Sie während Ihres Praktikums eine ähnliche Situation beobachtet oder vielleicht selbst erlebt? Erzählen Sie davon in der Klasse. Wie wurde die Situation aufgelöst?

Die Pflegerin Maria ist ziemlich nervös und gestresst. Sie soll Herrn Kern, der im Bett liegt, in den Rollstuhl umsetzen. Herr Kern ist kognitiv stark eingeschränkt, weiß nicht, was mit ihm passiert, und bekommt Angst. Er schlägt panisch um sich und trifft Maria im Gesicht.

Eine **Deeskalation** ist eine Maßnahme, die verhindert, dass Gewalt und Aggressionen sich steigern oder überhaupt entstehen. Ziele von Deeskalation sind eine **Abschwächung der eingesetzten Mittel** gegen Gewalt und Aggressionen sowie die **Vermeidung von Verletzungen.**

DAS SOLLTEN SIE SPEICHERN

Voraussetzung dafür ist eine Haltung, die geprägt ist von Wertschätzung, Vertrauen, Achtsamkeit und Respekt.

Gründe für Gewalt und Aggression

Die Pflege und Betreuung beeinträchtigter Menschen ist für das Pflegepersonal mit hohen Belastungen verbunden. Die große Verantwortung, gelegentliche Überforderung und zeitlicher Druck, gepaart mit Leid, Tod und Trauer, führen zu Stresssituationen. Dieser Stress der Pflegekräfte ist auch für die Betreuten fühlbar und wird von ihnen häufig falsch gedeutet.

Betreute, die sich aggressiv, abwehrend oder herausfordernd verhalten, haben meist das **Gefühl, nicht wahr- und ernst genommen zu werden.** Bei mangelnder Einsichts- oder Urteilsfähigkeit **verstehen sie den Sinn von Pflege- oder Betreuungsmaßnahmen nicht,** sondern **erleben diese als Gewalt** gegen sich.

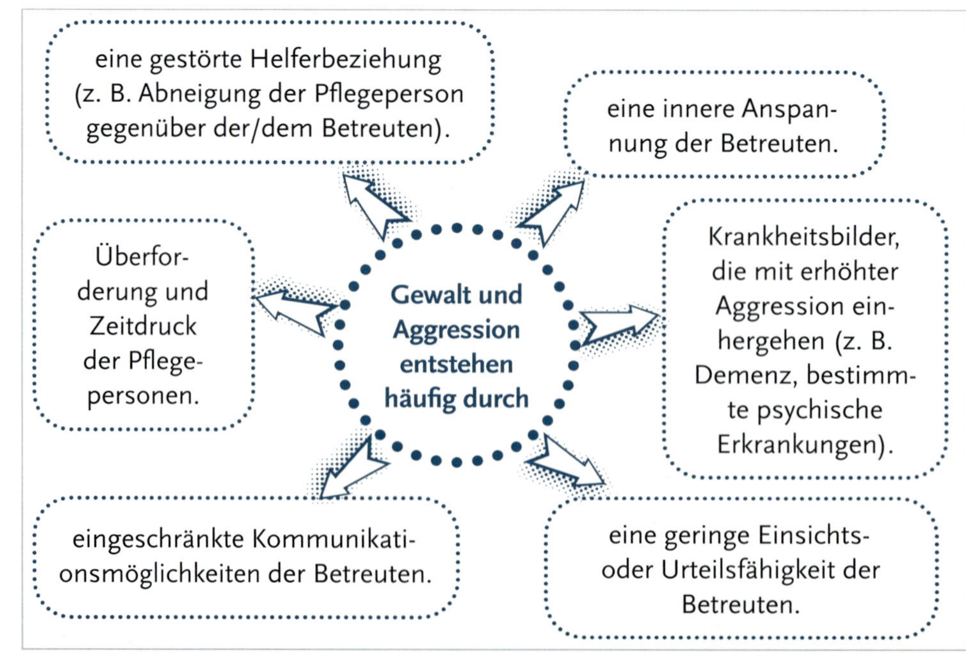

Grundregeln der Deeskalation

Um in schwierigen Situationen professionell zu reagieren und deeskalierend eingreifen zu können, sollten Sie einige Grundregeln befolgen:

Deeskalation hat immer Vorrang.

Grundregeln der Deeskalation

- Bei ersten Anzeichen einer Eskalation mit Intervention beginnen
- Auf die eigene Sicherheit achten
- Die eigene Mimik, Gestik und Körpersprache beachten
- Sicher auf das Gegenüber zugehen
- Blickkontakt herstellen
- Nicht auf Beschimpfungen oder abwertende Aussagen eingehen
- Wertschätzend bleiben

Aufgabenstellung – „Wozu Deeskalation?“

- Finden Sie sich in Kleingruppen zusammen.
  - Zwei Personen aus der Gruppe stellen die Situation aus dem Einstiegsbeispiel zwischen Maria und Herrn Kern im Rollenspiel nach.
  - Die anderen Personen beobachten und machen sich Notizen.
  - Diskutieren Sie anschließend in der Gruppe, wie Maria Herrn Kern begegnen könnte, um sein aggressives Verhalten zu verhindern.

2 Stufenmodell der Deeskalation nach ProDeMa®

Ein hilfreicher Leitfaden für die Deeskalation ist das Stufenmodell der Deeskalation nach ProDeMa®. Das Modell unterscheidet sieben aufeinanderfolgende Stufen, die einen **optimalen Umgang mit Gewalt und Aggression im Betreuungsalltag** ermöglichen.

Das Institut ProDeMa® bietet Fort- und Weiterbildungen im Bereich des professionellen Deeskalationsmanagements an. Nähere Informationen: prodema-online.de

- I **Verhinderung der Entstehung** von Gewalt und Aggression
- II **Veränderung der Sichtweise** von abwehrenden oder aggressiven Verhaltensweisen
- III **Verstehen der Ursachen** abwehrender oder aggressiver Verhaltensweisen
- IV **Verbale (und nonverbale) Deeskalation**
- V **Vermeidungstechniken,** verletzungsfreie und schonende **Löse- und Abwehrtechniken**
- VI Verletzungsfreie und schonende **Begleittechniken**
- VII Kollegiale **Erstbetreuung, Nachsorge und Nachbetreuung** von Vorfällen

2.1 Deeskalationsstufe I – Verhinderung der Entstehung von Gewalt

Stufe I:
Durch die systematische Verminderung auslösender Reize soll die Entstehung von Gewalt und Aggression verhindert werden.

Viele abwehrende und aggressive Verhaltensweisen werden ausgelöst durch Betreuungshandlungen, die von den Betreuten subjektiv als Gewalt erlebt werden, mit denen sie nicht einverstanden sind oder deren Sinn sie nicht verstehen.

Mögliche angst- oder aggressionsauslösende Reize

Reize	Beispiele
Regeln der Einrichtung	Fixe, starre Abläufe in der Betreuung werden von den Betreuten abgelehnt.
Aufgezwungene Werte und Einstellungen	Die Betreuten kommen mit der Fremdbestimmung im Tagesablauf (wann ins Bett gehen, was anziehen, wann und wie oft waschen etc.) nicht klar.
Viel Fremd- und wenig Mitbestimmung	Handlungen, die mitunter ungewollt sind, werden durchgeführt von Pflegepersonen, die nicht selbst gewählt sind.
Bedürfnisse werden nicht erfüllt	Vor allem fehlende Sicherheit und Geborgenheit können bei den Betreuten zu aggressivem Verhalten führen.
Pflegeperson verhält sich unangemessen	Die Kontaktaufnahme durch die Pflegekraft erfolgt zu schnell, zu laut oder zu unvorbereitet. Es wird keine angemessene Distanz gehalten. Zusagen werden nicht eingehalten.
Abneigung der betreuten Person gegen bestimmte Dinge oder Personen	Das können z. B. Erinnerungen, Gerüche, bestimmte Nahrungsmittel oder bestimmte Personen sein.
Erinnerungen an frühere Situationen	Diese sogenannten Flashbacks erfolgen plötzlich und lösen dieselben Gefühle wie früher aus.

Eine Anleitung zur professionellen Reflexion erhalten Sie auf S. 26.

Aufgabenstellung – „Deeskalationsstufe I"

- Reflektieren Sie zu zweit oder zu dritt über Situationen aus Ihrem Praktikum, in denen betreute Personen angst- oder aggressionsauslösenden Reizen ausgesetzt waren. Beantworten Sie dabei die folgenden Fragen:
  - Wie haben Sie in der jeweiligen Situation reagiert?
  - Was könnten Sie in Zukunft besser machen?

2.2 Deeskalationsstufe II – Veränderung der Sichtweise

Stufe II:
Die Sichtweise von abwehrenden oder aggressiven Verhaltensweisen wird geändert, indem die eigene Wahrnehmung, Interpretation und Bewertung dieses Verhaltens reflektiert werden.

Ihre Reaktion als Pflegekraft auf das Verhalten der betreuten Person **wirkt sich entweder eskalierend oder deeskalierend aus.** Ihre Reaktion wird davon beeinflusst, wie Sie abwehrendes oder aggressives Verhalten der Betreuten wahrnehmen und bewerten.

DAS SOLLTEN SIE SPEICHERN

Die Art und Weise, wie mit betreuten Personen kommuniziert wird, trägt maßgeblich zu einer gelungenen Deeskalation bei.

2.3 Deeskalationsstufe III – Verstehen der Ursachen

Stufe III:
Die Ursachen abwehrender oder aggressiver Verhaltensweisen müssen verstanden werden.

Aggressives Verhalten von Betreuten ist immer eine Reaktion auf Gefühle. Erkrankungen, der Verlust von Funktionen und die Einschränkungen der Kommunikation oder der Wahrnehmung beeinflussen die Gefühle der betreuten Personen. Wenn sie ihre **Gefühle nicht mehr angemessen kommunizieren können,** bringen Betreute sie **häufig als aggressives Verhalten zum Ausdruck.**

Aufgabenstellung – „Deeskalationsstufe III"

- Lesen Sie das Fallbeispiel und bearbeiten Sie die Aufgabenstellungen.

  Frau Lanz hört in ihrem Zimmer laut Musik. Die Zimmerkollegin beschwert sich darüber beim Personal. Frau Lanz wird vom Personal gebeten, das Radio leiser zu drehen, woraufhin sie wütend ein Glas vom Tisch fegt.

  a) Erörtern Sie mögliche Auslöser für die Reaktion von Frau Lanz.

  b) Schlagen Sie deeskalierende Maßnahmen vor, die Sie setzen würden.

Die geeigneten deeskalierenden Verhaltensweisen lernen Sie in den folgenden Abschnitten kennen.

2.4 Deeskalationsstufe IV – verbale (und nonverbale) Deeskalation

Stufe IV:
Durch verbale (und nonverbale) Deeskalation soll aggressives Verhalten verhindert werden.

Gleichzeitig wird versucht, den betreuten Menschen durch verbale und nonverbale Kommunikationsmaßnahmen Hilfe in ihrer Not anzubieten.

Die verbale Deeskalation besteht aus vier Phasen

Phase 1: **Kontaktaufnahme** durch Anreden der betreuten Person mit dem Namen oder durch Eintreten in ihr Gesichtsfeld

Phase 2: **Kontakt- oder Beziehungsaufbau** durch Einbinden in ein Gespräch

Phase 3: **Herausfinden der Ursachen** und Beweggründe für das gezeigte aggressive Verhalten, indem Fragen zur Situation gestellt werden; die Antworten sollen dabei, dem aktiven Zuhören entsprechend, wiederholt werden.

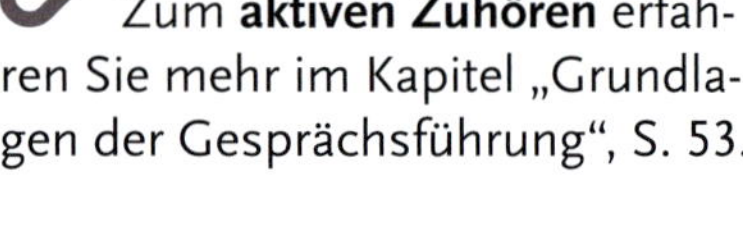

Zum **aktiven Zuhören** erfahren Sie mehr im Kapitel „Grundlagen der Gesprächsführung“, S. 53.

Phase 4: **Lösung** durch Eingehen auf aktuelle Bedürfnisse und Wünsche und Vorschlagen geeigneter Angebote

FALLBEISPIEL (FORTSETZUNG)

Die Pflegerin Duygu hat die Situation mit Frau Lanz beobachtet. Sie geht nun selbst in das Zimmer von Frau Lanz, nähert sich ihr von der Seite und bleibt dann mit etwas Abstand neben ihr stehen. Dabei sagt sie:

Duygu: Guten Abend, Frau Lanz. Ist das Ihre Lieblingsmusik, die Sie gerade hören?

Frau Lanz: Ja, die Gruppe habe ich vor Jahren schon live gehört.

Duygu: Da war die Musik sicher auch sehr laut. Sie mögen laute Musik?

Frau Lanz: Nein, aber ich höre so schlecht und habe Angst, dass ich mal ganz taub werde.

Duygu: Ah, Sie hören nicht mehr so gut und fürchten sich davor, dass Sie keine Musik mehr hören können. Das verstehe ich gut.
Ihrer Zimmerkollegin ist die Musik leider zu laut.

Frau Lanz: Ich möchte aber weiter meine Musik hören. Sie beruhigt mich.

Duygu: Musik ist beruhigend für Sie.
Können Sie sich vorstellen, Kopfhörer zu verwenden? Dann könnten Sie die Musik so laut hören, wie Sie möchten, und niemand würde sich gestört fühlen.

Frau Lanz: Ja, das ist eine gute Idee. Können Sie mir Kopfhörer besorgen?

Vergleichen Sie das Verhalten der Pflegerin Duygu mit Ihrer Antwort zur Aufgabenstellung „Deeskalationsstufe III“, b). Hätten Sie ähnlich reagiert? Besprechen Sie sich zu zweit.

2.5 Deeskalationsstufe V – Vermeidungs-, Löse- und Abwehrtechniken

Stufe V:
Mit Techniken zur sicheren Annäherung, Vermeidungstechniken sowie verletzungsfreien und schonenden Löse- und Abwehrtechniken wird aggressivem oder abwehrendem Verhalten vorgebeugt.

Bei alltäglichen Pflegehandlungen kommt es immer wieder zu abwehrendem Verhalten wie Schlagen, Kratzen, Treten etc., vor allem wenn die betreute Person mit einer geplanten Maßnahme nicht einverstanden ist, sie nicht versteht, Schmerzen oder Angst hat.

⚠ Bedenken Sie die Hilflosigkeit Ihres Gegenübers.

DAS SOLLTEN SIE SPEICHERN
Als Pflegekraft müssen Sie daher Ängste nehmen sowie Sicherheit und Fürsorge vermitteln, um aggressives oder abwehrendes Verhalten zu reduzieren.

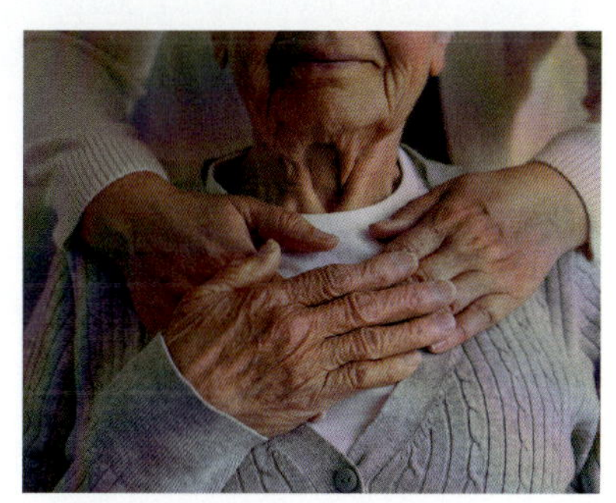

Techniken zur sicheren Annäherung

Das Aktivierungsritual
Pflegebedürftige Menschen sind nach längerer Bewegungslosigkeit, wenn sie z. B. geschlafen haben oder lange gesessen sind, oft unbeweglicher. Jede Pflegehandlung sollte daher durch ein Aktivierungsritual eingeleitet werden. Mit diesem werden die betreuten Personen nicht nur körperlich aktiviert. Das Aktivierungsritual stellt auch Kontakt her, gibt Sicherheit und minimiert die Angst der Klientinnen und Klienten.

Weitere hilfreiche Techniken zur sicheren Annäherung
- Sicheres Aufsetzen im Bett
- Hochbewegen vom Boden
- Sicheres Halten
- Einfaches Aufstehen
- Niederlegen mit zwei Pflegekräften

Eine Anleitung zur Aktivierung sowie zum sicheren Aufsetzen im Bett finden Sie in der TRAUNER-DigiBox.

Vermeidungstechniken

Eine Vermeidungstechnik verhindert, dass die Pflegeperson von einer Klientin oder einem Klienten verletzt werden kann. Eine weitere Eskalation kann vermieden werden, indem die Pflegekraft z. B.
- den Raum verlässt und die Tür hinter sich schließt oder
- einen Sicherheitsabstand zur aggressiven Person hält, sodass ein Schlag oder Stoß ins Leere läuft.

Verletzungsfreie und schonende Löse- und Abwehrtechniken

Wird eine Betreuungsperson von einer betreuten Person körperlich angegriffen, gilt es, klientenschonende Lösetechniken einzusetzen.

DAS SOLLTEN SIE SPEICHERN
Diese Techniken stellen das letzte Mittel zur Abwehr von Gefahren dar. Sie werden daher nur eingesetzt, wenn alle anderen Deeskalationsmöglichkeiten erfolglos waren.

Lösetechnik beim Fassen der Arme
Die Arme der Pflegekraft sind eine Körperstelle, die eine betreute Person noch am ehesten fassen kann. Die Pflegekraft kann sich hierbei am besten durch eine **Drehbewegung des eigenen Arms** klientenschonend lösen. Die Drehung soll dabei **in Richtung Daumenseite der angreifenden Person** erfolgen. Der Daumen wird durch die Drehbewegung zurückgebogen, was bei der angreifenden Person Schmerzen verursacht, sodass sie loslässt. Anschließend gewinnt die Pflegekraft einen **Sicherheitsabstand.**

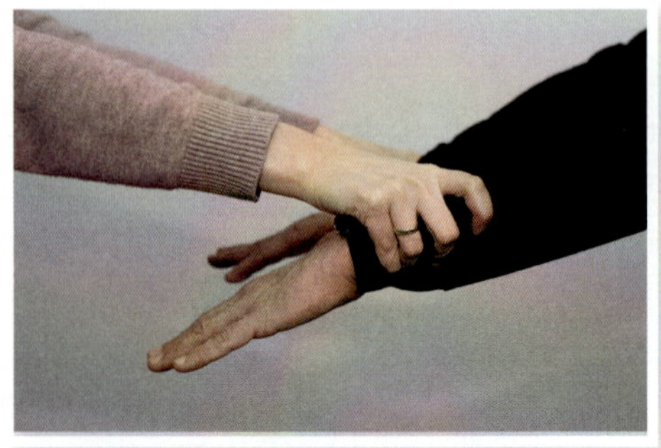
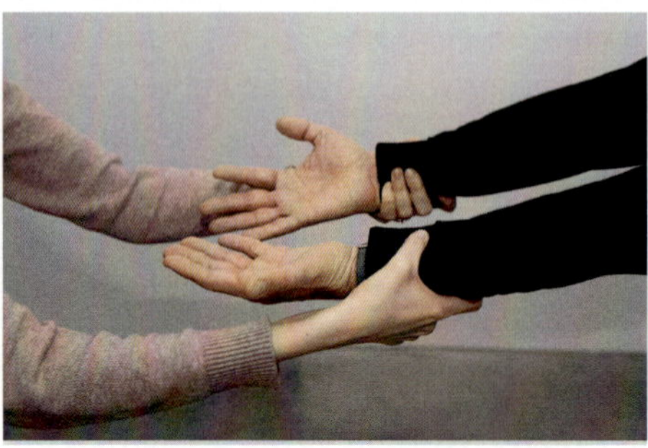

Lösetechnik beim Fassen an den Haaren
Auch die Haare sind eine Körperstelle, die einfacher festgehalten werden kann.

Um sich zu lösen, wenn sie von einem betreuten Menschen an den Haaren gepackt wird, **schlägt die Pflegekraft** zunächst mit beiden Händen fest **auf die Hand, von der sie festgehalten wird.** Löst die betreute Person den Griff nicht, fixiert die Pflegekraft die Hand der betreuten Person.

Wenn sie **von hinten an den Haaren festgehalten** wird, dreht die Pflegeperson anschließend den Oberkörper weg. Die **Drehung bei gleichzeitiger Fixierung der Hand** verursacht bei der angreifenden Person Schmerzen, wodurch sie den Griff löst.

Wird die Betreuungsperson von **vorne festgehalten, beugt sie sich leicht nach vorne** und macht gleichzeitig einen **Schritt nach hinten.** Auch diese Bewegung löst bei der angreifenden Person Schmerzen im Handgelenk aus, sodass sie den Griff lockert.

Aufgabenstellung – „Deeskalationsstufe V“

- Recherchieren Sie Kursangebote für Deeskalationstraining in Ihrer Nähe und tragen Sie Ihre Rechercheergebnisse in der folgenden Tabelle ein:

Institution	Adresse/Website	Zielgruppe

2.6 Deeskalationsstufe VI – Begleittechniken

Stufe VI:
Verletzungsfreie und schonende Begleittechniken werden eingesetzt, um Verletzungen zu verhindern.

Um Fremd- oder Selbstgefährdung zu verhindern, sind manchmal klientenschonende Halte-, Immobilitäts- und Fixierungstechniken unumgänglich.

DAS SOLLTEN SIE SPEICHERN

Eine Fixierung darf nur angewendet werden, wenn alle anderen Möglichkeiten der Deeskalation ausgeschöpft sind.

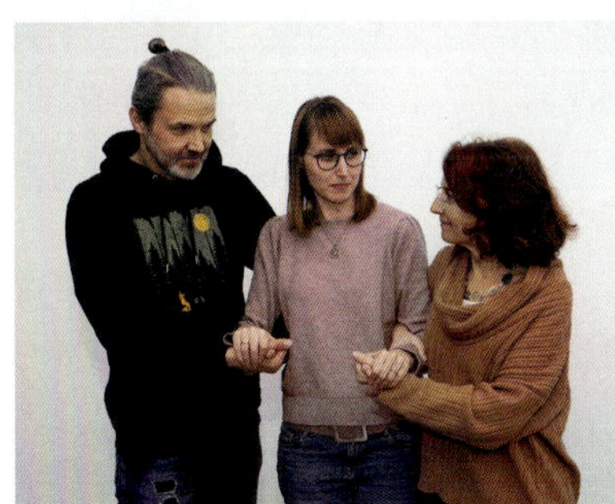

Klientin wird von zwei Pflegepersonen sturzfrei geführt

Mit dieser Technik kann etwa ein betreuter Mensch, der sich nicht allzu heftig wehrt, **von zwei Personen sturzfrei geführt** werden.

Muss mit heftiger Gegenwehr gerechnet werden, bietet sich das **Einwickeln in eine Decke** an, um eine sichere Begleitung an einen anderen Ort zu gewährleisten.

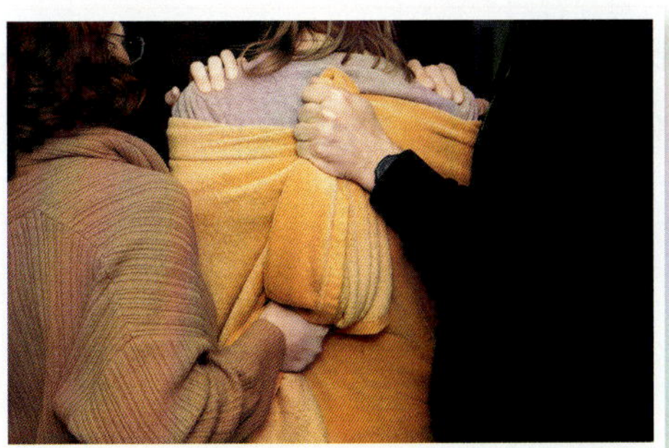

Behandeln Sie die betreute Person auch in einer Extremsituation würdevoll und mit Respekt!

DAS SOLLTEN SIE SPEICHERN

Alle Techniken müssen vor der Anwendung fachkundig trainiert werden.

2.7 Deeskalationsstufe VII – Nachbetreuung

Stufe VII:
Durch kollegiale Erstbetreuung, Nachsorge und Nachbetreuung werden Vorfälle verarbeitet und künftigen Eskalationen wird damit vorgebeugt.

Eine Nachbetreuung nach eskalierten Vorfällen ist aus zwei Gründen nötig:

Informationen zur **Entlastung** finden Sie im Kapitel „Arbeiten im Team", S. 126.

Übergriffe auf Betreuungspersonen können zu **Traumatisierungen** und in Folge zu **Belastungsstörungen** mit körperlichen und psychischen Symptomen führen. Daher ist eine zeitnahe Erstbetreuung, in der der **Vorfall reflektiert und verarbeitet** werden kann, von großer Bedeutung. Meist sind nur wenige, niederschwellige Hilfsangebote (Gespräch, Sicherheit geben, Gefühle zulassen etc.) notwendig.

Sowohl Übergriffe als auch erfolgte Zwangsmaßnahmen müssen außerdem unbedingt professionell nachbearbeitet werden, um **zukünftige Situationen besser bewältigen oder sogar verhindern** zu können. **Gespräche** können **mit den betroffenen Pflegepersonen und Betreuten** (getrennt oder gemeinsam) oder auch im Team geführt werden.

DAS SOLLTEN SIE SPEICHERN

Die Gespräche sind jedenfalls vorwurfsfrei und lösungsorientiert zu gestalten.

Aufgabenstellungen – „Deeskalationsstufe VII"

1. Diskutieren Sie in der Klasse die folgende Aussage aus dem Leitfaden „Professionelles Deeskalationsmanagement" des Instituts ProDeMa®:

> *„Eine gelungene kollegiale Erstbetreuung ist die beste Prävention."*
>
> ProDeMa®

2. Recherchieren Sie Ausbildungsangebote zur kollegialen Erstbetreuung in Österreich.

Institution	Adresse/Website	Titel der Veranstaltung	Veranstaltungsart, Dauer, Zielgruppe

Ziele erreicht? – „Deeskalation in der Betreuung“

KOMPETENZ-ERWERB

1. Grundlagen der Deeskalation

a) Definieren Sie in eigenen Worten den Begriff Deeskalation.

b) Zählen Sie die Grundregeln der Deeskalation auf.

Formulierungshilfen, die Sie sprachlich bei der Erarbeitung der Aufgabenstellungen unterstützen, finden Sie ab S. 259.

2. Angst- und aggressionsauslösende Reize

a) Nennen Sie einige mögliche angst- und aggressionsauslösende Reize.

b) Reflektieren Sie mit einer Kollegin/einem Kollegen Pflege- und Betreuungshandlungen, die Sie bei sich selbst als Gewalt empfinden würden.

3. Stufen der Deeskalation

a) Fassen Sie die sieben beschriebenen Deeskalationsstufen jeweils in einem Satz zusammen.

b) Beschreiben Sie aus den sieben Stufen der Deeskalation mindestens zwei Techniken.

c) Lesen Sie das Fallbeispiel und bearbeiten Sie die Aufgabenstellungen.

Herr Hofer lebt in einer Behinderteneinrichtung und sitzt seit einem Schlaganfall im Rollstuhl. Er soll heute am hauseigenen Grillfest teilnehmen. Frau Glück, eine Betreuerin, fährt ihn in Richtung Garten.

Herr Hofer: „Wo bringen Sie mich hin?"
Frau Glück: „Heute ist doch das Grillfest. Alle sind schon da."
Herr Hofer: „Das interessiert mich nicht."
Frau Glück: „Das wird Ihnen sicher gefallen."
Herr Hofer: „Das interessiert mich nicht. Bringen Sie mich auf mein Zimmer!"
Frau Glück: „Es gibt dort viel zu essen."

Frau Glück beugt sich bei diesem Satz zum Ohr von Herrn Hofer herab. Der packt sie an den Haaren und zieht sie zu Boden.

Herr Kovac sieht die Situation, klatscht laut und sagt zu Herrn Hofer: „Herr Hofer, stopp, aufhören! __________
Warum sind Sie gerade so wütend? __________
Was ist passiert, dass Sie Frau Glück an den Haaren gezogen haben?" __________

Herr Hofer: „Ich habe ihr gesagt, dass ich nicht zum Grillfest will. Sie will mich aber trotzdem unbedingt hinbringen." __________

Herr Kovac: „Ich verstehe, dass Sie wütend geworden sind. Das hätte mich auch wütend gemacht. Möchten Sie, dass wir Essen vom Grillfest auf Ihr Zimmer bringen?" __________

Herr Hofer: „Ja bitte, das wäre mir sehr recht." __________

- Ordnen Sie die vier Phasen der verbalen Deeskalation der jeweils passenden Aussage im Dialog zwischen Herrn Kovac und Herrn Hofer zu. Schreiben Sie hierfür die Phasen daneben auf die richtigen Zeilen.
- Versetzen Sie sich in die Rolle von Frau Glück und schreiben Sie den Dialog zwischen ihr und Herrn Hofer neu. Diesmal verhält Frau Glück sich so, dass sie eine Eskalation vermeidet.

4. Erläutern Sie die Haltung, mit der Sie als Pflegekraft auf abwehrendes oder aggressives Verhalten der Betreuten reagieren.

NEW SKILL

LOADING.....

VI Krisen bewältigen

Sie finden

Menschen in Not – Krisen/ Seite 228

Krisenintervention/ Seite 244

Menschen in Not – Krisen

die Krise (griech. *krísis* = Entscheidung): In der ursprünglichen Bedeutung bezeichnet eine Krise einen richtungsweisenden Wendepunkt in einem Entscheidungsprozess.

chronisch = dauerhaft gegeben

Krisen gehören zum Leben dazu. Oftmals erleben wir Krisen im Nachhinein als wichtig für unser Leben und wir können sie sogar als Chancen betrachten.

Allerdings können Krisen Menschen auch in chronische Schwierigkeiten bringen. Sie können zu einem Gefühl der Ausweglosigkeit führen bis hin zum Versuch, das eigene Leben zu beenden.

Wie Krisen entstehen und welche Arten von Krisen unterschieden werden können, erfahren Sie in diesem Kapitel.

Meine Ziele

Nach Bearbeitung dieses Kapitels kann ich

- unterschiedliche Formen von Krisen beschreiben;
- Suizidrisiken und die Entwicklung zum Suizid beschreiben;
- Krisen anhand von Fallbeispielen erkennen;
- Krisen als Ausnahmesituationen verstehen;
- förderliche Haltungen im Umgang mit suizidgefährdeten Menschen einnehmen.

1 Wie krisenfest bin ich?

Fragebogen – „Meine Krisenfestigkeit“

- Reflektieren Sie Ihre Krisenfestigkeit.
  a) Kreuzen Sie die auf Sie zutreffenden Antworten an.

Selbsteinschätzung	1	2	3	4	5
Ich akzeptiere mich selbst, wie ich bin.					
Ich bin optimistisch.					
Ich erlebe mich als selbstwirksam.					
Ich will angemessen Verantwortung übernehmen.					
Ich pflege Networking.					

  b) Tauschen Sie sich nun mit jemandem aus Ihrer Gruppe über Ihre Bewertungen aus.

Bewertung
1 = Das trifft voll auf mich zu.
2 = Das trifft eher zu.
3 = teils, teils
4 = Das trifft eher nicht zu.
5 = Das trifft überhaupt nicht auf mich zu.

selbstwirksam sein = Vertrauen in die eigene Handlungsfähigkeit haben

das Networking = das aktive Aufbauen und Erweitern von Beziehungsnetzen

Resilienz, die seelische Widerstandskraft, ist eine **wichtige Ressource, um Krisen bewältigen zu können.** Es ist möglich, die eigene Resilienz zu verbessern oder Fähigkeiten zu erlernen, um leichter mit schwierigen Lebenssituationen umgehen zu können. Resilienz ist nicht dauerhaft stabil, sondern möchte stetig gepflegt und erhalten werden, z. B. durch Selbstfürsorge.

Möglichkeiten der **Selbstfürsorge** finden Sie in den Kapiteln „Arbeiten im Team“, S. 126 und „Krisenintervention“, S. 253.

2 Arten von Krisen

Marias Freund, mit dem sie schon seit drei Jahren zusammenwohnt, ist kürzlich ohne Vorwarnung ausgezogen – er hat sich in ihre Freundin verliebt. Nun kann Maria am Morgen kaum aus dem Bett, fühlt sich erstarrt und möchte gleichzeitig alle Kleidungsstücke von ihrem Ex-Freund, die noch in der Wohnung sind, zerschneiden.

Krisen sind **Zustände psychischer Belastung,** die **kaum erträglich** erscheinen. Vielfach werfen sie die Betroffenen komplett aus der Bahn.

Die Ereignisse, die eine Krise auslösen, sind so intensiv, dass die Betroffenen das Gefühl haben, das bisherige Leben nicht weiterführen oder die bis dahin wichtigen Ziele nicht weiterverfolgen zu können.

Um mit einer solchen Situation umzugehen, reichen die bisher angewandten **Problemlösungsfähigkeiten** nicht aus. Es werden neue Fähigkeiten gebraucht, die aber (noch) nicht zur Verfügung stehen.

Tauschen Sie sich mit Kolleginnen und Kollegen darüber aus, welche Krisen Sie schon erlebt haben und wie es Ihnen gelungen ist, diese zu überwinden.

Recherchieren Sie unterschiedliche Definitionen von Krise und halten Sie Ihre Rechercheergebnisse in Ihren Lernunterlagen fest.

Eine genauere **Beschreibung der Phasen** finden Sie auf S. 231 (Verlust- und traumatische Krisen) und S. 233 (Lebensveränderungskrisen).

Gerald Caplan, amerikanischer Sozialpsychiater (1917–2008)
Johan Cullberg, schwedischer Psychiater und Psychoanalytiker (geb. 1934)

das Chaos = völliges Durcheinander

die Chronifizierung = Übergang einer akuten Erkrankung in einen Dauerzustand

das Trauma = starke psychische Erschütterung, die noch lange wirksam ist

die Mobilisierung = Aktivierung

akut = im Augenblick herrschend oder vorhanden

Es lassen sich im Wesentlichen zwei Arten von Krisen unterscheiden:

Arten von Krisen

Verlust- und traumatische Krise (G. Caplan)	**Lebensveränderungskrise (J. Cullberg)**
Beispiele Tod einer nahestehenden Person, Diagnose einer lebensbedrohlichen Krankheit, plötzliche Trennung	**Beispiele** Auszug aus dem Elternhaus, Arbeitsplatzwechsel, Geburt eines Kindes, Pensionierung, Einzug ins Pflegeheim
Verlauf **1. Phase:** Zustand der Betäubung oder des Chaos **2. Phase:** Konfrontation mit der Realität und Gefahr der Chronifizierung **3. Phase:** Loslösung vom Trauma und der Vergangenheit **4. Phase:** Selbstwertgefühl wird wieder gewonnen und neue Beziehungen werden hergestellt	**Verlauf** **1. Phase:** Konfrontation mit dem Ereignis **2. Phase:** Lösung misslingt, Gefühl des Versagens **3. Phase:** Mobilisierung aller Möglichkeiten der Bewältigung führt zur Lösung oder zum Rückzug (Chronifizierung) **4. Phase:** Vollbild der Krise mit „Lähmung" und ziellosen Aktivitäten **5. Phase:** Bearbeitung und Neuorientierung
Dauer Akutes Stadium maximal 4 bis 6 Wochen	**Dauer** Wenige Tage bis zu 6 Wochen

In einer akuten Krisensituation nehmen die Betroffenen meist Hilfe an, weil Sie die seelische Not als sehr stark empfinden. Soziale Unterstützung trägt wesentlich zur Bewältigung akuter Krisen bei.

Aufgabenstellung – „Arten von Krisen"

- Lesen Sie das Einstiegsbeispiel von Maria noch einmal durch und bestimmen Sie die Art von Krise, um die es sich in diesem Fall handelt.

○ Verlust- oder traumatische Krise ○ Lebensveränderungskrise

Begründung: ______________________

2.1 Verlustkrisen und traumatische Krisen

Verlustkrisen und traumatische Krisen sind **plötzlich aufkommende Situationen,** die sehr belastend sind und das seelische Gleichgewicht und die **empfundene Sicherheit** bedrohen.

Beispiele für Auslöser von Verlust- oder traumatischen Krisen
Tod einer nahestehenden Person, plötzliche Invalidität, lebensbedrohende ärztliche Diagnose, soziale Kränkungen und Versagen, Verbrechen, plötzliche Trennung oder Beziehungsabbruch

Im Allgemeinen bedeuten traumatische Ereignisse eine Bedrohung für das Leben oder die körperliche Unversehrtheit. Dadurch sind Menschen extremer Angst, Kontrollverlust und Hilflosigkeit ausgesetzt.

Im Unterschied zur Verlustkrise entwickelt sich die **traumatische Krise** aus einer schweren psychischen und physischen **Belastung,** die **außerhalb der üblichen Erfahrungen** liegt. Diese Belastung überfordert in fast jedem Fall die normalen Anpassungsstrategien der Menschen. Beide Krisenarten entwickeln sich jedoch ähnlich.

Um Angehörige nach dem Verlust einer ihnen nahestehenden Person bestmöglich unterstützen zu können, sollten Sie wissen, was sie dabei durchmachen. Eine Beschreibung der **vier Phasen der Trauer** nach Verena Kast finden Sie in der TRAUNER-DigiBox.

unversehrt = unverletzt, nicht beschädigt

Entwicklung von Verlust- und traumatischen Krisen nach Gerald Caplan

	Beschreibung		Interventionsschwerpunkt
1 Schockphase	■ Es wird versucht, die bisherige Wirklichkeit festzuhalten. ■ Äußerlich erscheinen die Betroffenen oft ruhig, innerlich ist alles im Durcheinander. ■ Das seelische Durcheinander kann zum Toben oder zum Rückzug führen. Der Rückzug kann sich wie eine „Betäubung“ zeigen.	Akutes Stadium: Schockphase und Beginn der Reaktionsphase – Dauer maximal 4 bis 6 Wochen	■ Bei starkem Schock dürfen die **Betroffenen nicht allein gelassen werden!** ■ Beruhigung, Geborgenheit und Körperkontakt sind günstig. ■ Gefühle müssen sich frei äußern dürfen. Dabei ist aber **keine vernunftmäßige Bearbeitung der Emotionen** sinnvoll.
2 Reaktionsphase	■ Die Konfrontation mit der Realität findet statt. ■ Psychische Abwehrmechanismen setzen ein: Verdrängen, Verleugnen, Erklärungsversuche oder sozialer Rückzug mit selbstzerstörerischen Neigungen (z. B. Alkohol- und Medikamentenmissbrauch). ■ Durch emotionale Reaktionen können „alte Verletzungen“ zusätzlich wieder aktiviert werden. ■ Es besteht Chronifizierungsgefahr, wenn das Umfeld wenig unterstützend ist oder bei sozialer Isolation.		■ Die Betroffenen sollen möglichst viel über die Ereignisse und Gefühle erzählen dürfen. ■ Scheinbar verbotene **Gefühle** (Wut, Enttäuschung über jemand Verstorbenen etc.) **sollen zugelassen werden.** ■ Diese Gefühle als richtig und passend zu verstehen, entlastet die Betroffenen.
3 Bearbeitungsphase	■ Es erfolgt nun eine langsame Loslösung vom Verlorenen. ■ Die Gegenwart und die Zukunft gewinnen wieder an Bedeutung. ■ Die eigenen Gefühle können besser verstanden werden. ■ Das Erlebte wird langsam verarbeitet. ■ Auch in dieser Phase kann es zu Verzweiflung und Ungewissheit kommen. ■ Es schwankt das Bedürfnis nach Rückzug mit dem Wunsch nach Kontakt und Gespräch.		■ Reaktions- und Bearbeitungsphase gehen meist fließend ineinander über. ■ **Die Krisenbegleiter/innen bieten Hoffnung und Perspektive** und weisen den Weg zu einer positiven Veränderun im Wissen um den Verlauf von Krisen.
4 Neuorientierung	■ Neue Lebensbewältigungsstrategien werden entwickelt. ■ Das Selbstwertgefühl wird zurückgewonnen. ■ Es entsteht das Gefühl, durch die Erfahrungen auch stärker geworden zu sein. ■ Das Leben kann wieder aus anderen Blickwinkeln betrachtet werden. ■ Neue Beziehungen können aufgenommen werden.		■ Die begleitenden Personen sollen wissen, dass die Entwicklung von Selbstwert positive Erfahrungen benötigt. ■ Eine **Wertschätzung der** (auch belastenden) **Erfahrungen** soll vermittelt werden.

Aufgabenstellungen – „Verlustkrisen und traumatische Krisen"

1. Bestimmen Sie die Phase der Krise, in der sich Maria aus dem Einstiegsbeispiel auf S. 229 befindet: ______

Begründung: ______

______

2. Kreuzen Sie jene Interventionsmaßnahmen an, die für Maria in ihrer derzeitigen Situation hilfreich sind:

a) Marias beste Freundin Duygu rät ihr: „Denk einfach nicht mehr an ihn." ○

b) Duygu schimpft mit Maria über ihren Ex-Freund. ○

c) Marias Mutter weist sie zurecht: „So aggressiv und hysterisch zu sein, gehört sich nicht." ○

d) Marias Mutter hält Maria, die sich an sie kuschelt. ○

e) Duygu hört Maria einfach zu und lässt sie reden. ○

f) Marias Vater erklärt Maria ruhig und sachlich, weshalb ihre Situation gar nicht so schlimm ist. ○

2.2 Lebensveränderungskrisen

Lebensveränderungskrisen werden **durch Ereignisse des üblichen Lebensverlaufes ausgelöst.**

Beispiele

- Auszug aus dem Elternhaus
- Arbeitsplatzwechsel
- Geburt des ersten Kindes
- Pensionierung

Auch solche Ereignisse können als Überforderung oder Bedrohung wahrgenommen werden. Und auch bereits die Vorstellung einer solchen Veränderung kann Ängste auslösen, die zu einer Krise führen können.

Für die Umwelt ist oft schwer nachvollziehbar, was der Anlass der Krise war. Lebensveränderungskrisen beginnen oftmals schleichend und eskalieren erst nach Wochen, wenn die verschiedenen Bewältigungsversuche erschöpft sind.

Refklektieren Sie gemeinsam mit Ihren Kolleginnen und Kollegen, wie es Ihnen bisher gelungen ist, sich auf veränderte Lebensumstände einzulassen.

FALLBEISPIEL

Der 16-jährige Marco hat seit einem Jahr eine Lehrstelle gehabt. Er hat den Job gehasst, vor allem weil ihm sein Chef immer wieder gesagt hat, wie unfähig er sei. Letzte Woche hat er die Lehre hingeschmissen. Seine Eltern sind total sauer und er weiß nicht, was er tun soll. Aktuell zockt er fast durchgehend am PC in seinem Zimmer, in dem er sich einsperrt, damit er niemanden sehen muss. Er will sonst nichts mehr tun.

Entwicklung von Lebensveränderungskrisen nach Claudius Stein

Dauer bis zum Vollbild der Krise: von wenigen Tagen bis zu 6 Wochen

1 Konfrontation

- Am Beginn steht die Konfrontation mit einem lebensverändernden Ereignis. Dieses wird zuerst oft gar nicht als besonders belastend wahrgenommen.
- Funktionieren allerdings die gewohnten Strategien zur Bewältigung nicht, entstehen Spannung und Unbehagen.
- Die Problemlösungsversuche steigern sich.

2 Versagen

- Wenn die Anstrengungen nicht zum gewünschten Ergebnis führen, entsteht das Gefühl, versagt zu haben.
- Angst und Hilflosigkeit nehmen zu. Es entsteht der Eindruck, man hätte das eigene Leben nicht unter Kontrolle.
- Denken und Handeln engen sich zunehmend ein, d. h., sie kreisen nur mehr um wenige immer gleiche Themen. Es wird mehr vom selben gemacht, obwohl es nicht funktioniert.

3 Mobilisierung

- Wenn der Druck weiter zunimmt, werden alle Möglichkeiten der Bewältigung in Bewegung gesetzt. Nun wird auch Neues und Ungewohntes ausprobiert.
- Entweder sind die Anstrengungen erfolgreich oder sie münden in destruktivem Verhalten wie z. B. missbräuchlichem Alkoholkonsum, übermäßigem Computerspielen usw.

4 Vollbild der Krise

- Wenn weder Bewältigung noch Rückzug funktionieren, kann die Situation eskalieren.
- Von außen ist meist schwer nachvollziehbar, was denn „plötzlich" passiert ist.
- Die Betroffenen sind desorientiert und hilflos. Impulskontrolle und Realitätsbewusstsein gehen verloren.
- Ohne äußere Hilfe entwickelt sich die Situation gefährlich bis hin zu Suizidhandlungen.

5 Bearbeitung und Neuorientierung

- Die Bearbeitung der Krise und eine mögliche Neuorientierung sind stark vom Umfeld abhängig.
- Die Bearbeitung kann in konstruktiver Weise erfolgen, sodass die Betroffenen sich neu orientieren, oder in destruktiven Bewältigungsformen (z. B. Alkohol- oder Medikamentenmissbrauch, Computerspielen usw.) verharren.

CLAUDIUS STEIN, österreichischer Arzt und Psychotherapeut (geb. 1957)

destruktiv = schädigend, zerstörerisch

die Impulskontrolle = die bewusste und erwünschte Kontrolle der eigenen Gefühle

Aufgabenstellung – „Lebensveränderungskrisen"

- Bestimmen Sie die Phase der Krise, in der sich Marco aus dem Fallbeispiel von S. 232 befindet: ______

  Begründung: ______

3 Chronische Krisen

Lebensveränderungskrisen können chronifizieren, wenn sie durch destruktive Bewältigungsformen oder durch Vermeidung gelöst werden.

Bei **Verlust- oder traumatischen Krisen** bedeutet Chronifizierung, dass die Krise nicht ihren natürlichen Verlauf nehmen konnte. Sie ist in der Reaktionsphase festgefahren und es hat keine Bearbeitung stattgefunden. Stattdessen wurden schädigende Strategien wie Alkohol- oder Medikamentenmissbrauch, übermäßiges Computerspielen und der Rückzug aus sozialen Beziehungen als Bewältigungsversuche angewendet.

Menschen in chronischen Krisen zeigen ein ausgeprägtes Vermeidungsverhalten: Sie vermeiden Kontakte sowie Anstrengungen und beklagen sich häufig.

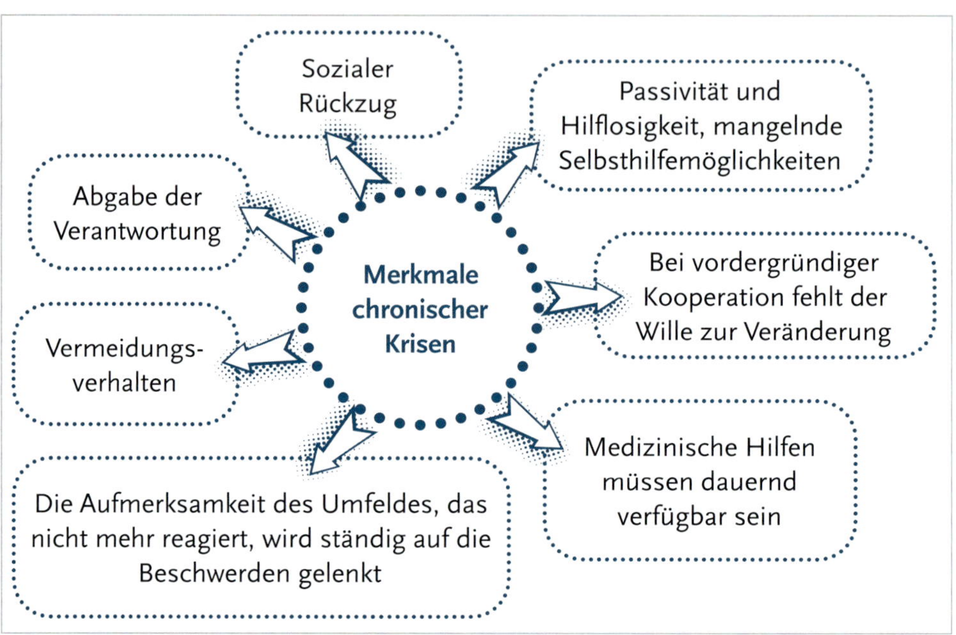

Eine **chronische Krise erscheint oftmals fälschlicherweise als akute Krise,** da die Krisenanfälligkeit bei den Betroffenen zusätzlich erhöht ist. Eine aktive Akutintervention ist hier jedoch nicht angezeigt, denn sie fördert die Hilflosigkeit und Abhängigkeit der Betroffenen zusätzlich.

Tipp!
Für die Beurteilung, ob es sich um eine **akute** oder eine **chronische Krise** handelt, ist die **Dauer** des bestehenden Zustandes ein wichtiger Hinweis.

Bei chronischen Krisen kann der Wunsch nach einer Lebensänderung in der Regel nur mithilfe von **Psychotherapie** erreicht werden. Chronische Krisen benötigen häufig langjährige Behandlungen. Während der Behandlung kann es immer wieder zu Zustandsverschlechterungen kommen, da Therapie bedeutet, sich bei gleichzeitiger Angst vor Veränderung zu verändern. Daher kommen Behandlungsabbrüche häufig vor.

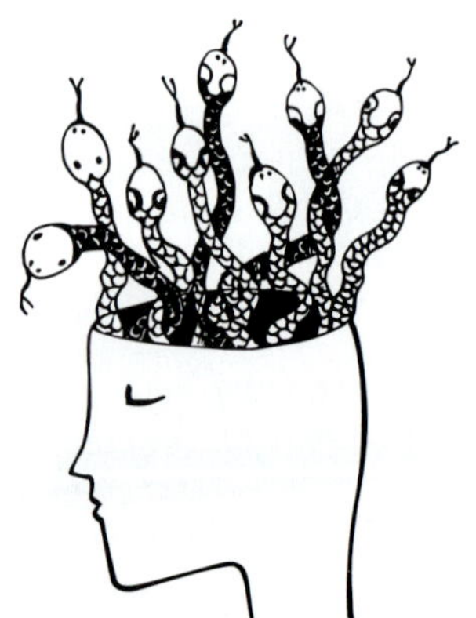

4 Notfall „Psychiatrische Krise“

Nicht nur bei Unfällen, Vergiftungen usw. kann Erste Hilfe notwendig sein, sondern auch bei psychiatrischen Krisen. Es handelt sich dabei um teils lebensbedrohliche Zustände, die **sofortige medizinische und therapeutische Hilfe** verlangen.

FALLBEISPIEL

Eine junge Frau taumelt aus einem Nachtlokal und wirkt verwirrt. Als ihre Freundinnen sie ansprechen, findet sie keine Worte und starrt nur ins Leere. Sie stammelt nur mehr vor sich hin, dass sie nicht mehr kann und jetzt von der Brücke springen will. Als ihre Freundinnen sie beruhigen und festhalten wollen, wird sie aggressiv und fängt zu schreien an. Daraufhin nimmt eine Freundin ihr Handy aus der Tasche und ruft 144, die Rettung, an.

Mögliche Kennzeichen einer psychiatrischen Krise

- Benommenheit, keine Reaktion auf Ansprechen bei starrem Blick
- Denken und Handeln sind nicht realitätsnah und wirken „eigenartig", z. B. „wirres" Reden, Halluzinationen und Wahnvorstellungen, unkontrolliertes (aggressives) Verhalten, äußerst starke und unkontrollierbare Gefühle (z. B. von Angst oder Trauer)
- Ankündigung von selbst- oder fremdgefährdendem Verhalten (z. B. Suizidabsichten)
- „Nervenzusammenbruch"

DAS SOLLTEN SIE SPEICHERN

Im Fall einer psychiatrischen Krise gilt:
Rechtzeitig und ohne zu diskutieren Hilfe holen!

Es kann manchmal schwierig sein, selbst einen klaren Kopf in so einer Situation zu bewahren. Gefühle wie Ohnmacht und Verzweiflung können so stark mitempfunden werden, dass man selbst fast handlungsunfähig wird. Überlegen und diskutieren Sie jedoch nicht lange. **Holen Sie Hilfe!** Rufen Sie die Rettung unter 144 und bei akuter Gefahr für die Sicherheit die Polizei unter 133.

5 Suizidgefährdung

Sarah unterhält sich mit Alex. Er hat vor drei Jahren einen Unfall gehabt, bei dem er einen Wirbelbruch erlitten hat. Seitdem ist er auf den Rollstuhl angewiesen. Alex erzählt, dass er im Straßenverkehr mit seinem E-Rollstuhl immer mit Kopfhörern fährt, da es ohnehin egal sei, wenn ihm etwas passiert. Das Leben, das er jetzt hat, sei für ihn nur mehr ein Dahinvegetieren.

Wie würden Sie an Sarahs Stelle in dieser Situation reagieren? Was würden Sie sagen oder tun? Reflektieren Sie in der Klasse.

Unter **Suizidalität** versteht man

- alle bewussten oder unbewussten Handlungen, die geeignet sind, den eigenen Tod herbeizuführen, sowie
- alle Fantasien und Gedanken, die sich mit Selbsttötung befassen.

Suizidgedanken zu haben bedeutet noch keine Suizidabsicht!

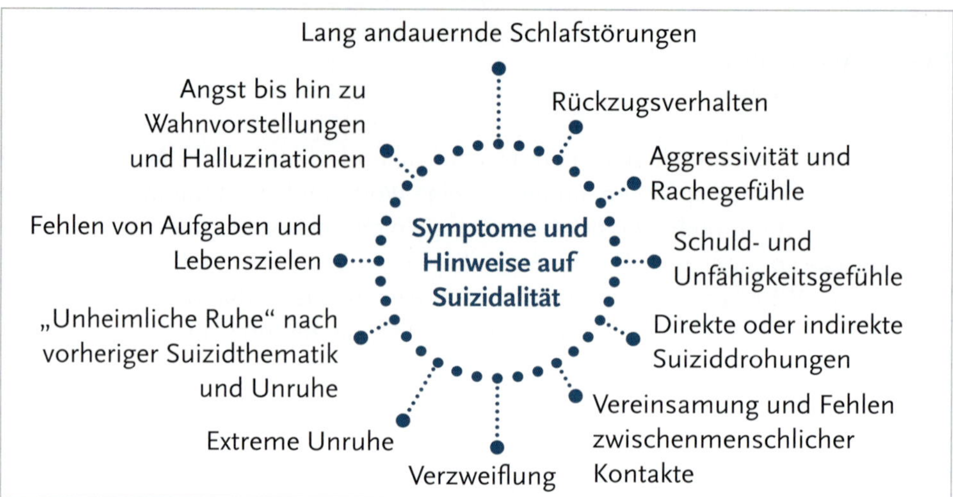

Bei manchen Gruppen von Menschen wirken sich Belastungen intensiver aus als bei anderen, sodass eine Suizidgefährdung rascher entsteht.

Risikogruppen

Menschen(,) ...

- mit früheren Suizidversuchen
- mit Suchterkrankung (Alkohol, Drogen, Medikamente etc.)
- mit Depressionen oder Schizophrenie
- die alt und vereinsamt sind
- die Suizide ankündigen
- mit Persönlichkeitsstörungen (Borderline, antisoziale Persönlichkeiten)
- mit chronischen Schmerzen
- mit schweren körperlichen Erkrankungen

die Persönlichkeitsstörung: Persönlichkeitsstörungen sind oft extreme Ausprägungen von Persönlichkeitsstilen, die häufig starr oder unzweckmäßig erscheinen. Durch sie wird die Lebensqualität der Betroffenen beeinträchtigt und es kann zu Konflikten mit der Umwelt kommen.

Aufgabenstellungen – „Suizidgefährdung"

1. Reflektieren Sie mit einer Kollegin/einem Kollegen, der/dem Sie vertrauen, die folgenden Fragen:
   - Welche Einstellung zum Thema Suizid haben Sie?
   - Wo in Ihrem Leben ist Ihnen das Thema Suizid begegnet (bei Ihnen selbst oder in Ihrem nächsten Umfeld)?
   - Wie erleben Sie Situationen, in denen Sie sich hilflos oder ohnmächtig fühlen?
   - Wie viel Verantwortung wollen Sie übernehmen und wo beginnt für Sie die Eigenverantwortung Ihrer Klientinnen/Klienten?
2. Recherchieren Sie Anlauf- und Beratungsstellen für Menschen mit Suizidabsicht und halten Sie Ihre Rechercheergebnisse in Ihren Lernunterlagen fest. Notieren Sie auch konkrete Kontaktmöglichkeiten dieser Anlauf- und Beratungsstellen.

Wenn Ihnen diese Fragen zu persönlich sind, um sie mit jemandem aus der Klasse zu besprechen, können Sie sie auch nur für sich schriftlich beantworten.

Eine Anleitung zur Reflexion erhalten Sie auf S. 26.

5.1 Entwicklung zum Suizid

Üblicherweise geht einem Suizidversuch eine suizidale Entwicklung voraus. Sensibilisierte Fachkräfte, die Wissen dazu erworben haben, können diese Entwicklung bemerken.

WALTER PÖLDINGER, österreichischer Psychiater (1929–2002)

Entwicklung zum Suizid nach Walter Pöldinger

1 Erwägung
- Suizid wird als mögliche Problemlösung in Betracht gezogen
- Aggressionen sind gehemmt
- Zunehmende soziale Isolierung
- Erste leise Andeutungen und Sprechen über Suizid

2 Absichtsbildung
- Direkte Suizidankündigung
- Innerer Kampf zwischen Selbsterhaltung und Selbstzerstörung (Ambivalenz)
- Kontakt wird gesucht, „cry for help"

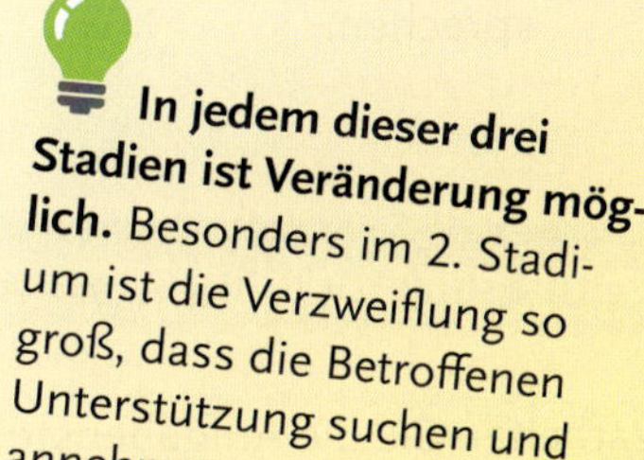

In jedem dieser drei Stadien ist Veränderung möglich. Besonders im 2. Stadium ist die Verzweiflung so groß, dass die Betroffenen Unterstützung suchen und annehmen.

3 Entschluss
- „Ruhe vor dem Sturm"
- Indirekte Suizidankündigung
- Vorbereitung des Suizids

Die **scheinbare Beruhigung im 3. Stadium** wird häufig falsch als Verschwinden der Suizidalität bewertet. In diesem Stadium ist dies aber **meist ein Alarmzeichen!**

Wenn Menschen ihre Suizidabsicht ihrer Umgebung mitteilen, wird die Absicht selten ganz konkret angesprochen. Sie wird meist in verschiedenen Formen umschrieben. Dadurch ist es oft nicht einfach, solche „Ankündigungen" zu verstehen.

konkret = hier: deutlich

Indirekte Suizidhinweise

Aussagen	Handlungen
„Ich kann nicht mehr weiter." „Es ist alles sinnlos." „Ich möchte nur meine Ruhe." „Alle werden sich noch wundern." „Ich kann das nicht mehr ertragen."	Wichtige Dinge werden verschenkt. Ein (jüngerer) Mensch schreibt sein Testament. Die Person verabschiedet sich von Freundinnen/Freunden/Familie.

DAS SOLLTEN SIE SPEICHERN

Für Pfleger/innen ist es notwendig, solche Hinweise anzusprechen und nachzufragen. Das Thema Suizid darf nicht tabuisiert oder ausgeblendet werden, wenn es Hinweise darauf gibt.

tabuisieren = totschweigen

Gerade bei Personen, die einer Risikogruppe angehören, ist das Ansprechen möglicher Suizidabsichten selbst bei sehr undeutlichen Hinweisen wichtig.

5.2 Einschätzung der Suizidalität

Die Beurteilung eines Suizidrisikos gehört wohl zu den schwierigsten und verantwortungsvollsten Aufgaben. Da die Gründe für Suizidhandlungen so vielfältig sein können, gibt es keine „Checkliste" zur Einschätzung der Suizidalität.

Wenn Sie das Gefühl haben, Ihr Gegenüber könnte an Suizid denken, fragen Sie danach!

Eine Suizidabsicht ist noch kein unwiderruflicher Entschluss, einen Suizid durchzuführen!

Hilfreiche Fragen zur Einschätzung von Suizidalität

- Haben Sie schon daran gedacht, sich das Leben zu nehmen?
- Wann sind diese Gedanken besonders stark?
- Drängen sich diese Gedanken auf, auch wenn Sie es nicht wollen?
- Haben Sie über Ihre Absichten schon mit jemandem gesprochen?
- Haben Sie einen Plan, wie Sie sich umbringen wollen?
- Haben sich Ihre Interessen oder Ihre Kontakte zu anderen in letzter Zeit reduziert oder haben Sie Kontakte abgebrochen?

das Substitutionsprogramm = ein medizinisches „Drogenersatzprogramm" bei Opiatabhängigkeit (Heroin, Morphium etc.)

affektiv = gefühlsmäßig

DAS SOLLTEN SIE SPEICHERN

Wenn Sie den Eindruck haben, dass jemand eine Suizidabsicht hat, holen Sie sich auch selbst Unterstützung, um Ihre Einschätzung zu besprechen.

Aufgabenstellung – „Einschätzung der Suizidalität"

- Lesen Sie das folgende Fallbeispiel und bearbeiten Sie die Aufgabenstellungen.

In Ihrem Praktikum in einer Wohneinrichtung für psychisch beeinträchtigte Menschen unterhalten Sie sich mit Anna, einer jungen Bewohnerin. Sie erzählt Ihnen, dass sie schon als Jugendliche die ersten Suizidversuche unternommen habe. Sie hat mehrere psychiatrische Diagnosen, unter anderem Borderlinestörung und Substanzabhängigkeit. Sie ist auch im Substitutionsprogramm. Die meisten ihrer Sozialkontakte haben sich in den letzten Monaten aufgelöst. Mit den Mitbewohnerinnen und Mitbewohnern hat sie meist nur Konflikte.

Seit einigen Wochen drängen sich bei Anna Suizidgedanken mehrmals täglich einfach auf. Sie sammelt seit einigen Tagen Morphiumkapseln aus ihrer Substitutionsbehandlung, um damit ihren Suizid durchzuführen. Den Betreuerinnen und Betreuern der Einrichtung misstraut sie, da diese schon einmal eine Meldung an die Polizei über ihren gelegentlichen Drogenverkauf gemacht haben. Anna meint zudem, dass Sie die/der Einzige sind, der/dem sie das alles erzählt, da Sie als Praktikant/in ja bald wieder weg sind.

a) Diskutieren Sie in der Klasse das Fallbeispiel und Ihre Einschätzung der Situation.

b) Kreuzen Sie nun jene Aussagen an, die auf Anna zutreffen.

Aussagen	
a) Anna hat schon längere Zeit Suizidgedanken.	
b) Fast niemand weiß von Annas Suizidgedanken.	
c) Die Suizidgedanken drängen sich Anna ungewollt auf.	
d) Die Vorstellung von Suizid löst die quälenden Probleme und Sorgen.	
e) Anna hat den Entschluss zum Suizid schon gefasst.	
f) Es gibt konkrete Vorbereitungen für einen Suizid.	
g) Anna ist affektiv kaum mehr ansprechbar.	
h) Es bestehen kaum Kontakte zu anderen Menschen, Freundinnen/Freunden oder zur Familie.	
i) Anna kann das eigene Leben und den Alltag kaum noch bewältigen.	
j) Annas Vertrauen in professionelle Unterstützung ist wenig gegeben oder gestört.	

Je mehr Aussagen Sie angekreuzt haben, desto höher können Sie Annas Suizidgefährdung einstufen.

Diese Einschätzung ist natürlich eine starke Verkürzung des Einschätzungsprozesses. Sie liefert allerdings trotzdem wesentliche Hinweise für das weitere Vorgehen.

5.3 Der Umgang mit suizidgefährdeten Menschen

„Darum ist Rettung, wenn Kommunikation gelingt."

Carl Theodor Jaspers, deutsch-schweizerischer Psychiater und Philosoph (1883–1969)

Diskutieren Sie das nebenstehende Zitat gemeinsam in der Klasse.

Der Umgang mit suizidgefährdeten Menschen ist für Pflegekräfte sehr herausfordernd. Die Auseinandersetzung mit dem Tod, die eigene Hilflosigkeit und die Verzweiflung und Hoffnungslosigkeit der Betroffenen können die Pfleger/innen an ihre Grenzen bringen. Dies kann dazu führen, dass die Pflegepersonen auf Distanz gehen oder versuchen, das Problem vorschnell zu lösen.

Die Umwelt ist für suizidgefährdete Menschen eine wichtige Unterstützung. Die größte Gefahr für die Gefährdeten ist die Isolation!

FALLBEISPIEL

Raffael unterhält sich mit Amir, einem Bewohner der betreuten Wohngemeinschaft. Während die beiden allein sind, erzählt Amir Raffael im Vertrauen, dass er jeden Tag darüber nachdenkt, seinem Leben ein Ende zu setzen. Als Raffael das hört, wird ihm ganz heiß, er möchte das nicht hören. Er sagt Amir daraufhin, dass er so etwas nicht sagen dürfe und es sicher nicht so schlimm sei. Er solle doch einfach an etwas anderes denken. Danach geht Raffael ins Dienstzimmer und ruft eine Kollegin an, weil er nicht weiß, was er tun soll.

Gefahren im Umgang mit Suizidgefährdeten

- Vorschnell trösten oder die Suizidabsicht verharmlosen
- Verallgemeinerungen und Ratschläge geben
- Das Problem herunterspielen
- Provokationen persönlich nehmen
- Die Suizidalität bewerten oder verurteilen
- Die Betroffenen belehren, ermahnen, beurteilen, ausfragen oder die Situation kommentieren
- Vorschnell positive Veränderungen in die Wege leiten, ohne den Betroffenen Zeit zu geben, eigene Veränderungen zu entwickeln

die Provokation = Herausforderung, durch die jemand zu Handlungen veranlasst werden soll

Um mit suizidgefährdeten Personen und Menschen in Krisen in Kontakt zu kommen, ist eine **beziehungsfördernde Grundhaltung** nötig. Idealerweise bringen Sie als Pflegekraft in diese hoch angespannten Situationen etwas Ruhe und Klarheit. Sie sollten den Betroffenen vermitteln, dass sie verstanden werden.

Die Grundpfeiler von Hilfe in suizidalen Krisen sind immer die Beziehung und das vorurteilsfreie Gespräch über Suizidalität!

Die Menschen sollen über kränkende und konflikthafte Ereignisse sprechen können. Sie sollen dabei erleben können, dass **intensive Gefühle** wie Angst, Trauer, Verzweiflung, Scham oder Aggression **Platz haben.**

Entlastend für die Betroffenen ist es, wenn sich die Pflegekräfte als „Auffangbecken" für belastende Gefühle zur Verfügung stellen, also als Personen, die momentan das scheinbar Unerträgliche stellvertretend aushalten. Dies entspricht dem Konzept des Psychoanalytikers Wilfred Bion, der von Helferinnen und Helfern als „Containern" spricht, also von Personen, die jemanden oder etwas „halten".

der Container (engl. *to contain* = enthalten, aufnehmen, (um-)fassen) = großer Behälter

Die folgenden Haltungen und Verhaltensweisen entsprechen einer beziehungsfördernden Grundhaltung

- Ich nehme das Gegenüber so an, wie es gerade ist.
- Ich zeige dem Gegenüber, dass ich Kontakt aufnehmen möchte.
- Ich fange im Gespräch dort an, wo sich das Gegenüber gerade befindet.
- Ich verzichte darauf, zu argumentieren und zu diskutieren, und zeige stattdessen Interesse.
- Ich verzichte auf Wertungen und bleibe offen.
- Ich orientiere mich an den momentanen Bedürfnissen meines Gegenübers.
- Ich arbeite an vertrauensvollem Kontakt und vermeide Distanzierung.
- Ich nehme meine eigenen Gefühle wahr und überlege, worauf sie mich hinweisen.

DAS SOLLTEN SIE SPEICHERN

Wichtig für ein vertrauensvolles Gespräch ist Verschwiegenheit.

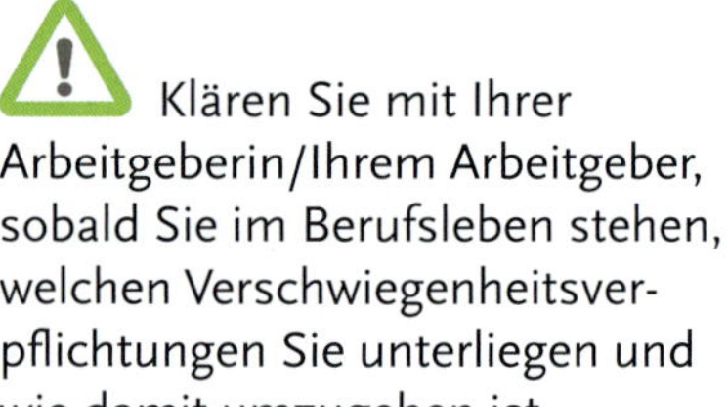

Klären Sie mit Ihrer Arbeitgeberin/Ihrem Arbeitgeber, sobald Sie im Berufsleben stehen, welchen Verschwiegenheitsverpflichtungen Sie unterliegen und wie damit umzugehen ist.

Die Betroffenen müssen sicher sein können, dass Informationen nicht an Dritte weitergegeben werden. Und es muss für alle Beteiligten Klarheit darüber herrschen, wann die Grenze von Verschwiegenheit erreicht ist.

Aufgabenstellungen – „Der Umgang mit suizidgefährdeten Menschen“

1. Ansprechen von Suizidabsichten

- Spielen Sie zu zweit die Situation zwischen Sarah und Alex aus dem Einstiegsbeispiel auf S. 235 nach und sprechen Sie die möglicherweise vorhandene Suizidabsicht an.
- Reflektieren Sie anschließend die Gefühle, die das Reden über Suizid bei Ihnen auslöst. Gehen Sie dabei nach der Anleitung zur professionellen Reflexion von S. 26 vor.

2. Bilden Sie Dreiergruppen und üben Sie Ihre beziehungsfördernde Grundhaltung.

- **Person A** erzählt aus dem eigenen Alltag eine (mittelgradig) belastende Lebenssituation.
- **Person B** versucht, im Sinne der beziehungsfördernden Grundhaltung auf Person A im Gespräch einzugehen.
- **Person C** beobachtet das Gespräch und gibt am Ende (nach ca. 10 bis 15 Minuten) Rückmeldung über die gelungenen beziehungsfördernden Aussagen und Haltungen im Gespräch.

Raum für Notizen:

Ziele erreicht? – „Menschen in Not – Krisen"

1. **Krisenarten**

Formulierungshilfen finden Sie ab S. 259.

a) Definieren Sie den Begriff Krise.

b) Beschreiben Sie den Unterschied zwischen Lebensveränderungskrisen, Verlustkrisen und traumatischen Krisen.

c) Kreuzen Sie jene Ereignisse an, die Krisen auslösen können:

- ◯ Ich habe einen Beziehungsstreit.
- ◯ Ich bin schwanger.
- ◯ Mein Urlaub wurde abgesagt.
- ◯ Ich bekomme eine Krebsdiagnose.
- ◯ Mein/e Partner/in hat eine Affäre.
- ◯ Ich wurde überfallen.
- ◯ Ich wurde gekündigt.
- ◯ Mein Kind hat einen Unfall.
- ◯ Mein Haus wurde überschwemmt.
- ◯ Meine Eltern lassen sich scheiden.
- ◯ Mein Flug ist überbucht und ich kann heute nicht mitfliegen.
- ◯ Ich koche für meine Familie und das Essen ist angebrannt.
- ◯ Meine Lieblingsjeans sind beim Bücken aufgerissen.
- ◯ Meine Freunde wollen nicht mit mir ins Kino gehen.
- ◯ Ich habe auf die letzte Prüfung nur die Note Genügend erhalten.
- ◯ Mein/e Partner/in muss ins Pflegeheim.
- ◯ Ich werde beim Wandern von einer Kuh attackiert.
- ◯ Ich kann nicht mehr schlafen.

d) Kreuzen Sie jene Art von Krise an, welche die folgenden Situationen oder Ereignisse am ehesten auslösen können.

Situationen/Ereignisse	Lebensveränderungskrise	Verlustkrise	Traumatische Krise
a) Thomas wurde gekündigt und das AMS verlangt von ihm, sich weiterzubilden.			
b) Nach 40 Jahren Ehe verstirbt Frau Votrubas Partner.			
c) Marlene will, dass ihr Freund von zu Hause auszieht und sie zusammenwohnen.			
d) Nach einem Gondelabsturz ist Herrn Yilmaz' einziges Kind schwer verletzt.			
e) Nach einem Arbeitsunfall wird der 45-jährige Herr Holub in Invaliditätspension geschickt.			
f) Eine Bankangestellte ist bei einem Überfall mit einer Waffe bedroht worden.			
g) Frau Varga kann selbst mit In-vitro-Fertilisation nicht schwanger werden.			
h) Liliana wird im Probemonat ihres ersten Jobs gekündigt.			

e) Nennen Sie Merkmale chronischer Krisen.

2. Handeln in Krisensituationen

a) Erläutern Sie, was beim Notfall „Psychiatrische Krise" zu tun ist.

b) Versetzen Sie sich in die folgende Situation:

Sie beginnen Ihren Arbeitstag als Praktikant/in in einem Pflegeheim in einer chaotischen Situation. Ein Klient hatte einen Herzinfarkt und eine Mitbewohnerin läuft ängstlich und durcheinander von Zimmer zu Zimmer. Sie werden aufgefordert, sich um diese Mitbewohnerin zu kümmern.

Entwerfen Sie einen Handlungsplan, indem Sie stichwortartig Ihre Vorgehensweise in dieser Situation notieren.

3. Suizidalität

a) Ergänzen Sie die folgende Mindmap mit den Informationen, die Sie in diesem Kapitel erhalten haben.

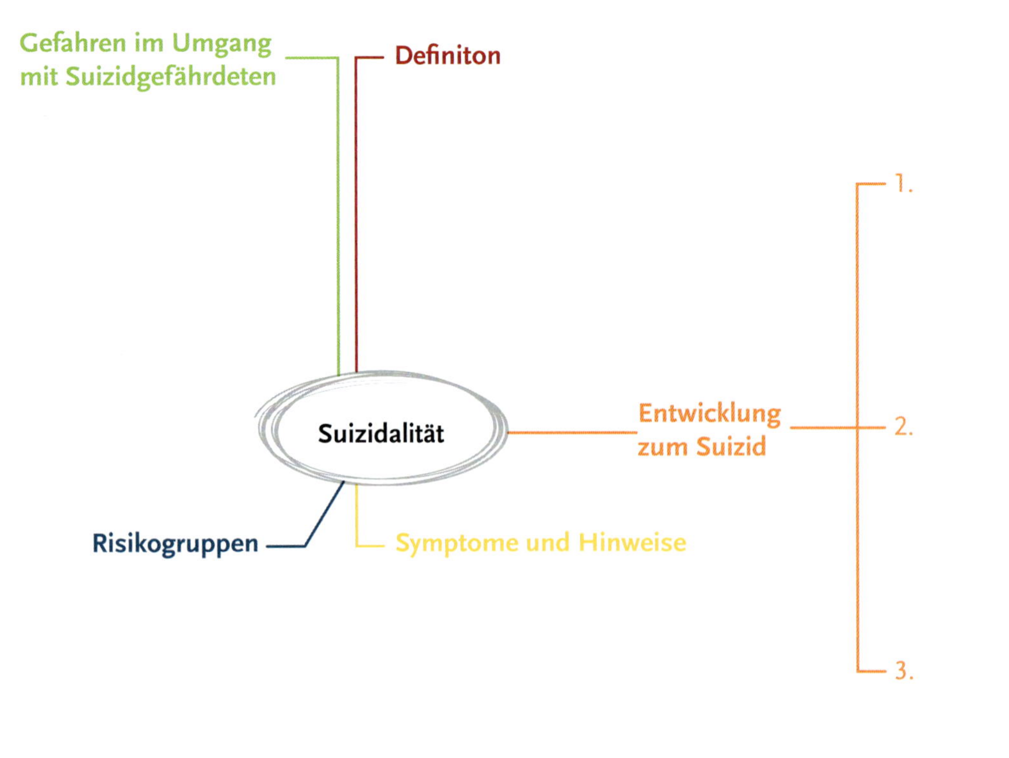

b) Lesen Sie das Fallbeispiel und bearbeiten Sie die Aufgabenstellungen.

Herr Fink hat drei Kinder und ist vor Kurzem mit seiner Familie aus Deutschland nach Österreich übersiedelt. In Deutschland hatte er mehrere Operationen an der Wirbelsäule nach häufigen Bandscheibenvorfällen. Leider führten diese Operationen nicht zur Schmerzfreiheit. Es wurde ihm daher eine Morphiumpumpe gegen die Schmerzen eingesetzt. Ganz schmerzfrei ist er trotzdem nicht. Seit diesen missglückten Operationen nimmt Herr Fink auch Medikamente gegen Depressionen. Es ist ihm derzeit nicht möglich, einer Arbeit nachzugehen.

Nun hat ihm seine Frau vor zwei Wochen mitgeteilt, dass sie ihn verlassen wird, weil er für sie nur mehr eine Belastung sei. Sie wird die drei Kinder mitnehmen und er soll für die Kinder und sie Unterhalt zahlen. Seitdem kann Herr Fink kaum mehr schlafen und ist verzweifelt. Er will eigentlich keinen Menschen mehr sehen. Er wünscht sich, dass seine Morphiumpumpe einen Fehler macht und er am nächsten Morgen nicht mehr aufwacht. Er fürchtet sich davor, ganz allein zu sein, wenn Frau und Kinder weg sind, weil er in der Umgebung keine Kontakte hat.

- Erschließen Sie die Risikofaktoren für Suizid, die Sie erkennen können.

- Begründen Sie Ihre Einschätzung der aktuellen Suizidgefahr bei Herrn Fink.

c) Erörtern Sie eine mögliche Situation mit einem Menschen in einer Krise, in der diese Person Suizidabsichten von sich aus erzählt.

4. Formulieren Sie gemeinsam in Kleingruppen zu den folgenden beziehungsfördernden Grundhaltungen passende Verhaltensweisen oder Sätze, die gesagt werden können.

a) Ich zeige dem Gegenüber, dass ich Kontakt aufnehmen möchte.

b) Ich nehme meine eigenen Gefühle wahr und überlege, worauf sie mich hinweisen.

c) Ich fange im Gespräch dort an, wo sich das Gegenüber gerade befindet.

d) Ich orientiere mich an den momentanen Bedürfnissen meines Gegenübers.

Krisenintervention

Wenn Menschen in Krisen stecken, brauchen sie jemanden, der dies erkennen kann und „dazwischentritt", also interveniert. So kann verhindert werden, dass die Krise bestimmt, wie das Leben verlaufen soll. Die Betroffenen können stattdessen wieder selbst ihr Leben aktiv gestalten. Krisen sind jedoch auch für die Helfenden herausfordernde Situationen.

Im folgenden Kapitel lernen Sie Grundlagen der Krisenintervention kennen und Sie erfahren, wie Sie selbst hilfreich bei Krisen anderer bleiben.

Meine Ziele

Nach Bearbeitung dieses Kapitels kann ich

- grundsätzliche Ziele und Vorgangsweisen der Krisenintervention beschreiben;
- Erstmaßnahmen zur Deeskalation von Krisen setzen;
- ein Kriseninterventionskonzept beschreiben und konkret anwenden;
- persönliche Herausforderungen in der Krisenintervention identifizieren;
- sorgsam mit mir selbst und der eigenen Verantwortung umgehen.

1 Was ist Krisenintervention?

Der Vater von Sarahs bester Freundin Verena ist ganz unerwartet an einem Schlaganfall verstorben. Verena erzählt Sarah, dass ihre Mutter vollkommen passiv sei und an manchen Tagen gar nicht mehr aus dem Bett komme. Deshalb ist Verena nun diejenige, die sich um alles kümmern muss – auch um die Begräbnisvorbereitungen. Verena gesteht Sarah auch, dass sie selbst vollkommen überfordert ist und nicht weiß, wie sie diese Krise bewältigen soll.

Diskutieren Sie in der Klasse, welche Schritte Sarah setzen kann, um Verena zu unterstützen. Besprechen Sie auch, an welche anderen Stellen Verena sich wenden könnte, um Hilfe zu bekommen.

Krisenintervention ist die Hilfe von außen für Menschen, die sich in einer akuten Krise befinden. Eine **Voraussetzung** erfolgreicher Krisenintervention ist, mit den Betroffenen in Kontakt zu treten und eine **tragfähige, haltende Beziehung** herzustellen. Alle weiteren Schritte der Krisenintervention bauen darauf auf.

Menschen in Krisensituationen haben ihr Gleichgewicht und ihre Sicherheit verloren. Sie nehmen daher Hilfe von außen meist gut an. Dadurch kann sich rasch eine große Nähe zu den Kriseninterventionshelferinnen und -helfern entwickeln. Es ist aber nötig, dass diese erste Abhängigkeit der Betroffenen begrenzt bleibt, da **Krisenintervention nur von kurzer Dauer** ist.

„Krisenintervention meint zunächst einmal, mit der Krise in Kontakt zu kommen!“
VERENA KAST, Schweizer Psychologin und Psychoanalytikerin (geb. 1943)

Ziele von Krisenintervention (nach Stein)

Kurzfristige Ziele	Mittelfristige Ziele
▪ Erkennen von Gefährdung ▪ Abwenden von unmittelbarer Bedrohung für Leben und körperliche Unversehrtheit aller Beteiligten ▪ Rasche Beseitigung von quälenden Symptomen	▪ Wiederherstellung des Selbstwertgefühls ▪ Wiedererreichung der Entscheidungs- und Handlungsfähigkeit ▪ Finden und Erproben alternativer und konstruktiver Handlungsweisen

Welche **beziehungsfördernde Grundhaltung** Sie benötigen, um in Kontakt zu kommen, können Sie im Kapitel „Soziale Kompetenz“, S. 101, nachlesen.

Aufgabenstellungen – „Was ist Krisenintervention?“

1. Erschließen Sie mit einer Kollegin/einem Kollegen mögliche Ziele von Krisenintervention beim folgenden Fall.

Ronjas Freund Danijel hatte vor einigen Tagen einen schweren Autounfall. Er liegt im Krankenhaus im Koma und niemand kann sagen, ob er wieder aufwachen wird. Ronja wollte im nächsten Monat mit Danijel in eine Wohnung ziehen. Der Mietvertrag ist bereits unterschrieben und Ronja hatte sich sehr darauf gefreut, endlich aus dem Elternhaus auszuziehen. Ronja hat sich nun krankgemeldet, weil sie nicht arbeiten kann und außerdem jederzeit ins Krankenhaus fahren können will, wenn eine Nachricht kommt. Sie ist die meiste Zeit allein und wartet. Sie kann sich ihr Leben ohne Danijel nicht vorstellen und wäre am liebsten mit ihm gemeinsam im Auto gesessen und nun mit ihm im Koma. Schon vor dem Unfall drehte sich ihr Leben in erster Linie um Danijel, ansonsten pflegte sie kaum Kontakte.

Schreiben Sie die kurz- und mittelfristigen Ziele der Reihe nach auf:

Ziel 1: ______ Ziel 2: ______

Ziel 3: ______ Ziel 4: ______

Ziel 5: ______

2. Recherchieren Sie Fortbildungsmöglichkeiten zur Krisenintervention in Ihrer Nähe/Ihrem Bundesland. Halten Sie Ihre Rechercheergebnisse in Ihren Lernunterlagen fest. Notieren Sie jeweils:

- Institution
- Titel der Fortbildung
- Dauer der Fortbildung
- Website
- Art der Fortbildung
- Zielgruppe

1.1 Grundsätze der Krisenintervention

DAS SOLLTEN SIE SPEICHERN

Krisenintervention wird **bei akuten Krisen** wirksam angewendet. Sie ist nicht geeignet für chronische Krisen bzw. chronische Suizidalität.

Krisen verlaufen individuell sehr verschieden. Selbst die gleichen Auslöser von Krisen führen zu sehr unterschiedlichen Auswirkungen bei den Betroffenen. Daher muss sich ein/e Krisenhelfer/in immer wieder neu auf die momentane Situation einstellen und in der Lage sein, das **Hilfsangebot anzupassen.**

Gleichzeitig ist bei der Krisenintervention ein **strukturiertes Vorgehen** sinnvoll, bei dem die folgenden Grundsätze beachtet werden:

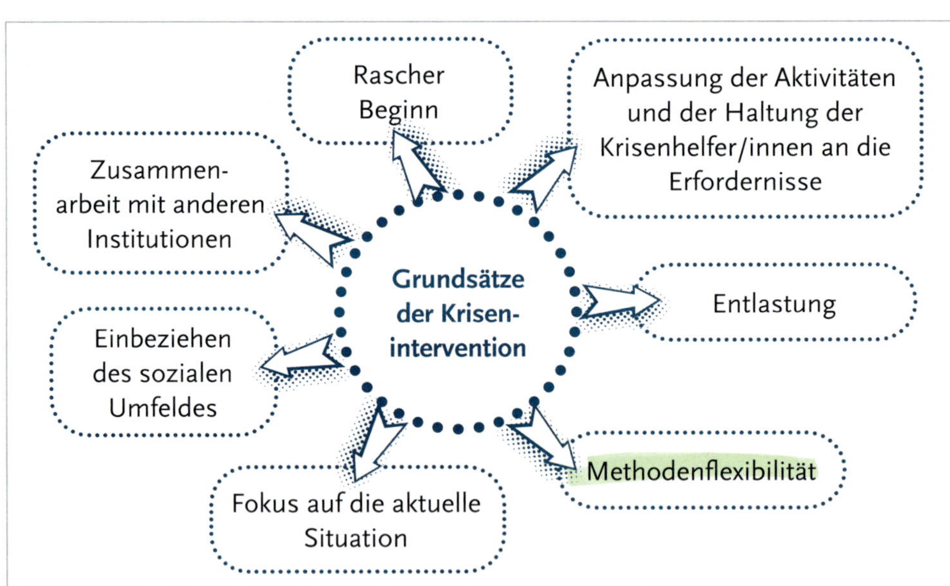

die Methodenflexibilität = Fähigkeit, die verwendeten Methoden an die jeweilige Situation anzupassen

multidisziplinär = die Zusammenarbeit vieler Bereiche, Berufe oder Abteilungen betreffend

Idealerweise erfolgt Krisenintervention in einem **multidisziplinären Team.** Oftmals sind nämlich verschiedenste medizinische, soziale und juristische Fragestellungen zu berücksichtigen. Bei der **Zusammenarbeit** ist es wichtig, dass sich alle beteiligten Helfer/innen gut absprechen und ihre Aufgaben **aufeinander abstimmen.** Ansonsten besteht das Risiko, dass die Orientierungslosigkeit der Betroffenen in der Krise noch ansteigt.

DAS SOLLTEN SIE SPEICHERN

Leisten Sie Krisenintervention nie allein, sondern suchen Sie sich Unterstützung durch Kolleginnen/Kollegen und/oder andere Hilfseinrichtungen.

Grundsätze der Intervention nach Krisenformen

Je nach Krisenform unterscheiden sich die Vorgehensweisen und die jeweils eingesetzten Methoden.

Zu den **Krisenarten** siehe Kapitel „Menschen in Not – Krisen“, S. 229.

	Lebensveränderungskrisen	Verlustkrisen	Traumatische Krisen
Zeitpunkt der Intervention	■ Krise entwickelt sich über Tage oder Wochen ■ Intervention ist abhängig vom Verlauf der Krise	■ Plötzlicher Beginn der Krise ■ Intervention ist abhängig vom Verlauf der Krise und der vorhandenen sozialen Unterstützung	■ Plötzlicher Beginn der Krise ■ Intervention beginnt unmittelbar nach dem Ereignis und möglichst vor Ort
Aktivitäten und Haltung der Krisenhelfer/innen	■ Im Mittelpunkt steht die Krise/der Konflikt ■ Fördern und fordern ■ Begleiten ■ Regression nicht fördern	■ Einfühlend, stützend sein ■ Das Ausdrücken der Gefühle ermöglichen ■ Regression begrenzt ermöglichen	■ Parteilich sein: den Blickwinkel der Betroffenen einnehmen ■ Stützen und entlasten ■ Ressourcenorientierung ■ Stabilität und Schutz bieten ■ Abwehrmechanismen als Selbstschutz verstehen ■ Regressive Phasen akzeptieren
Entlastung	■ Krise offen halten ■ Begrenzte Entlastung, damit Veränderungswunsch bestehen bleibt	■ Zunächst Entlastung ■ Später erfordert der Trauerprozess auch behutsame Konfrontation	■ Bestmögliche Entlastung ■ Bei den Betroffenen soll sich das Gefühl einstellen, dass die Gefahr wirklich vorbei ist
Methodenflexibilität	■ Auch konfrontierende Methoden, um festgefahrene Situationen und Muster zu stören	■ Behutsame Konfrontation, wenn Abwehrmechanismen das Trauern zu sehr behindern	■ Keine Konfrontation ■ Keine unstrukturierten Methoden, die das Ereignis wieder aktiv hervorholen ■ Entspannungsübungen
Fokus auf die aktuelle Situation	■ Im Mittelpunkt steht die auslösende Situation ■ Die Vergangenheit wird so weit einbezogen, als es dem Verständnis der aktuellen Krise dient	■ Im Mittelpunkt steht der Verlust ■ Alles, was damit in der Vergangenheit in Verbindung gestanden ist, ist von Bedeutung	■ Im Mittelpunkt steht ausschließlich die Verarbeitung des traumatischen Ereignisses ■ Bei früheren Traumatisierungen: Trennung der Ereignisse und Bearbeitung nacheinander
Einbeziehen des sozialen Umfeldes	■ Zur Unterstützung ■ Zur Klärung von Konflikten	■ Zur Unterstützung	■ Zur Stabilisierung; dazu gehören auch Information und Aufklärung des Umfelds über die Symptomatik
Zusammenarbeit mit anderen Institutionen	■ Multiprofessionalität ■ Zusammenarbeit mit anderen Institutionen	■ Multiprofessionalität ■ Zusammenarbeit mit anderen Institutionen	■ Multiprofessionalität ■ Wenn die Symptome in unveränderter Intensität mehr als 4 bis 6 Wochen anhalten: Überweisung an traumaspezifische Einrichtung

die Regression = das Zurückfallen auf frühere Stufen der Entwicklung

Aufgabenstellung – „Grundsätze der Krisenintervention“

■ Nennen Sie Personen oder Berufsgruppen, mit denen Sie in Ihrem künftigen Arbeitsbereich im Falle einer Krisenintervention gerne zusammenarbeiten würden.

1.2 Ablauf der Intervention

Unabhängig von der Krisenart sind bei jeder Krisenintervention zunächst die folgenden drei Schritte zu setzen:

1. Beziehungsaufbau – Herstellen einer tragfähigen Beziehung und emotionaler Entlastung

2. Erfassen der Situation und Exploration des Krisenanlasses
3. Beurteilen der Situation und der weiteren Vorgehensweise

explorieren = erforschen, erkunden, untersuchen

Schritt 1: Beziehungsaufbau

Zu **beziehungsfördernden Fähigkeiten** können Sie im Kapitel „Soziale Kompetenz“, S. 101, nachlesen.

Eine tragfähige Beziehung ist die Basis für eine konstruktive Krisenintervention. Menschen in einer Krise suchen ein Gegenüber, das sie versteht und ihre Verzweiflung akzeptiert und erträgt. In dieser Phase soll die/der Betroffene entlastet werden und die Möglichkeit erhalten, auch widersprüchliche Gefühle auszudrücken und zuzulassen.

Darauf sollten Sie beim Beziehungsaufbau achten

- Begrüßen Sie das Gegenüber, stellen Sie sich vor und verschaffen Sie sich einen Überblick.
- Stellen Sie einen ungestörten Rahmen und ausreichend Zeit zur Verfügung.
- Halten Sie die Balance zwischen Aktivität und Zuhören.
- Vermitteln Sie durch aktives Zuhören Interesse, Verständnis und Aufmerksamkeit.
- Fördern Sie Gefühlsäußerungen, um Entlastung zu bewirken.
- Beachten Sie die nonverbale Kommunikation.

Aufgabenstellung – „Ablauf der Intervention“

- Nehmen Sie sich mit Kolleginnen und Kollegen, die Sie noch nicht so gut kennen, Zeit für ein Gespräch. Versuchen Sie dabei, einen guten Kontakt herzustellen, der es erlaubt, auch persönliche Informationen auszutauschen.

  Reflektieren Sie anschließend, welche Worte und Formulierungen diesen guten Kontakt fördern. Gehen Sie dabei nach der Anleitung zur professionellen Reflexion von S. 26 vor.

Schritt 2: Erfassen der Situation und Exploration des Krisenanlasses

Durch genaueres Nachfragen erhalten Sie wesentliche **Informationen** zur Krise, die **für eine Einschätzung der Situation** notwendig sind. Im Mittelpunkt steht dabei zunächst das Ereignis, das die Krise ausgelöst hat. Die/Der Betroffene sollte möglichst viel über das traumatische Ereignis, die verlorene Beziehung oder das verloren gegangene Lebensziel erzählen und schildern, was sie/er damit verbindet.

Zur Exploration gehört auch, sich ein Bild von den **bisherigen Problemlösungsversuchen** zu machen und **mögliche Ressourcen** der betroffenen Person zu erkennen.

Schritt 3: Beurteilen der Situation und der weiteren Vorgehensweise

Mit den gewonnenen Informationen kann die Situation vorläufig beurteilt werden. Diese Beurteilung bestimmt die weitere Vorgehensweise:

Sie müssen entscheiden, ob …

1 eine weitere **Krisenintervention im aktuellen Setting** sinnvoll möglich ist oder

eine **Weitervermittlung** bzw. Beiziehung von anderen Berufsgruppen hilfreicher erscheint.

Dies hängt sowohl von Ihren persönlichen Möglichkeiten als auch von den institutionellen Bedingungen ab.

Darauf ist bei der Beurteilung der Situation und der weiteren Vorgehensweise zu achten

- Beurteilen Sie die Situation vorläufig auf Basis der gewonnenen Informationen und der Interaktion mit der/dem Betroffenen.
- Schätzen Sie die Kooperations- und Kontaktfähigkeit der betroffenen Person ein.
- Schätzen Sie die Tragfähigkeit und Zuverlässigkeit der wichtigsten sozialen Beziehungen und der helfenden Beziehung ein.
- Klären Sie, ob akut fürsorgliche Maßnahmen (bei Fehlen eines engen Kontakt- und Beziehungsnetzes) oder eine stationäre Versorgung aufgrund der Krise notwendig sind.

1.3 BELLA – ein Kriseninterventionskonzept

Krisen sind Situationen, die auch bei den beteiligten Helferinnen und Helfern enormen Stress auslösen. Da es unter Druck schwieriger ist, sich an Gelerntes zu erinnern, soll das Kriseninterventionskonzept „BELLA" von Gernot Sonneck als kurze praktische Anleitung dienen.

Gernot Sonneck, österreichischer Psychiater und Psychotherapeut (geb. 1942)

Entsprechende Schritte im Ablauf der Krisenintervention

- **B** entspricht **Schritt 1** „Beziehungsaufbau“.
- **E** entspricht **Schritt 2** „Erfassen der Situation“.
- **L, L und A** entsprechen zusammen **Schritt 3** „Beurteilung der Situation und der weiteren Vorgehensweise“.

Das BELLA-Kriseninterventionskonzept für akute Krisensituationen

Beziehung aufbauen	Erfassen der Situation	Linderung von Symptomen	Leute einbeziehen, die unterstützen	Ansatz zur Problembewältigung

Beziehung aufbauen

- Zeigen Sie der Person, dass Sie mit ihr Kontakt aufnehmen möchten.
- Nehmen Sie die Person so an, wie sie gerade ist.
- Hören Sie der Person aufmerksam und einfühlsam zu.
- Vermitteln Sie der Person, dass sie ernst genommen wird.
- Verzichten Sie auf Bewertungen.
- Nehmen Sie Ihre eigenen Gefühle wahr und fragen Sie sich, worauf sie Sie hinweisen könnten.

FALLBEISPIEL

Emma sieht, wie der Bewohnerin Valentina im Wohnzimmer gerade das Telefon aus der Hand fällt. Valentina murmelt:

„Meine Eltern sind gerade bei einem Autounfall gestorben.“

Emma nähert sich Valentina und fragt, ob sie jetzt bei ihr bleiben solle. Valentina nickt und Emma setzt sich neben sie, obwohl ihr selbst ganz mulmig und hilflos zumute ist. Emma fragt trotzdem:

„Wollen Sie erzählen, wie Sie sich gerade fühlen und was Ihnen durch den Kopf geht? Ich werde zuhören und dableiben, solange es für Sie passt, auch wenn wir gemeinsam schweigen oder weinen.“

Erfassen der Situation

Informieren Sie sich über …

- die Ereignisse und die Situation.
- den Krisenanlass und die Betroffenen.
- die derzeitige Lebenssituation der Person (Familie, Beruf, persönliche Ziele etc.).
- das körperliche (Schlaf, Ernährung, Beschwerden) und seelische Empfinden der Person (Gefühle, Realitätsempfinden, Kommunikationsfähigkeit, Denkfähigkeit, Aktivität, Entscheidungsfähigkeit).
- ähnliche Ereignisse in der Vergangenheit und darüber, wie diese bewältigt wurden.
- Fähigkeiten und Möglichkeiten der Person, um die Situation zu bewältigen.
- mögliche Gefahren für die Gesundheit und das Leben der/des Betroffenen und/oder anderer Personen (Selbst- und Fremdgefährdung).

FALLBEISPIEL (FORTSETZUNG)

Valentina möchte, dass Emma bei ihr bleibt, und will darüber reden, was passiert ist. Sie beginnt von selbst zu erzählen, was sie am Telefon von der Polizei über den Unfall erfahren hat. Auf Emmas Frage, wer denn noch zu ihrer Familie gehöre, antwortet Valentina, dass sie noch drei Geschwister habe, mit denen sie sich auch gut verstehe. Sie meint, die Geschwister würden sicher bald anrufen bzw. vorbeikommen und sie nicht alleinlassen.

Emma fragt:

„Haben Sie schon einmal einen wichtigen Menschen verloren? Und wie ist es Ihnen damals dabei gegangen?"

Darauf antwortet Valentina:

„Nein, einen so nahestehenden Menschen habe ich noch nicht verloren. Aber als ich noch jünger war, ist mein Hund gestorben, den ich schon als Welpen hatte. Da war ich wochenlang sehr traurig und wollte gar nicht mehr aufstehen. Aber nach einigen Wochen und durch den Kontakt mit lieben Menschen ist es mir schön langsam wieder besser gegangen. Ich weiß, dass ich sehr traurig werden kann, aber ich möchte auch mein eigenes Leben nicht vergessen und weitermachen."

Linderung von Symptomen

L

- Ermutigen Sie die Person, die eigenen Gefühle zuzulassen.
- Machen Sie für die Person deutlich, dass die Symptome Warnsignale des Körpers und eine natürliche Reaktion auf die belastende Situation sind.

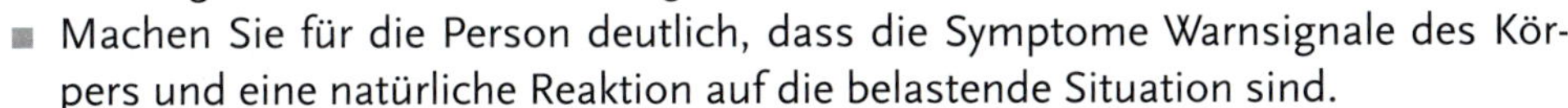

- Unterstützen Sie die Person bei der Entlastung (Entspannungsübungen, wenn nötig ärztliche bzw. medikamentöse Behandlung).

- Besprechen Sie Ängste bezüglich der Lösung der Schwierigkeiten.

FALLBEISPIEL (FORTSETZUNG)

Emma meint daraufhin:

„Ich bewundere, wie Sie mit Ihren Gefühlen umgehen und dass Sie es schaffen, diese intensiven Gefühle auch zuzulassen. Sicherlich wissen Sie auch schon aufgrund Ihrer Erfahrungen, dass es eine Zeit lang schwierig sein kann, gut zu schlafen, oder auch andere Symptome wie Appetitlosigkeit oder Antriebslosigkeit auftreten können."

Valentina sagt:

„Ich mache mir große Sorgen, was jetzt mit mir werden wird. Die Eltern haben doch immer alles erledigt und ich selbst hab mich nie viel um die eigenen Angelegenheiten kümmern müssen, seit ich in der Einrichtung lebe."

Leute einbeziehen, die unterstützen

- Erkennen und aktivieren Sie vorhandene soziale Unterstützung und Hilfssysteme der Person (Freundinnen/Freunde, Familie).
- Organisieren Sie bei Bedarf Unterstützung durch Institutionen oder Selbsthilfegruppen.

FALLBEISPIEL (FORTSETZUNG)

Etwas später fragt Emma:

Können Sie sich auf Ihre Geschwister verlassen? Außerdem gibt es auch die Möglichkeit der Unterstützung durch eine Beratungsstelle, die ich kenne."

Valentina bedankt sich und erzählt dann:

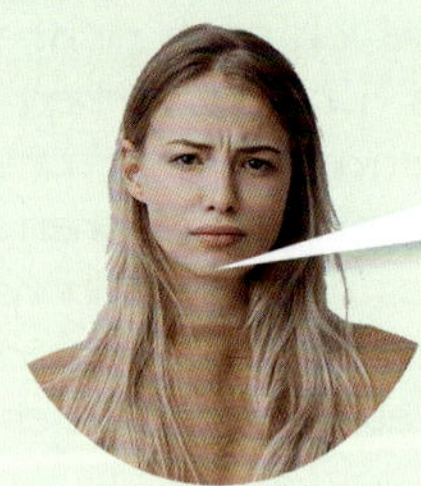

„Meine Familie war immer schon eine große Unterstützung und sie wird mich sicherlich nicht alleinlassen. Ich habe auch schon eine WhatsApp-Nachricht von meiner ältesten Schwester erhalten mit der Ankündigung, dass sie morgen vorbeikommen wird. Und eine Freundin der Familie hat sich auch für die nächsten Tage angekündigt."

Ansatz zur Problembewältigung

- Verschaffen Sie sich gemeinsam mit der Person einen Überblick über die Schwierigkeiten.
- Unterstützen Sie die Person dabei, das eigentliche Problem zu erkennen und die Widersprüchlichkeiten zu betrachten, ohne sie gleich zu klären.
- Vermitteln Sie Hoffnung und aktivieren Sie die bisherigen Fähigkeiten und Ressourcen der Person zur Problemlösung.
- Begleiten Sie die Person dabei, sich für (erste) Veränderungen zu entscheiden.

FALLBEISPIEL (FORTSETZUNG)

Am Abend setzt sich Emma wieder zu Valentina. Emma fragt, ob es hilfreich wäre, wenn Valentina das, was sie beschäftigt und ängstigt, einfach mal auf ein Blatt Papier schreiben würde, damit sie gemeinsam die Sorgen ansehen könnten. Als Valentina einige Themen zu Papier gebracht hat, sagt Emma:

„Da gibt es schon einige schwierige Themen. Diese müssen aber nicht alle auf einmal und sofort bearbeitet oder gar gelöst werden. Jetzt sind Sie hier in der Einrichtung auf jeden Fall gut aufgehoben und versorgt. Außerdem lassen sich solche Ängste gemeinsam mit der Familie bewältigen, wie Sie es ja schon beim Tod Ihres Hundes erlebt haben. Und die Einrichtung steht auch als Unterstützung zur Verfügung. Vielleicht wäre es gut, wenn Sie ein für Sie wichtiges Thema gleich mit Ihrer Schwester besprechen, wenn sie morgen kommt."

Aufgabenstellungen – „BELLA – ein Kriseninterventionskonzept“

1. Reflektieren Sie mit Kolleginnen/Kollegen, welche Schritte von BELLA für Sie jetzt schon gut möglich erscheinen und welche Sie derzeit noch herausfordern.
2. Notieren Sie die Fähigkeiten oder Kompetenzen, die Sie noch weiterentwickeln möchten, damit die Anwendung von BELLA für Sie gut möglich ist.

Eine Anleitung zur professionellen Reflexion erhalten Sie auf S. 26.

2 Ich in der Krise – wie bleibe ich hilfreich bei Krisen anderer?

Während ihres Praktikums arbeitet Sarah auf der onkologischen Station eines Krankenhauses. Sie betreut hier auch Patientinnen und Patienten, die bereits im Sterben liegen. Bei Sarahs Opa wurde vor wenigen Wochen Lungenkrebs diagnostiziert. Er wird nur mehr wenige Monate zu leben haben. Bei ihrer Arbeit wird Sarah häufig von Gefühlen der Traurigkeit überschwemmt, weil sie daran denkt, dass ihr Opa auch bald hier als sterbenskranker Patient liegen wird.

Sammeln Sie gemeinsam in der Klasse Tipps, wie Sarah mit dieser Situation besser umgehen könnte.

Menschen in einer Krise zu begleiten, bringt Herausforderungen mit sich. Trotz Verwirrung, Chaos und oftmals Zeitdruck müssen Helfer/innen den Überblick behalten und einen Handlungsplan entwerfen. Als Helfer/in ist es notwendig, gelassen und stabil zu sein, um den Betroffenen Orientierung und Hoffnung zu geben.

Emotionale Verwundbarkeiten kennen

Die eigenen emotionalen Verwundbarkeiten zu kennen und damit konstruktiv umzugehen, ist eine wesentliche Voraussetzung für gelingende Unterstützung in Krisensituationen.

FALLBEISPIEL

Martin arbeitet in einer Wohngruppe für Menschen mit psychischer Beeinträchtigung. Vor einiger Zeit haben er und seine Frau sich getrennt und es fällt ihm immer wieder schwer, seinen Alltag zu organisieren und zu strukturieren.

In der Wohngruppe gab es bis vor Kurzem ein Liebespaar, das sich allerdings letztes Wochenende nach einem heftigen Streit getrennt hat. Martin kann sich nun mit den beiden kaum unterhalten, weil er dabei sehr traurig wird und ihm die Tränen kommen.

DAS SOLLTEN SIE SPEICHERN

Es ist wichtig zu wissen, wie Sie eigene Krisen bewältigt haben. Dies beeinflusst Ihr persönliches Erleben von Hilflosigkeit und Ohnmacht in scheinbar ausweglosen Situationen.

Aufgabenstellung – „Emotionale Verwundbarkeiten kennen“

Eine Anleitung zur Reflexion erhalten Sie auf S. 26.

- Reflektieren Sie krisenhafte Ereignisse, die in letzter Zeit in Ihrem Umfeld stattgefunden haben. Notieren Sie die Themen, die Sie dabei emotional berührt haben, und tauschen Sie sich mit Kolleginnen/Kollegen, denen Sie vertrauen, darüber aus.

Selbstfürsorge fördern

Fragebogen – „Selbstfürsorge“

- Reflektieren Sie die Strategien, die Sie nutzen, um sich nach belastenden Situationen wieder zu entspannen und wohlzufühlen.

  a) Kreuzen Sie die auf Sie zutreffenden Antworten an.

Bewertung
1 = Das tue ich kaum.
2 = Das tue ich selten.
3 = Das tue ich manchmal.
4 = Das tue ich häufig.
5 = Das tue ich meistens.

Strategien	1	2	3	4	5
Ich suche das Gespräch mit einem vertrauten Menschen.					
Ich denke über die belastenden Ereignisse in Ruhe nach.					
Ich versuche, mich mit anderen Tätigkeiten abzulenken.					
Ich suche mir Freundinnen/Freunde oder Kolleginnen/Kollegen zur Unterstützung.					
Bei beruflichen Belastungen suche ich den Austausch mit meinen Vorgesetzten.					
Ich suche Trost in meinem Glauben oder meiner Spiritualität.					
Ich denke nicht an Belastungen, sondern konzentriere mich auf meine Aufgaben.					
Ich belohne mich mit etwas Schönem.					
Ich trinke etwas Alkohol und lege mich auf die Couch.					

  b) Tauschen Sie sich nun mit jemandem aus Ihrer Gruppe über Ihre Bewertungen aus.

Mehr zum Thema **Selbstfürsorge** erfahren Sie im Kapitel „Arbeiten im Team“, S. 126.

Hilfe kann nur gelingen, wenn es den Helferinnen/Helfern selbst besser geht als den Personen, die bei ihnen Unterstützung suchen. Es ist daher nötig, Selbstfürsorge zu entwickeln und zu pflegen.

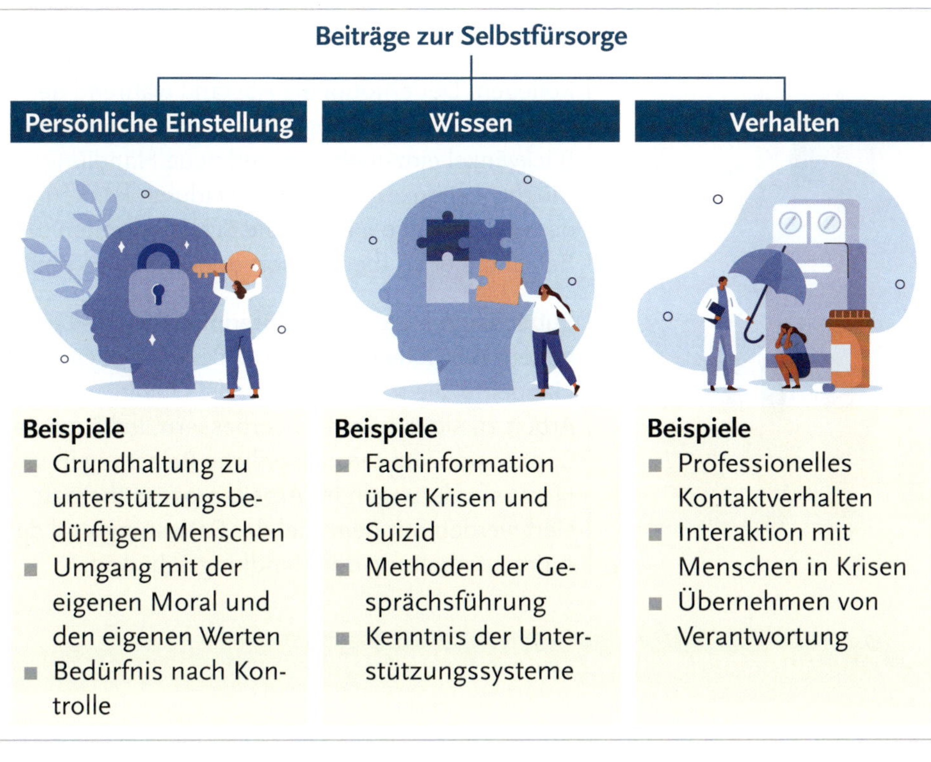

Persönliche Einstellung	Wissen	Verhalten
Beispiele ■ Grundhaltung zu unterstützungsbedürftigen Menschen ■ Umgang mit der eigenen Moral und den eigenen Werten ■ Bedürfnis nach Kontrolle	**Beispiele** ■ Fachinformation über Krisen und Suizid ■ Methoden der Gesprächsführung ■ Kenntnis der Unterstützungssysteme	**Beispiele** ■ Professionelles Kontaktverhalten ■ Interaktion mit Menschen in Krisen ■ Übernehmen von Verantwortung

Selbst Unterstützung suchen

Insbesondere zu Beginn unterstützen Krisenhelfer/innen die Betroffenen oftmals, indem sie ihre Verzweiflung einfach mittragen und aushalten. Diese scheinbare Passivität der Helfer/innen kann dazu führen, dass sie sich inkompetent und überflüssig fühlen.

inkompetent = unfähig, den Anforderungen nicht gewachsen

Es ist nicht unprofessionell, als Helfer/in auch selbst Unsicherheit oder Überforderung zu verspüren oder auch Angst zu haben. Professionalität zeichnet sich vor allem dadurch aus, dass es möglich ist, sich diese Gefühle einzugestehen, Selbsthilfemaßnahmen einzuleiten sowie andere Personen zur Unterstützung hinzuzuziehen.

DAS SOLLTEN SIE SPEICHERN

In herausfordernden Situationen sollten Sie sich auch als Helfer/innen Unterstützung suchen.

Diese Unterstützung kann z. B. im eigenen Arbeitsteam, in Form von Intervision oder durch Supervision erfolgen.

Kollegiale Beratung entlastet die einzelnen Mitarbeiter/innen durch die andauernde Reflexion und den laufenden fachlichen Austausch im beruflichen Alltag. Das Bewusstsein, in ein berufliches Netzwerk eingebettet zu sein, und das Erleben von unmittelbarer Unterstützung lassen die Mitarbeiter/innen Krisensituationen einfacher bewältigen.

Im Kapitel „Arbeiten im Team“, S. 126, finden Sie weitere Informationen zur kollegialen **Beratung, Intervision und Supervision.**

Haben Sie den Mut, Ihre eigenen Begrenzungen und Sorgen in Krisensituationen anzusprechen.

Intervision dient der reflexiven Fallbearbeitung zwischen meist gleichgestellten Kolleginnen und Kollegen. Der emotionale Abstand während der Fallbesprechung ermöglicht es, unterschiedliche Blickwinkel einzunehmen und neue Handlungsmöglichkeiten zu entdecken. Dadurch können zudem persönliche emotionale Schwierigkeiten und Betroffenheiten thematisiert und gelöst werden.

Supervision bietet Mitarbeiterinnen und Mitarbeitern die Gelegenheit zur Reflexion des eigenen Handelns. Sie trägt dazu bei, die Qualität der Arbeit zu sichern und zu verbessern. Im Zuge der Supervision können persönliche Belastungen und Herausforderungen im Arbeitsprozess thematisiert werden mit dem Ziel der Entlastung und der Aufrechterhaltung der Handlungsfähigkeit.

Aufgabenstellung – „Ich in der Krise"

- Damit Sie immer wieder Gelassenheit erreichen können und in der Freizeit unabhängig von den Krisen der von Ihnen betreuten Personen Ihr Leben genießen können, ist es notwendig, im eigenen Leben aufzutanken.

  Notieren Sie Ihre „Tankstellen", die Sie nützen, wenn Sie belastet oder angestrengt sind, und die Ihnen wieder Kraft und Mut geben:

Ziele erreicht? – „Krisenintervention"

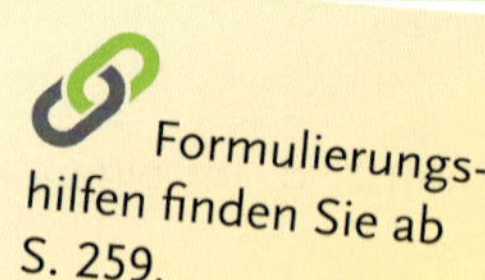

1. **Grundlagen der Krisenintervention**

   a) Zählen Sie kurz- und mittelfristige Ziele der Krisenintervention auf.

Kurzfristige Ziele:

Mittelfristige Ziele:

b) Nennen Sie die Grundsätze der Krisenintervention.

c) Versetzen Sie sich in die folgende Situation:

Sie sind als Pflegeassistent/in mit einer Frau konfrontiert, die soeben erfahren hat, dass sie an ALS leidet. Bei ALS (amyotrophe Lateralsklerose) handelt es sich um eine unheilbare degenerative Erkrankung, die mit Muskelschwund einhergeht und zum Tod führt.

Kreuzen Sie alle Personen und Institutionen an, die Sie zur Kooperation einladen wollen, um diese Frau in ihrer Situation zu unterstützen.

- ◯ Eine Fachärztin
- ◯ Einen Priester/Pfarrer/Geistlichen
- ◯ Eine Innenarchitektin zur Umgestaltung der Wohnung
- ◯ Die Führerscheinbehörde zur Befristung des Führerscheines
- ◯ Licht ins Dunkel, um finanzielle Unterstützung zu organisieren
- ◯ Einen Psychotherapeuten
- ◯ Eine Fitnesstrainerin
- ◯ Einen Notar, um eine Patientenverfügung und das Testament zu machen
- ◯ Eine Ernährungsberaterin
- ◯ Familienmitglieder
- ◯ Die Bedarfskoordination des Bezirkes, um die Pflege zu organisieren
- ◯ Die Pensionsversicherungsanstalt
- ◯ Freundinnen/Freunde aus dem Sportverein
- ◯ Den Versicherungsberater, um eine Lebensversicherung abzuschließen

2. Beschreiben Sie, worauf Sie bei der Beziehungsaufnahme zu einem Menschen in einer akuten Krise achten sollten.

3. Versetzen Sie sich in die folgende Situation:

Sie begleiten als Kriseninterventionshelfer/in seit acht Wochen mit regelmäßigen Gesprächen einen jungen Mann, der seine Verlobte bei einem Autounfall verloren hat. Er selbst saß am Steuer und wurde nur leicht verletzt. Sein Zustand ist nach wie vor wie zu Beginn der Gespräche. Er hat Weinkrämpfe, sobald das Gespräch auf den Unfall kommt, und ist völlig isoliert und allein in seiner Wohnung.

Geben Sie Ihre Gedanken zu dieser Situation wieder und entwerfen Sie einen Handlungsplan, indem Sie Ihre weitere Vorgehensweise notieren.

4. **Kriseninterventionskonzept BELLA**

a) Geben Sie die Bedeutung der fünf Buchstaben des Kriseninterventionskonzepts BELLA wieder.

B E L L A

b) Lesen Sie das folgende Fallbeispiel und bearbeiten Sie die Aufgabenstellungen.

Herbert hat erfahren, dass er Leukämie hat. Es ist ihm im Krankenhaus zwar vieles erklärt worden, aber er kann sich an fast nichts mehr erinnern. Er hat das Gefühl, keine Luft mehr zu bekommen, und alles dreht sich um ihn herum. Er möchte auch am liebsten alles vergessen.

Da zu Hause niemand ist und er will, dass alles so bleibt, wie es ist, geht er wieder zur Arbeit. Sie sind seine Arbeitskollegin/sein Arbeitskollege und bemerken, dass Herbert heute ganz anders ist als sonst. Sie fragen ihn, was los ist, und er antwortet gedankenverloren, dass alles in Ordnung sei und er nur Leukämie habe.

- Bilden Sie Dreiergruppen und bearbeiten Sie die geschilderte Situation mithilfe des BELLA-Modells.
  - **Person A** versetzt sich in Herberts Rolle.
  - **Person B** spielt die Arbeitskollegin/den Arbeitskollegen.
  - **Person C** beobachtet und gibt Feedback zum Gespräch.
- Notieren Sie abschließend stichwortartig die Erfahrungen und Beobachtungen, die Sie bei dem Gespräch gemacht haben:

5. **Ich in der Krise**

a) Reflektieren Sie, welche Auswirkungen es bei Ihnen hat, wenn Sie sich ohnmächtig und verzweifelt fühlen.

Eine Anleitung zur Reflexion erhalten Sie auf S. 26.

b) Nennen Sie die wesentlichen Beiträge zur Selbstfürsorge.

Operatoren und Formulierungshilfen

Operatoren sind **Handlungsverben, die eine bestimmte Sprachhandlung anzeigen.** Sie können Ihnen in Aufgabenstellungen als **Signalwörter** dienen, denn sie geben Auskunft darüber, **was** für die Erarbeitung der Aufgabe **zu tun ist.**

Im Folgenden finden Sie eine Liste jener Operatoren, die in diesem Lehrbuch häufig verwendet werden. Für jeden Operator werden Ihnen außerdem **Formulierungshilfen** zur Verfügung gestellt, die Sie **zur Realisierung der verlangten Sprachhandlungen hinführen** und Sie sprachlich bei der Erarbeitung der Aufgabenstellungen unterstützen.

Je besser Sie sich mit den einzelnen Operatoren und ihrer Bedeutung vertraut machen, desto klarer werden für Sie die Aufgabenstellungen sein.

analysieren

Bedeutung

unter Bezugnahme auf spezifische Fragestellungen Merkmale und Zusammenhänge herausarbeiten, nach Möglichkeit belegen und die Ergebnisse strukturiert und fachsprachlich angemessen darlegen

Formulierungshilfen

Analyseergebnisse belegen

... bewirkt ...
... erweckt den Eindruck ...
... macht deutlich, dass ...
... stützt die Deutung, dass ...
... zeigt ...
Als Beleg für ... kann angeführt werden, dass, ...
An ... wird deutlich, dass ...
Anhand der dargestellten ... kann man erkennen, dass ...
Aus ... erschließt sich ...
Aus ... lässt sich ableiten, dass ...
Dafür spricht auch, dass ...
Daraus lässt sich ableiten, ...
Dies deutet darauf hin, dass ...
Dies lässt sich als ... deuten/interpretieren.
Das sieht man z. B. daran, dass ...
Das zeigt sich z. B. daran, dass ...
Dies zeigt sich beispielsweise darin, dass ...
Ein Beleg für diese Deutung ist ...
Erklärt/Illustriert wird dies mit ...
Gezeigt kann dies werden an ...
Verdeutlicht wird dies mit ...
Zum Beispiel ...

Analyseergebnisse zusammenfassen

... ist ..., weil ...
... setzt sich mit dem Problem ... auseinander.
Die zentrale Aussage ist ...
In ... geht es um ...
In dieser/diesem ... wird ... thematisiert.
In dieser/diesem ... wird die Frage nach ... erörtert.
Abschließend kann gesagt werden, dass ...
Also/Somit ...
Aus den angeführten Gründen ergibt sich, dass ...
Daraus ergibt sich, dass ...
Daraus resultiert, dass ...
Deshalb/Deswegen ...

Die Analyse von ... hat ergeben, dass ...
Vor allem aus dem zuletzt genannten Grund ...
Zusammenfassend ist zu sagen, dass ...
Zusammenfassend kann festgestellt/gesagt werden, dass ...
... beantwortet ... leider nicht.
... ist der These „..." zuzustimmen.
... ist nicht haltbar.
Ich begründe meine Ansicht damit, dass ...
Ich spreche mich also für/gegen ... aus.
Ich stehe daher auf dem Standpunkt, dass ...
Ich vertrete daher die Meinung/Ansicht, dass ...
Nach Abwägen der Argumente denke ich einerseits, dass ... Andererseits ...
Nach Abwägen der Argumente gelange ich zu dem Urteil/Schluss, dass ...
Positiv/Negativ ist zu bewerten, ...
Zusammenfassend lässt sich sagen/festhalten, dass mehr für/gegen ... spricht als dagegen/dafür.

beschreiben

Bedeutung
Sachverhalte, Situationen, Vorgänge strukturiert und genau darlegen, ohne zu deuten oder zu bewerten

Formulierungshilfen
<u>Situationen beschreiben</u>
... zeigt ...
In dieser/diesem ... wird ... behandelt/thematisiert/gezeigt.
Es ist zu erkennen/beobachten, dass ...
Man sieht ...

<u>Sachverhalte beschreiben</u>
... beschäftigt sich mit ...
... setzt sich mit ... auseinander.
... bedeutet/heißt, dass ...
... bezeichnet ...
Ein/e ... ist ein/e ..., der/das/die ...
Ein/e ... ist ein/e ..., mit dem/der man ...
Das Thema von ... ist ...
Unter einem/einer ... versteht man ...
... erklärt/erläutert ...
... gibt Antwort auf die Frage ...
... gibt Auskunft über ...
Der Fachbegriff dafür lautet ...
Die zentrale Aussage/These ist ...

<u>Funktion und Bedeutung beschreiben</u>
... benennt die wesentlichen Möglichkeiten ...
... dient dazu, ...
... verfolgt das Ziel ...
Die Funktion von ... ist, ...
Die zentrale Bedeutung von ... liegt darin, ...
Von zentraler Bedeutung ist ...

<u>Merkmale und Aspekte nennen</u>
(Typische/Wesentliche) Merkmale von ... sind ...
Besonders zu betonen ist ...
Ein weiterer wesentlicher Aspekt ist ...
Relevant ist auch ...
Schlüsselbegriffe von ... sind ...

Einteilung bzw. Abgrenzung formulieren
Abgrenzen lässt sich ... von ... durch ...
Es gibt ...
Folgende ... lassen sich unterscheiden: ...
Man unterscheidet zwischen ... und ...
Neben ... spielt auch ... eine wesentliche Rolle.
Zu den ... zählen ...

beurteilen

Bedeutung
zu einem selbstständigen Urteil gelangen und dieses argumentativ stützen

Formulierungshilfen
Unterschiedliche Perspektiven betrachten
Allerdings muss in Betracht gezogen werden, ...
Allerdings muss man auch sehen, dass ...
Andererseits ist zu bedenken, ...
Auch ... spricht für/gegen ...
Auf der einen Seite ..., auf der anderen Seite ...
Dabei muss auch bedacht werden, dass ...
Dabei muss auf folgende Sachverhalte eingegangen werden: ...
Dafür/Dagegen spricht (auch), dass ...
Das wichtigste Argument für/gegen ... /dafür/dagegen ist, dass ...
Das wichtigste Argument für/gegen die Aussage/These „..." ist, dass ...
Der Vorteil/Nachteil eines/einer ... ist/besteht darin, dass ...
Ein (weiterer) Vorteil/Nachteil ist/besteht darin, dass ...
Ein Hauptargument dafür/dagegen ist, dass ...
Ein immer wieder vorgebrachtes Argument ist ...
Ein weiteres (wichtiges) Argument für/gegen ... /dafür/dagegen ist, dass ...
Einerseits ..., andererseits ...
Es gilt zu bedenken, dass ...
Es ist als Vorteil/Nachteil zu sehen, dass ...
Für/Gegen ... lässt sich folgendes Argument anführen: ...
Für/Gegen die Aussage/These „..." spricht vor allem, dass ...
Im Gegensatz dazu ...
In diesem Zusammenhang sind folgende Sachverhalte zu berücksichtigen: ...
Kritisiert kann ... werden.
Man kann argumentieren, dass ...
Positiv/Negativ ist zu bewerten, dass ...
Was (zunächst) dafür-/dagegenspricht, ist ...
Zu ... herrschen unterschiedliche Auffassungen.
Zwar ..., aber ...

Zustimmung ausdrücken
... ist der These „..." zuzustimmen.
... kann aus folgendem Grund zugestimmt werden: ...
... spreche ich mich dafür aus, ...
Es ist zu befürworten, dass ...
Ich halte ... für ...
Ich spreche mich für ... aus.
Ich stimme ... insofern zu, als ...

Ablehnung formulieren
... ist abzulehnen, weil ...
... ist nicht haltbar.
... kann aus folgendem Grund nicht zugestimmt werden: ...
... spreche ich mich dagegen aus, ...
Diese Meinung kann ich nicht teilen.
Ich spreche mich gegen ... aus.
Nicht nachvollziehbar erscheint ...

Einwände formulieren
... jedoch ...
... mag Vorteile haben, für ... ist es aber nicht anwendbar.
... zwar ...
Allerdings ...
Auch wenn ... seine Vorteile/Nachteile hat, ...
Berücksichtigt man ..., so ...
Dabei wird ... übersehen.
Dagegen spricht (auch) ...
Dagegen lässt sich einwenden, ...
Dem steht allerdings entgegen, dass ...
Einschränkend muss eingeräumt/erwähnt/darauf hingewiesen werden, dass ...
Entscheidend ist jedoch, dass ...
Trotz ... gilt es zu bedenken, dass ...
... wirft das Problem auf, ...
Zu hinterfragen ist, ...
Zwar ..., aber ...

Ergänzungen formulieren
... auch ...
Auch ... spricht für/gegen ...
... nicht nur ..., sondern auch ...
Außerdem ...
Außerdem sollte bedacht werden, ...
Außerdem spielt noch ... eine wichtige Rolle.
Beachtenswert ist auch ...
Daneben ist zu beachten, dass
Darüber hinaus ...
Des Weiteren ...
Ebenfalls ...
Ein weiterer Aspekt/Gesichtspunkt ist, dass ...
Hinzu kommt, dass ...
Man muss auch berücksichtigen, dass ...
Neben ... spielt auch ... eine wesentliche Rolle.
Nicht zuletzt ...
Relevant ist auch ...

Eine abschließende Stellungnahme formulieren
... beantwortet ... leider nicht.
... ist ..., weil ...
... ist der These „..." zuzustimmen.
... ist die These „..." abzulehnen.
... vertrete ich die Meinung/Ansicht/Position/den Standpunkt, dass ...
Abschließend kann gesagt werden, dass ...
Also/Somit ...
Aufgrund der angeführten Argumente komme ich zu dem Schluss, dass ...
Aus den genannten Gründen vertrete ich den Standpunkt ...

Aus den angeführten Gründen ergibt sich, dass ...
Daraus folgt/resultiert/ergibt sich, dass ...
Deshalb/Deswegen ...
Die Prüfung von ... hat ergeben, dass ...
Ich begründe meine Ansicht damit, dass ...
Ich bin also der Überzeugung, dass ...
Ich spreche mich daher für/gegen ... aus.
Ich stehe daher auf dem Standpunkt, dass ...
Ich vertrete deshalb die Meinung/Ansicht, dass ...
Nach Abwägen der Argumente denke ich einerseits, dass ... Andererseits ...
Nach Abwägen der Argumente gelange ich zu dem Urteil, dass ...
Nach dem Abwägen der Pro- und Kontra-Argumente gelange ich zu dem Schluss, dass ...
Vor allem aus dem zuletzt genannten Grund ...
Zusammenfassend ist zu sagen, dass ...
Zusammenfassend kann festgestellt/gesagt werden, dass ...
Zusammenfassend lässt sich sagen/festhalten, dass mehr für/gegen ... spricht als dagegen/dafür.

bewerten

Bedeutung
wie „beurteilen“, jedoch verbunden mit der Offenlegung begründeter eigener Wertmaßstäbe

Formulierungshilfen
<u>Kriterien/Beurteilungsmaßstäbe nennen</u>
Ein Beurteilungsmaßstab ist, wie/ob ...
Zunächst ist zu untersuchen, ob das Kriterium „...“ auf ... zutrifft.
Nun ist zu überprüfen, ob/inwiefern das Kriterium „...“ auf ... angewendet werden kann.
Das Kriterium „...“ trifft insofern zu, als ...
Das Kriterium des/der ... trifft (nicht) auf ... zu, weil/da/denn ...

diskutieren/erörtern

Bedeutung
Aussagen, Problemstellungen anhand von Pro- und Kontra-Argumenten abwägen und auf dieser Grundlage eine Schlussfolgerung bzw. eigene Stellungnahme widerspruchsfrei verfassen

Formulierungshilfen
<u>Pro- und Kontra-Argumente formulieren</u>
... spricht für/gegen ...
Auch die Tatsache, dass ..., spricht für/gegen ...
Dafür/Dagegen spricht (auch) ...
Dagegen lässt sich einwenden, ...
Das wichtigste Argument für/gegen ... /dafür/dagegen ist, dass ...
Das wichtigste Argument für/gegen die Aussage/These „...“ ist, dass ...
Dem steht allerdings entgegen, dass ...
Der Vorteil/Nachteil eines/einer ... ist/besteht darin, dass ...
Ein (weiterer) Vorteil/Nachteil ist/besteht darin, dass ...
Ein Hauptargument dafür/dagegen ist, dass ...
Ein immer wieder vorgebrachtes Argument ist ...
Ein weiteres (wichtiges) Argument für/gegen ... /dafür/dagegen ist, dass ...
Es ist als Vorteil/Nachteil zu sehen, dass ...
Es ist zu befürworten, dass ...
Für/Gegen ... lässt sich folgendes Argument anführen: ...
Für/Gegen ... spricht vor allem, dass ...
Für/Gegen die Aussage/These „...“ spricht, dass ...
Ich stimme ... insofern zu, als ...

Man kann argumentieren, dass ...
Positiv/Negativ ist auch zu bewerten, dass ...
Relevant ist auch ...
Was (zunächst) dafür-/dagegenspricht, ist ...

Pro- und Kontra-Argumente abwägen
... nicht nur ..., sondern auch ...
Andererseits ist zu bedenken, ...
Auf der einen Seite ..., auf der anderen Seite ...
Einerseits ..., andererseits ...
Einschränkend muss aber eingeräumt/erwähnt/darauf hingewiesen werden, dass ...
Man muss auch berücksichtigen, dass ...
Trotz ... gilt es zu bedenken, dass ...
Zwar ..., aber ...

Beispiele anführen
... bewirkt ...
... erweckt den Eindruck ...
... macht deutlich, dass ...
... stützt die Deutung, dass ...
... zeigt ...
Als Beispiel für ... kann angeführt werden, dass ...
An ... wird deutlich, dass ...
Anhand ... kann man erkennen, dass ...
Aus ... erschließt sich ...
Das sieht man z. B. daran, dass ...
Das zeigt sich z. B. daran, dass ...
Dies zeigt sich beispielsweise darin, dass ...
Ein (passendes) Beispiel dafür ist ...
Ein Beleg für diese Deutung ist ...
Erklärt/Illustriert wird dies mit ...
Gezeigt kann dies werden an ...
Verdeutlicht wird dies mit ...
Zum Beispiel ...

Steigerung, Vergleich oder Hervorhebung
Besonders wichtig erscheint, dass ...
Besonders zu betonen ist ...
Die zentrale Aussage/These ist ...
Die zentrale Bedeutung von ... liegt darin, ...
Ein Hauptargument dafür/dagegen ist, dass ...
Ein weiterer wesentlicher Aspekt/Gesichtspunkt ist ...
Entscheidend ist besonders, dass ...
Hervorzuheben ist, dass ...
Schwerer wiegt ...
Von zentraler Bedeutung ist ...
Weitaus wichtiger erscheint aber ...

Abschließendes Fazit formulieren
... beantwortet ... leider nicht.
... ist ..., weil ...
... ist der These „..." zuzustimmen.
... ist nicht haltbar.
... spreche ich mich dafür/dagegen aus, ...
... vertrete ich die Meinung/Ansicht/Position/den Standpunkt, dass ...
Abschließend kann gesagt werden, dass ...

Also/Somit ...
Aufgrund der angeführten Argumente komme ich zu dem Schluss, dass ...
Aus den genannten Gründen vertrete ich den Standpunkt, ...
Aus den angeführten Gründen ergibt sich, dass ...
Daraus folgt/resultiert/ergibt sich, dass ...
Deshalb/Deswegen ...
Die Analyse von ... hat ergeben, dass ...
Diese Meinung kann ich nicht teilen.
Eine mögliche Lösung wäre ...
Ich begründe meine Ansicht damit, dass ...
Ich bin also der Überzeugung, dass ...
Ich spreche mich also für/gegen ... aus.
Ich stehe daher auf dem Standpunkt, dass ...
Ich vertrete daher die Meinung/Ansicht, dass ...
Nach Abwägen der Argumente denke ich einerseits, dass ... Andererseits ...
Nach Abwägen der Argumente gelange ich zu dem Urteil, dass ...
Nach dem Abwägen der Pro- und Kontra-Argumente gelange ich zu dem Schluss, dass ...
Vor allem aus dem zuletzt genannten Grund ...
Zusammenfassend ist zu sagen, dass ...
Zusammenfassend kann festgestellt/gesagt werden, dass ...
Zusammenfassend lässt sich sagen/festhalten, dass mehr für/gegen ... spricht als dagegen/dafür.

erklären

Bedeutung

Verhaltensweisen und Sachverhalte auf real feststellbare oder vermutete Ursachen zurückführen und diese auf der Basis von Kenntnissen und Einsichten verständlich und differenziert darlegen

Formulierungshilfen

Einen Sachverhalt beschreiben
Siehe Operator „beschreiben"

Auf Ursachen zurückführen
Die Ursachen/Gründe von ... sind ...
Eine weitere Ursache liegt darin, dass ...
... kann auf ... zurückgeführt werden.
... liegt darin begründet, dass ...
Ein weiterer Grund dafür, dass ..., ist, dass ...

Zusammenhänge darstellen
... bezieht sich auf ...
..., denn ...
..., indem ...
..., weil/da ...
..., wobei ...
Aufgrund/Wegen des/der ...
Aus diesem Grund ...
Aus den angeführten Gründen ergibt sich, dass ...
Berücksichtigt man ...
Dabei muss auf folgende Sachverhalte eingegangen werden: ...
Dadurch/Daher ...
Daneben ist zu beachten, dass ...
Daraus lässt sich ableiten, ...
Es lässt sich folgender Zusammenhang aufzeigen: ...
In diesem Zusammenhang sind folgende Sachverhalte zu berücksichtigen: ...

Je ..., desto ...
Man muss auch berücksichtigen, dass ...
Neben ... spielt auch ... eine wesentliche Rolle.
Wenn ..., dann ...

Wirkungen/Folgen darstellen
... bewirkt ...
... führt dazu, dass ...
... führt zu ...
... hat die Wirkung, dass ...
... hat zur Folge, dass ...
..., sodass ...
Daraus folgt/resultiert/ergibt sich, dass ...
Deshalb/Deswegen ...

erläutern

Bedeutung
komplexe Sachverhalte durch zusätzliche Informationen und/oder Beispiele veranschaulichen, verdeutlichen (schließt den Operator „erklären" mit ein)

Formulierungshilfen
Einen Sachverhalt beschreiben
Siehe Operator „beschreiben"

Auf Ursachen zurückführen
Siehe Operator „erklären"

Zusammenhänge darstellen
Siehe Operator „erklären"

Wirkungen/Folgen darstellen
Siehe Operator „erklären"

Durch zusätzliche Informationen/Beispiele veranschaulichen
... macht deutlich, dass ...
... stützt die Deutung, dass ...
... zeigt ...
Als Beleg für ... kann angeführt werden, dass ...
An ... wird deutlich, dass ...
Anhand ... kann man erkennen, dass ...
Aus ... erschließt sich ...
Aus ... lässt sich ableiten, dass ...
Dafür spricht z. B. auch, dass ...
Daraus lässt sich etwa ableiten, ...
Das sieht man z. B. daran, dass ...
Das zeigt sich z. B. daran, dass ...
Dies zeigt sich beispielsweise darin, dass ...
Ein Beleg für diese Deutung ist ...
Ein (passendes) Beispiel dafür ist ...
Erklärt/Illustriert wird dies mit ...
Gezeigt kann dies werden an ...
Veranschaulicht kann dies mit ... werden.
Verdeutlicht wird dies mit ...
Zum Beispiel ...

begründen

Bedeutung

Analyseergebnisse, Urteile, Einschätzungen, Wertungen fachlich und sachlich absichern (durch entsprechende Argumente, Belege, Beispiele)

Formulierungshilfen

Argumente formulieren

... jedoch ...
... mag Vorteile haben, für ... ist es aber nicht anwendbar.
... spricht für/gegen ...
... zwar ...
Auch ... spricht für/gegen ...
Auch die Tatsache, dass ..., spricht für/gegen ...
Auch wenn ... seine Vorteile hat, ...
Dabei muss auch bedacht werden, dass ...
Dafür/Dagegen spricht (auch) ...
Dagegen lässt sich einwenden, ...
Daneben ist zu beachten, dass ...
Das wichtigste Argument für/gegen ... /dafür/dagegen ist, dass ...
Das wichtigste Argument für/gegen die Aussage/These „...“ ist, dass ...
Dem steht allerdings entgegen, dass ...
Der Vorteil/Nachteil eines/einer ... ist/besteht darin, dass ...
Ein (weiterer) Vorteil/Nachteil ist/besteht darin, dass ...
Ein Hauptargument dafür/dagegen ist, dass ...
Ein immer wieder vorgebrachtes Argument ist ...
Ein weiteres (wichtiges) Argument für/gegen ... /dafür/dagegen ist, dass ...
Einschränkend muss eingeräumt/erwähnt/darauf hingewiesen werden, dass ...
Es ist als Vorteil/Nachteil zu sehen, dass ...
Für/Gegen ... lässt sich folgendes Argument anführen: ...
Für/Gegen ... spricht vor allem, dass ...
Für/Gegen die Aussage/These „...“ spricht, dass ...
Ich stimme ... insofern zu, als ...
Man kann argumentieren, dass ...
Man muss auch berücksichtigen, dass ...
Positiv/Negativ ist auch zu bewerten, dass ...
Relevant ist auch ...
Was (zunächst) dafür-/dagegenspricht, ist ...
Weitaus wichtiger erscheint aber ...

Zusammenhänge darstellen

... bezieht sich auf ...
..., denn ...
..., indem ...
..., weil/da ...
..., wobei ...
Aufgrund/Wegen des/der ...
Aus diesem Grund ...
Aus den angeführten Gründen ergibt sich, dass ...
Berücksichtigt man ...
Dabei muss auf folgende Sachverhalte eingegangen werden: ...
Dadurch/Daher ...
Daneben ist zu beachten, dass ...
Daraus ergibt sich/resultiert/folgt, dass ...
Daraus lässt sich ableiten, ...
Ein weiterer Grund dafür, dass ..., ist, dass ...
Es lässt sich folgender Zusammenhang aufzeigen: ...

In diesem Zusammenhang sind folgende Sachverhalte zu berücksichtigen: ...
Je ..., desto ...
Man muss auch berücksichtigen, dass ...
Neben ... spielt auch ... eine wesentliche Rolle.
Wenn ..., dann ...

<u>Durch zusätzliche Beispiele/Belege absichern</u>
... macht deutlich, dass ...
... stützt die Deutung, dass ...
... zeigt ...
Als Beleg für ... kann angeführt werden, dass ...
An ... wird deutlich, dass ...
Anhand ... kann man erkennen, dass ...
Aus ... erschließt sich ...
Aus ... lässt sich ableiten, dass ...
Dafür spricht z. B. auch, dass ...
Daraus lässt sich etwa ableiten, ...
Das sieht man z. B. daran, dass ...
Das zeigt sich z. B. daran, dass ...
Dies zeigt sich beispielsweise darin, dass ...
Ein Beleg für diese Deutung ist ...
Ein (passendes) Beispiel dafür ist ...
Erklärt/Illustriert wird dies mit ...
Gezeigt kann dies werden an ...
Verdeutlicht wird dies mit ...
Zum Beispiel ...

definieren

Bedeutung
den Inhalt eines Begriffes erklären

Formulierungshilfen
(Typische/Wesentliche) Merkmale von ... sind ...
„..." bedeutet/bezeichnet ...
... bedeutet/heißt, dass ...
Abgrenzen lässt sich ... von ... durch ...
Der Begriff „..." lässt sich abgrenzen von ... durch ...
Der Fachbegriff dafür lautet ...
Ein Oberbegriff für „..." lautet ...
Ein/e ... ist ein/e ... mit ...
Ein/e ... ist ein/e ..., der/das/die ...
Ein/e ... ist ein/e ..., mit dem/der man ...
Schlüsselbegriffe von ... sind ...
Unter dem Begriff „..." versteht man ...
Unter einem/einer ... versteht man, dass ...

erschließen/herausarbeiten

Bedeutung
etwas nicht explizit Formuliertes aus einem Text ermitteln und darlegen

Formulierungshilfen
<u>In Beziehung setzen</u>
... bezieht sich auf ...
..., denn ...

..., indem ...
..., weil/da ...
..., wobei ...
Aufgrund/Wegen des/der ...
Aus diesem Grund ...
Berücksichtigt man ...
Dabei muss auf folgende Sachverhalte eingegangen werden: ...
Dadurch ...
Daneben ist zu beachten, dass ...
Deshalb/Deswegen/Daher ...
Ein weiterer Grund dafür, dass ..., ist, dass ...
Es lässt sich folgender Zusammenhang aufzeigen: ...
In diesem Zusammenhang sind folgende Sachverhalte zu berücksichtigen: ...
Je ..., desto ...
Man muss auch berücksichtigen, dass ...
Neben ... spielt auch ... eine wesentliche Rolle.
Wenn ..., dann ...

Zu einer Folgerung/Urteilsfindung/Problemlösung gelangen
... erweckt den Eindruck ...
... ist ..., weil ...
... macht deutlich, dass ...
... setzt sich mit dem Problem ... auseinander.
... stützt die Deutung, dass ...
Abschließend kann gesagt werden, dass ...
Also/Somit ...
An ... wird deutlich, dass ...
Anhand der dargestellten ... kann man erkennen, dass ...
Aufgrund der angeführten Gründe komme ich zu dem Schluss, dass ...
Aus ... erschließt sich ...
Aus ... lässt sich ableiten, dass ...
Aus den angeführten/genannten Gründen ergibt sich, dass ...
Dafür spricht auch, dass ...
Daraus ergibt sich/resultiert/folgt, dass ...
Daraus lässt sich ableiten, ...
Dies deutet darauf hin, dass ...
Dies lässt sich als ... deuten/interpretieren.
Eine mögliche Lösung wäre, ...
Ich begründe meine Ansicht damit, dass ...
Ich stehe daher auf dem Standpunkt, dass ...
Ich vertrete deshalb die Meinung/Ansicht, dass ...
Daher gelange ich zu dem Urteil/Schluss, dass ...
Vor allem aus dem zuletzt genannten Grund ...
Zusammenfassend ist zu sagen, dass ...
Zusammenfassend kann festgestellt/gesagt werden, dass ...

nennen/aufzählen

Bedeutung
Informationen, Aspekte eines Sachverhalts, Fakten, Begriffe ohne nähere Beschreibung, Erklärung oder Wertungen knapp und strukturiert (stichwortartig) aufführen

skizzieren

Bedeutung
wie „beschreiben", aber weniger detailliert

Stichwortverzeichnis

Literaturverzeichnis

Abdul-Hussain, Surur; Hofmann, Roswitha: Dimensionen von Diversität. 2013. In: https://erwachsenenbildung.at/themen/diversitymanagement/grundlagen/dimensionen.php#kern (abgerufen am 5.3.2024)
Antonovsky, Aaron: Salutogenese. Tübingen: dgvt 1997
Barthelmess, Manuel: Die systemische Haltung. Paderborn: Vandenhoeck & Ruprecht 2016
Daneke, Sigrid: Angehörigenarbeit. München: Urban & Fischer 2000
Elzer, Matthias; Sciborski, Claudia: Kommunikative Kompetenzen in der Pflege. Bern: Huber 2007
Erikson, Erik: The life cycle completed. New York: W. W. Norton 1997
Gloger-Tippelt, Gabriele: Bindung im Erwachsenenalter, Bern: Hans Huber 2012
Gordon, Thomas: Familienkonferenz. München: Heyne 2011
Hanewinkel, Reiner; Hansen, Julia; Neumann, Clemens: Wohlbefinden und Gesundheitsverhalten von Kindern und Jugendlichen in Deutschland – Ausgewählte Ergebnisse des Präventionsradars 2022/2023, IFT-Nord (Hg.), Kiel, 2023, S. 10, https://caas.content.dak.de/caas/v1/media/40840/data/a9018013330bc9ade945734aeb266476/praeventionsradar-ergebnisbericht-2022-2023.pdf (abgerufen am 5.3.2024)
Heß, Michael: Kundenorientierte Kommunikation mit Angehörigen. RatgeberVerlag für Kommunikation 2010
Hinterseer, Gertraud: „Ich sehe was, was du nicht siehst ...“. Mobbing erkennen und eine faire Streitkultur etablieren. Skriptum 2017
https://www.traumatherapie-leinert.de/2020/02/16/bindungsmuster-und-wie-sie-sich-auf-unsere-beziehungen-auswirken-koennen/
Leinert, Claudia: Bindungsmuster und wie sie sich auf unsere Beziehungen auswirken können. 16.2.2020. https://www.traumatherapie-leinert.de/2020/02/16/bindungsmuster-und-wie-sie-sich-auf-unsere-beziehungen-auswirken-koennen/ (6.6.2023)
Meschkutat, Bärbel; Stackelbeck, Martina; Langenhoff, Georg: Der Mobbing-Report – Eine Repräsentativstudie für die Bundesrepublik Deutschland. Bremerhaven: Verlag für neue Wissenschaft 2002, (Schriftenreihe der Bundesanstalt für Arbeitsschutz und Arbeitsmedizin: Forschungsbericht, Fb 951), https://www.baua.de/DE/Angebote/Publikationen/Schriftenreihe/Forschungsberichte/2002/Fb951.html
Miller, William R.; Rollnick, Stephen: Motivierende Gesprächsführung. Freiburg: Lambertus 2015
O. V.: Grafik: Wie, wenn überhaupt, identifizieren Sie sich?, statista.com, Juni 2023, https://de.statista.com/statistik/daten/studie/1414281/umfrage/sexuelle-identifikation-in-ausgewaehlten-laendern/ (abgerufen am 16.10.2023)
ProDeMa: Professionelles Deeskalationsmanagement. Praxisleitfaden zum Umgang mit Gewalt und Aggression in den Gesundheitsberufen. 2005
Rogers, Carl R.: Die nicht-direktive Beratung. Frankfurt a. M.: Fischer 1985
Rosenberg, Marshall B.: Gewaltfreie Kommunikation. Paderborn: Jungfermann 2016
Schlippe, Arist von; El Hachimi, Mohammed; Jürgens, Gesa: Multikulturelle systemische Praxis. Heidelberg: Carl Auer 2013
Schlippe, Arist von; Schweitzer, Jochen: Lehrbuch der systemischen Therapie und Beratung 1. Paderborn: Vandenoeck & Ruprecht 2016
Schulz von Thun, Friedemann: Miteinander Reden 1. Störungen und Klärungen. Hamburg: Rowohlt 2013
Schwarz, Gerhard: Konfliktmanagement. Konflikte erkennen, analysieren, lösen. Wiesbaden: Gabler 2003
Sonneck, Gernot (Hg.): Krisenintervention und Suizidverhütung. Wien: Facultas 2016
Uhlendorff, Uwe: Sozialpädagogische Diagnosen. Gesamtwerk, Bd 3. München: Beltz Juventa 1997
Watzlawick, Paul; Beavin, Janet H.; Jackson, Don D.: Menschliche Kommunikation. Formen, Störungen, Paradoxien. Bern: Huber 2011
Wendt, Peter-Ulrich: Lehrbuch Methoden der Sozialen Arbeit. Weinheim: Beltz Juventa 2021
Wogau, Janine Radice von; Eimmermacher, Hanna; Lanfranchi, Andrea (Hg.): Therapie und Beratung von Migranten. Weinheim: Beltz 2004

Bildnachweis

S. 39 Friedemann Schulz von Thun (geo.de © Maria Feck)
S. 42 Paul Watzlawick (swr.de © picture-alliance/Report-dienste)
S. 66 Carl Rogers (akademie-fuer-persoenlichkeitsentwick-lung.de)
S. 75 Pippi Langstrumpf (Oetinger © Katrin Engelking)
S. 89 Virginia Satir (commons.wikimedia.org)
S. 104 Solomon Elliot Asch (commons.wikimedia.org)
S. 122 Bruce Wayne Tuckman (projectcubicle.com)
S. 134 Marshall B. Rosenberg (concadoraverlag.de)
S. 173 Aaron Antonovsky (aerzteblatt.de)
S. 201 Thomas Gordon (commons.wikimedia.org © MichelleAdams)
S. 233 Claudius Stein (oewit.org)
S. 249 Gernot Sonneck (bibliothekderprovinz.at)

Alle weiteren Bilder und Grafiken sind Eigentum der TRAUNER Verlag + Buchservice GmbH bzw. wurden von Bildagenturen (stock.adobe.com, shutterstock.com, istockphoto.com) zugekauft.